# Carnal Thoughts

# 肉体的思想

## 具身性和影像文化

# Embodiment
# and
# Moving Image Culture

[美]薇薇安·索布恰克 著
李三达 夏开丰 刘昕 译

Vivian Sobchack

上海社会科学院出版社

献给斯蒂夫·阿尔佩——他力挺我舞动……

西方哲学已经背叛了身体；它积极地参与到隐喻化的伟大进程之中，而这个进程已经抛弃了身体；它否认了身体。活生生的身体，既是"主体"也是"客体"，它不能容许这样的概念划分，结果哲学概念沦落为"非身体的符号"的范畴。

——亨利·列斐伏尔（Henri Lefebvre），
《空间的生产》（*The Production of Space*）


思想和感受能力承载了一个新的维度，在这个维度中，每一滴汗水，每一块肌肉的运动，每一次急促的呼吸都成为一个故事的象征；并且当我的身体复制这个故事里的特定行为时，我的心灵就接纳了它的含义。

——克劳德·列维-斯特劳斯（Claude Lévi-Strauss），
《忧郁的热带》（*Tristes Tropiques*）

# ※ 目录

致　谢 / i
导　论 / 01

## 第一部分　可感的场景

1　森林中的面包屑：对空间迷失的三次沉思 / 16
2　可怕的女人：电影、手术和特效 / 47
3　我的手指知道什么：电影感觉的主体，或肉身中的视觉 / 70
4　收缩空间中扩展的凝视：偶然事件、风险以及世界中的肉身 / 112
5　"苏西写字娃娃"：论技术、Technë 与书写化身 / 146
6　屏幕的场景：展望摄影、电影和电子的"在场" / 181

## 第二部分　负责任的视觉

7　打败肉体 / 在文本中生存，或者如何活过整个世纪 / 216
8　有身体在家吗？具身化想象以及从可见性中被驱逐 / 236
9　单腿而立：假肢、隐喻和物质性 / 272
10　铭写伦理空间：关于死亡、再现和纪录片的十个命题 / 300
11　真实的重负：具身知识和电影意识 / 344
12　物质的受难：通往一种客体间性的现象学 / 379

索　引 / 423

# 致 谢

许多人，既有同事又有学生，通过无数次具有启发性的交谈和数不清的帮助为这本书作出了贡献。尤为特别的是美国加州大学洛杉矶分校（University of California, Los Angeles, 即 UCLA）影视数码媒体系那些杰出的学生，我谨在此向他们致以谢意，他们参加了我的研究生研讨班"视知觉"及"电影和其他艺术：空间性理论"，感谢他们多年来的贡献；他们具有挑战性的谈话和见解体现在了本书的许多文章中。我也非常感激这项工作的许多部分得到了加州大学洛杉矶分校教授评议会的研究委员会（Faculty Senate Committee on Research）和加州大学洛杉矶分校妇女研究中心（Center for the Study of Women）提供的研究资金支持。然而，我个人最想感谢的是那些同事和朋友，他们多年来慷慨的阅读、评论和争论都令我受益匪浅；他们长久的友谊和热情洋溢的兴趣我也都无以为报，他们是司各特·布卡特曼（Scott Bukatman）、埃莱娜·德·里奥（Elena del Río）、阿里德·菲特韦特（Arild Fetveit）、凯文·费舍尔（Kevin Fisher）、阿米莉亚·琼斯（Amelia Jones）、凯瑟琳·麦克休（Kathleen McHugh）、玛雅·马诺洛维克（Maja Manojlovic）、劳拉·马克斯（Laura Marks）和琳达·威廉姆斯（Linda Williams）。

本书 12 篇文章中有 5 篇是从先前发表的英语版修改和扩展而来的。按照本书出现的顺序，这些文章分别是《可怕的女人：电影、手术和特效》（"Scary Women: Cinema, Surgery, and Special Effects," in *Figuring Age: Women, Bodies, Generations*, edited by Kathleen Woodward [Bloomington: Indiana University Press, 1999], 200–211)；《屏幕的场景：展望电影和电子的"在场"》（"The Scene of the Screen: Envisioning Cinematic and

Electronic 'Presence,' " in *Materialities of Communication*, edited by Hans Ulrich Gumbrecht and K. Ludwig Pfeiffer[Stanford, CA: Stanford University Press, 1994], 83–106 );《打败肉体 / 在文本中生存，或者如何活过整个世纪》( "Beating the Meat / Surviving the Text, or How to Get Out of this Century Alive," in *Cyberspace/Cyberbodies/Cyberpunk: Cultures of Technological Embodiment*, edited by Mike Featherstone and Roger Burrows, [London: Sage, 1995], 205–214 );《有身体在家吗？具身化想象以及从可见性中被驱逐》( "Is Any Body Home? Embodied Imagination and Visible Evictions," in *Home, Exile, Homeland: Film, Media, and the Politics of Place*, edited by Hamid Naficy, [ New York: Routledge, 1999], 45–61 );《铭写伦理空间：关于死亡、再现和纪录片的十个命题》( "Inscribing Ethical Space: Ten Propositions on Death, Representation, and Documentary," in *Quarterly Review of Film Studies* 9, no. 4 ,[fall 1984]: 283–300 )。

# 导　论

> 客体……描述的是人之身体的生气勃勃，这不是说身体中有纯粹意识或反思，而是将其作为生命的一种蜕变，身体作为"精神的身体"。
>
> ——莫里斯·梅洛-庞蒂（Maurice Merleau-Ponty），
> 《法兰西学院讲座，1952—1960》
> (Themes from the Lectures at the Collège de France, 1952—1960)

这或许是一本"不规范"的著作，这一点体现在我的跨学科背景和我对电影及媒介研究、文化研究以及（在美国显得有些古怪的）存在主义哲学的兴趣上。然而，不规范并不表示本书中的文章都是任意妄为的。可以确定的是，无论其专题及其变体（inflection）是什么，它们都采用了单一的核心主题以及单一的方法，尽管这个方法相当开放。

本书的首要主题就是人类生存[1]具身性的（embodied）和根本的物质性，因此活体（lived body）[2]的本质含义在于从身体"感觉"出发产

---

[1] 海德格尔在《存在与时间》中写道："此在能够这样或那样地与之发生交涉的那个存在，此在无论如何总要以某种方式与之发生交涉的那个存在，我们称之为生存（Existenz）。"（译文摘自《存在与时间》，陈嘉映、王庆节译，商务印书馆2016年版）一般而言，"existence"译为"生存"，"being"译为"存在"或"存在者"。本书中的部分译文也会将"existence"翻译为"存在"。——译者注

[2] Live是梅洛-庞蒂的现象学术语，法语为vivre，在他的语境中这个词一般有两种含义，一个是经验或体验，即experience；另一个是忍受，即suffering。Lived body（活体）是一个现象学术语，《知觉现象学》中译本一般将之翻译为"亲历"，本书也一般翻译为"亲历"，或根据具体情况翻译为"体验""活的"等。该书作者深受梅洛-庞蒂（转下页）

生"意义"。从我们的肉体感官中产生有意识的感觉正是我们所做之事，无论是当我们在看一部电影时，还是在日常生活以及错综复杂的世界中活动时，甚至是对影像之谜、文化的形成以及我们生存的意义与价值进行抽象思考时。因此，无论是探究我们在银幕内外如何在空间上定向，还是追问电影"触摸/打动我们"（touches us）这样的话是什么意思；是思考从笔到计算机再到假肢的技术发展对我们身体形状和生活方式的改变，还是思考在一个充斥着图像的文化里"可见的"（visible）与"能见的"（visual）之间的差异；或者，无论是透过某个银幕形象的"实在性"而努力思考，还是思考我们的美感以及伦理感"在肉身（flesh）中"交融展现的方式，本书中的所有文章关注的都是**活体**。也就是说，它们不仅关心作为抽象客体的身体，而这一身体总是属于其他人，而且关心"具身化"是什么意思，以及体验我们生气勃勃的、变形的存在是什么意思，并且我们把这种存在当作具体的、外向的以及精神性的主体，而我们客观上都是这种主体。首先，我希望本书中的文章足够"有血有肉"（flesh out），以严肃的（偶尔有点轻率的）描述为现在大量客观地（但粗浅地）聚焦于"身体"之上的当代人文学科文献作出贡献。这里的关注点在于什么使某人的身体生动活泼，而不只是看身体——尽管视觉（vision）、视觉性（visuality）、可见性（visibility）不只对具身存在（embodied existence）的主观维度而言是核心，对其客观维度而言也是核心。总而言之，本书中的文章强调具身性（embodiment），意思是说，活体既是具有客观性的**主体**，又是具有主观性的**客体**：一种有感觉、感知和意识的各种物质化能力（materialized capacities）以及能动性（agency）的集合体，可以直接或者以比喻的方式理解自身

---

（接上页）身体现象学的影响，梅洛-庞蒂用其来指代作为客体的身体（objective body）的对立面，但由于作者在行文中会以不同的方式使用 live，故本译者也根据不同的情况酌情做了修改，但其基本意思都是来自"活的身体"这一概念。为了行文通顺，本译著在大多数情况下将"活的身体"简称为"活体"。——译者注

和他者。

为了与这个核心主题一致,本书采用了一种以存在主义现象学为指导的方法和批判实践。就像哲学家唐·伊德(Don Ihde)概括的那样,存在主义现象学"是一种哲学风格,强调对人类经验的特定解释,尤其关心知觉和身体活动"[1]。确实,存在主义现象学的哲学根基在于主观意识介入世界之时的肉体、肉身的客观基础,并且当主观意识进入世界时也会被其改变。因此,现象学的探究注重经验现象和它们的意义,这些意义在空间和时间上由具有客观性的主体加以体现、激活和评价——正因为如此,这些意义也总是已经受到历史和文化可变的特殊性和局限性的限制。在这个意义上,具身性绝不会是先于历史及文化的存在。再者,与反历史、反文化的观念论不同,我们经验的现象无法被还原为不变的本质;相反,存在中的它们的形式、结构和主题是暂时的,因而总会对存在和意义开放新的、其他的可能性。因此,莫里斯·梅洛-庞蒂,一个关注具身性的哲学家,从先验(或构造)现象学转向了存在主义现象学,他告诉我们"[现象学]还原最大的经验教训在于完全还原的不可能性"[2]。那么,现象学方法不是追求本质,而是追求在特定情况下,在语境之中以具身的方式感受到的经验意义——在经验的主客观"综合"中出现的意义与价值[3]。

谈到我所选择的主题和方法,就像本书中的文章对具身性经验描

---

[1] Don Ihde, *Technology and the Lifeworld:From Garden to Earth*(Bloomington:Indiana University Press,1990),21.

[2] Maurice Merleau-Ponty,"What Is Phenomenology?" trans.John F.Banner, *Cross Currents* 6(winter 1956):64.

[3] 对于那些不熟悉现象学的历史、哲学和方法的读者可参见 Herbert Spiegelberg, *The Phenomenological Movement:A Historical Introduction*, 2nd ed.,2vols.(The Hague:Martinus Nijoff,1965)。对存在主义现象学的详细阐述尤可参见 David Carr, "Maurice Merleau-Ponty:Incarnate Consciousness," in *Existential Philosophers:Kierkegaard to Merleau-Ponty*, ed.George Alfred Schrader Jr.(NewYork:McGraw-Hill,1967),369-429。对现象学方法的注评可参见 Don Ihde, *Experimental Phenomenology:An Introduction*(New York:Paragon, 1979)。

述和解释的那样,我希望它们的分量和偶尔的严肃性可以揭示我们"在肉身中"的具身存在之性质如何为理解美学和伦理学奠定了唯物论而不是观念论的坚实基础。也就是说,在整本著作中,我所希望的是理解我们自己的活体是如何提供物质前提的,这些物质前提使我们从一开始就能感觉到世界与其他事物并对之作出回应——不仅以"肉体的思想"作为基础为美学和伦理学提供逻辑前提,而且使得我们有意识的关注承载了能量和义务,这些能量和义务激活了我们的"感知力"(sensibility)和"责任感"(responsibility)。这是美感和伦理感自下而上的出现,因为它被肉体经验写在我们的身体之上,并且这种肉体经验被当作了我们的身体,而不是说在身体之上强加一个自上而下的观念论之物。在这方面,尽管这些文章注重的是特殊的(有时是个人的)实例和经验,但是这些实例会被用来打开(而不是封闭)我们对我们与其他人更为一般的关联性(往往是社会性关联)的理解,而且事实上,这些实例也会被用来表明我们与所有其他人和其他物的亲密联系(无论我们否认还是接受它们),这种联系往往在物质层面有着巨大影响。

如果说本书的核心目标是为了像梅洛-庞蒂说的那样描述"人类身体的生气勃勃"以及"作为'精神之身体'的身体",那么这个目标就必须被放入语境之中。就像已经指出的那样,"身体"对于从事当代人文和文化研究的学者来说已经成为一个主要焦点。尽管如此,更为常见的是,身体,无论多么被看重,都主要被当作诸多客体中的一个客体——大部分时间像是一个文本,有时则像一台机器。的确,在我们当代图像意识和消费文化中,身体已经被客体化和商品化了,许多学者甚至在对这些客体化和商品化的方式提出中肯批评的同时仍然试图救赎身体,就像托马斯·索达斯(Thomas Csordas)写到的,"在他们的分析中,对身体性(bodiliness)没有太多的感觉",他接着说,这样的趋势"带来了双重危险，一个是消除了把身体作为方法论起点的力量，另一个则是将身体客体化为没有意向性和主体间性的物。它因此错过了这样的机会，即把感觉能力和感受能力添加到我们关于自我及个人的观念中去，并且坚持把物质性维度添加到我们的文化和历史观念中去"[1]。因此，索达斯指出，当代学者倾向于"研究身体及其变化，同时仍然认为具身性是理所当然的"，但是"在身体和具身性之间作出区分很重要，身体要么是作为经验物要么是作为分析的主题，而具身性则是作为文化及自我的存在基础"[2]。因此，我们有必要将注意力从身体转向具身性。

具身性是人类存在的根本物质条件，它必然会使身体和意识、客观性和主观性处在一种不可化约的整体（irreducible ensemble）之中。因此，我们产生作用和表达意思都需要通过产生意义（sense-making）[3]的过程和逻辑，而这些都得益于我们的肉体生存，就像是它们对我们的意识产生影响一样。另外（以及回应一种偶尔出现的批判，即认为现象学的目标是在意识和身体存在之间建立起过于轻松——以及"开心"——的对等关系），具身化意识的不可化约性并不意味着身体和意识、客观性和主观性在我们的意图或意向性中总是同时产生或者价值相等，又或者意味着我们的身体和意识——即使在它们完全同时出现时——会对彼此完全敞开。此外，在既定经验中，它们并不一定完全等价，有时是身体占据了我们，有时则是意识占据了我们，并且当我们处在作为"客观的主体"和"主观的客体"这种双向的（reversible）

---

1　Thomas J.Csordas, introduction to *Embodiment and Experience*,ed.Thomas J.Csordas（Cambridge,UK: Cambridge University Press,1994），4（楷体为笔者所加）.
2　Ibid.,6.
3　书中的"sense-making" "make sense"同时在"产生意义"和"产生感觉"两种含义上使用。部分译文会注明"意义/感觉"。索布恰克有时还会使用"make meaning"或"make sense and meaning"。我们将"meaning"根据语境译为"意义"或"含义"。请读者注意。——译者注但权重不同的感觉中时,一方也许可以支配另一方。总而言之,如加里·马迪森(Gary Madison)写的那样:"感知主体本身被辩证地定义为既非(纯粹)意识,亦非(物质的、自在的)身体。意识……不是纯粹的自我在场;主体仅仅通过身体的中介(mediation)而向自身呈现,也是如此了解自身,也就是说这个在场始终是被中介的,即间接的、不完整的。"[1]

既然不可化约的整体就是活体,而且它是辩证的,如马迪森所说"从来不能与自身完全一致",因此绝不会获得一个固定的身份[2]。我在本书中所描述的所有具身化经验并不涉及一种"直接"经验的素朴感觉(naïve sense)。也就是说,无论它看起来是否直接,我们的经验不仅总是以我们所是的活体为中介,而且我们的活体(以及我们对它们的经验)总是被我们与其他身体和物的关系所中介,并且被其限制。因此,对我们经验的中介和限制,不仅通过转变各种知觉和表达的技术而实现,也通过历史和文化系统而实现,这些系统不仅限制了我们知觉的内部界限,而且限制了我们世界的外部界限。事实上,正如我心目中的现象学研究所展现的那样,直接经验并不像它透明的时候那样直接——这既是因为我们主要是对这个世界以及我们的投射发出意向,而不是对我们的知觉和表达的模式和过程发出意向;也是因为我们已经习惯了历史和文化,因而经验中给予我们的东西是不言而喻的,而不是通过一种与世界和其他人的潜在的开放态度而被接受。

因此,尽管现象学从一种经验开始描述,就像这种经验在所谓的"自然态度"(称为"自然化态度"更合适)中是被直接给予的,但是它接着要"解开"并且弄清主客观特性与条件,而正是这些特性和条件把

---

[1] Gary Brent Madison, "Did Merleau-Ponty Have a Theory of Perception?" in *Merleau-Ponty and Postmodernism*, ed.Thomas Busch(New York:State University of New York Press, 1992),94.

[2] Gary Brent Madison, *The Phenomenology of Merleau-Ponty: A Search for the Limits of Consciousness* (Athens:Ohio University Press, 1981),25.

那种经验建构和限定为有意义的经验。另外，尽管现象学也许从特殊经验开始，但它的目的则是描述和阐明一般的或可能的结构和意义，这些结构和意义则体现了经验，并且使这种经验潜在地与他者共鸣，成为他者的栖居之地。也就是说，尽管在历史和文化存在中，特殊经验也许是与众不同地被体验着，但它们在大部分情况下也是一般而又传统地被体验着——在第一个例子中，依据的是诸如时间性、空间性、意向性、反思性、自反性之类的具身存在的一般状况；在第二个例子中，依据的通常是透明的、支配性的文化习惯，这些文化习惯与其说是规范性的（regulative），不如说是规定性的（determining）。总而言之，现象学的描述和解释，一方面试图充分描绘（adequate）一个给定的具身经验的主客观特点，另一方面也承认它们在历史和文化上的不对称性。这意味着不仅关注具身经验的内容和形式，也关注它的语境。对一个充分的现象学描述的检验，不在于读者实际上是否已经拥有了所描述的经验的意义和价值，或者与之产生了共情，而在于这种描述是否引起了共鸣，以及"可能"身处这种经验中的（尽管稍有变化或赋予的价值不同）读者是否可以充分理解这种经验结构。

考虑到它对"厚描"（thick description）[1]的重视，现象学探究也常常有意识地关注和反思自己对语言的使用。确实，这意味着要实现哲学的精确性（有时由于它所阐述的特殊关系结构和空间结构，我花了很多时间去尝试选择最合适的介词）。然而，对语言的此种关注同样也是为了真正地倾听和复活日常语言丰富而又被认为理所应当的那些表达方式，以及为了重新发现日常语言对经验密切而广泛的整合。就如保罗·利科（Paul Ricoeur）写道的："日常语言……对我而言……成为一种储藏种种表达的温室，它保护着关于人类经验的最高的描述力量，

---

[1] "厚描"是人类学家克利福德·格尔茨（Clifford Geertz）在《文化的解释》中使用的一种创造性的民族志方法，即在描述被研究对象外在行为以外还要对环境、语境进行描述，尤其得考虑被研究对象对自身行为的思考，再加上研究者的解释。——译者注

尤其是在行动和各种感受的领域中。来自日常词汇的某些最精微区别的这种妥帖性（appropriateness）向所有现象学分析提供了语言层面的指导方针。"[1]因而，在本书中，我不但借鉴专业的哲学或理论著作，而且借鉴日常语言、电影评论、广告、笑话、自助手册，以及其他针对大众的流行资源。这些资源不仅凸显了日常语言的生命力，还意味着某种对具身性经验的共同理解或一般理解——即便它们从未在每一个身体（every body）[2]中拨动同一根弦，但也会指向大家广泛的共鸣。

关于语言和经验，我希望本书中的文章相对来说友好易懂，因而会与我的早期著作——（在我看来）历史上必然充满争议——《目之所及：电影经验的现象学》（*The Address of the Eye: A Phenomenology of Film Experience*）形成对照。我不仅用罗列流行资源来帮助自己，而且这些文章中很多都是明确基于对（我的还有别人的）自传和/或逸闻经验的再现（representations）。然而，个人经验或"主体"经验的再现（以及这些再现有时带来的迷惑），为探究提供了起点，而不是终点。事实上，把广泛的社会诉求建基于自传以及逸闻经验之中，不只是对严格客观分析的一个模糊而主观的替代品，而且是有目的地为一种更具过程性、广泛性以及共鸣性的唯物论逻辑提供了现象学（以及具身化）的前提条件，通过这种唯物论逻辑，作为主体的我们可以去理解（或许是指导）那些作为我们客观的历史和文化存在而流逝的东西。因此，就像罗西·布拉依多蒂（Rosi Braidotti）写的那样："尤为重要的是不要混淆主体性过程与个体主义或特殊性：主体性是一种社会性的中介过程。因而，新社会主体的出现总是一项集体事业，它'外在于'自我，

---

[1] Paul Ricoeir, *The Rule of Metaphor: Multi-disciplinary Studies of the Creation of Meaning in Language*, trans. Robert Czerny, Kathleen McLaughlin, and John Costello（Toronto: University of Toronto Press, 1977），321-322.

[2] 作者故意采用了把"每一个人"（everybody）拆分为"每一个"（every）和"身体"（body）的做法。下文有类似的用法。——译者注

同时也调动了自我的深层结构。"[1]

尽管我的许多同事认为，我对具身性的研究兴趣与对自传逸闻的利用源自我做癌症手术的经历、大约十年前的左腿截肢以及随后对假肢的适应性融合——这些假肢将在后续多篇文章中出现，但事实并非如此。在我们的文化中，作为一名女性，我时常会因为一些不一致且往往是自相矛盾的情况（我的物质存在被［或不被］看待和赋予价值的方式）而大吃一惊，我一直认为"作为一具身体"不仅很陌生，而且具有相对性。因而，我转向了关注具身性和经验结构的存在主义现象学——这一切发生在截肢之前，而且因为我的好奇心，这种新奇的身体经验让我的身体（而不是"那具"身体）成为一个做现象学研究的真正的（而不是虚拟的）实验室。在这样极端的环境中，我不仅能够反思我的病理学境况，而且可以利用它去反思具身化（being embodied）通常所具有的透明性和规范性特点，就像现象学家常常做的那样，我从我所谓的残肢中学到的东西和从我所谓的失去的那条腿中学到的东西一样多。甚至是像"在场的"（present）与"不在场的"（absent）这样的词语也会接受拷问——它们被认为是理所应当的再现不足以表达我实际的活体经验，对于我实际的活体经验来说仍然是不充分的。在这方面（如果换个语境的话），凯瑟琳·加拉赫（Catherine Gallagher）和斯蒂芬·格林布拉特（Stephen Greenblatt）的看法比较中肯：

> 从文化文本的更广阔的视角来看，再现……与物质，尤其是与人类身体的象征距离之间不再存在固定关系。身体为人所理解的作用方式、男人与女人的差异、激情的性质、疾病的经历、生死的界限，都和特定的文化再现密切相连。身体作为一种"破坏者"（spoiler）而起作用，始终困扰着或逾越了它被

---

[1] Rosi Braidotti, *Metamorphoses: Towards a Materialist Theory of Becoming*（Malden, MA: Blackwell/Polity Press, 2002）, 7.

再现的方式。[1]

然而，如果一般意义上的身体总是困扰或"逾越"它的再现，那么同样——这对我来说变得非常清楚，当我发现以及试图找到词汇向自己以及他人表达我的经验的具体特殊性之时——"我的身体"（还有"你的"身体，只要我或你谈到或写到它）有时可以为我自己和他者找到足以表达——甚至是拓展——它的经验的象征表达方式。因而，我会认为，当下向着自传和逸闻的转向不仅可以作为一个破坏者，而且，我敢说，也可以作为身体的客观解释的解毒剂，而这种客观解释无法向我们讲述那些我们非常想知道的与身体之亲历有关的东西。

最后，走向身体自身的解释！本书分成两个部分："可感的场景"（Sensible Scenes）和"有责任的视觉"（Responsible Visions）。尽管这里所有的文章研究的都是活体，而且这些活体总会体验着某些类型（经常但并不总是电影）的专业和技术媒介（mediation），但是这两个部分各有不同。第一个部分关注的是探索再现的某些经验场景和"难题"，使这些难题变得明白易懂并为它们找到暂时的解决方案，用活体具体而积极的"感觉-能力"（sense-ability）而非一种抽象的方式。这个部分的重点在于，我们的肉体思想如何能不仅让活体的主观感知有意义和感觉能力，也让活体的客观再现有意义和感觉能力。在《森林中的面包屑：对空间迷失的三次沉思》（Breadcrumbs in the Forest: Three Meditations on Being Lost in Space）一文中，我探索了各种形式的空间知觉，以及在空间上迷失方向的具身经验，为的是追问"迷失"（being lost）是否有不同形状（shapes）和时间性（temporalities），而这些"迷失"构成了不同的存在经验和意义——在我们的文化中，尤其与性别有关。《可怕的女人：电影、手术和特效》（Scary Women: Cinema,

---

1 Catherine Gallagher and Stephen Greenblatt, *Practicing New Historicism* (Chicago: University of Chicago Press, 2000), 15.

Surgery, and Special Effects）追问的是这样一种关于变老的场景，在那时我们的身体受制于变形（transformation），该变形不仅来自手术技术，而且来自电影技术。在开头的两篇文章中，电影还不是探究的焦点，尽管它们已经被用来作为说明和参照了，但是相反，我希望它们可以被更宽广的世界及肉身语境所阐明，它们正是在这些语境之中被调动起来。接下来的两篇文章更侧重于屏幕，尤其关注电影。《我的手指知道什么：电影感觉的主体，或肉身中的视觉》（What My Fingers Knew: The Cinesthetic Subject, or Vision in the Flesh）试图理解具身结构，这种结构不只是顾及一种仅仅是认知性的或基本自动的电影感知能力，并且试图揭示电影艺术的可理解性（intelligibility）、意义和价值如何通过我们的各种感觉而在肉体上出现。《收缩空间中扩展的凝视：偶然事件、风险以及世界中的肉身》（The Expanded Gaze in Contracted Space: Happenstance, Hazard, and the Flesh of the World）探索了电影凝视的暧昧及含混的性质，这不仅因为它在哲学中被理论化了，而且因为它在克日什托夫·基耶斯洛夫斯基（Krzysztof Kieslowski）电影中所阐述的杰出的唯物论形而上学中被具体地体现了出来，且与他者和物处在同一个世界之中。最后两篇文章探讨了所谓的"有意味的场景"的现象学——尤其是因为这是以各种表达性的和知觉的技术的直接整合作为中介的，这些技术不仅作为工具而且作为空间、时间和物质层面的转变而发挥作用。《"苏西写字娃娃"：论技术、Technë 与书写化身》（"Susie Scribbles": On Technology, *Technë*, and Writing Incarnate）这个题目来自从玩具反斗城买来的电子"书写"娃娃，这篇文章关注书写的物理活动和技术，也关注书写工具，这些工具各种各样的材料不仅改变了我们的时空意识，也改变了我们身体表达的感觉和形状。最后一篇文章《屏幕的场景：展望摄影、电影和电子的"在场"》（The Scene of the Screen: Envisioning Photographic, Cinematic, and Electronic

"Presence"）延续了这样的探索，特别关注我们对摄影、电影和电子成像等感知技术的具身化介入，以及关注它们是如何极大地改变了我们对世界的感觉和我们对自身的感觉。

第二部分"负责任的视觉"同样以活体的意义生产能力为根据，但是它关注的是它们的经验和表象，这些经验和表象倾向于唤醒我们肉体的"反应－能力"，并且为伦理关怀、意识和责任行为建构物质基础。另外，它强调我们的"肉体思想"教给我们的具体教训。《打败肉体／在文本中生存，或者如何活过整个世纪》（Beating the Meat/Surviving the Text, or How to Get Out of the Century Alive）是对一部分人的批评，在当代的批评中，有些人把身体仅仅看作一个文本，因而愉快地给它"解惑"，否认活体造成痛苦的弱点，希望搁置（常常通过书写）给予我们严肃性的道德。《有身体在家吗？具身化想象以及从可见性中被驱逐》（Is Any Body Home? Embodied Imagination and Visible Evictions）延续了当代有关身体客观化的探讨，通过对三个案例的思考，将它与视觉在伦理方面的贫瘠关联起来，视觉只会对可见的事物负责。我的癌症手术、截肢以及假肢最先出现在开头的两篇文章中，但在第三篇文章中成了最显眼的内容。《单腿而立：假肢、隐喻和物质性》（A Leg to Stand On: Prosthetics, Metaphor, and Materiality）关注的是近来作为隐喻的假肢为什么会"性感"，并且试图负责任地——以及从物质层面——把这个比喻重新植入对假肢的现象学描述（既包括比喻的，也包括字面含义的描述）之中，并使得这个比喻重新成为这种现象学描述的基础——以后不仅能为我所用，也能为其他文化批评家和被截肢者所用。接下来的两篇文章彼此相关，一篇是对另一篇的深入扩展。《铭写伦理空间：关于死亡、再现和纪录片的十个命题》（Inscribing Ethical Space: Ten Propositions on Death, Representation, and Documentary）既关注银幕上（尤其是纪录片）对死亡的"再现"到底是什么意思，也关注这样的再现如何（及以何种模式）表现了制片人的"伦理凝视"，以及如何"掌控"着观看者的伦理反应。事实上，第二篇相关的文章《真实的重负：具身知识和电影意识》(The Charge of the Real: Embodied Knowledge and Cinematic Consciousness)，它探讨的是前一篇文章遗留的问题，关注的是纪录片和虚构影片中的真实感，以及它为什么不仅是从电影外（extracinematic）的知识被建构而成，也从"肉体知识"被建构而成，而这种肉体知识要求它具有反应－能力。最后一篇文章不仅是这一部分的高潮，也是本书核心内容的高潮，我们这本书的核心就在于我们为什么无法把自己同我们的物质性分离开来。《物质的受难：通往一种客体间性的现象学》(The Passion of the Material: Toward a Phenomenology of Interobjectivity)最为清晰地——且丝毫没有化约地——揭示了我们既是客观的主体也是主观的客体，正是由于我们具有根本的物质性，所以我们对事物之美的超验感觉或对他者的义务才能得以出现和兴盛。就这方面而言，本书明显可以说是论战式的。也就是说，通过密切观察我们是什么样的物质存在者，以及我们如何感觉和回应世界及他者（绝不是直接的、纯粹的或"直露的"），我希望我们的图像意识和可见文化可以在其最根本上重新与唯物主义产生联系，并且认识到不但作为基础的重力（gravity）[1]很重要，超验的可能性也很重要，这对我们的技术和文本来说是如此，对我们的血肉之躯来说亦是如此。

总而言之，我的愿望就是，本书中的这些文章能在阐明具身性前提这方面作出些许的贡献，我们在不断变化的过程中隐隐约约地体验着这些前提，而且这些文章鼓励对我们所是的令人难以置信的超验物质保持更深入、更广泛的关注。

---

[1] Gravity 可以指重力也可以指严肃性，作者在行文中会混用这两种含义，但是在这里，根据上文所说的"唯物主义"可以推测 gravity 应该指的是与超验相对的物质层面的特性，即重力的特征，在作者语境中可以指我们感受到的肉体的重量。——译者注

第一部分

# 可感的场景

# 1 森林中的面包屑
## 对空间迷失的三次沉思

> 深夜,当他们醒来,汉塞尔安慰他的小妹妹。"格蕾特,"他说,"等到月亮升起,我们就能看到我撒下的面包屑了,它会显示回家的路。"当月亮升起时,他们开始动身,但却找不到一丁点面包屑,因为森林和原野中成千上万只飞鸟已经把面包屑吃了个精光。汉塞尔对格蕾特说:"别担心,我们会找到路的。"但是他们再没找到那条路。
>
> ——《汉塞尔和格蕾特》(Hansel and Gretel),
> 《格林童话》(Grimms' Tales)

在世界不停转换的多重空间之中——不仅是我们所熟悉的那些看似我们自己制造的空间,我们在确定和体验这类空间的意义时会认为它是"给定的",还包括那些对我们而言无论形状还是价值都显得陌生或"异质"的空间——具身化意味着什么?

在我小时候,我总认为北面就是我正对的这一面。那时,在我有意的朝向中,这种现象学假设存在着一个很有说服力的逻辑。北面把肉身和符号融为一体,在我孩童的意识中,它将我的身体设计和地图册设计整合在一起。除了在我跳舞或者孩子所喜欢的倒走时,我都跟随眼睛观看的方向而行动,即向着我的前方。尽管我意识到在我的后边、两边都存在着空间,但是我前方的空间——我可以看见的空间——具有明显的优先性,我的整个身体都朝向它,完成了我幼稚的投射

（projects）。当然，我现在意识到，印制的地图也会让我感到迷糊。每份地图册都有小小的指南标志，而北面的箭头要比其他方向的标记更大、更醒目，这总是与我看地图时眼睛向前看的视线方向相似。地图被绘制到书页上，因此世界的重要空间在我的身体"之前"和"面前"被阅读，就像它们在我的童年世界中一样。作为一个方向概念，一个朝向点，北面就这样与我朴素的信念产生了共鸣，我相信自己所确定的方向，我也相信我最终将包围和征服我面前的世界。事实上，这种具有任意性和文化决定性的符号 - 逻辑（semio-logic）应和着、肯定着我的肉体性的现象 - 逻辑（carnal phenomeno-logic）[1]，并且给它一个（不）合适的名字：北面。然而，我再稍大一点后，对此的自信也少了一点，北面逐渐动摇了。当我开始认为它包罗万象之时，它却变得不再能引导方向、毫无用处了。我所面对和观看的每个地方都成了北面，我开始感到有些事情非常糟糕。[2]

在我小时候，在我对北方变得陌生之前——或者，更确切地说，它疏远了我——由于肉体逻辑成了我的根基并且引导着我，我几乎从未在世界之中迷失过，即使方向标牌令我晕头转向。因为我把世界中的自身利益作为确定而又自私的根据，而且我是作为自己宇宙的中心

---

[1] 作者行文喜欢拆词，比如这里的 semiologic 也可以理解为"符号学的"，但作者有意地拆分为两个部分，为了显示出作者的这一目的性，所有的拆词译者都尽量用一个拆分的译法，再辅助说明。——译者注

[2] 在小时候，我也有个"右"与"左"的问题，因为我的"两边"并不喜欢我的"前面"所具有的等级化的优先权。尽管我清楚的是，北面总是在我前面，而从不在我后面，但是"右"与"左"（还有东和西）的指代似乎是任意的，人们应该要记住方向，而不是去体验那些指代。因此，一般而言，我的左手指贴着帮助我记忆的创可贴，我在它的引导下去完成童年生活的任务——比如我在学校时要把右手放在心口处（在左边）说效忠誓词。对这种典型现象的详细论述可参见 Yi-Fu Tuan, *Space and Place:The Perspective of Experience*(Minneapolis:University of Minnesota Press, 1977), esp.chap.4, "Body, Personal Relations,and Spatial Values," 34-50. 段义孚（Yi-Fu Tuan）写道，没有文化或空间图示，"人们也不会搞错俯卧和直立，也不会搞错前和后，但是身体的左右两边，还有从它们那里推测的空间就很容易搞混。在我们作为动物的经验中，前和后是首要的，右与左是次要的"（42）。

存在着,所以我几乎一直都知道我身在何处,又将去往何方。随着我把我所面对的道路看作北面,世界不仅围绕着我扩散了,而且是从我这里扩散开来[1]。别人可能认为我已经迷失了,但是——在我 4 岁那年,我母亲曾因为找不到我而报了警,而我怒气冲冲地对她说——"我一直都知道我身在何处!"[2] 如此绝对的自信看起来与成年之后的我的迷惑相差甚远,我站在大学研究图书馆的楼层图前,想弄明白我与这个标志之间的关系:"你在这里。"[3] 在北面背叛我之后,我总是缺少信任感,我从未养成确定的方向感或对地理的意识,远远没有意识到这两个让我在世界之中定位的系统具有任意性。对我来说,与不熟悉的世

---

[1] 对这种人类中心主义和身体逻辑的讨论参见 Tuan, *Space and Place*,他写道:"在字面意义上,方向、位置和距离总是以人类身体为度量。"(44)他进一步指出"空间介词必然是人类中心主义的,无论它们是不是从人类身体衍生出来的名词","民间的长度度量往往是从人类身体衍生出来的",比如"一胳膊长"或英尺,对能力的衡量,比如"一把"或"一抱"(45–47)。(译按:原文中,英尺的英文是 feet,另一个意思是"脚",一把"的英文是"a handful",与手有关,而"一抱"的英文是"an armful",与胳膊有关。在中文里,一把、一捧、一抱、一围也是类似的人类中心主义的度量。)

[2] 确切地说,孩子常常迷路,更重要的是,她常常感觉迷了路。但是,如果他们是独立而自信的,那么他们也许经常会感到他们的父母或监护人迷了路,而不是他们自己迷了路。这后一种经验(它既揭示了孩子对其所处位置的自信,也揭示了他们对迷路恐惧的克服)在《违抗》(Disobedience)一诗中得到了有趣的表达,这首诗出自 A.A.Milne. *When We Were Very Young* (London:Methuen, 1924; Puffin Edition, 1992), 32-35。这首诗讲述了一个 3 岁大的孩子警告他的母亲没带上他"就不要走出这个小镇"——如果她这样做了,就会"迷路,被偷走或走失!"。

[3] 虽然我是一名成年女性(正在变老),但很明显并不只有我会在这样的地图面前晕头转向。年龄、性别,还有对客观标志与某人身体之关系的感知都是在处理空间问题时有显著影响的变量。参见 Jocelyn B. Aubrey. Karen Z. H. Li, and Allen R. Dobbs, "Age Differences in the Interpretation of Misaligned 'You-Are-Here' Maps," *Journal of Gerontology* 49(1994):29-31。他们的文章摘要说:"带有'你在这里'(YAH)的地图,一般是用在购物中心和办公大厦中,离开环境,这类图就很难领会。年轻人和老人在看了大学校园的示意图之后再选择方向。YAH 箭头也是垂直的,与观察者的位置正好相一致,或者 180° 对反。这种对反使主体,尤其是老人需要花费更多的时间,准确性却较低。与男性相比,女性在面对这样的对反图时反应更慢,尽管准确性并不低于男性。为了搞清方向,需要在心中重新排列这种不协调的地图,这可能会给试图在宽阔而复杂的环境中行走的老人带来严重的困难。"(29)

界空间打交道常常是一种令人焦虑的情况，总是反复无常，并令人感到一种潜在的威胁。因此，我在此想探讨的"迷失"，并不类似于闲荡者（flâneur）那愉悦的闲庭漫步，他们缺乏一个具体的目的地，但这反而使他们总是能够到达目的地[1]。

接下来是对关于"迷失"的三次现象学沉思的重写，它来源于个人体验，以及各种各样探讨世间迷路的"亲历的地理学"（lived geography）的二手资源。这些沉思并不很详尽，更多地是引起思考，这意味着这些沉思要凸显（每个都是不同的）经验的时空和情感形状（affective shape），并揭示我们规范的空间方向系统及描述它们的词汇极为有限，尽管它们在实践中非常有用。关于在世界空间中迷失，还有更多需要讨论的地方，但是通过乞援于地图的抽象客观性是无法参照和修正的。

## 有（无）方向

"奥马尔！"这个老人哇哇叫道，"你知道路吗？你能带路

---

[1] 我在这里所选择的性别是有目的的，且指的是19世纪的"闲荡者"（flâneur），对此，安克·格莱伯（Anke Gleber）是这样描述的："围绕着视觉刺激，依赖他知觉的包容力量，'闲荡者'自由地走在大街上，只想追求看上去独特而又个体化的现实经验。"（《现代性银幕和大街上的女人：追寻女性闲荡者》，参见 *The Image in dispute:Art and Cinema in the Age of Photography*,ed.Dudley Andrew [Austin: University of Texas Press,1997],55）。可以肯定地说，女闲荡者（flâneuse）确有其历史，但在我看来，她们始终更切实地"扎根于地面"；参见 Anne Frieberg, *Window Shopping: Cinema and the Postmodern* (Berkeley:University of California Press,1993)。一种更为后现代的闲荡（flânerie），但依旧是阳性形式，在两部当代科幻电影的台词中得到了表达——*The Adventures of Buckaroo Bonzai:Across the 8th Dimension* (W. D. Richter,1984); *Mad Max:Beyond Thunderdome* (George Miller,1985)："无论你去哪里，你就在那里。"（译按：flâneur 本义是闲荡的人，波德莱尔用这个词来描述艺术家的生活方式。法语词性分阴阳，这个词本身为阳性，作者根据这个词造出了阴性名词 flâneuse，意思是一样的，区别就在于是女性闲荡者。而 flânerie 本身是个阴性名词，使用时本来没有男女差别，作者故意说这个词的阳性形式，可能是为了呼应 flâneur。总之，也是作者的俏皮话。）

吗？……在泰内雷有精灵存在，奥马尔，坏精灵。如果精灵进入了你的脑袋，你就分不清东西南北了。这些精灵会弄得你晕头转向。在你找不到路的时候，他们却让你觉得你知道要走哪条路。"

——麦克·阿舍（Michael Asher），

《不可能之旅》（*Impossible Journey*）

在《空间知觉和科学哲学》（*Space-Perception and the Philosophy of Science*）一书中，帕特里克·希兰（Patrick Heelan）描述了他所谓的我们活生生的具身化经验的"双曲线"（hyperbolic）弯曲空间，并且展示了它为何完全不能等同于欧几里得几何学和笛卡尔式透视空间感知所"架构"的空间，而笛卡尔式透视空间自文艺复兴以来就是西方文化的主流[1]。按照希兰的说法，我们在这两种空间类型之间感知和游走，尽管从来不是同时发生——哪怕是在接近中距离的情形中，但是两种空间的"形状"是同构的（isomorphic）（因此，或许我幼稚地把北面错以为是同时以我的身体为根据而激发了一种笛卡尔式符号系统）。通过探究具身视知觉的依赖于语境的诠释学特征，希兰的课题就是要"表明，尽管存在着我们感知到的是一个笛卡尔式视觉世界这一事实，但是我们无辅助的视知觉的自然模式则是双曲线的：我们对笛卡尔式世界的日常知觉的中介是这样一种木匠环境（carpentered environment）[2]，它需要我们像阅读'文本'一样学习如何去'阅读'它"（xiii）。正如詹姆斯·巴里二世（James Barry Jr.）指出的那样，在这个

---

[1] Patrick A. Heelan, *Space-Perception and the Philosophy of Science* (Berkeley:University of California Press,1983). 下文引用时将标注在正文中。

[2] 木匠环境（carpentered environment）是一个视知觉术语，指的是人工制造的包含直线、直角、矩形的环境，这种环境的特点在于视觉上有更多尖锐的角度，人们更容易从直线、结构化角度来理解周围的环境，这会影响人们对深度的感知。——译者注

方面,重要的是意识到"作为文艺复兴之后最新的感知者",我们的日常知觉"与其说是在于我们把它看作什么,还不如说在于我们忽略它所是或否定它所是的东西","文艺复兴透视法的几何学方法"曾经是一种"新的揭示真相的形式,也是新世界的可能性"[1]。因此,他(引用了莫里斯·梅洛-庞蒂)提醒我们,文艺复兴透视法

> 不是一个"绝对'可靠'的装置;它仅仅是对世界的诗学探索中的一个个例,一个日期,一个瞬间,在它之后这种探索仍然会继续存在下去"。……我们仍然会遵循来自这种感知形式的历史线路,至少仍然会认为它在潜在层面是绝对可靠的、在当前则是可以应用的,这个事实不是对历史真理和权力的认识,而是这种认识的减少……因技术而产生的感知改变具有最消极的历史可能性,即完全遗忘自身是感知和表象的危险。[2]

希兰的观点与这种规范性的"遗忘"相对,并且与笛卡尔和欧几里得式视觉安排的"那种"(不是"我们的")对物理环境的主流文化经验相对,他指出"我们对环境的经验实际上常常是在我们面前被展开,而且常常是在一种非欧几里得式视觉空间中被展开,这种视觉空间属于所谓的'有限双曲线空间'家族。不像欧几里得式视觉空间,双曲线视觉空间的几何结构在本质上是弯曲的;因此,"场景——真实场景——在这样的视觉空间中得以建构,它看上去以特殊方式被扭曲了"(28)。希兰广泛地描述了这种扭曲感的特征,还将这种扭曲感与不同空间区域中的客体表象联系起来,当这些客体靠近观看它们的具身主体时就会出现这种扭曲感。在观看者直接面对的"近距离区域"(near

---

[1] James Barry Jr., "The Technical Body:Incorporating Technology and Flesh," *Philosophy Today* (winter 1991):399.
[2] Ibid. 巴里翻译和引用了梅洛-庞蒂《眼与心》(*Eye and Mind*)的法文版,参见 *L'Oeil et l'esprit* (Paris:Gallimard,1960), 51.

zone）中，"视觉形状被清晰地界定了，与我们所熟悉的它们的物理形状差别不大"，但是在这种"牛顿式绿洲"外围部分，"纵深感似乎膨胀了"，正面的表面部分显得凸出来了。另外，"平行线显得发散了，好像是在反向透视（reverse perspective）中看到的样子"（29）。其他的扭曲出现在"远距离区域"中。空间不是显得无限延伸，而是看起来像"有限的，纵深不够，有点轻微的凹陷"，以及"远距离形象的视觉经验就像是在望远镜上看到的样子"；也就是说，它们显得"更近，失真，并且以它们的表平面对着观看者"。另外，平行线"向上弯曲，并在观看者面前的地平线上以有限的距离汇聚成一个点"（29）。看着视平线（eye level）之下延伸的视域（horizon），"就如在山巅看大海"，观看者"从视域的边缘看就像处于一个巨大的碗的中心"。视平线之上延伸的视域，比如天空，感觉是"一个拱形结构"。最后，在双曲线空间中"远距离对象的外观大小是可变的"，这取决于是否有近处的提示，以及它们是如何被说明的（31）。[1]

由于欧几里得式视觉空间是一种文化规范，所以那些常被用来描述双曲线空间的术语（"扭曲""视觉幻觉"）意味着脱离常规——然而这种双曲线空间正是以人的身体为基础，它的现象-逻辑不仅通过外在的物质力量而且通过意识朝向其对象的意向性方向来实现。如希兰所说："身体从功能上定义了人类主体，它与世界的关系在于世界是周围一系列相互交织的视域的基础。在-世界-中-存在（Being-in-the-world）意味着此刻与一种视域相关联,同时又与另一个视域相关联"（13）。人们生活在哪种视域，哪种定向系统和协调系统，最终取决于在具体的语境中所"产生的意义"。如果一个情境中有"一种欧几里得式知觉

---

[1] 希兰所指出的那种知觉的转变恰好可以援引艺术家詹姆斯·图雷尔（James Turrell）杰出的大地艺术作品《罗登火山口》（*Roden Crater*）。对这件作品的讨论，以及这个空间现象的精美照片可参见 Calvin Tomkins, "Flying into the Light," *New Yorke*r, Jan.13, 2003, 62-71。

的机会，……它必须……事实上在长度及距离方面依照常用的（固定的）标准，必须得具备手段在一瞬间将空间内所有部分同时发生的事情传递给局部化的视觉观察者，不论他或她在哪里"（51）。假如另一个处境内有"一种双曲线知觉的机会"，那它与欧几里得式处境则完全不同，因为这种情境中的感知恰恰是从局部化的视觉观察者那里产生的，无论他或她在什么地方。视觉观察者在双曲线空间中产生感觉，而不是依赖于抽象的、标准化的、固定的衡量方式，"必须……使用一致的规则……它在无辅助的视觉系统中具身化，为的是在统一的视觉空间场域中赋予所有客体以大小、深度和距离"。这些知觉场合所涉及的东西就是对大小和距离的一种"纯粹的视觉估计"（purely visual estimation），以及对"一个重要的局部化的长度标准的依赖，周围环境可以以这一标准为参照而在空间内被结构起来"（51）。

既没有一个抽象的衡量标准，也没有局部的衡量标准，世界空间和其中的对象丧失了它们的意义，在阐释上变得模糊不明、不确定并没有方向。再者，人们开始怀疑自己的身体。现象学地理学家段义孚描述了这样一种"迷失"处境（当欧几里得和双曲线的衡量标准一开始就不可用时）对空间和身体产生的影响：

> 迷失意味着什么？我沿路走进了森林，迷了路，突然感觉完全没了方向。空间围绕着我身体的边缘被组织起来。有我身前身后的区域，也有我左边右边的区域，但是它们并未被接入任何外在的参照点，因而毫无用处。前后区域立刻感到了任意性，因为我没有理由认为向前走要比向后走更好。假如一道摇曳的光出现在远处的树丛之后，我还是迷路的，因为我不知道我在这片森林中的位置，但是空间快速地恢复了它的结构。摇曳的光树立起了一个目标。当我向这个目标前进之时，前后左右恢复了它们的意义：我大步向前走去，高兴地将黑暗的空间

甩在后头,并且确保我没有向右或向左走偏。¹

读这段文字,用我们的身体来领会它,回忆一些类似的找不到方向的焦虑体验,我们可以感同身受于汉塞尔和格雷特在森林和黑暗之中迷路后是如何急忙地往前冲——带着渴望,实际上还带着感激——向着邪恶女巫房屋的窗户里透出来的灯光走去。

西方旅行作家麦克·阿舍也戏剧性地叙事了类似的空间模糊性及其变化和解决策略,当时他在撒哈拉大沙漠与同伴走失了。针对人们在沙漠迷路和最后死去的问题,他告诉我们,"政府已经安装了一系列标志",没有这些标志"几乎不可能按照直线走"。他继续说:

> 我马上明白了标志的必要性。我们第二天走进的沙漠完全没有任何特征……根本没有任何东西能够吸引注意力,只有每公里一个的金属旗帜把空间隔开。这就像在云中漫步,虚幻的星云随时都有可能坍陷。有时它涟漪轻漾,如水一般,像一片平静的大海朝每一个海平线起伏涌动。一望无际的广袤,没有树,没有岩石,也没有一棵草。²

对于一个孤单的人来说(就像段义孚在森林中看到摇曳的光之前),这种没有物体、无特征的沙漠空间可能既不是双曲线的(依据某人自己的身体,用某些已知物或某些人提供局部的测量标准),也不是欧几里得式的(用已知的给定物体每隔大约一公里进行间隔,就像标志做的那样)。在这样一个没有语境的语境中,"一个人"(这个代词是精心挑选的)可能真的是"迷失在空间中了"。

---

1 Tuan, *Sapce and Place*, 36. 另一个版本的"在森林中空间和身体都没有方向"的故事,可以参见 Tamás Waliczky 的录像 *The Forest*(Karlsruhe: Zentrum für Kunst und Medientechnologie, 1993),这个故事里没有摇曳的光去确定观看者的空间和方向。

2 Michael Asher, *Impossible Journey:Two against the Sahara* (London: Viking, 1988),164-165.(本节的题词在第 169 页。)

然而，阿舍并不孤单；他的同伴们向他提供了与他自己身体有关的"局部的测量标准"（local measure），而且，当在沙漠中突然迷了路且无标记可循时，他和他们以双曲线的方式体验撒哈拉沙漠。也就是说，靠近他的其他东西有"可理解"的外形和大小，但是并不在"近距离区域"之中的物体、外形、距离和运动被极大地扭曲了：

> 中午，我们遇到了一个旅行团……从远处走来的驼队看起来静止不动。它们好像没有在走路，直到我们与它们站在一起的时候，它们突然变成了三维立体的样子。这种奇怪现象是由于我们之间没有任何东西可以标记出我们之间的距离。……那时我们听到了发动机隆隆的声音，原来沙漠中有两辆卡车。就像……前面提到的旅行团一样，这两辆卡车像是静止不动。直到我们经过它们时，它们似乎加快了动作，从一英里以外传来轰鸣声。或者是在两英里？或者甚至是十英里？没有办法在泰内雷沙漠（Ténéré）判断距离和比例。[1]

阿舍也谈到了很难找到方向和走出无特征的地貌：

> 玛丽内塔（Marinetta）从我们旅行团跑走的时候，我正好看到了她……。她在沙漠之中呈"之"字形疯狂地奔跑……。当我也想试试的时候，我意识到没有任何可以盯着的东西，所以沿着直线跑是不可能的。沙漠表面的纹理或阴影给人一种轻松的印象。我们朝可以看见大量沙丘的地方跑去，结果只发现它们融入了并不很高的沙浪之中。一块丢弃的柴木会被错认为一头骆驼或一个帐篷，一条变黑的沙丁鱼会被错认为一辆报废的汽车。[2]

---

1 Michael Asher, *Impossible Journey: Two against the Sahara* (London: Viking, 1988), 165.
2 Ibid., 166.

在阿舍的视野中，就人的身体以及身体给所认识事物所赋予的有意义的尺寸和秩序而言，一切事物都只能进行局部的测量。双曲线空间是最原初的，而且是被主观地体验到的——就人类的意义生产而言，它先于欧几里得式的抽象和笛卡尔式的客观性。如多萝西娅·奥尔科斯基（Dorothea Olkowski）指出的："被亲历的空间（lived space）是非线性的，它是一个场域，一个环境……。我们生存的首要空间是'拓扑式的'（topological）；它符合我们知觉的辩证对立……。它是一种'社会环境，邻近关系及环绕关系被限制在这个社会环境之中'，……（关系）不仅仅是几何学或文化的，而且也是*活生生的*（lived）。"[1]

的确，这样的拓扑空间确切地说是在它之前的孩子世界的空间，孩子已经适当地"被规训"并且"被赋予了大小"。这里有启发的是通过比较文艺复兴时期的透视模式和孩子对主观/视域/世界关系的考察，指出了欧几里得几何学和双曲线几何学之间在体验上的差异。像我们从事电影研究的人都知道，文艺复兴的透视法很大程度上塑造了主体对世界的"掌控"：表象与看不见的观看者建立了构成三角形的关系，如果以水平的地平线为参照，那个看不见的观看者处于顶点（平行线在这个顶点相交）。对孩子和成人来说，在没有欧几里得式标志（上文已做了详细说明）的处境中，人们与世界形成的体验关系是以身体为基础。在这个系统中，身体处于周围世界的*中心*；因此地平线不是水平的，而是高度*弯曲*的（平行线在远处分散开）。[2]

---

[1] Dorothea Olkowski, "Merleau-Ponty's Freudianism:From the Body of Consciousness to the Body of Flesh," *Review of Existential Psychology & Psychiatry* 18,nos.1-3(1982-1983):111. 奥尔科斯基内部引用来自 Maurice Merleau-Ponty, *The Visible and the Invisible*, ed.Claude Lefort,trans. Alphonso Lingis(Evanston, IL: Northwestern University Press,1968), 210。

[2] 关于孩子的非笛卡尔式空间知觉，也可参见 Maurice Merleau-Ponty,"Expression and the Child's Drwaing," in *The Prose of the World*, ed.Claude Lefort,trans.John O'Neill(Evanston,II:Northweatern University Press,1973), 147-152. 孩子的非笛卡尔式空间知觉的一个有趣而精确的视觉表达，可参见 Tamás Waliczkyd 的影像作品 *The Garden* (Karlsruhe:Zentrum für Kunst und Medientechnologie,1992)。

在这个世界中，抽象的北面即（有意如此，但也具有欺骗性）人所看向的任何——每一个——方向。因此，对于一个孩子来说，她的宇宙以双曲线的方式弯曲了，以契合她的具身化目的所形成的辐射状的空间，北面，当它被命名之时，就成了意向的方向，在这种现象-逻辑之中，它的运动和转变都变得可理解了。随后，北面的转变——它的"所在"——通过它从某人身体内抽象出来而得到承认，它作为固定和标准化方向的任意指代意味着对身体的引导，但不再从它的目的中出现。因此，一个成年人的世界是规范的欧几里得式的，而且是有组织、具有抽象的方向性，对他而言，回到双曲线空间意味着对事物的测量将首先通过他或她自己的身体及他或她的偶然活动，所以他会变得没有方向，不安，甚至感到充满危险。

## 迷失于空间

"我不知道我们身在何处或去往何方。"

——《迷失的巡逻兵》(The Lost Patrol)

某些环境……会唤起一种诡异的感受，我们会回忆起有时在梦中经历过的无助感……。比如，当人们在高地丛林中迷了路，身陷……山中迷雾，每当去寻找有标记的或熟悉的小路时，都会一次又一次地重新回到同一个地方，之所以能意识到是同一个地方，还得借助一些特定的界标。

——西格蒙德·弗洛伊德，

《论诡异》(The Uncanny)

什么是迷失于世界空间的"样子"和"时间性"？每个人的经验都具有现象学的结构，表现为有意义的时间和空间结构。因此，人们可能非常期待找到一个扩展形态的世界空间，人们正是在其中迷失了自己，这种世界空间至少在两个著名的"想象地理学"中得到了具体表述：美国电影和弗洛伊德《梦的解析》（*The Interpretation of Dreams*）[1]。然而，在美国电影业和这本关于梦境的最著名的著作中，的确很少直接描写在世界中迷失的场景和剧情。除了对童话和幻想小说的电影改编，诸如《汉塞尔和格蕾特》、游记或探险故事（如上文的阿舍）等，对"迷失"的直接体验似乎被移植到了寓言和隐喻之中。

考虑到电影和弗洛伊德中相对缺少关于"迷失"的各种上手（ready-to-hand）的再现，并且我还想找到各类现象学"还原"（或主题化）的相关资料，我决定做一次互联网调查。我在网上贴了一份问卷调查，询问美国电影中关于迷失的一些画面——并且说明我对流浪狗和流浪猫的"无据可查的旅行"故事不感兴趣，或者对寓言式或隐喻式的故事也不感兴趣（亦即关于在"外部"或"内部"空间中迷失的科幻电影，或者是角色被认为或被读解为"在生存上"或"道德上"迷失的那类剧情）。那些回答证实了我的直觉，对电影中的迷失进行奇怪的（鉴于我的同事和朋友们对这个话题投入了巨大的兴趣和力比多）、直白的和相对持续的描述是少见的。电影中有一些是处在非欧几里得式的、"未开化的"（uncivilized）或"异域的"地方，比如《迷失的巡逻兵》（*The Lost Patrol*，1934；约翰·福特执导），在这部影片中，一队英国士兵迷失在美索不达米亚大沙漠中；《陌生人的慰藉》（*The Comfort of Strangers*，1991；保罗·施拉德执导），在这部影片中，一对旅行的夫妇找不到方向了，迷失在威尼斯非欧几里得式的几何学中。其他少数电影则显示了身处美国荒野和没有特征的高速公路时的无方向感：在《惊魂记》（*Psycho*，1960；阿尔弗雷德·希区柯克执导）中，马里翁·卡

---

1 Sigmund Freud, *The Interpretation of Dreams*, trans. James Strachey (New York: Avon,1965).

莱（Marion Crane）在州交界处的雨中迷了路，直到她永远地停留在贝兹旅馆（Bates Motel）中；在《德州巴黎》（*Paris, Texas*，1984；维姆·文德斯执导）中，健忘症患者塔拉维（Travis）在沙漠中无目的地游走并寻找家园；在《我私人的爱达荷》（*My Own Private Idaho*，1991；格斯·范·桑特执导）中，患嗜睡症的迈克（Mike）在路上从病情发作的睡梦中醒了过来，他不确定自己的方位，也不知道自己是如何到达那里的；在《妖夜荒踪》（*Lost Highway*，1997；大卫·林奇执导）中，大量的角色在空间和时间不协调的路途中出现和消失；在同名电影《杰瑞》（*Gerry*，2003；格斯·范·桑特执导）中，两个名叫"杰瑞"（Gerry）的年轻人不幸迷失在"死亡谷"中。还有许多尽管是小制作但很有意义的当代电影，在这些电影中，主角迷失在纽约、洛杉矶和芝加哥的城市"丛林"的"荒野"之中，他们在寻找回家之路时，遇到了充满敌意的"本地人"：这些电影讲了一些与20世纪80年代晚期和90年代早期白人男性城市经验现象学有关的东西，这些电影是《下班后》（*After Hours*，1985；马丁·斯科塞斯执导）、《虚荣的篝火》（*Bonfire of the Vanities*，1990；布莱恩·德·帕尔马执导）、《两男一女三逃犯》（*Quick Change*，1990；霍华德·富兰克林与比尔·墨里执导）、《大峡谷》（*Grand Canyon*，1991；劳伦斯·卡斯丹执导），以及《夜惊魂》（*Judgment Night*，1993；斯蒂芬·霍普金斯执导）[1]。当然，《女巫布莱尔》

---

[1] 我感谢所有那些对我的问题作出回答的 H-Film 的同事。尽管大部分被提到的电影偏题进入了科幻的寓言，许多都欠缺关于迷失的具体的空间模式，有一些则不是美国电影（我关注的正是这些），但是还有许多被提到的电影都是相关的（无论直接还是间接）。有两部电影在文章中没有提到，但与我的讨论有共鸣之处，一部是《异星兄弟》（*The Brother from Another Planet*，John Sayles，1984），这是一部科幻电影，讲到了两名印第安纳游客在哈莱姆黑人区迷路的场景；还有一部是《神秘列车》（*Mystery Train*，Jim Jarmusch，1989），它讲的是字面意义上和隐喻意义上的迷失。如果有人开始猜测为什么在电影中人们真正的迷失的场景可能要比人们预期的少得多，以及为什么这样的场景要在科幻的幻想空间中展示，那么可以说，一个首要原因可能在于电影本身是由不连续的片段以及不连续的时空所组成，电影装置以及传统叙事的目标就是使这些片段连贯起来形成一个协调的地貌，使观众能够在其中游览。真正引发了无方（转下页）

(*The Blair Witch Project*，1999；丹尼尔·麦里克与艾德亚多·桑奇兹执导）这部电影让我们回到了"迷失于林中"的剧情之中——尽管它的双曲线空间的迷失方向不是发生在《格林童话》中，而是发生在马里兰州的布尔基特斯维尔小镇（Burkittsville）。然而，总的来说，就持续的叙事焦点而言，关于在世界空间中迷失的电影出奇得少。

如前所述，弗洛伊德也不是一开始就有帮助的。尽管《梦的解析》喜欢强调丢失东西、错过列车或坠落的情节，但非常令人惊讶的是，这部著作居然没有一个关于在世界现实空间中迷失的例子——或者，哪怕是在幻觉空间中的迷失。更确切地说，正是《论诡异》这篇弗洛伊德最著名的文章最终描述了一个关于迷失的主要情节（和形式）——它的描述不是通过精神病患者的梦，而是通过焦虑的弗洛伊德本人所体验过的具体事件。在介绍"不自觉的重复"（involuntary repretition）是诡异的构成特质时，弗洛伊德回忆起了一种个人处境，即"有时在梦中所体验的无助感"：

> 有一次，在一个炎热的夏日午后，我走在意大利乡镇上的一条荒芜大街上，这条大街我很陌生，我发现自己来到了一个毫无疑问让人难以忘怀的街区。在小房子的窗户那里，只能看到一个浓妆艳抹的女人，别的什么也看不到，我急忙在下一个转弯处离开了这条狭窄的街道。但是闲逛了一会儿之后，我突然发现自己回到了这条街道，我的出现开始引起人们的注意。我赶紧再次离开，但是通过迂回的小路，我第三次到达了同一个地方。

---

（接上页）向感就会在不同程度上提醒电影和观众去关注电影最初的前提，即电影不是前后连贯的。因此，除非替换成寓意或隐喻，不然叙事中长时间关于迷失的情节可能会产生解放叙事的威胁，让我们进入一个更具有物质自反性、非叙事性的"实验"电影领域。在叙事电影中，"迷失"的情况很少出现，在我们——和角色的——"熟悉的"——方向中被标记为"不寻常"。

此时,我被一种感觉裹挟了,我只能把它描述为诡异,我很高兴能够放弃我探索式的漫步,径直回到我不久前离开的广场。[1]

弗洛伊德的经验展示了迷失的一种形态——绕圈子(round)。事实上,用当地话讲就是"兜兜转转"。绕圈子的经验体现了一种特殊的时间维度,指向人们发现自己不断地重新回到原处的过去。相比之下,现在则似乎是苍白的,未来又极其遥远,它的实现是被阻止和妨碍的。在这方面,弗洛伊德关于迷失以及几次回到一个"浓妆艳抹的女人"的街道的故事,不仅可以被理解为性焦虑的故事,也可以被理解为展示另一种焦虑的故事:在时间和空间上被"围困"以及深陷于变成过去的当下之中的焦虑,对将来被取消的焦虑,关于想直接走向"红灯区"(red lights)的外在禁令的焦虑(是的,有时一支雪茄明显就是一支雪茄——以及红灯区就是红灯区)。[2]

因为"绕圈子"时总是沿着一个密封的环形,而且总是在不停歇地追逐着自己的尾巴(和故事),所以它产生了一个语境,在这个语境中目的性的活动和前进的动力被视为徒劳无益,因而会变得越来越绝望和狂热。这里,马丁·斯科塞斯(Martin Scorsese)的《下班后》

---

[1] Freud, "The Uncanny," in *Studies in Parapsychology*, ed. Philip Rieff (New York: Collier,1963), 42. (本节的题词在第42—43页。)
[2] 关于弗洛伊德周期性地——不情愿地——回到有浓妆艳抹的女人的街道,一个很有启发的文本也提供了一个"镜像",其中也包含了空间方向、妓院和名人。在沃尔特·本雅明的《普鲁斯特的形象》("The Image of Proust", in *Illuminations: Essays and Reflections*, ed. Hannah Arendt, trans.Harry Zohn [New York: Schocken,1968])一文中,他在讨论普鲁斯特的《典礼之爱》(love of ceremony)及其在"制造复杂性"上体现的才智时,不仅揭示了普鲁斯特的表面主题,也揭露了普鲁斯特自身,他这样写道:有一次他深夜拜访克莱芒-托奈尔公主,他能否留下来全看有没有人能从他家把药取来,他让一个侍从去取药,没完没了地描述着左邻右舍和房子的情况。最后他说:"你不会找不到的。奥斯曼大街上就它的窗户还亮着灯。"他说完了一切,唯独没给门牌号。任何一个在陌生城市里打探妓院的地址却得到最啰里啰唆的指点,知道了所有的事情却没有听到街道的名字和房子门牌号的人,都会明白这意味着什么。(207)非常感谢马克·西格尔(Marc Siegel)使我注意到这篇文章。

中滑稽而痛苦的——男性——噩梦详述了弗洛伊德式的经历。[1]这部电影同样充满了作为男性欲望和恐惧对象的"浓妆艳抹的女人",电影的结构是一种反常的"圆形"(la ronde),在这个圆形中,空间的迷路和"围困"(arrest)、逐渐加剧的焦虑以及狂乱活动的无用性是影片的主调。保罗·哈克特(Paul Hackett)是一名中层办公室人员,生活乏味,期盼着艳遇,他在咖啡馆邂逅了一名年轻女子,这名女子邀请他当晚稍后在Soho与她约会。由于各种不幸之事,保罗身无分文,身陷陌生的空间,他在Soho"绕圈子",这里的街道、生活、物体彼此关联,形成了一个自成一体的时空,在这里,他绝望地作困兽之斗,注定诡异地重复。的确,电影结构的笑话以及它最后的解决方式在很大程度上是因为更高层面叙事的需要,以及他按部就班的生活所具有的环形和重复的本质,所以保罗第二天早晨出现在平常的办公大楼里,这里正是他(也是影片)开始的地方。像弗洛伊德一样,在最终找到他所寻求的艳遇之后,保罗最想做的事就是回家,但是——就像弗洛伊德在大街上遇到妖艳女子的经历一样——影片滑稽的焦虑来自这样的观念,即"在下班后"(after hours)无助地迷失了,不仅迷失在空间之中,而且迷失在某人隐秘的欲望那危险而封闭的世界中。

然而,还存在着比绕圈子更严重的迷失状况,也还有迷失方向的其他模式,并不一定会使时间重现以及使之成为过去。或许所有迷失形式中最为可怕的是"不知道你身在何处"。不知道身在何处并不是说失去了未来目标或回到了之前;而是说,在空间上它失去了当下的根基(present grounding),在时间上迷失于现在(present)之中。迷失的这种形式似乎是一种生存的境况,而不是一个诠释学问题。它的结构事先就已经危险地敞开了,而不是封闭着,它的视域是无限的,它

---

[1] 想到男性欲望以及它在喜剧模式中的挫败,我们就会想起一部刺激的情侣电影把空间迷路的绕圈子变成了完全对等的时间迷路,这部电影叫《土拨鼠之日》(*Groundhog Day*, Harold Ramis,1993)。

的基础是不稳定的,它强调纵轴("向前"和"向后"并不是问题,而"这里"才是一个确定的问题)。"不知身在何处"的形状是有弹性的、变化的、伸缩的、在空间和时间上是延伸的;一个人在方向上陷入困境,比起横向,纵向尤甚(眩晕常常被形容为"底部掉落")。这种迷失形式的主要时间维度就是现在,但却是过去和未来都坍缩于其中的现在,是一个被无限延伸的现在。不知你身在何处就是迷失的"黑洞":《迷失的巡逻兵》中在没有标志物的美索不达米亚大沙漠中的经历,或《杰瑞》中死亡谷广袤荒野上的沙尘暴的经历。

然而,当世界空间和时间"被过度标记"时,也就是说,当人们当下的时空跟其他的(同样是震撼和鲜活的)时空交叉重叠在一起的时候,这种形式的迷失方向及其由此产生的生存焦虑也许就会出现。在最伟大的法国小说家描述了他旅行之时经历的反常状况之后,佛罗伦萨精神病医生格拉齐拉·马瑟里尼(Graziella Magherini)提出了她所说的"司汤达综合征"(Stendhal's Syndrome):一种暂时性病症,特征是迷失方向、惊慌、心悸、丧失身份、恐惧和眩晕,这种病症困扰着到佛罗伦萨和威尼斯等城市旅游的某些外国游客,这些城市长达几个世纪的生动艺术和建筑征服了他们,动摇了他们当下所处的空间和锚定的时间[1]。"受影响的游客,"有人告诉我们,"往往在休息两三天后就马上恢复了(snap back)",但是"最好的治疗方式就是回家"。[2] 从临床上来说,不知道自己身在何处似乎在感觉方面比诡异更令人眩晕、在生存方面比异国他乡的陌生感更具危险性,那是一种"神游状态"(fugue state),类似于它音乐上的同名物所具有的多音调的、交织的、

---

[1] Graziella Magherini, *La sindrome di Stendhal* (Firenze: Ponte Alle Grazie, 1989). 对司汤达综合征的简要英语说明参见 "Prey to Stendhal Syndrome," *Los Angeles Times*, Nov. 21, 1987, sec. 1, pp. 1-2; and "Tourists Turn Up Artsick in Florence," *Los Angeles Times* (Orange County edition), Sep. 15, 1988, sec. 6, p. 6。

[2] "Prey to Stendhal Syndrome," *Los Angeles Times*, 2.

1 森林中的面包屑:对空间迷失的三次沉思

多重意义的主题和方向要求[1]，精神病学形容为"逃离或丧失对自己身份的意识，有时包括离家出走（wandering away from home），并且常常作为对震惊或情感压力的反应而出现"。[2]

在电影艺术里，即使不是很多，我们也能发现类似的情形：某人失去了方向的锚定，出现在一个纵向上被延伸的多声部时空中，在一个令人眩晕、吞噬一切的现在之中，过去和未来坍缩成一块。由达里罗·阿尔金托（Dario Argento）执导的意大利恐怖电影《司汤达综合征》(*La Syndrome di Stendhal*, 1996)[3]——尽管综合征只不过是用作故事开场的情节，讲的是一名女警探在面对艺术"杰作"时产生了眩晕和幻觉，而她试图去抓捕一名连环强奸杀人犯的故事。在电影开始的时候，我们看到这名警探（来自罗马）"被佛罗伦萨乌菲齐美术馆（Uffizi gallery）的一幅画深深地吸引"，"她昏了过去，摔倒在地上，梦见自己进入了这幅海洋画中与鱼儿一起畅游"。[4] 不过，也许保罗·施拉德（Paul Schrader）的《陌生人的慰藉》更为合适，因为这部电影不仅引发而且延续了不知身在何处所带来的眩晕和生存危机，这种时间和空间的根基被消解了，而这一根基对落实和确定某人的自我认同必不可少。两名游客，是一对英国夫妇，希望通过出国而令他们的浪漫关系重获新生。一天夜晚，在威尼斯的非欧几里得式双曲线大街上，他们迷了路——在那里，似乎没有直角，唯有斜交曲线（oblique curves）和迂回。走了一个晚上，他们最终得到了一名富裕的威尼斯人的"救助"，这名威尼斯人和他的妻子有计划地（或许可以说是疯狂地）在更广泛、

---

[1] Fugue 可以指一种精神上因为紧张而处于的遗忘的状态，即"神游状态"，同时这个词也可以指音乐上的"赋格曲"，这是一种复调乐曲形式，其核心主题由多个声部通过模仿对位法发展而成。作者有意使用了一语双关。——译者注

[2] *The New Shorter Oxford English Dictionary*, s.v. "fugue".（楷体为笔者所加）

[3] 这部电影 1999 年在美国放映的时候是被限制放映的，英文名叫 *The Stendhal Syndrome*。

[4] Marc Savlov, review of *The Stendhal Syndrome*, dir. Dario Argento, Austin Chronicle, Oct.25, 1999.

更令人眩晕且最终是致命的程度上解体和消解了这对夫妇的根基和身份。在关于不知身在何处的所有层面上,《陌生人的慰藉》无论是主题还是情绪都与司汤达综合征产生了共鸣。(马瑟里尼对她的佛罗伦萨游客病人说,"他们最常见的主诉是困惑和惊慌",但是在威尼斯,"主诉往往是带有自杀倾向的抑郁"。[1])

然而,空间上没有根基和对现在的延伸(通过它对过去和未来的耗费而得到膨胀),以及对身份锚定本身的威胁,这一威胁以不知身在何处并产生惊慌和眩晕为特征,可以出现在离家更近的地方——它的迷失方向和膨胀的现在,是由美国城市的环境和历史时刻的恐怖所带来的。事实上,在20世纪80年代末期和90年代早期的美国电影中,无根的恐怖不仅在时空方面,也在种族方面上演。《虚荣的篝火》《大峡谷》和《夜惊魂》都与由"不知身在何处"产生的迷失方向的惊慌有关,也和突然"处于不利处境"的白人男性感知到面对其他种族男性的威胁时而产生迷失方向的惊慌有关。[2] 在这个方面,尽管《虚荣的篝火》关于不知身在何处的剧情并没有像《夜惊魂》(在这里,一个被延伸的现在构造并消耗了整个叙事)那样在时间上被延伸[3],但是它的讲述方式非常特别。这种特别不仅仅是指由于一个小失误使处于上层社会的白人、"宇宙的主宰"舍曼·麦克科(Sherman McCoy)和他的情人迷失在南布朗克斯(South Bronx),而这件事推动着整个剧情的发展,完全糊里糊涂地(topsy-turvy)转变了舍曼的世界和生存的

---

1 "Prey to Stendhal Syndrome," *Los Angeles Times*, 1.
2 迷失、男性、白人的三方关系以种族的方式展现,这更早出现在连续喜剧/讽刺电影《假期历险记》(*National Lampoon's Vacation*, Harold Ramis, 1983);这部电影也被称作《暑假历险记》;在这部电影里,度假农庄口齿不清的老父亲驾车穿过了乡村,在圣路易斯市迷了路,给了"其他种族的人"五美元为他做导游,但是他给的钱只是把他带到了另一个"其他种族的人"那里,据说这个人会给他指路。
3 《夜惊魂》不是一部讽刺电影,而是试图在城市恐怖上做到"政治正确"。它通过提供明显的四个混合种族的乡巴佬而替换和颠倒了它对其他种族人的潜在恐惧,他们在芝加哥"混乱"的地区迷了路,在那里,他们开着高档房车,不小心一下子碾过了受害者,接着被混合种族的黑帮追打,电影真正的恶棍被呈现为白人。

方向系统，而且这个事件也开启了这部失败的讽刺电影唯一尖锐讽刺的——且令人称赞的——场景。他们驾驶着名贵的轿车（这是所有这类电影里为了显示阶层根本差异的刺耳宣告），从曼哈顿北面的一条高速公路下来，舍曼的情人在这条不熟悉的街道上变得越来越焦虑："白人都去哪儿了？"她愁眉苦脸。然而，当这对恐惧的情人驾着车碰到了两个在高速公路下面空荡荡的大街上行走的黑人青年时，他们以为自己会受到攻击，喜剧性的困惑变成了其他东西。他们相互对峙的场景在情感层面上受到了眩晕和惊慌的影响，最终导致了其中一个青年的死亡，并完全摧毁和消解了那些结构和事物，它们是舍曼自鸣得意之傲慢的基础，也是他所谓"掌控"宇宙的证明。正是在这样的空间上迷失方向的场景中，我们——既在实际层面也在文化层面——看到舍曼的"这里"和他生活的"底部掉落了"（the bottom fall out）。突然，没有任何预兆，舍曼不再知道他在哪里，他永远地迷失了。

还有第三种形式的迷失，一种更为日常、威胁性更小的迷失方向的形式，我们通常称之为"不知道该如何到达目的地"。不像其他两种迷失形式，它的空间结构是线性的，而且是向前的（forward-directed），向着一个可以到达的远方——即使方向是"向前的"，但是它的意向目标不能被精确定位。同样，与它的空间方向具有同构性的是这种形式的时间结构，这种结构是由*未来*形塑的。不知如何到达目的地既不能被体验为诡异的也不能被体验为眩晕的；相反，它的影响似乎更平凡。这种形式的迷失关注的是实用主义解决方案的现实可能性。它把自己呈现为一种诠释的问题，而不是反复出现的梦魇或生存的危机，它主要的情感反应是沮丧而不是铤而走险或惊慌。因为它是求助解决的问题，所以它指向的是未来——在意向上很近但现在还无法达到的时间距离上的未来。尽管，像在绕圈子的经验中一样，这种未来是预先被阻止的（forestalled），但是与那样的经验不同的是，过去在这里没有什么意义。相反，时间的运动是朝着模糊的风景前进的，在一个确定可以到达的具体未来中,从确定的现在和解决方案里,去寻求一种有目的性的释放。这里,喜剧《两男一女三逃犯》堪称典范。两个男人和一个女人成功抢劫了一家银行,在影片的大部分时间里,他们都试图在警察发现并抓住他们之前就赶到肯尼迪机场,逃往国外。他们像舍曼·麦克科一样犯了一个错误,将车子开进了城市里他们不熟悉的地方,并且被困在了那里;然而,和舍曼不同的是,他们显示出来的主要不是惊慌和认同的消解,而是沮丧。他们迷失了,但不是完全茫然失措;即使在一开始他们抢着逃跑的时候他们也不知道自己在什么地方,他们遇到的问题主要是实践的问题,确切来说,是寻找布鲁克林-皇后高速公路(Brooklyn-Queens Expressway),首先,他们向工人们寻求帮助未获成功,而那些工人正在十字路口更改关键性的路标;其次,在西班牙街区,他们打听路该怎么走,但没人听得懂。当他们发现一位男士正站在他的车子旁边看路线图,他们就停下来向他打听路,而他却抢劫了他们——尽管他留下了地图(还有他们没有被发现的赃款)。随后,出于各种原因,他们没了车子,所以叫了辆出租车,司机既不会英语也不明白他们到底要去哪里。最后,他们只能坐上公交车——在那上面,如果他们要去某个地方的话,就会因为必须得遵守过于追求精确的公交车司机那死板的规则和逻辑而被再次提前阻止。就像罗杰·艾伯特(Roger Ebert)所言:"如果他们这样做的话,就到不了他们想去的地方(我指的不是去机场的公交车,而是去机场附近的公交车)。"[1] 迷失的此种特定形式总是强烈地指向一个特殊的目的地,它有一种完全可能的未来,尽管目前尚未实现。直到电影十分令人满意地解决了这个问题,这里叙事和目的地交融到一架飞往热带的飞机之中,《两男一女三逃犯》中的迷失不是生存上的铤而走险或消除,而是喜剧性的沮丧。

---

[1] Roger Ebert, review of *Quick Change*, dir. Howard Franklin and Bill Murray, *Cinemania'94*, CD-ROM (Microsoft, 1993).(楷体为笔者所加)

这里，我只是简单概述了世界空间中三种主要形式的迷失的时空形态（"想象的地理学"）。肯定还有其他的变式以及它们自己的现象学。然而，这里扼要的论述所揭示的是，迷失的经验所要求的不只是借助地图学或地理学的传统坐标所提供的部分描述[1]。空间的迷失拥有一种超越这些描述的现象－逻辑，即便为了产生和解决它而可能会规范地依赖这些描述。

## 指　引

大约过了二十分钟，绕着同一幢大楼走了一会儿，玛丽知道汤姆迷路了。她最后建议他求助。汤姆变得非常沉默。他们最后到了聚会地点，但是紧张……持续了一整个晚上。玛丽搞不明白他为什么会如此不安。

——约翰·格雷博士（John Gray, Ph. D.），

《男人来自火星，女人来自金星》

(*Men Are from Mars, Women Are from Venus*)

---

[1] 有一门地理学二级学科叫"行为地理学"，它运用认知心理学去解说和理解人类在世界空间中的方向感。尽管它的许多实验在追溯空间的"认知图"、人类确定方向时所用的策略和作出的选择，以及空间迷失方向的种种形式上都是很有用的，但是它的洞见并没有解释清楚确定方向和迷失方向的价值和影响。在《寻路的实验：认知图绘和人类认知》（这是在加州大学洛杉矶分校举办的马尔沙克研讨会上宣读的文章，该会议举办于1997年1月3日）一文中，雷吉纳德·G. 格雷齐（Reginald G. Golledge），加州大学圣芭芭拉分校地理学教授，同时也是空间认知与决策研究单元主任，她研究的是盲人和盲童，为的是探索"遵循路线的策略如何建立一种认知地图，解释为什么认知地图也许是片段化的、被歪曲的和非常规的"（讲座摘要）。格雷齐辨别了"错误"的种种类型，它们的出现也许和确定方向有关，因此会导致空间上的方向迷失："地点的序列或路线的片段；路线与设置的理解；对点与点之间距离的领会；位置上的移动；对各种场所的认知；对方向的误解；位置不对的地标（锚）；差劲的空间整合；角度的一般化；改变的视角；错误的方向感；对方向的错误理解"（讲座摘要）。感谢路易斯·卡拉斯尼维茨使我注意到这篇讲座文章。

他们在拍一部叫《迷失太空》的电影。罗宾逊一家仍然会迷失方向。甚至是三十年后，父亲仍然不会停到路边问一问路。

——罗茜·欧唐纳（Rosie O'Donnell），
《罗茜·欧唐纳秀》（*The Rosie O'Donnell Show*）

当弗洛伊德迷失在意大利，在浓妆艳抹的女人出没的大街上绕圈子时，他最后去问路了吗？他的解释特意告诉我们，一旦他确定了这条街道令人讨厌的特性，他就"加紧脚步离开了这条狭窄的街道"，并且"没有方向地闲逛一会儿"，结果发现自己又回到了同一个地点。他并不太愿意透露他对历险结局的焦虑，他告诉我们的一切就是他"很高兴放弃了（他的）探索性的闲庭信步，径直回到了他刚离开不久的广场"。美国女人之间（以及在关于两性关系的流行心理学书籍中）老生常谈的事情是男人几乎从不问路[1]。确实，他们的整个身份似乎是取决于他们感觉自己可以把握这个世界。汉塞尔负责找到从森林回家的路，弗洛伊德却（顺便）告诉我们他是在"盲目地"闲逛，但只字未提他是如何找到回到熟悉地方的道路的。在我们看来是男人在与世界空间的协商中投入了过多的力比多，女人们则对此大笑不已。我们觉得这样的观念很幼稚，即迷失的观念（更不用说问路的行为）威胁了男人的身份，以至于当他们在（在我们看来是）无关紧要的关于空间中迷路的"羞耻"例子中显得（在他们看来是）"没面子"之时，他们显露了似乎过度的防御性、愤怒，甚至歇斯底里[2]。

---

[1] 一个证据是，作为一种文化现象，男性不愿问路并不只限于美国。德国西南部图宾根大学的社会学家伯恩德·于尔根·瓦肯和他的同事弗兰兹卡·罗勒和克里斯蒂·派卡记录了发生在德国语境中的类似现象。参见"Of Course I'm Sure," *People*, Sep. 6,1999, 135-136。

[2] 羞耻与这种迷失或不得不问路之间的性别关联，可以从关于羞耻的现象学社会学中得到解释，参见 Jack Katz, *How Emotions Work* (Chicago: University of Chicago Press, 1999)。卡茨不仅讨论了社会脆弱性、道德无能感、恐惧和混沌的感受，这些（转下页）

尽管这种性别差异在人们的现实关系中有着真实而重要的影响，但它是如此令人熟悉，以至于似乎显得滑稽或乏味[1]。更恰当的说法是，在许多畅销的流行心理学著作中，迷路给性别冲突提供了一个关键场景，这些著作包括约翰·格雷博士的《男人来自火星，女人来自金星》，德波拉·塔内（Deborah Tannen）博士稍欠谦逊（但也较少性别歧视）的著作《你不懂：对话中的男女》（*You Just Don't*

---

（接上页）感受与羞愧有联系并构成了羞愧，也讨论了羞愧的卑微效果："当感到羞愧之时，人们就会垂头丧气，被迫放弃优越、傲慢的姿态。"（166）在某个特定文化中的男人看来，世界的空间就是由他们"设定"和"掌控"的，不知身在何处以及因为问路而进一步暴露他们的无知，都会在社会上和道德上令他们感到羞愧。这里所说的卑微在本体论上被认为是由社会造成的，并且是作为"突然失去自身与世界的所有熟悉的路标而引起的不一致感到羞愧"而出现。（167；卡茨引用了这本书：Helen Merrill Lynd, *On Shame and the Search for Identity*, [NewYork: Harcourt, Brace, 1958], 39）卡茨还论证了这样一个观点，考虑到它的消极性质，要摆脱羞愧只有通过把它变成其他更为积极的情感（常常是怨恨和愤怒），或者通过参与到某个"日常的""仪式实践"之中，这种仪式实践尊重"一个人的本性和秩序——任何秩序——只要它明显是道德的"。（167）

[1] 事实上，尽管差不多所有我认识的男人都会说他们对问路不会觉得有什么问题（同时承认大部分其他男人不会觉得没问题），但这种现象是如此平常，以至于不仅常常成为喜剧的主题（见本节题词罗茜·欧唐纳的笑话），而且成了广告的主题。福特汽车公司刊出了整版广告，面向女性宣传一本名叫"汽车&卡车易购"的免费小册子。广告的大标题是："因为女人不怕问路。"类似地，一款"女性专用运动服"广告牌上的衣服标签上写着："并不特别限制男性穿这些衣服，这种乱穿可能会带来更苗条的身材，带来一种有支持的安全感，并带来问路的神奇能力。"还有许多讨论该主题的卡通片。有一部讲的是一名男子对他的男伴讲："你有没有觉得我们从没有发现哥伦布可能是个女的？她一直都很乐意问去亚洲的路！"另外一部说的是摩西带领他的人民走出了大沙漠，一个女人在他背后说道："我们在大沙漠走了四十年了。他是一个男人——他会去问路吗？"一个类似的笑话问了这样一个问题："为什么百万粒精子只有一粒卵子受精？"回答是："因为它们不愿停下来问一问路。"最近有两部受到新科技发展影响的卡通片都讲到了汽车中的一对夫妇，其中一部中，男司机对旁边的女子说："因为我们的基因程序阻止我们停下来去问路——这就是为什么！"在另一部中，女子对她长得很酷的同伴说："你的意思是，你甚至都不愿意向电子导航系统问问方向？"这种笑话也出现在儿童电影《海底总动员》（*Finding Nemo*，Disney/Pixar, 2003），影片中迷失方向的 CGI 动画男女主角马林和多丽发现他们身处虚无而茫茫无际的黑暗深水中，当有机会向别人问路的时候，马林制止了多丽，说要靠自己找到出路，直到多丽发怒了，问："男人问一下路到底是怎么了？"（感谢 Victoria Duckett, Chen Mei, Louise Krasniewicz, and Kate Lawrie 为我找来了这些资料。）

Understand:Women and Men in Conversation）。[1]对于格雷来说，如果一个女人认为一个男人迷了路，并草率地建议他去问路，那么她就会听见这个男人说："我不相信你能把我们带到那里去。你没有这个能力！"格雷认为，对于女人来说，最好是保持宽容仁慈——与沉默："汤姆非常赞赏她温和的容忍和信赖。"[2]对于塔内来说，在这种情况下产生的冲突可以归因于这样一个事实，即在我们的文化中，女人把信息交流视为一种对共同体的承认，而男人则将此视为一种不平等的权力关系的阐述："进一步说，如果提供信息、方向或帮助对他人有用，它就能加强了人与人之间的联系。但在某种程度上，这是不对称的，它产生了等级秩序。"[3]尽管这些对男人和女人在迷路——以及表现出迷路——问题上不同的心理投入的分析并没有错，但它们看起来多少有点肤浅了。确切地说，它们尚不够有血有肉，它们的真实性还没有在我们生存的深层肉体的各个层面上得到证实。

　　成为"宇宙的主宰"就假定了与空间的生存关系和相互作用（reciprocity），它以人们具身化的意向性及其感知到的在世界中实现投射的可能性为中心，与之相关联，并始终围绕它而得到组织。这是一种由信心体现出来的关系，这种信心在于一个人作为身体和意识，无论是在内在性（immanently）上还是在超验性（transcendently）上都是构成有意义空间的来源——也就是说，一个人就是世界的指南针。这样被构成的空间是一个人们无法真正迷路的空间，是一个人们永远也不需要引导的空间。这是制造世界的年轻孩子们的生存空间——以及

---

[1] John Gray, Ph.D, *Men Are from Mars, Women Are from Venus* (New York: Harper Collins,1992), 20-21; and Deborah Tannen, PhD, *You Just Don't Understand: Women and Men in Conversation*(New York: Ballantine, 1990), 61-64.（我在此处以及文中使用非典型的"Ph.D"这个名称是因为心理学家和社会学家似乎需要这样的证明来保证流行的商业书籍的出版。）

[2] Gray, *Men Are from Mars*, 21.

[3] Tannen, *You Just Don't Understand*, 63.

在我们的文化中，也是成年男子假定（预设）的生存空间。这很少会是成年女子的空间。

哲学家艾丽斯·玛丽恩·杨（Iris Marion Young）用现象学的方法描述了被文化熏陶、在文化中产生的各种身体和世界空间的形态之间的相互作用，区别了一些一般形式，男性和女性通过这些形式以不同的方式感知和体验我们文化中的空间[1]。这种差异更多的是情境差异在起作用，而不是性别差异。所有人把他们的生存经验为具身性的，因而是内在性的，也就是说，从物质的层面被置于一个特定的"这里"、一个特定的"现在"。所有人也把他们的生存经验为有意识的，因而也是超验的，也就是通过意向性投射那些可能的"何处"和"何时"，从而超越其物质的内在性。然而,鉴于内在和超越是人类生存的普遍条件，它们彼此之间关系的比例或合理性对于我们文化中的男性和女性而言常常是不同的。比起男性，女性更容易成为凝视的对象，这使她们的身体作为纯物质性的"物"而活着，这纯物质性的"物"被内在性地定位于空间之中，而不是作为有意识的主体能够超越于它们的内在性和定位空间而活着。因此，根据艾丽斯·玛丽恩·杨的说法，还有一个主导趋势是"女性的空间存在"（feminine spacial existence），它由"一个并不起源于［女性的］意向性能力的坐标系统定位"（152）。[2] 确切地说，女性也作为意向主体而存在，她们可以也确实超越了她们的内在性，但是由于她们突出地被对象化了，她们这样做就显得很矛盾，

---

1 Iris Marion Young, "Throwing like a Girl," in *Throwing like a Girl and Other Essays in Feminist Philosophy and Social Theory* (Bloomington: Indiana University Press, 1990), 141-159. 下文引用时将标注在正文中。

2 也许还可以补充的是，尽管内在/超越的结构、比例和经验与世俗空间的关系可能会有些变式，对于在性别之外的不同基础上被对象化为他者的人类来说情况是一样的。在我们目前的文化中，主要是有色人种、残疾人、老年人、病人和无家可归者。通过表明行为和着装的模式让他人所看见，就可以将同性恋者和穷人包括在内。对于这个问题的进一步讨论参见"Whose Body? A Brief Meditation on Sexual Difference and Other Bodily Discriminations," in my *The Address of the Eye: A Phenomenology of Film Experience* (Princeton, NJ:Princeton University Press, 1992), 143-163。

而且困难更大。也就是说,艾丽斯·玛丽恩·杨主张,在我们的文化中,女性的空间经验展示了"一种模糊不明的超越性,一种受抑制的意向性,以及一种与其周围环境不连续的统一性。这些矛盾模式的一个来源是女性从身体角度对行为举止进行了自我参照,这一参照来自女性将身体作为'物'的经验,同时也来自她将身体作为一种能力的经验"(147)。因此,女性往往试探性地居住在空间中,居住在一个自相矛盾的结构中,这是一种抑制的和自我疏远的结构,使她们的身体——与她们的意向性相关——更多地成为诠释的问题,而不是行动和运动的透明能力。因此,我们文化中的女性往往不享受这种内在性和超越性的综合、透明和鲁莽的统一,而这对于男性来说却是一个共同的经验。

虽然"每一具"(any)身体都是如此体验着世界空间:既要遭遇与[身体]自身局限及挫折相关联的不透明性和抵抗,又要面对行动的各种开放可能性,但对女性来说,"女性身体的存在是一种受抑制的意向性……与[她们的]意图相关的一系列可能性也似乎同样是与[她们的]犹豫相关的挫折系统"。一个女性的行动及她的自我实现计划的各种可能性——甚至是比如找寻从这里到那里的属于她的路这样平常的事情——肯定会被感知为可能性,但是,往往是"作为'某人'的可能性,而并非真正属于她的可能性"(149)。杨还强调,与这种模糊不明的超越性和受抑制的意向性相关的是女性所经历的"不连续的统一"——既与她们有关,也与她们的环境有关。在"这里"的空间和"那里"的空间"定位"之间存在着意向性的差距,前者是我能够并且已经占据的空间"位置",后者是我在其可能性中加以把握的位置,但在我们文化中的女性并不会明显地把它领会为潜在上是我的。通过研究意义的这种"双重空间"感(152),杨解释了各种心理研究,这些研究表明女性要比男性更多地"依赖场域"(field-dependent)。男性表现出"在其空间环境中提升形象方面有更强的能力,在将空间关系看成是流动和可互换方面的能力也更强,而女性则更倾向于把形象嵌入其周围环境中并被其固定"。然而,杨认为,女性的场域依赖是不足为奇的,在文化语境中,女性往往在一个部分疏离的结构和模式中体验空间:她的"这里"的空间是充实的,且根植于她客观的肉体性之中,但是它与"那里"的空间并不相连,"那里"的空间似乎是不熟悉且抽象的属于他者的地盘。因此,正如杨指出的,对女性生存而言,"视觉〔亦即投射的〕空间中的对象并不处于潜在可变、互换的各种关系的流动系统中,这些关系与身体的各种意图和投射能力相关。相反,它们也有自己的场所并且被固定在内在性之中"(153)。

女性被物质性地嵌入世界空间中并且被定位,而这个世界空间通常会被经验为不连续并且不是她们自己制造的,她们通过向别人问路而发现了一个熟悉的日常的且令人放心的活动,这种活动不会引起生存的危机。相反,它创建了社会的连续性,以替代碎片化的空间连续性。此外,询问方向也与通常将世界空间中的身体体验为一个诠释性问题的做法是一致的。然而,男性一般不能接受将协商空间作为一个诠释问题来看待。他们否认迷失方向的可能性,即使他们有时确实承认在空间上"搞错"了[1]。不同于女性,女性经常把地图与她们自己的身体之间的关联看成是任意的(图书馆平面图所标示的"你现在的位置"对我来说相当于马格利特那幅令人困惑的关于再现的绘画,即《这不是一支烟斗》[*This Is Not a Pipe*,1926]),而男性将地图看作对他们空间位置的确认和延续。因此,地图对男性来说不是对目前迷失方

---

[1] 通过一个让我记忆深刻的个人经验,这种显著的特征被揭示了出来。在上演了一出典型的、非常漫长、相互敌对的"迷路情侣"戏码之后,当我和我的男性同伴抵达餐厅时已经非常晚了,我们一些饥饿的朋友就问发生了什么事,我回答:"我们迷路了。"我的这个同伴发怒了,并且明确否认,反驳说:"我没有迷路;我只是转错了一个弯。"请注意,随着对我们迷路事件的不同解释以及对此事件的在意程度,我为能动性(agency)和责任找到了多个原因(较少归于羞耻,更多归于条件),而我的同伴则是找到了一个单一的假设。

向提供的"解决方案",相反,是作为身体潜在的和未来的扩展而存在,而身体总是(或应该)知道它在世界上的哪个地方。对于我们文化中的男性来说,承认迷失在世界空间中将会产生一个生存危机——对他来说可能意味着承认他迷失在了他的能动性(agency)所预设的意向性空间之中。他可能会承认,他感知到的他脚下土地的经验(这里)与他的意向投射的空间(那里)不一致。鉴于对男性身份的实际根基所产生的威胁,迷失是一种男性努力压制的空间经验。拒绝,否认,否定和转移愤怒都明显地肯定着这种经验,抵挡着它引起的生存的眩晕、惊慌和身份的丧失。(在这方面,特别典型的是前面提到的《女巫布莱尔计划》这部电影,其中有一个重要场景说的是一个迷路的男制片人在对一张没用的地图吼叫,并把它扔进了旁边的溪流。)

在这三种不同形式的迷失之中,我们已经看到,"不知道你在哪里"是最普遍、在生存上最具威胁性的,"不知道如何去你想去的地方"是最局部化和最常见的。本节开头的题词所讲述的关于汤姆和玛丽的情景中,鉴于他所假设的"对宇宙的掌控",当玛丽建议汤姆去问路的时候,他听出了玛丽对他的存在和身份的主观根据的质询,他对不知道他在哪里所隐藏的含义表现出了防御性的姿态和冷冷的愤怒。然而,玛丽像一个物体一样在陌生的空间中移动自己,这个空间不是她自己制造的。她提到另一种更日常、局部化的,对她来说更熟悉的迷失形式——"不知道如何去你想去的地方"——而且,无论在意识上还是在肉体上,她都无法理解汤姆的过度反应,也不能理解他目前正在失去的那个宇宙的样子。在汤姆和玛丽所处的文化中,他们被定位在不同的空间,他们生活其中,他们给他们与空间的具身化关系赋予了不同的价值,如此一来,他们彼此不理解对方,以及迷失(或弄错)的空间现已成为他们之间距离的形状,还有什么好奇怪的呢?

在北面背叛我的身体以及我向前看的目的性成为一个抽象的符号后,在我失去我幼时的自信——认为我是世界的指南针——并且成了一个女孩之后，我从来没有发展出一种真正确定的方向感或地理学。"方向"和"地理学"在我看来就是关于他者的不连续的、任意的系统，而不是为自己存在的流动方向投射的可能性。现在我的确有场域依赖，如果我走过一个地方之后要将对它的记忆变得连贯，那么我就必须在走过一个空间时把它变成一个对我而言具体而连续的此处。我也感觉当我到一个陌生的地方时，如果我遵循基于一系列根基性地标的叙事轨迹而不是按照地图抽象的图式化方向，我才会更具有安全感。然而，即使这样，有时当我尝试按照别人的指示到某个新的地方，而我期待的转角处的麦当劳或左排的洗车店并没有立刻出现以便让我确信我确实走对了路时，我还是会体验到一种金属般的恐惧味道。正是在这些时刻，我强迫自己记住我这里所揭示的东西，深呼吸，并且把我面前的世界定位为一系列内在并不可怕的可能性。但是，真正能够打消我焦虑（也使我会心一笑）的东西是记住这件事，即尽管有"方向感"的是汉塞尔，但最后是格莱特杀死了邪恶的巫婆，救出了她的哥哥，走出了森林，并安全地回到了家中。

## 2 可怕的女人
电影、手术和特效

> 我曾听过一个男人对她满头白发的妻子平静地说:"看着你的时候我才感到自己老了。"
>
> ——安·格里克(Ann Gerike),
> 《论白发和沉重的大脑》
> (On Gray Hair and Oppressed Brains)

> "我准备去死,很不想再看到接下来的五十年了。"
>
> ——无名女子对艾丽莎·梅拉梅德(Elissa Melamed)说,
> 《镜子,镜子:青春不再的恐怖》
> (Mirror, Mirror: The Terror of Not Being Young)

真正的"在肉身中"具身化到底意味着什么,不仅使我们体验到皮肤的明显弹性、它的颜色和纹理,而且会体验到它的脆弱性,它对我们丰富的经历以及多年来的疤痕、松弛下垂和皱纹所作的反应以及留下的可见的标记?在我们这个崇尚年轻和注重形象的文化中,年龄的增加会是怎样的感觉,看起来会是什么样子——特别是对一个女人来说?有一篇文章讨论的是人口统计数据变化的文化意义,这种变化是被称作"美国银发化"(the graying of America)现象的结果,詹姆斯·阿特拉斯(James Atlas)在这篇文章中写道:"美国人把老年看成一种不公平的待遇,而非一种普遍的命运。这是一种自恋的伤害。这就是为什么我们不希望老人在身边:他们令我们难堪,就像残疾人或绝症患者那样。他们被赶到了边缘,只会给我们造成这样一种持存的幻想,即我们紧迫的日常生活是永久性的,而不是短暂的事情。"[1] 这种文化和个人意义上的"难堪"和"自恋的伤害"与我们对我们身体的对象化密不可分,我们将我们的身体对象化的方式是按照它们看起来的样子,而不是按照我们能力的存在基础,是将其作为形象和再现,而不是作为我们存在的手段。因此,就我们是主观地亲历着我们的身体和形象而言,这两者之间不仅相互影响,还经常明显地混淆不清。

在这种语境中,接下来讨论的东西与其说是对这些混淆的论证,不如说是对它们的沉思,因为这些混淆在当代美国文化中被现象学地体验、想象和再现。在当代美国文化中,人们(尤其是女性)对年龄的恐惧通过某些美国电影中如愿恢复青春活力的幻想,以及(如果相关的话)对电影和手术"特效"的"魔力"和"快速修复能力"的普遍信任而被戏剧化和缓解了。老年女性、电影艺术和手术的结合也是美学与伦理的结合,不只凸显了美和可欲求性的文化标准,而且凸显了它们的真实的和再现的后果。正如苏珊·桑塔格写道:"年龄的增长主要是想象中的折磨——一种道德疾病、社会病理——这件事情中还包含一个事实,那就是被折磨的女性远多于男性。女性尤其会带着厌恶和羞耻来经历变老的过程。"[2]

因此,这并不奇怪,作为一个 63 岁且有能力进行自我反省的女人,我却一直在与这种厌恶和羞耻作斗争,以回应我自己衰老的各种过程和文化决定。事实上,很长一段时间,尽管我在知识合理化、文化批

---

[1] James Atlas, "The Sandwich Generation," *New Yorker*, Oct. 13, 1997, 59.

[2] Susan Sontag, "The Double Standard of Aging," 重印于 *No Longer Young: The Older Woman in America* (Ann Arbor: Institute of Gerontology, University of Michigan/Wayne State University Press, 1975), 31(桑塔格原文出处: *Saturday Review*, Sep. 1972, 29-38)。桑塔格的洞见与本章开头的题词彼此呼应,参见 Ann Gerike, "On Gray Hair and Oppressed Brains," in *Women, Aging, and Ageism*, ed. Evelyn R. Rosenthal(New York: Haworth, 1990), 38; and Elissa Melamed, *Mirror, Mirror; The Terror of Not Being Young* (New York: Linden Press/Simon and Schuster, 1983), 30。

判或幽默上作努力，但是我发现自己依旧无法消除一个经常出现的形象——我会重新唤起它，它仍然会让我感到害怕。什么形象呢？这是我和她，一个他者——一张衰老的脸是她主观的客体，我从少女时期以来每天早上都会出现的红晕已经转移并在她脸颊中间凝结成了两个截然不同、显得可笑而又密集的红圈，这种形象——它相应地把一种主观上的羞耻和屈辱带给我的脸颊，因为我对她的脸颊则带着客观上的同情、不乐意的厌恶和蔑视——是老女人的，她不仅欺骗自己以为自己还很年轻、还可以化妆，却化得很糟糕，而且她也在脸上铭刻了对她自己的欲望和所有曾经（至少一些）欲求的东西的讽刺。这不仅是我的脸，也是绝望的诺玛·德斯蒙德（Norma Desmond）的脸。这就是发生在宝贝珍（Baby Jane）身上的事情，这位童星从未长大，但在变老：可笑，怪诞，搽了很多粉，涂了很多口红，睫毛膏和唇膏涂满了充满皱纹的眼睛和嘴唇，狂热地释放出一种无法遏制（containment）的能量，这种能量拒绝不可见和轻视。[1]

虽然我不再想象我的腮红会在脸颊上汇聚成令人羞耻的红圈，或害怕出现自欺欺人的宝贝珍那令人不寒而栗的白脸，我仍然感到绝望的是，在任何时候我都要将那个在照镜子时看到的有问题且常常令人苦恼的形象与我当下丰富的整体幸福感、自信心、成就感和愉悦感协调起来。过去几年，我大多数的夸张幻想都消失了，但我依然感到不仅我母亲的脸经常在我的脸上浮现并且反过来凝视我，而且我越来越不能够以真正的客观性来看待我自己（好像我以前可以似的）。当我凝视着对我来说似乎很老的一张脸，即我所"拥有"的一张脸时，我可

---

[1] 我之前在更早的讨论衰老问题的姊妹篇中援引了这些形象。参见 Vivian Sobchack, "Revenge of *The Leech Woman*: On the Dread of Aging in a Low-Budget Horror Film," in *Uncontrollable Bodies: Testimonies of Identity and Culture*, ed. Rodney Sappington and Tyler Stallings (Seattle: Bay Press, 1994), 79-91。这里提到的这位特别的电影人物——现在已经成为几代妇女的偶像——分别出现在电影 *Sunset Boulevard* (Billy Wilder,1950) 和 *Whatever Happened to Baby Jane?* (Robert Aldrich, 1962) 之中。

以在不到一分钟的时间里摆脱完全的混乱（dislocation）和绝望，可以在一定程度上认出这是一张看起来显年轻的脸、一张我"所是"的脸，并且感到愉悦。然而，最常见的是在绝望和自我满足之间的中间部分，我站在镜子前就像"自负但现实的女王"一样，她在《纽约客》一张有趣的漫画中吟诵："镜子，镜子，墙上的镜子：如果她减掉10磅，做了眼睛和颈部整形，并剪了合适的发型，那么在她的年龄段里，谁会成为所有人中最漂亮的那一位？"[1]

无论我处于什么立场，我现在已经处在对我自身形象不固定性的高度警觉之中，我想了很多关于整容手术的事情：给我的眼睛做整形，去除我额头的皱纹，抚平嘴角的细纹，提拉我下巴周围的皮肤。但我确信我会失望。我知道这种效果不会持续太久——我觉得，也许是不理智的但也许不是，那将有可怕的后果。事实上，看完这篇文章的早期版本，一个朋友告诉我这样一个笑话："有一天晚上，上帝探访了一个75岁的老妇人。'我还能活多久？'她问他。他回答说：'35年。'她想到既然她能再活35年多，那么她应该再次让自己显得年轻，于是她第二年就做了大面积的美容手术：面部提拉，腹部拉皮，鼻子整形，吸脂，一个全面的改造。最后手术大功告成的时候，她被车撞了，当场毙命。到了天国之门，她生气地问上帝：'到底怎么回事？我记得你说我还能活35年？'上帝答复说：'很抱歉，但我认不出你了。'"事实上，我不仅害怕别人认不出我，还害怕自己认不出自己。我有这种感觉，手术会使我在身体上和时间上变得与自己不协调，把我打造成一个诡异且令人不安的替身，她可能看上去像是我"曾是"的样子，并要强行篡夺我现下的"所是"。这里带有某种讽刺的意味，当然，因为我即使不做手术，现在也不认识自己，或者当我照镜子或看照片的时候，我也不会认为这与我的形象是协调一致的。所以，虽然我不回避

---

[1] *New Yorker*, Feb. 19 and 26, 2001, 166.

照镜子,但是我也不会去找镜子,而且我并不是特别热衷拍照。相反,我非常努力把自己更多地置身于(还能怎么说呢?)我的"行为举止"(comportment)之中,而不是置身于我的形象之中。

为此,当我第一次在《娱乐周刊》(Entertainment Weekly)上读到芭芭拉·史翠珊(Barbra Streisand)(只比我小一岁,布鲁克林出生的犹太人,像我一样精力旺盛和充满激情的大嘴巴女人)要翻拍并更新1959年的法国电影《双面镜》(The Mirror Has Two Faces)时,我特别感动,这部电影说的是一个整形后的家庭主妇开始新生活的故事。芭芭拉的翻拍讲的是一个"丑小鸭教授和她追求内在美和外在美"的故事。[1] 显然,鉴于我是一名年老的女学者,对自己的容貌从来没有过信心,这部电影扣住了我的心弦。在讨论这部电影的进步以及它在这位中年制片人、导演、明星身上做它自己的手术(一种猛烈的抨击)的时候,《娱乐周刊》报道了"这位 54 岁"并且"超极挑剔的"芭芭拉所面临的"最大挑战"是:

> 如何呈现她的性格。在原作中,这个胆小如鼠的家庭主妇可以通过整形手术而改头换面。但史翠珊拒绝了这一想法——也许是因为负面新闻——转而选择调整心态。这可能对角色有用,但对明星有用吗?"某些皱纹和重力的力量似乎会让史翠珊担忧,"一个前剧组成员说,"她不想让自己看起来符合她的年龄。她在与之抗争。"(9)

镜子——确实——是双面的。[2] 当然,除了收入,以及歌颂"人"的能力,芭芭拉和我有很多共同点。

在真正看这部电影(最终在 1996 年发行)之前,我思考的正是,

---

1 Jeffrey Wells, "Mirror, Mirror," *Entertainment Weekly*, Apr. 12, 1996, 8. 下文引用时将标注在正文中。
2 作者把电影名 *The Mirror Has Two Faces* 拆分开了。——译者注

作为手术的替代品,芭芭拉的"调整心态"可能意味着什么,以及它将如何转变为一个形象的表面性(superficiality)——在镜子中,在电影中?它是否意味着中年明星真的妆化得很好?柔焦(soft focus)?其他形式的重现了整容手术效果的特效?与此特别相关的是,最近电视技术的发展已经产生一种被称为"皮肤轮廓"(skin contouring)的摄像机,它可以使皱纹消失。在《电视指南》(*TV Guide*)的一篇文章中,流行的双关语"虚荣的视频"(vanity video)和"视频胶原蛋白"(video collagen)告诉了我们这种"特定年龄的电视人物必不可少的工具","可以给肥皂剧中的玉女多一些年月扮演玉女,但它起初是被"作为一项新闻部门的创新"来使衰老的新闻主播看起来更年轻。根据一位新闻总监的看法,摄像机"可以去除几乎所有人的皱纹,但不影响他们的头发或眼睛"。然而,对于"那些通过最新的特效实现了小小的皮肤拉紧效果"的"顶尖人才"来说,"……明星只有在镜头前才会保持这种魔力"[1]。然而,除这台神奇的电视摄像机外,这些替代整容手术的特效能带你走多远——在优质的化妆品真正把你变成丑八怪之前,在柔焦使你模糊、变得不可见之前,在特效把你变成巫婆、食尸鬼或怪物之前,究竟还剩多长时间?也许,这是电影中与心态调整对等的东西。为了电影现实主义的逼真性,类型的变化可以替代整容手术,这是一种感性的转变,它把我们从妖魔化中年妇女的"真实"世界带到了"不真实"的女魔头的世界:恐怖,科幻,幻想。

事实上,数年前我发表了一篇文章,讨论了 20 世纪 50 年代末和 60 年代初期的几部低成本科幻/恐怖电影,这些电影主要关注中年女性角色[2]。我之所以对这些备受冷落的电影有兴趣,是因为它们被认为

---

[1] J. Max Robins, "A New Wrinkle in Video Technology," *TV Guide* (Los Angeles metropolitan edition), Sep. 28-Oct. 4, 1996, 57. 这些新闻主持人从摄像机那里受益,他们在《电视指南》频道做主持时的年龄分别是:丹·拉特 64 岁;彼特·杰宁 58 岁;汤姆·布洛克 56 岁;芭芭拉·瓦尔特 65 岁。

[2] 参见 Sobchack, "Revenge of *The Leech Woman*."。

属于幻想类电影，因而能够转移和掩饰女性与衰老所产生的文化焦虑，同时又将这种焦虑展现在你面前。例如，在电影《50英尺高的女人》（Attack of the 50-Ft. Woman，1958；纳森·朱兰执导）中，由于与一个巨大的外星人之间发生了一个短暂的（可笑的）邂逅（这个邂逅带来了变化），富裕、膝下无子、中年的黑发南希变成了身材苗条、活力四射的年轻金发女郎，她到处拈花惹草的丈夫哈里看到她穿着胸罩和床单做的裙子在乡下游走寻找他时，再也不会无动于衷了。在电影《黄蜂女》（The Wasp Woman，1959；罗杰·科尔曼执导）中，年近40的珍妮特·斯大林（Janet Starlin）是一个日渐衰落的化妆品帝国的拥有者，而她自己也在日渐衰老，她再也不能做她产品的广告（"和珍妮丝·斯大林一起回到青春！"）模特了，于是在用皇家"黄蜂果冻"所做的秘密实验中服用过量的药物，这个药物不仅能降低而且能逆转衰老过程。但它有一些副作用，它会周期性地把青春洋溢的化妆品女王变成充满杀气的昆虫女王（穿着高跟鞋、套裙且长着黄蜂头）。在《吸髓女人》（The Leech Woman，1960；爱德华·邓恩执导）这部影片中，邋遢、一身酒味、受人鄙视的琼（June）和她那胸无大志的内分泌学家丈夫一起闯入了一个不起眼的非洲村落，发现了一种秘密的"回春玉液"（rejuvenation serum），于是她就成了她丈夫的小白鼠。这种玉液是用男性脑垂体液混合兰花粉做成的，它使琼同时体验了青春、美丽和复仇的快乐（尽管这些感觉只是昙花一现）——在为她的蜕变举行的部落仪式中，她选择了她的丈夫作为脑垂体捐助人。《吸髓女人》是这些电影中最明目张胆地带有年龄歧视倾向的影片，在剧情上和对话上都是如此。为琼奉献青春的那位干瘪的非洲妇女在仪式前说：

> 对于一个男人来说，到了老年会有回报。如果他有智慧，那么白色的头发就带来尊严，他会得到真诚的对待和尊重。但对老年妇女来说，什么也没有。充其量，她得到同情。更常见的是，

她的命运是被蔑视和忽略的。哪个韶华不再的妇女不会愿意用她剩下的日子去换回片刻的欢乐和幸福的时光，并且被男性膜拜。因为生命的尽头应该是胜利之时。南多斯（Nandos）的老年妇女也是如此，她们在死之前，最后一次绽放爱与美的花朵。

在这些低成本科幻恐怖电影中，焦虑的中年妇女恢复了青春，但也变成了可怕的女人——不是通过整容手术，而是通过幻想手段、化妆和特效的方式。这些女性被刻画为年老色衰（且无子女）的女性，她们仍然被性欲和生物繁衍的过程所困扰（但这是对性欲和生物繁衍过程的冒犯），徘徊于怪诞和酗酒的边缘，在她们的生活中，她们的肉身明显令男人感到恶心，这些妇女的形象要比她们所变成的"非自然"怪物的身体更加可怕。在这方面，琳达·威廉姆斯（Linda Williams）的重要文章《当女人看的时候》（When the Woman Looks）很有启发性。威廉姆斯认为，在恐怖电影中，女主角和怪物之间存在着一种亲和力（affinity）、彼此认可的眼神以及可以交流的同情。这里提到的科幻-恐怖电影摧毁了这种交流的距离，变成一个单一的**自我识别**（self-recognition）。在谈到女人和怪物的这种混同与衰老的联系时，威廉姆斯写道：

> 就男性的观看而言，欲望对象和恐怖对象之间没有太大的区别（在一部有名的恐怖片中，这种差异可能仅仅与女明星的年龄有关。贝蒂·戴维斯［Bette Davises］和琼·克劳馥［Joan Crawfords］被认为太老了，已经难以继续作为奇观对象［spectacle-objects］，但可以继续作为电影中的恐怖对象，比如《兰闺惊变》［*Whatever Happened to Baby Jane*，1962］和《最毒妇人心》［*Hush... Hush, Sweet Charlotte*，1965］）。[1]

---

1 Linda Williams, "When the Woman Looks," in *The Dread of Difference: Gender and the Horror Film*, ed. Barry Keith Grant (Austin: University of Texas Press, 1996), 21.

事实上，这种恐怖科幻电影把心理治疗师所描述的文化上"对作为物质存在的老女人几乎是由衷的厌恶"给戏剧化了，他们在某种程度上是将"年龄歧视"作为"性别歧视的最后堡垒"加以强调[1]。这些电影也唤起了西蒙娜·德·波伏瓦真诚的（如果按今天的标准，是成问题的）慨叹，尤其是它们所引发的对男性和自我的厌恶：

> 女人为衰老的恐惧所困扰……留住她的丈夫，并要保证他保护自己……她必须要有吸引力，去取悦……当她不再能留住他的时候，她会变成什么？当她无助地看着这具她将之看作自身的血肉对象逐渐衰老时，她焦虑地扪心自问着这件事情。她与之搏斗。但是染发剂、皮肤护理、整形手术绝不会延长她垂危的青春……但是，命运多舛和不可逆转的过程摧毁了青春期建立起来的整个大厦，当这一过程显现出最初的迹象时，她感受到了死亡本身的临近。[2]

面对这种文化语境，作为这种文化语境的一张面孔，一个女人如何能不渴望一瓶回春玉液，如何能不想重拾她曾经拥有的青春和力量？在我上文所提到的低成本科幻恐怖影片的电影想象和道德想象中，衰老和不幸的女人因此"不自然地"被改头换面了。一下子变得年轻、美丽、有诱惑力、强大、可怕、致命，每一部影片都上演了宏大而又古怪的诗性正义的场面，这里没有整形手术；相反，通过电影艺术的技艺魔力、不合理的幻想魔力和低成本的五毛特效，我们得到的主要是"调整心态"——其范围甚至可能满足芭芭拉的要求。吸髓女、黄蜂女、50英尺高的女人，每一个都把愤怒和欲望的展示字面化（literalize）且放大了，她们的青春和美丽现在被再现为致命的和毁灭

---

1 Melamed, *Mirror, Mirror*, 30.
2 Simone de Beauvoir, *The Second Sex*, trans. H. M. Parshley (New York: Bantam, 1968),542.

性的，她们非自然力量的优势使她们大肆报复仅仅因为衰老而针对她们的不公平。然而，毫不奇怪，这些影片也维持了文化现状——即使它们批评了它。因为它们最怪诞、最令人反感的不是变形改造或怪物的怪异性，而是中年女性的肉体和仍然青春四射的女性欲望两者"不自然"的结合。并且——注意芭芭拉——那个扮演了可悲而恐怖的中年妇女角色的女演员，在她们的乳胶下巴和老化的妆容之下永远是年轻美丽的。因此，这些关于女性恢复青春的幻想，一边给予，又一边收回。这些幻想代表的不是女权主义抵抗的盛大假面舞会，而更像是一种倒退的脱衣舞表演，这种表演削弱了这些被改造的且被赋予了力量的中年主角们理应享受的叙事的力量，但这种叙事的力量不仅是把双刃剑而且十分短暂——也就是说，在最终"求仁得仁"之前"夺回她们自己的"。而在这种父权制文化和科幻恐怖电影中，这就是"自然"秩序，她们的确会求仁得仁——每个叙事的结尾都是通过它的同名女主角–怪物的死亡来恢复和重复社会的（以及对年龄歧视的）秩序。调整心态，的确！

　　这些低成本电影所讲述的中年妇女都相当可怕，她们在变身和调整心态的前后都一样可怕。比如在《50英尺高的女人》这部影片中，南希在与外星人亲密接触后且尚未变成巨人之前，她躺在卧室，她的医生向她的丈夫解释她遇到外星人的"荒唐"故事和她的奇怪行为的"真正原因"："当女人到了成熟年龄之后，自然之母有时会使她们遭受挫折，使她们失去理性。"编剧肯定读过弗洛伊德的著作，弗洛伊德在1913年述及强迫症时告诉我们："众所周知并且一直令人埋怨不断的是，妇女往往在她们失去性功能之后就会奇怪地改变性格。她们变得爱争吵、暴躁和喜欢争论，小气和吝啬；事实上，她们显示出虐待狂和肛门–爱欲（anal-erotic）的特征，这不是她们在富有女人味（womanliness）

时期所具有的东西。"[1]

这使我们又回到了芭芭拉,其实我们根本没有真正离开过她。与弗洛伊德的说法类似,这篇发表于《娱乐周刊》的文章运用它自己的年龄歧视的分析形式讨论了芭芭拉的电影的制作灾难。演员和工作人员的"高流失率"和拍摄日程的一再拖延都被归咎于她"超挑剔的""完美主义"和"爱管闲事"(8)。我们听到:"她操心的事情包括她的连裤袜的密度、她穿的胸罩、树木是否有落叶。"(9)吸髓女、黄蜂女、50英尺高的女人——按照弗洛伊德的说法即强迫性神经质:乖戾、好争论、小气、残暴和肛门-爱欲。可怜的芭芭拉。她输不起。身着设计师服装闯荡好莱坞比她的生命更重要,而"调整后的"心态也并没有让她远离我们文化里对中年妇女所有的恐惧和轻蔑。

也许芭芭拉——也许是我——应该重新考虑整容手术。我最好的朋友,比芭芭拉和我年轻十岁左右,担心自己的容颜不再,而她认为容貌是她力量的真正源泉,她最近做了整容手术——虽然我是在她手术后很久才看到的。诚然,我怕的是:怕她看起来很糟(不像她自己或就像她做过手术),怕她会很好看(也就是好得让我也想这样做)。然而,由于我们的物理距离,我并不是非得面对——以及判断——她的形象,因此,所有我起初了解她改容换貌的丰富经历都是通过电子邮件。(她允许我使用她的话,但不能写出她的名字。)在这里,我的脸,这么说吧,还有她的脸上,都是受鄙视的肉身、怪异行为和变化多端的形象(首先是"异化",后来是自豪地"拥有")非同寻常的汇合点。在这里,在她的邮件非常宽泛的意义上,是现实和愿望的结合,手术和电影的结合,改造技术和"特效"的"魔力"的结合——所有呈现的东西都是根据世俗时间和女性性别而被我们理解(无论我们是否赞

---

[1] Sigmund Freud, "The Predisposition to Obsessional Neurosis," in *Collected Papers*, vol.1, ed. Ernest Jones,trans. Joan Riviere (London: Hogarth and the Institute of Psycho-Analysis,1950), 130.

同）。她写道:"有用!"然后她继续说道:

> 我的眼睛看起来要比黄金时期的奥黛丽·赫本的还要大……。我骄傲的是我还能穿15岁的衣服。令人惊讶——确切地说这就是我曾经希望的效果。还是臃肿……但一切都在意料之中。拉皮所做的是(不以任何纯粹的"皮肤深层"方式——它实际上……是重塑了颈部和下巴主要的基础结构)扭转地心引力的影响。眼睛之下——完全平滑,消除了许多鱼尾纹。下巴——下颌有一些被刮掉了。光滑且紧致。男孩,瞧我多好看。颈部——坎迪斯·卑尔根的火鸡脖已经一去不复返了。纤维状的青筋也被切断(severed)了——永远!好吧——我得付出什么代价(除了7 000美元)?手术台上的四个小时。一个地狱之夜……绷带的压迫让我觉得窒息。幸运的是(多亏了安定药)我挺过来了……。满脸极度绷紧——忍不住寒颤——第一个星期只能"吃"一点流食、羹、汤、炒鸡蛋。我的头的大约80%都缝着线:《弗兰肯斯坦的新娘》(*Bride of Frankenstein*)中的城市。全部(除了我眼睛下面的精美线条)都隐藏在我的头发里。但是宝贝,我知道它们在那里。奇怪的反向幻觉(reverse-phantom)肢解着感觉。我的耳朵还在,但我无法确切地感觉到它们……第一周每个晚上我想睡觉时都要吃安眠药,以此来打消恐慌,因为我发现在任何方向我都只能移动1/4英寸。很小的伤疤——有人告诉我,这不正常……。我的一只眼睛下方仍然散发出非常微弱的黄绿色光。化了妆,瞧!我的下巴动不了——可以勉强使上下门牙合在一起。再过数月就会放松下来。我会适应它。我的头发剃光了,被切断了,甚至被移除(随着我的头皮部分),已经失去了所有结构性的外表。但那也是暂时的。外科医生所做的工作将持续7年。我计划在3年左右的

时间里完成我的上眼皮手术。这个消息只告诉你。如果有人追问,我将会告诉他们我已经完成了我的眼睛手术。结束。没了。[1]

然而,还有很多。它凸显了手术和电影、技术和"魔力"以及努力和轻松的混淆和融合,这些充斥于我们目前的形象文化中。事实上,这里有一个莫大的反讽。在令人满意地实现了"无缝"面孔之后,我最好的朋友心甘情愿地失去了她的声音。她拒绝进一步谈论改头换面所花费的时间、劳动和疼痛。关键在于,这种魔力要起作用,接缝——既包括年龄带来的皱纹,也包括手术留下的疤痕——一定不能显露出来。因此,凯瑟琳·伍德沃德(Kathleen Woodward)在她的精彩文章《作为假面的青春》(Youthfulness as Masquerade)中提到:"不像表面显露着症状的歇斯底里的身体一样,通过手术获得青春的身体的目标是不言说任何东西。"[2] 但是,这里并不只是反讽。在更结构性的层面上,这种公开(disclosure)的缺乏,这种沉默和私密性(secrecy),正是一种被(欲望和技术)日益迫使走向极端外向且彻底公开的文化的一种本质性的(也许是矛盾的)要素。正是在这里,整形手术和电影特效融合在一起,并且被感知为我们当前形态学想象中具有现象学意义上的可逆性的事物。基于这样的信念,即欲望——通过技术——可以物质化,

---

[1] 可以与我朋友对其整容手术的细节描述作一个很有启发性比较的是 J. G. 巴拉德(J. G. Ballard)的"Princess Margaret's Face Lift," in *The Atrocity Exhibition*, new rev. ed. (San Francisco: Re/Search, 1990),111-112。它开头的一段这样写道(再次注意,焦点是上下颌和颈部):"当玛格丽特公主到了中年,她的面颊和颈部的皮肤由于支撑结构的老化而变得下垂。她的鼻唇褶皱加深,软组织沿着她的下颚向前牵拉。她的下颌厚度增加。侧面看,她脖子的褶皱拉长,颏颈部外形失去了它年轻的轮廓,并凸了出来。"(111)对于类似的描述也可以参见 Larissa MacFarquhar, "The Face Age," *New Yorker*, July 21, 1997, 68:"考虑到拉皮的残酷之美……。如果你做一个眼睑整形手术(blepharoplasty)(眼部整形手术),医生将切开你每个眼皮的顶部,剥离背面的皮肤,用手术刀或激光除去下面的脂肪。如果你还要提一提眉毛,医生可能会沿着你的额头上方的发际线直到你的头骨的部分切下来;慢慢地把皮肤从它下面附着的血肉模糊中撕离开来;然后把它拉回去,在接近发际线的地方把它缝合起来,并固定好。你可能会失明、瘫痪或死亡,但大多数情况下你都会没事。"

[2] Kathleen Woodward, "Youthfulness as Masquerade," *Discourse* 11, no. 1 (fall-winter 1988-89), 133-134.

变得可见，从而得以"实现"，这样的形态学想象是有悖常理（perverse）且十分肤浅的，引发了伍德沃德在表现出症状的歇斯底里的身体和令这种表现变得沉默的那些以手术重获青春的身体之间所作的区分。也就是说，症状和沉默融合成为一个人转变的形象和一个人的形象转变（the image of one's transformation and one's transformation of the image），成为可逆转的现象。这些混淆和融合在幻想体裁的作品中得到了最为确切的戏剧化，在这里，"整形手术"现已通过数字变形看似轻松的无缝转变而得以实行。

事实上，幻想电影的形态学形象不仅暗示了不可能实现的人类愿望和欲望，也挑起并因此满足了它们。在这方面，我想起了两部实景（live-action）电影，每一部电影都不仅揭示了一个前所未有的可塑的、灵活的人类身体令人难以置信（并且看似轻松）的改变，而且使人类的情感状态以前所未有的肤浅和直白显示出来。这两部电影就是《飞跃长生》（Death Becomes Her，1992；罗伯特·泽米吉斯执导）和《变相怪杰》（The Mask，1994；查克·拉塞尔执导）——这两部影片在技术上都依赖数字变形，都展现了整个人类的存在都是挤压成形的（extrusional）、肤浅的和可塑的。《变相怪杰》关注的是男性心理和精神的改头换面和活力的恢复，它的戏剧性尤为显著地体现在——以及作为——身体表面。当懦弱的斯丹利·伊普基斯（Stanley Ipkiss）戴上他发现的古代面具而发生了神奇的转变时，没有假面，没有沉默，因为每一个愿望、每一个心灵的隐喻都是外化的、物质化的和可见的。他的舌头"伸出，伸向餐桌要他想要的食物"。他真的"把他的心穿在他的袖子上"（或旁边）。他的破坏性欲望像扫射的机枪一般从他的双手喷薄而出。因此，尽管人们会把金·凯瑞（Jim Carrey）的表现描述为"歇斯底里"，但是，当一切都是外化的自我（Id），没有什么被压抑为"内在"或"深处"时，又怎么可能根据歇斯底里的"症状"去谈论"变相怪杰"的身体（the Mask's body）呢？这使它令人感到惊奇又贴切，因此，一位评论家评价《变相怪杰》时说："效果特别引人入胜，但影片的空洞使得整体效果令人感到一种奇怪的沮丧。"[1] 的确，这里没有内在，没有症状，也没有沉默；唯有展示。

《飞跃长生》的拍摄采用的是类似的方式，尽管在这里女人成了中心人物，叙事明确地凸显了年龄并且真正地将恢复青春作为其核心主题——青春和美丽是女性欲望的相关对象。的确，《飞跃长生》最有趣（虽然不一定好笑）的点在于整形手术在电影中做了两次以上。在叙事层面，电影懦弱的主角欧内斯特·蒙维尔（Ernest Menville）是著名的整形外科医生——受到中年女星玛德琳·阿什顿（Madeline Ashton）的诱惑而离开了他的未婚妻海伦（Helen），我们首次见到阿什顿是在她主演的田纳西·威廉斯（Tennessee Williams）的音乐剧《浓爱痴情》（*Sweet Bird of Youth*）中。由于欧内斯特的手术技能（我们从来没有在屏幕上看到过），玛德琳找到了全新的职业，成为一个电影明星。在这里，J. G. 巴拉德在他《暴行展览》（*The Atrocity Exhibition*）的一章中所说的"公主玛格丽特的拉皮"，也许可以很好地被用来解释《飞跃长生》中玛德琳与欧内斯特有关的动机。巴拉德写道："在一次电视采访中……著名的比佛利山庄整形外科医生的妻子揭露，在他们的整个婚姻中，她的丈夫不断改变她的脸和身体，这里让乳房挺拔一点，那里让鼻孔缩小一点。她似乎对她的吸引力非常有信心……她说：'他永远不会离开我，因为他总是可以改变我。'"[2]《飞跃长生》这部影片上演了这个最初的幻想，但电影持续耗尽了作为外科医生的玛德琳丈夫的人类力量，转而去利用"魔力"——叙事效果和"特殊"的变形效果。经过七年飞逝的银幕时间，他们步入了婚姻的殿

---

1 CineBooks' Motion Picture Guide, review of *The Mask*, dir. Chuck Russell, Cinemania 96, CD-ROM (Microsoft, 1992-1995).

2 Ballard, "Princess Margaret's Face Lift," 111.

47　堂、怕老婆、酗酒的欧内斯特对玛德琳来说不再有多大用处了。她的美容师跟她说，他——以及整容手术——不再能帮助她，这位绝望的女人找到了一个神秘的、风华绝代的"比佛利山庄邪教祭司"（有意思的是这个角色是由曾经的兰蔻女广告员伊莎贝拉·罗塞里尼［Isabella Rossellini］扮演的），祭司给了她一瓶不老神水，它可以使人永远散发活力，不论使用者的身体条件如何。

在这一点上，做整形手术从叙事内容层面延伸到了再现手法的层面。事实上，《飞跃长生》向我们呈现了第一个数字化生产的皮肤——以及特殊的电脑图形和美容效果的"魔力"转变，瞬间使玛德琳的臀部紧翘，面孔光滑而绷紧，胸部挺拔而柔滑，毫无疼痛，没有出一点血，不用费一丝工夫，就跟她年轻的时候一样。事实上，罗塞里尼扮演的女祭司所说的不老神水也可以被视作电影效果："在这个迷恋科学的世界中接触到了魔法。"因此，为了服务于愿望的瞬间实现，故事中的这句话不仅否认了完成这一数字效果所需要耗费的劳动和时间，也否认了整容手术的科学和实践所耗费的劳动和时间。

影片中对有关老龄化的焦虑和欲望的真切展现作了进一步深入。也就是说，被压抑的年龄的痕迹不可避免地回归了，而且随着青春和美丽的痕迹而得到复制和变得真切。当恢复青春的玛德琳被欧内斯特推下楼梯之后，她的脖子被弄断了，她就以我朋友所藐视的"坎迪斯·卑尔根火鸡脖子"的可见双曲线变式（hyperbolic variations）的形式存活着（虽然医学上已经死了）。（她庆祝"产生纤维效果的青筋已被切断，永远！"，这里肯定会与下面的内容产生共鸣，即在玛德琳摔倒之后，影片以一种可怕而搞笑的方式对她的脖子进行了螺旋状的电脑图形处理。）玛德琳向回来找她复仇的海伦（她也服用了不老神水）开了枪，海伦来回走动着，而肚子上有一个洞——一个"该死的""空洞的"（hollow）女人，然而却青春洋溢（"我能看穿你。"玛德琳对她说）。

最终,电影统一了两个女人——"疯狂"(Mad)和"地狱"(Hel)——她们越来越无法维持她们实际上已经死去并在剥落的皮肤,无法阻止"它们脱离""掉落"——在影片结束时,还是出现了这些结果。

在《变相怪杰》和《飞跃长生》中,电影效果和整形手术成为可逆转的再现操作——现实化的欲望、有望实现瞬间和毫不费劲的改头换面。人类身体的存在作为一种物质表面而得到凸显,这种物质表面会顺从无穷无尽的操纵和总体的可见性。然而,有一个巨大的沉默,一个巨大的不可见性,成为这些表面和外化的叙事的根基。整形手术(包括电影和化妆品)的实际操作所耗费的劳动、努力和时间最终被否定。相反,我们被给予了一个屏幕影像(包括精神分析层面的和实际层面的),这种屏幕图像将身体转变背后那种费力的、高成本且基于技术的现实归因于非技术性的特性:一个例子是《变相怪杰》中的面具,这是一种原始且神奇的崇拜物;另一个例子是《飞跃长生》中一种带有"接触魔法"的发光药水。当然,像所有否定的案例一样,这些幻想回到了自己,就像莫比乌斯环,最终打破沉默,并在可见的屏幕形象的同侧揭示了被压抑的东西。

也就是说,屏幕里的这些有关改头换面的幻想故事的技术效果正是我们想要的,是我们希望"在我们的脸上"发生的。我们想要这些效果,但不想看到技术,不想承认做手术所花费的成本、劳力、时间和努力——所有这些都可能遏制我们的愿望,掠夺我们的奇迹,并产生对疼痛和死亡的恐惧。拉里萨·麦克法夸尔(Larissa MacFarquhar)指出:"毫无疑问,整容手术的爱欲化是一个标志,即手术已不再是为了实现文化强制目的的血腥手段,而是目的本身。"[1] 事实上,就像我的朋友希望拉皮的效果可以实现,但是不希望手术昂贵、费力、漫长、痛苦、留下隐患,我们喜欢的是这个无缝的、轻松的、"神奇"的改造

---

[1] MacFarquhar, "The Face Age," 68.

之后的"外表"。然而，从被压抑的一面来看，我们为手术而着迷——它的成本、难度和所花费的努力。我们无济于事，只是摆明真相。现在的杂志、视频和网站不仅展示电影效果的具体操作，而且展示手术效果。（在一个名为"电影中的皮肤病学"［不是玩笑］的网站上，或许可以找到最"直面"的例子，在这里，皮肤科医生韦尔·里斯［Vail Reese］做了一项影星皮肤状况的电影调查，包括现实中的和电影中的。）[1] 这些被完全揭示的真相通过对它们先前的压抑，以及通过对所涉及的技术，花费的时间、努力和金钱所作的细微说明而产生灵韵。我的朋友，尽管她渴望隐秘，但也痴迷于让她的手术以及投资变得可见。她的计算从钱扩展到缝针，但最辛酸的是她亲历的时间维度：手术台上待了四个小时，一个地狱般的夜晚，下颌运动受限的一周，等待她的头发长回来的时间，她的上下颚得到"放松"的几个月，做眼皮之前的三年，因为时间和严重后果而导致外科医生的工作未完成之前的七年。外科手术的"魔法"（包括电影魔法，也包括美容整形的魔法）的成本始终是一个本就有限的生命无法挽回的一部分，这是控制不了的。

一段有限的生命必须经受它的各种过程（operations），不是魔法的、瞬间的，而是及时的。因此既贴切又令人心酸的是，在银幕之外，伊莎贝拉·罗塞里尼已经加入了屏幕上的"黄蜂女"珍妮特·斯大林之列，她在《飞跃长生》和曾经的兰蔻化妆品广告中扮演并被永远固定为青春美丽、永恒高贵的女祭司。在成为兰蔻化妆品的"脸面"的14年之后，42岁的她被解雇了，因为她"太老了"。[2] 然而，与黄蜂女不同的是，罗塞里尼既不能彻底扭转衰老的进程，也不能杀害那些嫌弃她已经步入中年的肉体的人。因此，同样贴切和令人心酸的是，试图复制现实

---

[1] 参见 http://www.skinema.com (accessed Oct. 24, 2003).
[2] 更多关于兰蔻的故事和罗塞里尼对此尝到的辛酸，参见 Isabella Rossellini, *Some of Me* (New York: Random House, 1997).

世界中对形态的想象注定要失败：医疗美容手术从来没有真正达到过电影和电脑中看上去很轻松且完美的整形手术。当再现性幻想结合现实做成了纪录片，这种对真实东西的失望颇具讽刺意味地变得清晰起来了。伍德沃德在讨论肥皂剧演员真正的拉皮及其影响被整合进肥皂剧的电视叙事之中时，援引了一位评论家的观察："观众检查结果并得出结论说，他们可悲地令人感到失望。"[1]

这种对"真实东西"的失望情绪在我朋友后来的电子邮件中也变得越来越清晰。在她对渐渐愈合的情况作具体的描述时，她写道：

> 薇薇安，我正在经历这次手术之旅中令人不安的阶段。当我第一次回家时，效果相当明显——从表面上看我年轻了20多岁。现在已经发生的情况是：肿胀一直在减少，"新面貌"轮廓仍十分紧致。**但是**，我通过一生的微笑、说话、极富表现力的个性而产生的皱纹又回来了。不是所有都回来了——但足以说明这个过程的效果现在很自然，我不再显得年轻了20多岁。也许最多是10岁……我正经受着令人作呕的抑郁。我想象着这个手术过程没有起作用。我还想象，在几个星期的时间里，我会看起来跟我没花钱做手术以及忍受那些长时间不适之前的状态没什么两样。现在我审视，想象，开始讨厌整个事情。最重要的是，兴奋感和信心消失了。总之，我不再知道我到底看上去如何了。

这使我回到镜子面前——并再次回到镜头后和镜头前的芭芭拉。没人会在感受能力方面比我的朋友更有发言权。不管我们喜欢还是不喜欢，作为我们文化的一部分，我们的"眼睛已经是这样了"。正如让·鲍

---

[1] Woodward, "Youthfulness as Masquerade," 135. (Woodward is citing film and cultural critic Patricia Mellencamp.)

德里亚（Jean Baudrillard）写道:"我们都为手术的冲动而犹豫不决,这种手术冲动寻求的是切除负面特征,同时把事物改造成理想的形式。整容手术:一张脸偶然的构造,它的美丽或丑陋,它的独特之处,它的负面特征——所有这些都必须得到纠正,为的是生产出比美丽更美丽的东西:一张理想的脸。"[1] 有或没有医疗手术,我们都已经被技术性地改变了,比起我们曾经在电影或整容手术之前所做之事,既是不同的观看,同时看起来也不一样了,而电影或整容手术向我们呈现了它们对永生的可逆转的技术承诺,以及魔法般的自我改造所带来的理想化形象——也就是说,不需要耗费时间、力气和成本的改造。

在很大程度上,电影艺术和手术的身体改造彼此相互影响。电影艺术就是整容手术——它的幻想、它的化妆、它的数字效果,都能够"修复"(具有维修和稳定的双重意义[2])、迷恋和复制在我们面前"展开"(unreel)的面孔和时间。反过来说,整容手术就是电影艺术,它把我们创造为一个形象,我们不只在重复性强迫中学习扮演这个形象,还必须——但是绝不可能——成为这个形象。通过它们的技术"操作"——工作和成本有效地隐藏在它们短暂效果的表面"魔力"之下,青春和美丽的文化价值观被有效复制和固定——我们在主观上已成为"非现实化的"(derealized),并与我们自身脱节,而矛盾的是,这些相同的操作使我们能够客观地复制和"实现"(realize)我们"在我们自

---

[1] Jean Baudrillard, "Operational Whitewash," in *The Transparency of Evil: Essays on Extreme Phenomena*, trans. James Benedict (New York: Verso, 1993), 45. 这里说的对通过手术来构造一张理想的脸抱有特别兴趣的人是法国的表演艺术家的奥尔兰（Orlan）,他公开地做了一些手术,具有讽刺性的是,他尝试获得蒙娜丽莎的额头,杰罗姆（Gérôme）所绘的普赛克的眼睛,波提切利所绘的维纳斯的下巴,布歇所绘的欧罗巴的嘴巴,16世纪佚名画家所画的狄安娜的鼻子。讨论奥尔兰以及特效和整容手术之间的联系可参见 Victoria Duckett, "Beyond the Body: Orlan and the Material Morph," in *Meta-Morphing: Visual Transformation and the Culture of Quick Change*, ed.Vivian Sobchack (Minneapolis: University of Minnesota Press, 2000), 209-223。

[2] 原文中"修复"是 fix,既包含修复、维修的意思,也包含固定的意思,所以这句话才会说具有"稳定"(stasis)的含义。——译者注

己形象"中的肉身。如麦克法夸尔所说，如今"为了追求完美，有时疼痛、残缺甚至死亡都是可以接受的风险"——这是因为形象（以及我们的想象力）的可塑性已经使肉身的现实及其限度不堪重负。事实上，就拿1996年来说，"一共做了335万例整容手术，抽掉了近30万男人和女人超过150万磅的脂肪"。[1]

从我朋友所有的电子邮件中可以看到，随着她从实现改造和恢复青春活力的幻想中逐渐模糊地"回过神来"，她认为她看起来越来越不那么年轻："薇薇安，我已经可以冷静地评价它的利弊，并决定就他妈的继续下去。这就是生活。他们称之为'拉皮'是有原因的……脸并没有看起来很年轻（哦，我想我还是年轻了5—8岁），但它看起来更好了。好的，好极了。现在是继续前进的时候了。"但后来，实现的幻想再次出现——至少目前是随着真实和乐观的结果出现的："薇薇安，反应非常大——每个人都感到惊讶不已，但他们说不出为什么。他们说，肯定是因为我穿衣的颜色，或者是我的头发，又或者我的其他东西。无论如何，我感到又充满了力量。"

总之，我不知道如何结束这事儿——我无法想象，当我朋友恢复青春的时候，若没有整容手术，芭芭拉如何完成她拍摄的《双面镜》。因此，不仅为她自己，也为了那个黄蜂女、为了我的朋友、为了伊莎贝拉·罗塞里尼，同时也是为了我，我希望，芭芭拉——无论银幕内外——都应该在她自己的电影复制中生存下来。不幸的是，她没有。在由她完成的影片中，调整形象压倒了"调整心态"：风趣、节食、剧烈运动、好妆容、新发型，加上唐纳·卡兰（Donna Karan）设计的小黑裙。尽管她有台词，但芭芭拉却无话可说；相反，像我的朋友那样，她对自己步入中年这个事实保持沉默并且压抑着它——首先，将它还

---

[1] MacFarquhar, "The Face Age," 68. 在思考这些统计数据的含义时（我不完全同意她），麦克法夸尔写道："如今，将整容手术作为女权主义议题没有什么意义，因为越来越多的男性选择接受它，1996年所有接受手术者中的五分之一是男性。"（68）

原为关于内在美和外在美的泛泛讨论；然后，把它移置和替换到她那痛苦、嫉妒、"曾经美丽"且年纪更大的妈妈（由仍然令人印象深刻的劳伦·白考尔［Lauren Bacall］饰演）的面貌和声音之上。那么，芭芭拉的态度根本就没有调整过。[1]

苏珊·博尔多（Susan Bordo）思考了充斥着媒体图像的"光泽世界"，它"满足了我们的眼睛，令我们想要滑腻的肌肤、完美的头发，以及拒绝笨拙和老龄化的身体。它像是视觉的糖果，令我们快乐，但它也使我们生病，即令我们搞不清楚我们是谁，但又会提供补救措施，保证能拉近这个距离——但要付报酬"[2]。我最后去看望了我那位肉身恢复青春的朋友。在我看来她并没有什么改变。并且，在1996年的奥斯卡颁奖典礼上（《双面镜》由于其中的歌曲而获得该片的唯一提名），芭芭拉的媒体形象仍然是"乖戾"和"偏狭"。这还不是全部，可怜的女人（除了有钱和漂亮的声线）。在将芭芭拉与她的科幻恐怖片联系起来的两年后，我还讽刺地把她想象为一个穿着设计师品牌服饰在乡间游荡的中年怪物，我发现我的想象在1998年的动画电视连续剧《南方公园》（South Park）的一个片段中得到了详尽的实现，其中一个巨大的机器人"怪兽史翠珊"（MechaStreisand）像哥斯拉一样捣毁了小镇。令人印象深刻的是，《南方公园》里有个小孩子问："谁是芭芭拉·史翠珊？"得到的回答是："她是一个名副其实的老太太，但她希望大家认为她只有45岁。"这种巧合看似诡异，但的确表明在我们目前的文

---

1 对《双面镜》令人震撼而又准确（且有趣）的戏仿之作见署笔名的Libby Gelman-Waxner's "Pretty Is as Pretty Does," *Premiere*10, no.6 (Feb. 1997)。格尔曼－瓦克斯纳（Gelman-Waxner）认为电影的核心主题是追问和回答史翠珊越来越绝望的问题："芭芭拉漂亮吗？"她也承认年龄错乱的问题——在女儿和母亲之间处理对峙场面，在这里，母亲暴露了她的嫉妒，并且最后承认了她女儿的美丽，她写道："看着一个54岁的电影明星在银幕上长篇大论地劝说她的母亲是一个非常特殊的时刻；这就像看到了完美的治疗效果，这里你的妈妈为你的童年写了正式的道歉信，并把它登在《纽约时报》整版广告上。"（38）

2 Susan Bordo, "In an Empire of Images, the End of a Fairy Tale," *Chronicle of Higher Education*, Sep. 19, 1997, B8.

化中，中年妇女，尤其是那些与史翠珊一样有力量的人，是多么普遍地被妖魔化了。

在此期间，我已逐渐适应了我不断老化的皮肤。我现在老得足以感受到我与周围的人之间的距离，他们想要"看起来更年轻"，并且"做"点什么。事实上，经过我朋友手术这件事之后，我发誓要对我的镜像友好一些。在玻璃（或在屏幕）中，形象毕竟是浅薄和虚幻的，就我而言，我的根基在于肉身的厚度和生命的活力，在于无尽变化之下的实质，而不是被复制的表面。因此，现在每当我开始盯着镜子里的新皱纹、细纹或白发时，每当我羡慕屏幕上的年轻面孔时，我很快就会想起，镜子或屏幕对面的我并非在不断变老，而是在不断生成（becoming）。

## 3 我的手指知道什么
电影感觉的主体，或肉身中的视觉

> 我的身体不仅是所有对象之中的一个对象，……而且是一个对所有其他对象都敏感的对象，它对所有的声音发出回响，与所有的颜色产生共振，并通过接收它们的方式向语词提供它们的原始意义。
>
> ——莫里斯·梅洛-庞蒂，
> 《知觉现象学》(Phenomenology of Perception)

> 什么是意义（significance）？只要是在感觉上产生的，它就是含义（meaning）。
>
> ——罗兰·巴特（Roland Barthes），
> 《文之悦》(The Pleasure of the Text)

几乎每次读报纸或流行杂志中的影评时，我都会深深地感受到我们对电影的实际经验和我们的电影学者用以解释电影（或者更贴切地说，为它辩解）的理论之间存在的差距。例如大众媒体对简·坎皮恩（Jane Campion）的电影《钢琴课》(The Piano, 1993) 的几条描述："最令人印象深刻的是影像的触觉力量。几乎可以尝到咸味的空气，可以感受到风的狂怒和撕咬。"[1] 这部电影是"对音乐和织物，泥和肉

---

[1] Godfrey Cheshire, "Film: Auteurist Elan," review of *The Piano*, dir. Jane Campion, *Raleigh(North Carolina) Spectator Magazine*, Nov. 18, 1993.

的一种持续的感官经验"¹。"演员的臀部曲线在烛光中映现出来,空气紧裹着飘落的衣服;肉身在特写镜头中第一次彼此亲密接触的时候产生的触觉冲击就像一首诗。"² 一部完全不同类型的电影,扬·德·邦特(Jan de Bont)的《生死时速》(*Speed*, 1994)得到了这样的评论:"发自内心地说,这是一趟令人屏息的行程。"³ 这是"[一段]令人肾上腺素飙升的经典夏季时光"⁴。"这部令人胆战心惊、坐立不安的动作电影真是真刀实枪。"⁵ "一场荒谬而又令人兴奋的惊悚之旅,它严肃得足以制造紧张的喘息,又轻松得足以让你在抓住扶手的同时哈哈大笑。"⁶ "我们觉得被谵妄(delirium)和轻松所毁灭。电影彻底胜利了,我们则失魂落魄。"⁷ 一些针对保罗·安德森(Paul Anderson)改编自格斗类电子游戏的电影《格斗之王》(*Mortal Kombat*, 1995)的评论强调"具有原始、震脑的紧迫感……配乐"⁸ 和充斥着"踢、击打、砰砰……直到死亡的战斗"的没完没了的场景⁹,在这里"背、手腕和脖子伴随着令人作呕的折断声而分崩离析"¹⁰。关于约翰·拉塞特(John Lasseter)用电脑制作的标准长度(full-length)的动画片《玩具总动员》(*Toy Story*, 1995),有人评论说:

---

1 Bob Straus, "*The Piano* Strikes Emotional Chords," review of *The Piano, Los Angeles Daily News*, Nov. 19, 1993.
2 Stuart Klawans, "Films," review of *The Piano, Nation*, Dec. 6, 1993, 704.
3 Daniel Heman, "It's a Bumpy Ride, but This Film's Built for Speed," review of *Speed*, dir. Jan de Bont, *Richmond Times-Dispatch*, June 10, 1994.
4 Henry Sheehan, "Speed Thrills," review of *Speed, Orange Country Register*, June 10, 1994.
5 Joe Leydon, "Breakneck Speed," review of *Speed, Houston Post*, June 10, 1994.
6 David Ansen, "Popcorn Deluxe," review of *Speed, Newsweek*, June 13, 1994, 53.
7 Anthony Lane, "Faster, Faster," review of *Speed, New Yorker*, June 13, 1994, 103.
8 Stephen Hunter, "As Cosmic Battles Go, *Kombat* Is Merely Mortal," review of *Mortal Kombat*, dir. Paul Anderson, *Baltimore Sun*, Aug. 19, 1995.
9 Janet Weeks, "Is Faux Violence Less Violent?" review of *Mortal Kombat, Los Angeles Daily News*, Aug. 19, 1995.
10 Stephanie Griest, "*Mortal Kombat*'s Bloodless Coup," review of *Mortal Kombat, Washington Post*, Aug. 28, 1995.

霸王龙公仔莱克斯非常有光泽和触感，让你觉得你能伸手抚摸它的坚硬、有光泽的头……当一些玩具士兵有了生命之时，绿色迷彩服的蜡状光泽将在某些人那里拨动普鲁斯特的识别之弦，这些人曾经主持过地下室军队的游戏……。这部电影……让你用新的眼光凝视物理世界的纹理。与《小鹿斑比》和《白雪公主》为自然所做的东西一样，《玩具总动员》为塑料所做的一切令人惊讶[1]。

　　作为当代媒介理论家，我们要用这些触觉的、动感的、芬芳的、共鸣的，有时甚至是充满味觉的对电影经验的描述来做什么呢？

## I

　　在电影理论史的早期，有各种各样了解电影艺术和我们可感知的身体之间所存在的意义关联的尝试。彼特·沃伦（Peter Wollen）指出，伟大的苏联导演和理论家谢尔盖·爱森斯坦（Sergei Eisenstein）倾心于象征主义运动，在他的职业生涯的后期他一直在研究各种"感觉的同步化"（synchronization of the senses），他写的"关于联觉（synaesthesia）的著作非常博学和有趣，尽管它们从根本上说是不科学的"[2]。吉尔·德勒兹（Gilles Deleuze）写道，爱森斯坦"不断提醒我们'知性电影'（intellectual cinema）有相关的'感官思想'或'情绪智力'，没有这些，电影就是毫无价值的"[3]。在一篇有趣的短文中，莱斯利·斯特恩（Lesley

---

1　Owen Gleiberman, "Plastic Fantastic," review of *Toy Story*, dir. John Lasseter, *Entertainment Weekly*, Nov. 14, 1995, 74.

2　Peter Wollen, *Signs and Meaning in the Cinema* (Bloomington: Indiana University Press,1969), 57, 59.

3　Gilles Deleuze, *Cinema 2: The Time-Image*, trans. Hugh Tomlinson and Robert Galeta (Minneapolis: University of Minnesota Press, 1989), 159.

Stern)使用翻跟斗的比喻来处理电影艺术和身体之间的关系,他描述了对爱森斯坦来说运动的身体是如何"在电影中被理解和构造的……这不仅仅是一个再现的问题,而且也是感官震动回路(the circuit of sensory vibrations)的问题,它将观看者和屏幕连接在一起"[1]。早期的这种对电影中身体效应的兴趣,或许从一个方面来说在20世纪30年代达到了高潮,这个时期美国的佩恩研究所(Payne Studies)做了一些经验主义工作——其中一些研究定量测量了电影观众的"电流反应"(galvanic responses)和血压等[2];另一方面是定性分析,在20世纪30年代和40年代,沃尔特·本雅明(Walter Benjamin)和西格弗里德·克拉考尔(Siegfried Kracauer)做了受现象学影响的唯物主义工作。本雅明在他著名的《机械复制时代的艺术作品》中谈论"触觉占有"(tactile appropriation)时谈到了电影的可理解性,在其他地方他又讲到了观看者的"摹仿能力"(mimetic faculty),即知觉的一种感官和身体形式。[3] 克拉考尔将电影的独特性置于媒介的根本能力之中,即从生理和感官上刺激我们;因此他把观看者理解为一个"肉体-物质存在"(corporeal-material being),一个"有皮肤和头发的人",他告诉我们:"在电影中呈现自身的物质元素直接刺激了人类的物质层:他的神经,他

---

1  Lesley Stern, "I Think, Sebastian, Therefore... I Somersault: Film and the Uncanny," *Para\*doxa* 3, nos. 3-4 (1997): 361.

2  佩恩研究所的相关研究参见 W. W. Charters, *Motion Pictures and Youth: A Summary* (New York: Macmillan, 1933)。下文是一个相关的语境,参见 Alison Landsberg, "Prosthetic Memory: *Total Recall* and *Blade Runner*," in *Cyberspace/Cyberbodies/Cyberpunk: Cultures of Technological Embodiment*, ed. Mike Featherstone and Roger Burrows (London: Sage, 1995)。该文写道,佩恩研究所"推测身体可能会为由一种技术性地干预主体性而引起的生理症状提供证据,而那种干预是电影体验的一部分"(180)。

3  Walter Benjamin, "The Work of Art in the Age of Mechanical Reproduction," in *Walter Benjamin, lluminatio-ns: Essays and Reflections*, ed. Hannah Arendt (New York: Schocken, 1968), 240; and Walter Benjamin, "On the Mimetic Faculty," in *Reflections: Essays, Aphorisms, Autobiographical Writings*, trans. Edmund Jephcott (New York: Schocken, 1978), 333-336.

的感觉,他的整个生理基体。"[1]

然而,直到最近,当代电影理论一般都忽略或省略了电影艺术的感官位置和观众的"肉体-物质存在"[2]。因此,如果我们通读这个领域的著作,就会发现英语世界中只有非常少的持续工作涉及电影经验里的肉体感官性,以及它构成什么意义,如何构成意义。仅有少数例外,包括琳达·威廉姆斯对她所说的"身体类型"(body genres)正在进行的研究[3];在《观察者的技术》(Techniques of the Observer)一书中,乔纳森·克拉里(Jonathan Crary)承认,观看者的"肉体密度"与19世纪新的视觉技术一起出现[4];史蒂文·萨维罗(Steven Shaviro)在《电影身体》(The Cinematic Body)一书中用德勒兹式的语气强调观看电影的内脏事件(visceral event)[5];劳拉·马克斯(Laura Marks)的作品讨论了"电影的皮肤"和"触摸",这种"触摸"注重她所形容的与身

---

[1] 引自 Miriam Hansen, "'With Skin and Hair': Kracauer's Theory of Film, Marseilles 1940," *Critical Inquiry* 19, no. 3 (1993): 458 (the translation is Hansen's)。汉森也继续写道:"借用指点,例如'古老的春宫影像'这个例子,克拉考尔细致地描述了两性(尽管不是在性别方面)的电影观看的物理的、触觉的维度;他指出,在追求感官、生理刺激时,这样的'影像'实现了电影的一般潜力。"(458)

[2] 当代电影理论作为一个学术名称通常是指 20 世纪 60 年代末和 70 年代初开始的那段时期,这个时期符号学、结构主义、精神分析被视为一种"软性的"和不科学的人文主义电影批评的方法论解药,马克思主义的文化批判和女性主义理论被视为资产阶级和父权制的唯美主义意识形态的解药。当代理论忽视了观众的活体(如果不是压制),对此的一个延伸批评,以及对它的历史和理论原因的讨论,可以在我的著作中找到:*The Address of the Eye: A Phenomenology of Film Experience* (Princeton, NJ: Princeton University Press, 1992)。

[3] See Linda Williams, "Film Bodies: Gender, Genre, and Excess," *Film Quarterly* 44, no. 4(summer 1991): 2-13; "Corporealized Observers: Visual Pornographies and the Carnal Density of Vision," in *Fugitive Images: From Photography to Video*, ed. Patrice Petro (Bloomington: Indiana University Press, 1995), 3-41; and "The Visual and Carnal Pleasures of Moving-Image Pornography:A Brief History" (unpublished manuscript); 后一篇文章最后收入 1999 年版的结尾, Linda Williams, *Hard Core: Power, Pleasure, and the Frenzy of the Visible* (Berkeley: University of California Press, 1989)。

[4] Jonathan Crary, *Techniques of the Observer* (Cambridge, MA: MIT Press, 1992).

[5] Steven Shaviro, *The Cinematic Body* (Minneapolis: University of Minnesota Press, 1993).

体和影像相关联的"触觉视觉性"(haptic visuality)[1];埃莱娜·德·里奥(Elena del Río)写的几篇文章尝试从现象学的角度消解"外在和内在的严格二元界限"[2];珍妮弗·巴克(Jennifer Barker)即将出版的著作提出了一种电影触觉的现象学[3]。然而,一般来说,大多数电影理论家似乎仍然因为身体而感到尴尬或困惑,这些身体常常在电影中肆意且粗鲁地行事,不由自主地与细腻的感性、智力歧视以及批判性反思的语汇相对立。事实上,正如威廉姆斯在谈到她所强调的色情、恐怖、情景剧的"低俗"身体类型时所表明的那样,当我们体验到"明显缺乏适当的审美距离,全身心地投入感官和情感之中的一种感觉之时",某种不适就出现了。她告诉我们:"我们感觉受到这些文本的操纵——就像是'泣不成声'(tear jerker)和'毛骨悚然'(fear jerker)之类的俗语所表达的——对此,我们可以增加些色情甚至是粗鲁的感觉,一些人可能会对着文本'打飞机'(jerk off)。"身体对这些电影的反应是不由自主且不言而喻的条件反射,如威廉姆斯写道,"阴茎的长度"标志着性冲动;惨叫、昏厥,甚至心脏病发作标志着恐怖;"一块、两块,或三块手帕"则标志着情绪[4]。

在大多数情况下,对电影的肉体反应被认为是过于粗鲁的,以至于不能对其进行广泛的阐述,除非把它们与其他更具有"动感"的娱

---

[1] Laura U. Marks, *The Skin of the Film: Intercultural Cinema, Embodiment, and the Senses* (Durham, NC: Duke University Press, 1999); and *Touch: Sensuous Theory and Multisensory Media* (Minneapolis: University of Minnesota Press, 2002).

[2] Elena del Río, "The Body as Foundation of the Screen: Allegories of Technology in Atom Egoyan's *Speaking Parts,*" *Camera Obscura* 37-38 (summer 1996): 94-115; and "The Body of Voyeurism: Mapping a Discourse of the Senses in Michael Powell's *Peeping Tom,*" *Camera Obscura* 15, no. 3 (2000): 115-149.

[3] 珍妮弗·巴克的博士论文《触觉之眼》(The Tactile Eye)(UCLA)有更详细的讨论;然而,她抽出了其中两篇参加了会议讨论:"Fascinating Rhythms: The Visceral Pleasures of the Cinema" ("Come to Your Senses," Amsterdam School for Cultural Analysis, Theory, and Interpretation, Amsterdam, May 1998); and "Affecting Cinema" (annual meeting of the Society for Cinema Studies, Chicago, IL, Mar. 2000)。

[4] Williams, "Film Bodies," 5.

乐形式，如主题公园游乐设施，或者与汤姆·甘宁（Tom Gunning）曾经具有历史基础现在却成为笼统指称的"夺目电影"（cinema of attractions）[1]联系起来，因为它们具有廉价的兴奋、商业上的影响和文化上的联想。因此，学术兴趣与其说是关注电影在身体上唤起我们意义的能力，不如说是关注这些关于感官性的电影吸引力所揭示的经典叙事的兴衰，或当代娱乐行业的跨媒体结构，抑或是我们的文化在媒介弥漫的时代下所欲求的即时感官沉浸的消遣。

然而，重要的讨论往往还主张诉诸我们感觉中枢（sensorium）的电影是电影中的精华。例如，在为《生死时速》写的评论中，理查德·代尔（Richard Dyer）把"卢米埃尔的观众因为屏幕上列车迎面驶来而产生的恐惧，与IMAX和Showscan[2]的情形相提并论，认为所有电影本质上都是'感官电影'[3]。事实上，他认为电影艺术的本质是再现和实现我们这样的欲望，即渴望一种"潜在的感受模式，行动自由，对身体的信心，对物质世界的介入，这个世界被编码为男性（也包括异性恋与白人），但是所有人都需要进入其中"[4]。然而，尽管代尔承认观众对电影的直接身体经验的重要性，但是他却不知如何解释它的存在。他告诉我们："对很多人来说，电影就是对感觉运动的颂扬，

---

1　Tom Gunning, "The Cinema of Attractions: Early Film, Its Spectator, and the Avant-Garde," in *Early Cinema: Space, Frame, Narrative*, ed. Thomas Elsaesser with Adam Barker (London:BFI, 1990), 56-62. 甘宁评论说："显然，在某种意义上，最近的奇观电影重申它植根于刺激和嘉年华游乐场，植根于可能被称为斯皮尔伯格－卢卡斯－科波拉式的电影及其效果之中。"（61）值得注意的是，从使用的短语"夺目电影"指定历史上电影制作的特定模式（和时刻），再到把它作为一个更通用和超历史的名称而使用，这些都是存疑的。本·布鲁斯特的《早期电影的分期：若干问题》（文章于1996年3月在达拉斯电影研究学会年会上提交）提供了一个独到的批评。（译按：所谓的"夺目电影"的说法就是来自甘宁，指的是电影不一定要作为一种娱乐，不一定只是对日常生活的复制，而可以通过其他独特的内容来吸引观众观看。）
2　Showscan是一种拍摄技术，20世纪特鲁姆布研发的一种拍摄方法，它可以以每秒60帧的速率拍摄和投影70毫米的胶片，相比于传统的每秒24帧的35毫米胶片而言具有保真性。——译者注
3　Richard Dyer, "Action!" *Sight and Sound* 4, no. 10 (Oct. 1994): 7-10.
4　Ibid., 9.

我们是在某种还不清楚的感觉／意义上作出'仿佛是真的一样'（as if real）的反应。"[1] 这种动态结构以我们的身体为根基，对电影艺术的视觉及听觉表象作出反应，它不仅作为一个持续的奥秘得到了清晰的阐述，而且对经验的本质的"被给予性"（giveness）也被"仿佛是真的一样"这句短语所动摇——这句短语本身被引号所包围，质疑对这种被给予性的质疑，使我们进一步陷入了经验的不确定性的嵌套结构（mise en abyme）之中。

感觉运动的这种"还不清楚的感觉"和"仿佛是真的一样"引起了身体的反应，标志着学者不仅在面对我们的电影感官经验，而且在面对我们没有能力将这一经验的肉体主义（somatism）解释为不只是"纯然"的生理反应或承认它的意义不只是隐喻的描述之时所表现出来的困惑和不适[2]。因此，报道中用来描述电影经验的感性和情感维度的语言已经被描写为不严谨的人文主义批评的一个通俗版本，在20世纪70年代初期，这种人文主义批评由于更"严格"且更"客观"的描述方式的出现而被电影研究淘汰。因此，对电影的描述中的感官参照已被普遍视为过度的修辞或过度的诗意——由此，感官性更多位于语言那边，而不是身体这边。这种观点是种同义反复。正如萨维罗所指出的那样，它将感觉"涵括在普遍的（语言或概念）形式之中，只是因为它已经设置了那些形式，以便首先描述感觉"。这种对身体本身"产生意义／感觉"（make sense）的忽视基于"观念论的假设，即人类经

---

1　Richard Dyer, "Action!" *Sight and Sound* 4, no. 10 (Oct. 1994), 8.（楷体为笔者所加）

2　Paul Ricoeur, *The Rule of Metaphor: Multi-disciplinary Studies of the Creation of Meaning in Language*, trans. Robert Czerny, Kathleen McLaughlin, and John Costello (Toronto: University of Toronto Press, 1977). 它讨论了"仿佛"的状态与比喻和指涉的关系；特别在第248-256页。他所发现的不足是 "一种解释，它在对隐喻性真相的评价中屈服于本体论式的天真（ontological naïveté），因为它忽视了隐含的'不'"，以及"一种相反的解释，即在'不'的批判压力之下，由于将它还原为反思判断的'仿佛'而'失去'了'是'"。如他所说，"隐喻性真理的概念合法化，保留了'不'与'是'，且将从这两个批评的汇合中产生"（249；楷体为笔者所加）。下文引用时将标注在正文中。

验在本源上、在根本上就是认知性的"。带着这样的观念论假设，萨维罗继续说道：

> 是把知觉的问题化约为知识问题，把感觉与感觉的反思意识相等同。这种黑格尔式的和结构主义式的等同压抑了身体。它忽略或并不考虑原始感觉的原生形式：情感、激动、刺激和压抑、快乐和痛苦、震惊和习惯。相反它假定了脱离肉体（disincarnate）的眼睛和耳朵，它们的数据在自我意识或实证知识（positive knowledge）的形式中立即被客观化了。[1]

总之，尽管人们已经越来越有兴趣这样做，但是我们尚未了解电影可理解性的肉体基础，尚未了解要在比喻上理解电影，我们必须首先在实际上理解它们。这不是同义反复——特别是在一门长期且努力地把视觉和反射性（specularity）的感觉和意义从身体中分离出的学科中，这一身体，在经验中，始终在与其他接触世界的感官手段的合作和重要交换中亲历视觉，这一身体在产生意识和反思思维之前就已具有感觉。因此，尽管目前的学术研究中出现了"身体"的拜物化，但大多数理论家仍然不太知道该用他们难以控制的敏感肉身和感觉中枢做什么。我们的感觉和反应向盛行的对电影的语言学式和精神分析式的理解提出了一个难以忍受的问题，这种理解建立在约定符码和认知模式上，并且建立在缺席、匮乏和幻觉的基础上。它们对流行的文化假设也构成了难以忍受的挑战，这种假设认为电影影像纯然由二维几何构成[2]。当代电影理论把电影仅仅设定为一种客观的象征性表象模

---

[1] Shaviro, *The Cinematic Body*, 26-27.
[2] 就像琳达·威廉姆斯在《视觉和肉体的乐趣》一文中所总结的："在精神分析电影理论中，一方面在过度的和难以言喻的身体和感觉之间的对立，与另一方面在进行掌控的精神或思想之间的对立已经成为根本性的了，它们引发了一个抽象的'视觉快感'的概念，这一快感建立在偷窥性凝视的基础之上，它假设了一种有距离的、去肉体化的单眼掌控其所监视的一切，但并不与它的视觉对象有物质性的牵连"（无页码标注）（转下页）

式,还原性地把观众的主体性的和丰满的视觉抽象出来——"去肉体化"(disincarnating)——并将它仅仅设定为一种"距离感",这一理论的主要困难在于理解人类的身体在事实上真正地被电影"触动"和"感动"是如何可能的。

在最坏的情况下,当代电影理论并没有严肃地思考过电影中的身体性存在——在最好的情况下,它一般也不知道如何回应及如何描述电影如何"感动"和"触动"我们的身体。相反,一些例外表明,电影理论已经试图(我认为是有些防备性地)将看电影时含糊且难以控制的主观性感官的具身性经验放回它"正确的"(也即客观的)归属的位置:它将屏幕上的感觉定位为电影表象的符号学效果以及电影对象的语义属性,或者将银幕之外的感觉定位在观众幻想(phantasmatic)的心理形态、认知过程和基本的生理反射之中,这些并不构成重大的意义问题。然而,作为电影理论家,我们不能免除电影中的感性存在——让我们承认这一点,我们也不希望这样。作为"活体"(在此使用现象学术语,强调"这具"客观的身体总是作为"我"的身体进行主观的亲历,有所区别地投入且积极地在世界中并制造对于世界的感觉和意义),我们的视觉总是"有血有肉"的了。即使在电影中我们的视觉和听觉也被我们接触世界的其他感官模式影响和给予意义:我们的能力不仅可以去看和去听,也可以去摸、去闻、去尝,且总是本体感受性地(proprioceptively)感受到我们在世界中的重量、尺寸、重力和运动。总之,电影的经验不是对于我们身体的某一方面有意义,而是由于我们的身体而具有意义。这就是说,电影唤起了我们的"肉体思想",这一思想奠基并提供了更多的意识分析。

---

(接上页)。这种"掌控"的凝视意味着文艺复兴时期具有特权的透视法,以及它的作为描述电影空间的解释模型的世界的笛卡尔式"制造"(carpentering)。更多的对这个问题的讨论和另一种描述模型参见本书的《森林中的面包屑:对空间迷失的三次沉思》一章。

因此，我们需要改变先前构想中提出的电影经验的二元对立和二分（bifurcated）结构，而且相反地要把电影观众的活体假定为一个肉体性的"第三项"，它奠基并中介了经验和语言、主观视觉和客观影像——在可逆的（或交织的）知觉和表达过程中既分化又统一它们[1]。的确，正是活体同时提供罗兰·巴特所说的逃离语言却仍驻留在其中的"第三"或"模糊的"含义的场所和起源[2]。活体被抛入一个有意义的生活世界中，它总是已经参与到它的各种感觉（它一直去适应文化，从未以分离的和原始的方式存在）彼此协作的意义生产能力的沟通与转变之中——这一过程将一个感觉的含义变成另一种感觉的含义，把实际意义上的东西转换成隐喻意义上的然后再转换回来，且前反思性地奠定了"更高阶"符号学的更特殊且更具反思性的辨别力。换句话说，我们可以说，活体既提供又扮演着主观感受和客观知识之间、感觉（senses）和它们的意义（sense）或意识含义之间的相互的可逆性。在这方面萨维罗是最有说服力的：

> 在我自己身体的生理和情感反应之间，以及在银幕上的身

---

[1] "交织"（chiasm，有时写作 chiamus）是莫里斯·梅洛－庞蒂所使用的术语，参见"Eye and Mind," trans. Carleton Dallery, in *The Primacy of Perception*, ed. James Edie (Evanston, IL: NorthwesternUniversity Press, 1964)。它表明了"一个独特的空间，它分离又重新统一，延续每一个凝聚力"（187）。在一般情况下，"交织"被用来命名所有在场的根基，同时以与此相对、彼此分离的存在的形象出现；因此，它是基础，在这个基础上许多对立涌现并消退，而且它们是可逆的。在这里，我认为被置于世界之中的活体作为我们自己交织性的场所在含义的材料和材料的含义中发挥作用；也就是说，它维系着彼此分离且对立的形象（比如语言和存在），而且为它们的分离和对立的悬置提供了概要性的基础。参见 Maurice Merleau-Ponty, "The Intertwining—The Chiasm," in *The Visible and the Invisible*, ed. Claude Lefort, trans. Alphonso Lingis (Evanston, IL: Northwestern University Press, 1968), 130-155。

[2] Roland Barthes, "The Third Meaning," in *Image-Music-Text*, trans. Stephen Heath (NewYork: Hill and Wang, 1977), 52-68. Miriam Hansen, "Benjamin, Cinema, and Experience: 'The Blue Flower in the Land of Technology," *New German Critique* 40 (winter 1987)。该文写到了"第三含义"与活体之间的联系，这种联系与本雅明对"摹仿能力"的反思相关："对于本雅明，语言的符号层面包括巴特所说的含义的'信息'层和'象征'层……而摹仿层面则应该对应于面相的过剩（physiognomic excess）的层面。"（198）

体与影像的出现和消失、突变和持续（perdurances）之间，不存在结构性的缺失，也不存在原初的划分，但存在一种连续性。这个重要的区分不是身体与影像或真实与其表象之间的有层次的、二元的区分。它确切地说是辨明可以一般被定义为身体和影像之中的多样且不断变化的互动的问题：静止和运动、行动和受难、混乱和空虚、光亮和缺乏的程度……影像不能与身体相对立，就像表象与其难以抵达的指涉物相对立一样。对于难以捉摸之物来说，增补的物质性萦绕着机械复制的（据称是）理想化过程……肉身内在于电影装置之中，同时也内在于它的主题、它的本质和它的界限。[1]

## II

在这一点上，鉴于我对理论的抽象性及其对我们在电影中的身体性经验的忽视作了冗长的批判，我想将我之前的讨论奠基"在肉身之中"。事实上，奠基在我的肉身中——以及它对一部现实电影《钢琴课》充满意义的回应和理解之中。无论坎皮恩的电影在性政治和殖民政治方面怎样存在智性上的问题[2]，它都深深地打动了我，激起我的身体性感觉和我对我身体的感觉。这部电影不仅"使我充实"，还经常用感受使我"窒息"，这种感受在我的胸部和腹部产生共鸣，并且挤压着它们，而且它也使我的皮肤表面——还有它自己的——对触摸"变得敏感"。

---

[1] Shaviro, *The Cinematic Body*, 255-256.
[2] 对这些政治的讨论参见 Cynthia Kaufman, "Colonialism, Purity, and Resistance in *The Piano*," *Socialist Review* 24, nos. 1-2 (1994): 251-255; Leonie Pihama, "Are Films Dangerous? A Maori Woman's Perspective on *The Piano*," *Hecate* 20, no. 2 (Oct. 1994): 239-242; Lynda Dyson, "The Return of the Repressed? Whiteness, Femininity, and Colonialism in *The Piano*," *Screen* 36, no. 3 (autumn 1995): 267-276; and Dana Polan, *Jane Campion* (London: BFI, 2002).

在看电影的过程中，我整个人都全神贯注，并且像我处在银幕上的世界中一样专注，我也被裹在身体之中，这一身体非常痛苦地意识到自己是一种感官的、敏感的、感性的物质能力[1]。（在这种情况下我们可能还能记起那些大谈"音乐和织物、泥和肉的持续的感官经验"以及"直接的触觉冲击"的评论家们。）尤其是，我想聚焦于我对《钢琴课》开头的两个镜头的感官性的和产生感觉的经验——事实上，就是这两个镜头催生了这篇文章。虽然我身体的注意力在整部电影中被调动和集中起来，它从未停止在肉体上、情感上和意识上以最复杂的方式感动我或触动我，但是这开头的两个镜头显著地向我突出了我们感官介入的现成问题（可以这么说），不仅介入这部电影中，而且在不同程度上也介入所有其他电影中[2]。最特别的是，这两个开场镜头也凸显了视觉与触摸之间关系的含混性和矛盾性，因为后者在此在它的字面意义和比喻意义上都被唤起了。

从视觉和形象的角度而言，我们在《钢琴课》中看到的第一个镜头似乎是一个无法辨别的形象。卡罗尔·雅各布（Carol Jacobs）对这个镜头作了一个精确的描述和注解，如下所说：

> 长长的、不均匀的粉红色光线穿过屏幕辐散开来，没有聚

---

[1] 并不是只有我回应这种方式，比如可以参见 Sue Gillett's "Lips and Fingers:Jane Campion's *The Piano*," *Screen* 36, no. 3 (autumn 1995): 277-287。吉列特不仅公开并总结了她的独特文章，用第一人称的声音"栖居"在主角爱达的意识中，而且作为评论家，她还坦率地告诉我们，在描述中她发现了与自我经验发生的共鸣，"《钢琴课》这部电影对我影响很深。我陶醉、感动、茫然。我屏住了呼吸。电影结束后，我不愿意重新进入日常生活世界。《钢琴课》令我震撼、使我扰乱、让我沉浸。我觉得我自己的梦想成形了、被揭示了……这些感受浓厚，沉重又令人兴奋"（286）。

[2] 当然，还有一些像《钢琴课》一样的电影，威廉姆斯把这些影片归为"身体类型"，在清晰的影像和声音内容以及叙事中心中，以及一种更为背景化的方式，凸显了感官性参与，也即通过动感的活动和我所具有的感觉经验，参见 *The Address of the Eye*, called the "film's body"。其他电影可能向我们展示了感官性参与其中的身体，但却是以一种非感官的方式，从而疏远了我们，而不是通过它们的中介性视觉的"态度"来寻求一种类似的经验。尽管如此，我仍坚持所有电影都会介入我们身体以及我们心灵的意义建构能力——尽管根据不同的比例（或合理性）。

焦,就像一张冲洗失败的半透明血管的彩色底片……然而,我们几乎根本就看不见——近乎失明,眼睛和对象之间的距离如此细小,以至于我们所能看到的是一个无法辨认的模糊物……我们首先看到的影像是从另一侧,从爱达(Ada)的视角,她的手指,晶莹剔透的手指……我们看到爱达的手指被阳光穿透,显然是从她的角度,因为我们听到了她心里的声音,但随后我们从我们作为旁观者的清晰视角看到了它们,因为它们在摄影机的镜头下变成了实实在在的客体。[1]

当我看到《钢琴课》开场的那一刻——在第一个镜头中,在我知道有一个爱达之前,在我从她的视像中看到她之前(也就是说,在我看到她而不是她的视像之前)——一些似乎非同寻常的事情发生了。尽管我"几乎盲目",再加上"难以辨认的模糊"以及影像对我眼睛的抵抗,但是我的手指知道我在看着什么——并且在那种将手指置于适当位置(也就是说,把它们放在它们可以客观地被看到而不是主观地"看透"的地方)的客观反拍之前就已经知道了。其实,从一开始,我所见到的就不是一个无法辨认的影像,但它在我的视觉中是模糊的、不确定的,而且我的眼睛不能"辨认它"。从一开始(虽然直到第二个镜头我才有意识地知道它),我的手指就理解了那个影像,以一种几乎无法察觉的关注和期待把握住了它,而且,在银幕之外,与在银幕上体现出来的主观性和肉身性处境中的潜能一样"感受它们自己"。而这一切在我将我的肉体性理解重新塑造为有意识的思维之前就已经发生了,"啊,那些都是我正看向的手指"。的确,首先,在这种有意识的识别之前,我没有把那些手指理解为"那些"手指——也就是说,那些手指与我自身的手指存在距离而且它们在它们的"彼处性"

---

[1] Carol Jacobs, "Playing Jane Campion's Piano: Politically," *Modern Language Notes* 109, no.5 (Dec. 1994): 769–770.

(thereness)上是客观的。更确切地说,那些手指首先在感官和感性上作为"这些"手指而被认识,它们被含混地置于银幕内外——主观上在"这里",也客观上在"那里",是"我的",也是影像的。因此,尽管我对第一个镜头"几乎盲目",这应该是一个令人惊讶的启示;但是第二个客观的反拍镜头展示了一个女人通过张开的手指凝视世界,这一镜头真的一点也不奇怪。相反,它似乎是一种愉快的高潮和对我和我的手指已知之事的确证,这种已知来源于本能而非反思。

虽然我的身体对所见(因此,也就是场景)的前反思性但又本能反应性地(reflexive)领会的这种经验在某些方面是与众不同的,但在大多数方面几乎没有例外。事实上,我会主张这种对电影的前反思性的身体反应是老生常谈。也就是说,我们并不只是通过我们的眼睛来体验任何一部电影。我们用整个身体性的存在来看、理解和感受电影,这些活动被我们已适应文化的感觉中枢的全部历史和肉体知识所启发。然而,通常来说,我们在电影中所见事物的简单的被给予性,以及视觉对其对象的总体把握和理解,还有对它对我们其他感觉的历史性、层次性的控制的理解,往往阻挡我们对我们身体接受并创造世界之意义的其他方式(以及它的表象)的理解。因此,《钢琴课》开场镜头的非凡之处在于它提供了(至少在第一次观看时)一个相对罕见的叙事电影实例,其中视觉的文化霸权被推翻了[1],在这个实例中,我的眼睛没有"看到"任何有意义的东西,而且体验到了一种几乎失明的感觉,与此同时,我的在世存在的触觉通过我的手指以某种方式把握到了影像的感觉,这种方式是我那预先被阻止的或被困扰的视觉无法做到的[2]。

---

1 视觉的规范性主导地位及其对作为客观世界的把握,最频繁地在被称为实验电影或前卫电影中被推翻。这方面可以参见马克斯对跨文化电影的讨论,参见 *The Skin of the Film*(第 75 页注释 1)。
2 "被困扰的视觉"这句话出自 Laura Marks, "Haptic Visuality"(文章发表在得克萨斯达拉斯于 1996 年 3 月举办的电影研究学会年度会议上)。

雅各布告诉我们最初的影像"像一张冲洗失败的半透明血管的彩色底片"。尽管如此，人们还是感觉到，她的身体性参照来自视觉的后见之明（visual hindsight），而不是触觉的先见之明（tactile foresight）。在一篇值得称赞的讨论电影在叙事和视觉上强调触摸的文章中，雅各布过快地将触摸发生的地方客观化了——急于把视觉还原成视点，匆匆忙忙地根据它们的叙事象征主义思考触觉性、手指和手。[1] 因此，她告诉我们，在第一个镜头（以及整个镜头）中，爱达的手指被象征性地用来"使我们变成文盲"且"无法阅读它们"[2]。现在，如果视觉是一种孤立的感觉，而不仅仅是一种拥有自身结构、能力和界限的独立感觉，那么我就认为这可能是对的。但是，视觉并不孤立于我们其他感觉之外。无论其特定的结构、能力和感官辨别力如何，视觉仅仅是我的活体进入世界的一种感觉形式，只是使对象和其他事物的世界可以为我所感（也就是说，对我具有意义）的一种手段。[3] 视觉可能是文化和电影中最有特权的感觉，听力则屈居第二；尽管如此，我不会将我去触摸或去闻或去品尝的能力置之不理，当在影院中的时

---

[1] 在这里，我无法不援引对坎皮恩的下一部（并不十分成功的）电影《淑女本色》（1996）的颇具嘲讽性的评论，该评论明确说明了有关电影制片人自身对曾是触摸的动态表象的象征性"固着"。《娱乐周刊》（1997年2月7日）有一个侧栏叫作"一周定影"（Fixation of the Week），副标题为"简·坎皮恩的亲身实践方法"。内容写道："从'淑女本色'被印在中指上的片头开始，导演拍摄了60多个手指镜头。打苍蝇、弹钢琴、抚摸皮肤、抓鼻子、拿香烟，以及那个非常具有《钢琴课》色彩的时刻，即妮可·基德曼饰演的伊莎贝尔·阿切尔说出'我会献出我的小拇指'的时刻。噢，简，求你了，不要再这样了！"（53）

[2] Jacobs, "Playing Jane Campion's *Piano*," 770.

[3] 对每种感觉的分离以及它们彼此非孤立性的联系这一问题的讨论参见 Maurice Merleau-Ponty, *Phenomenology of Perception*, trans. Colin Smith(London: Routledge and Kegan Paul, 1962), esp. 223-225. 梅洛-庞蒂写道："每个感觉器官以自己的方式探索客体，是某种特定类型的综合的中介机构。"（223）他阐述道："这些感觉彼此不同，并且就它们每个与从未确切地变换过的存在结构结合起来而言，也不同于智力活动……我们可以承认它不对感觉的统一构成任何威胁。各种感觉彼此相互沟通……分离的'感觉'的经验只有当某人假定一种非常特殊化的态度时才能获得，这丝毫无助于直接意识的分析"（225）。下文引用时将标注在正文中。

候,我也不会把这些感觉仅仅留给我的爆米花。

因此,我认为我对《钢琴课》的体验是我们对电影的共同感官体验的一个典型实例:我们位于一些肉体模式中的方式能够接触到形象的实质和质地,并且被它们所触及;感受到一种笼罩我们的视觉气氛;体验到重量、窒息以及对空气的需要;即使我们被相对束缚在我们的影院座位上也能在动态的兴奋和自由中飞翔;被声音震到向后退;有时甚至闻到和尝到我们在银幕上看到的世界。虽然,嗅觉和味觉在提供我们对所见影像的理解方面可能不如触觉那么重要,但我还记得我在《黑水仙》(*Black Narcissus*, 1946;迈克尔·鲍威尔和埃默里克·普雷伯格执导)中所体验到的"视觉芳香",这部电影本身就以香水命名,或者《蒲公英》(*Tampopo*, 1986;伊丹十三执导)中肉丝面(pork-noodle)的味道(既然科隆香水和食物的宣传力量严重依赖于整个在感觉中枢中或通过感觉中枢的跨模式合作和转换,我们为什么要对此感到惊讶呢?)。此外,当我介入这些影片的时候,我没有"思考"将我的视觉转换成嗅觉或味觉;相反,我不假思索地来经验它。埃莱娜·德·里奥描述了这种经验的现象学结构:"当影像被转译成一种身体性反应时,身体和影像不再作为分离的单位起作用,而是作为彼此接触的表面,参与到相互重新校正和调整的持续活动中。"[1]

在这方面,我们不妨再想想在电影经验中的那些识别过程,不是要把它们与我们对"主体地位"或性格的次要参与认知关联起来,而是与我们对物质性本身的感觉和感性的首要参与(以及电影对这两者的参与)关联起来。我们自身就是主体性的物质:我们的活体在感官上关联于在银幕上"很重要/具有物质性"的"事物"("things" that "matter")[2],并以一种首要的、前个人的、普遍的方式找到它们的可感

---

[1] del Río, "Body as Foundation," 101.
[2] 此处的"matter"又是索布恰克的文字游戏,既可以指"很重要",也可以指"具有物质性"。所以译为"很重要/具有物质性",下文还会出现。——译者注

性,这种方式为后来那些更加分离的和局部的次要识别建立基础。当然,我对《钢琴课》开场的主观镜头的经验为这种前个人的和普遍性的身体性理解提供了证据,但是这种氛围性的和肉身性的对物质主体性的认同也出现在我"客观地"看着贝恩斯(Baines)——在钢琴和爱达的裙子下面——穿过爱达的黑色羊毛长袜中的洞,伸手并触摸了爱达的肉身之时。[1] 看着这个客观影像,就像前面所引的评论家一样,我也感受到了"当肉体第一次在特写镜头下彼此接触时立即产生的触觉冲击"。然而,我感受到某人的肉身是含混且模糊的——而且它产生于一种在矛盾和扩散之上构成的现象学经验。也就是说,我对既在"这里"又在"那里",对既能感觉又能够被感觉,既是触觉欲望的主体又是触觉欲望的客体,有一种肉体性的兴趣和投入。当贝恩斯穿过爱达的长袜触摸到她的肌肤时,我突然感觉到我的皮肤既是自己的又不是我自己的:"直接的触觉冲击"使我向我的肉体的一般情欲的重要性和扩散敞开,我不仅感受到了我"自己"的身体,还感受到贝恩斯的身体、爱达的身体,还有我在别处所说的"电影的身体"[2]。因此,即使面对一个"客观"的镜头,我的手指也知道并理解此种"所见"及此种观看情境的主观含义,它们把握住了无处不在的纹理性的(textural)和文本性的含义——不仅在触摸中,也在被触摸中。客观性和主观性失去它们被假定的清晰性。这是说,在此观看的情境中(以及在每个观看情境中的不同程度),"把主观性置于活体之中完全危害了二元论的形

---

[1] 虽然只是泛泛而谈,而不是作为电影性参与的一种特殊的现象学结构加以阐述,马克斯使用了她的《触觉的视觉性》中所用的短语"氛围性认同"(ambient identification),以暗示一种对影像的认同不局限于一个单一的主观位置或叙事角色中的自我置换。

[2] 我在《目之所及:电影经验的现象学》中非常精确地使用了"电影的身体"这一短语来指明作为功能上具身性的(且因此在存在上有别于电影制作人和观众)电影的物质性存在。"电影的身体"在电影中是看不到的,除了它有意向的能动性和区别性的运动。这不是拟人化的,但也不是被还原为电影装置(如同我们不能被还原为我们的物质性相貌一样);它只能作为一种准主体性的和具身性的"眼睛"被反思性地发现和定位,这种眼睛具有一个离散的(尽管一般情况下是前个人和匿名的)存在。

而上学。也就不存在主体和客体，内部和外部，我和世界这些范畴之间相互排斥的基础"[1]。

我想再次强调，我不是在隐喻性地讲述触摸电影和被电影触摸，而是讲述"在某种意义上"我们能相当真实地感受到我们在屏幕上看到和听到世界的能力，以及电影在屏幕之外相当真实地"触动"和"感动"我们的能力。正如哲学家伊丽莎白·格罗兹（Elizabeth Grosz）所说的那样："事物恳求肉体，就像肉体召唤事物且作为事物的对象。知觉是肉体的可逆性，肉体触摸、观看、感知它自己，一个褶子（暂时地）在自我拥抱中捕获其他褶子。"[2]经验电影，不仅仅是"看"，我的活体在知觉中演绎了这种可逆性，并颠覆了作为相互排斥的场所或主体位置的银幕内外的概念。事实上，"文之悦"产生于这种对固定的主体位置的肉体性颠覆，产生于作为"第三"项的身体，它既超越于离散的表象之上，又位于其中；因此，如巴特已经指出的那样，"错误的是……想象在文本内部和外部有一个严格的区别，因为身体的颠覆性力量部分地在于它既在比喻上又在实际上发挥作用的能力"[3]。电影经验中的所有身体——那些在银幕上和银幕外的东西（以及可能是银幕本身）——都是具有潜在颠覆性的身体。它们具有既在隐喻上又在实际上发挥作用的能力。它们普遍地且扩散性地存在于电影经验中。然而，这些身体也在物质上受到限制，可以被具体地定位，每个身体都无疑会成为感觉和含义的"根基性身体"，因为每个身体都存在于与其他身体的可逆性的动态的图形-背景（figure-ground）关系之中。此外，这些身体从内部颠覆了它们自己的固定性，混合了肉体和意识，颠倒了

---

1 Iris Marion Young, "Pregnant Embodiment: Subjectivity and Alienation," in *Throwing like a Girl and Other Essays in Feminist Philosophy and Social Theory* (Bloomington: Indiana University Press, 1990), 161.

2 Elizabeth Grosz, "Merleau-Ponty and Irigaray in the Flesh," in "Sense and Sensuousness: Merleau-Ponty," special issue, *Thesis Eleven* 36 (1993): 46.

3 Michael Moriarty, *Roland Barthes* (Stanford, CA: Stanford University Press, 1991),190.

人和技术的感觉中枢，因此，意义以及意义产生的地方在观众的身体或电影表象中都没有一个分散的起源，而是出现于它们的结合之中。

我们可能会把电影体验中的这种颠覆性的身体命名为电影感性主体（cinesthetic subjet）——这个新词不仅来自电影，而且来自两个指明了人的感觉中枢的特定结构和条件的术语：联觉（synaesthesia）和一般机体觉（coenaesthesia）[1]。两者的结构和条件凸显了更为普遍的身体性经验的复杂性和丰富性，这些经验奠定了我们对电影的特定经验的基础，也指出了电影利用我们占主导地位的视觉和听觉与我们其他的感觉进行可理解的对话的方式。

在严格的医学话语中，精神神经病学家（psychoneurologist）理查德·萨托维克（Richard Cytowic）指出，联觉被定义为一种"非自觉的经验，在这种经验中，一种感觉的刺激引起了另一种感觉的感知"[2]。联觉会经常生动及自动地把声音感知为颜色，或把形状感知为味道。有位女士解释说："我经常把声音看成是颜色，伴随着一种压迫我皮肤的感觉……我看，但不是用我的眼睛，如果这么说有道理的话。"而且，她举例说，当她听到丈夫的声音和笑声时，不是隐喻性地而是实际地将其经验为"一种美妙的金褐色，带着一股脆脆的黄油烤面包的味道"（118）。"联觉，"萨托维克说，"是一种最紧迫和最直接的经验……它是感官性的、具体的，不是一些充满意义的智性概念。它强调（覆盖了更高的大脑皮质功能的）大脑边缘系统过程，这些过程能够突破意识。

---

[1] 这个词通常指对自我身体的一般性感觉，参见 https://www.oxfordreference.com/display/10.1093/oi/authority.20110803095621903。——译者注

[2] Richard E. Cytowic, M.D., *The Man Who Tasted Shapes: A Bizarre Medical Mystery Offers Revolutionary Insights into Emotions, Reasoning, and Consciousness* (New York: Warner, 1993), 52. 下文引用时将标注在正文中。近来讨论联觉的著作参见 John E.Harrison and Simon Baron-Cohen, eds., *Synaesthesia: Classic and Contemporary Readings* (Cambridge:Blackwell, 1996); and Kevin T. Dann, *Bright Colors Falsely Seen: Synaesthesia and the Searchfor Transcendental Knowledge* (New Haven, CT: Yale University Press, 1998)。

这是关于感受和存在的,是比分析和谈论正在发生的事情更直接的事情。"(176)然而,这并不意味着联觉经验作为比"分析更直接"的经验就能逃离文化——这一点在笑声被感知为"脆脆的黄油烤面包"的味道中表现得很明显。

尽管临床上的联觉是罕见的,但在一定程度上,在我们的感觉中不是那么极端的"跨模态转移"(cross-modal transfer)是常见的,足以保证该术语在日常语言中的使用和对状况的描述。艺术家们长期以来一直关注联觉(如象征主义者们和爱森斯坦);事实上,相当多的人也使用联觉(小说家弗拉基米尔·纳博科夫是一个例子)。此外,通常使用的通感不仅是指各种感觉之中的感受的非自觉转移,也指隐喻带有主观意志(volitional)的使用,在此之中,与一种感觉印象有关的术语被用来描述其他类型的感觉印象。从一种在感觉中枢中的非自觉且直接的交流到在感觉中枢和语言之间的一种有意识的和有中介的交流中,这一过程不仅让我们想起前面提到的"爱好联觉的象征主义运动"[1],也指向一种语言的感官经济学,它依赖于活体,这一活体同时作为语言的基本来源,作为其主要的符号生产者,作为它主要的符号。因此,在《我们赖以生存的隐喻》(*Metaphors We Live By*)一书中,语言学家乔治·莱考夫(George Lakoff)和哲学家马克·约翰逊(Mark Johnson)认为,比喻性语言出现于我们的身体经验并从中获得意义(但是受到文化的规范)[2],萨托维克研究了联觉后总结说:"隐喻的连贯性……植根于具体的经验,它就是赋予隐喻以意义的东西……隐喻是经验的和发自内心的(visceral)"(206)。在实际的可感身体和作为可感形象的隐喻之间的这种关系,既是我们理解电影可理解性的核心,也是理解受电影感动和触动的电影感性主体的核心——后面我再回到

---

1 Diane Ackerman, *A Natural History of the Senses* (New York: Vintage, 1990), 291.
2 George Lakoff and Mark Johnson, *Metaphors We Live By* (Chicago: University of Chicago Press, 1980).

这个问题。

作为电影观众的新词,"电影感性主体"也借鉴了另一个常用来指代身体状况的科学术语:一般机体觉。一般机体觉既不是病态的,也不罕见,而是对某人的整个感觉性存在的潜力和知觉的命名。因此,这个词被用来形容儿童出生时一般而开放的感官状况。这个词也指感觉中枢的某种前逻辑和非等级性的统一,它是后来通过文化熏陶和实践而获实现的等级性筹划的肉体性基础。在这方面,萨托维克注意到,已经证明幼儿——尚未完全适应感觉中枢的特定规范性组织——相比于成年人,能够经历到一个更强的感觉的"视域化",因此具有一种更强的跨模态的感觉交换能力(95-96)[1]。总而言之,联觉是指感官之间的交流和转译,一般机体觉是指同样有效的各种感觉得到不同程度的加剧和减少的方式,历史和文化的权力控制着这些感觉的边界,同时也将它们安排到一个规范性的等级制中。

然而,有些情况下,我们并非一定要作为临床诊断的联觉者或非常年幼的儿童才能挑战这些边界以及转换那些等级制。各种感觉之间的边界和秩序的撤消可以发生在各种情况中。例如,艾连娜·斯嘉丽(Elaine Scarry)指出了我们与格外美丽之物的相遇,他写道:

> 一个视觉事件可能会在触觉领域中复制自身(就像所看的脸在手中激起了渴望的疼痛)……这种感觉间的交叉可能发生在任何方向上。维特根斯坦不仅谈到美丽的视觉事件促动了手的各种动作,而且还谈到……听到音乐后在他的牙齿和牙龈中促动了一场幽灵般的次-解剖(sub-anatomical)事件。因此,触摸行为可能会把自己复制为声学事件,甚至是一个抽象观念,就像奥古斯丁无论何时触摸到光滑的东西都会开始想到音乐和

---

[1] See also Ackerman, *Natural History*, 289.

上帝。[1]

在其他情况下，非自觉的跨模态的感觉交换往往通过可以改变感知的物品（比如药物）而在意识经验中凸显出来。正如梅洛-庞蒂在《知觉现象学》中所注意到的："一个主体在致幻剂的作用之下发现了一块铁，用它来打击窗台并呼喊道：'这就是魔法！'那些树木变得更绿了。狗的狂吠以一种难以描述的方式带来了明亮感，并在右脚中回荡。"[2]（229）

在对很可能适用于电影经验的客观主义还原的客观科学的批判中，梅洛-庞蒂接着说："联觉性知觉就是法则，我们之所以意识不到它，只是因为科学知识转变了经验的重心，因为为了从我们的身体性组织和物理学家所理解的世界中推断出我们的所看、所闻、所感，我们已经无法学会如何去看、去听，总的来说，无法学会去感受。"（229）我们可以补充说，我们也没有意识到联觉性知觉，因为它是法则，我们已经习惯于不断地跨模态转译我们的感官经验，除最极端的情况外，它们对我们都是透明的。对联觉的一般性质（ordinary quality）的典例就是我们这种喜欢做饭和吃东西的人的共同经验，我们在阅读菜谱时也在品尝它。抽象语言的视觉性理解和它的肉体性含义之间的交换行为，不仅证实了促成这种转译的一个基础性的联觉，也再次展示了"身体的颠覆性力量……它既能比喻性地又能实际性地发挥作用"。我的眼睛以认知的方式阅读和理解食谱，但它们不是从我的身体中抽象出来的，它可以——尽管是在一种转变的且有些模糊的味觉性感觉制造行为中——品尝这顿饭。那么，为什么我们不可能更热情地参加《芭贝特的盛宴》（*Babette's Feast*，1987；加布里埃尔·阿克塞尔执导）呢？当我们把《巧克力情人》（*Like Water for Chocolate*，1994；阿封索·阿

---

1 Elaine Scarry, *On Beauty and Being Just* (Princeton, NJ: Princeton University Press,1999), 4.
2 该译文参考了中译本，《知觉现象学》，杨大春译，商务印书馆2021年版，第316页。——译者注

劳执导）中的大餐形容为"视觉盛宴"（a feast for the eyes）时，我们在何种程度上进行着字面的和比喻性的描述？在这里，在一篇对《狂宴》（Big Night，1996；斯坦利·图茨和坎贝尔·斯科特执导）的流行评论中，莉莎·施瓦茨鲍姆（Lisa Schwarzbaum）作了一些恰当的区分："在让你欣赏食物的电影和使你喜欢食物的电影之间的区别，就是马丁·斯科塞斯的《纯真年代》（The Age of Innocence）中像静物那样摆放的餐桌和他的《好家伙》（Goodfellas）中一瓣被切得如此专注以至于你几乎可以吸到那怪异香气的蒜片之间的区别。一部是让眼睛参与进来，而另一部则调动了所有五官的感觉[1]。

这不只是修辞。除了哲学，神经科学最近的发展表明，"感觉之间的界限是模糊的"[2]。此外，一系列的实验不仅表明当被蒙住眼睛的主体用自己的手指触摸对象时大脑的视觉皮层被激活了，还表明当研究人员阻断了受试者的视觉皮层时他们的触觉受到了损伤。显然，研究也已经表明，"大脑的嗅觉区也参与了视觉"，尤其是与色彩知觉联系在一起[3]。事实上，我们所有人都是联觉者——因此看电影也可以是触摸、品尝和闻它的一种经验。

总之，电影感性主体命名了电影观众（而且，就此而言，还有电影制片人），他们通过由其他感觉的知识而形成的具身化视觉，"理解"（make senses）什么是"看"电影——不但"在肉身中"看，而且要认为电影"很重要/具有物质性"（matters）。梅洛-庞蒂告诉我们，可感-感觉（sensible-sentient）[4]的活体"是一个现成的等值系统，而且是

---

[1] Lisa Schwarzbaum, "Four-Star Feast," review of *Big Night*, dir. Campbell Scott and Stanley Tucci, *Entertainment Weekly*, Sep. 20, 1996, 49-50.
[2] Lila Guterman, "Do You Smell What I Hear? Neuroscientists Discover Crosstalk among the Senses," *Chronicle of Higher Education*, Dec. 14, 2001, A17.
[3] Ibid.
[4] 此处参照《知觉现象学》中译本，将 sentient 译为"感觉的"，sensible 译为"可感的"，见《知觉现象学》2021年版，第306页。——译者注

从一种感觉到另一种感觉的转换。各种感觉彼此转译，不需要任何解释者，它们可以相互理解，不需要任何观念的干预"（235）。因此，电影感性主体既触摸银幕，又被银幕所触摸——能够在不需要思维的情况下在看和触摸间来回变换，通过感官性的和跨模态的活动，能既在这里又在那里经验电影，而不是明确地将电影经验的场定位在屏幕上或屏幕外。作为活体和电影观众，电影感性主体颠覆了视觉的普遍客观化，这种客观化将把电影的感觉经验化约为一个贫瘠的"电影视觉"（cinematic sight）或设想为那些贫乏的证明理论，这些理论没有肉身，不能享受"视觉盛宴"。

在一篇特别相关且引人共鸣的文章中，梅洛-庞蒂阐述了各种感觉之间的相互沟通，这不仅为我们提供了进入被感知事物的丰富结构的途径，还揭示了感觉合作的共时性和这一合作提供给我们的肉体性知识：

> 物体的形式不是它们的几何形状：它与它们的特殊性质有某种关系，并呼吁着我们与视觉一样的其他感觉。亚麻布或棉花的褶皱的形式，显示了纤维的韧性或硬实，材料的寒冷或温暖……在鸟刚刚飞走时的树枝的猛然一动中，我们可以得知它的柔韧或干燥程度……人们也能够看到一块沉入沙中的铸铁的重量，水的流动性和糖浆的黏度。（229-230）

（在此，引用这段话，我想起了《钢琴课》和我自己对爱达的裙子下摆和靴子陷入森林泥淖中时的那种潮湿的沉重感所产生的身体反应，或者是后来当她试图淹死自己时她层层的湿裙和衬裙的重量和体积对我造成的本能感受。）[1]

---

[1] 对《钢琴课》中衣服在结构和象征上起作用的方式的讨论参见 Stella Bruzzi, "Tempestuous Petticoats: Costume and Desire in *The Piano*," *Screen* 36, no. 3 (autumn 1995): 257-266。

在继续讨论感觉的跨模态性时,梅洛-庞蒂这样写道:"因此,如果把'不同感觉的数据'看作无法比较的性质,那么这些数据则属于许多独立的世界,每一个世界在其特定本质中都是一种调制事物的方式,它们通过它们重要的核心进行沟通。"(230)当然,这一重要核心就是活体:在有意识的和可感的物质性存在的领域中,经验以一种前逻辑性含义的形式而被搜集、概括和扩散,即使在它被扩散时,它也是"前后一致的"。这是因为,这位哲学家说:"我的身体是所有对象被编织在一起的织物,至少在与被感知的世界的关系中,它是我'理解'的一般工具。"(235)因此,尽管每种感觉各自提供进入世界的结构化的模式,但它们总已经是互动的且"至少在一定范围内在彼此的领域上是可换位的"——这是因为"它们是同一个主体的感觉,同时在一个单一的世界中运作"[1]。因此,我们可以说,这是活体(既是有意识的主体又是物质性的客体)为电影感性主体提供了(前)逻辑的前提和根基,这一主体在电影中被构成为一个地位模糊的既位于屏幕外的"这里"又位于屏幕上的"那里"的主体。的确,任何关于电影的可理解性的理论都必须回到观众意识的这种肉体性之中。

### Ⅲ

因此,我们回到了这个问题,即身体和电影再现之间、实际和比喻之间关系的特殊性质问题。尽管我多次论证了我们各种感觉的跨模态沟通,以及既理解感觉中枢又理解我们语言能力的活体的综合能力,但从现象学——和逻辑上——来看,显然我并没有触摸电影,电影也没有以这样的方式触摸我,即就像我触摸那些不经电影(或其他感知

---

[1] Grosz, "Merleau-Ponty and Irigaray," 56n14.(楷体为笔者所加)

技术）中介的他者、事物或者被其触摸时的方式。无论我多么用力屏住呼吸或抓住我在电影院的座位，我在看《生死时速》时并没有完全像真的在一辆失控巴士上经历疯狂旅行一样。我也没有以与不受电影中介时将食物摆在我面前的桌子上一样的方式尝到、闻到或消化《巧克力情人》（或者，就此而言，在我的食谱中）的美味佳肴。那么，我们在电影中被置于何处呢？或是作为电影理论家？我们是否注定要把我们对电影的感官参与说成是令人困惑的——就像代尔指出的那样，我们对电影的物质性反应只有在这样的情况下才是可以理解的，即"在一些'仿佛是真的'的仍不清楚的感觉中"？代尔在此并非个例：如果我们回到那些流行的评论，他的不确定性和矛盾性就会再次出现，尽管缺少一些反思性。一位评论家向我们说到《钢琴课》中"几乎可以尝到咸味的空气"——同时他也说到"直接的触觉冲击"。《玩具总动员》的评论者说，塑料霸王龙"是多么有光泽和触感，让你觉得好像你能触碰到并抚摸它坚硬的、有光泽的头"——同时，他说玩具士兵的"蜡状光泽""拨动了普鲁斯特式的识别之弦"，这在暗示一种感觉记忆要比重新体验更缺少反思思维。这种关于我们对电影的感性参与的实际和隐喻性质的复杂的矛盾性和混乱，在一篇对《饮食男女》（*Eat Drink Man Woman*, 1994；李安执导）的评论中得到了精彩的概括，该评论告诉我们，"银幕上的食物之呈现，在这个词的各种意义上，都是美味可口的"[1]。这里，不仅是银幕上的食物被"呈现"而不是被"再现"，而且它既在"词语"的实际性的"所有感觉中"，又在其所有的比喻性感觉中被经验为"美味可口的"。

哲学家保罗·利科在《活的隐喻》（*The Rule of Metaphor*）中写道："如果在我们经验中存在一个点位，在其中，生动的表达陈述了活的存

---

[1] Leonard Maltin, review of *Eat Drink Man Woman*, dir. Ang Lee, Cinemania 96, CD-ROM (Microsoft, 1992-1995).

在，那么，就是在这里，我们沿着语言的熵值斜坡（the entropic slope of language）上升的运动遇到了我们借以回到现实性、行动、生产和运动之间的区别这一侧的运动。"（309）显然，这些与电影再现相关的活体的感官经验的矛盾性表达表明了这一点。因此，我想要思考我们在电影中的各种感觉的矛盾性和混乱，这种电影有"真正的"（或实际的）感官体验和"仿佛是真的"（或比喻的）感官体验。我也想论证，这种矛盾性有一个精确的现象学结构，它建立在"拥有感觉"和"制造感觉"的非等级性的相互作用和图形－背景的可逆转性的基础之中——含义因此被视为肉体性物质和意识性含义，这两者同时出现（即使是在不同的比例中）在肉身和意识的单一系统中，这一系统即活体。这也就是说身体和语言（不管是电影语言或"自然"语言）并不简单地彼此反对或相互反映。相反，它们更为激进地在一个根本非等级性的和可逆转的关系中彼此体现（in-form），在某些情况下，这一关系表现为摇摆不定的、矛盾的、常常含混的、无差别的经验，而且因此是"难以名状"或"不可判定"的经验。[1]

那么，理解"该词的所有感觉"这句话可能意味着什么？或是在说将我们对电影的感官性参与描述为同时（而且多半在同一个句子中）是"真的"和"仿佛是真的"？或是说对我而言使用这样的"文字游戏"来把我们的实际身体描述为"有意义的物质"（matter that means）并把我们的比喻性再现描述为"有物质性的意义"（meaning

---

[1] 我使用动摇（vacillate）而不是摇摆（oscillate）这个术语，是为了在交替的僵化感和不是那么二元性和有规律的感觉之间作出区分。对此可参见 James Elkins, *On Pictures and the Words That Fail Them* (Cambridge, UK: Cambridge University Press, 1998)。在引用罗莎琳德·克劳斯讨论她所称为 informe 的术语之时，埃尔金斯写下了这样的话："informe……扰乱了……交替的模式，矛盾的模式，因此它们不能再在图形与背景之间、或者任何一对'交替着的'对立之间作出稳定的区分。没有什么是稳固的，形式和图形动摇不定或闪烁不定，而不是在常规动作中交替摇摆。Informe 是抵抗二律背反、二元主义、对立、结构的各种概念，最终将抵抗图形本身。"（106）

that matters）？这些阐述中所强调的——在语言中并通过语言完成的——是可逆性的交织性结构，它存在于身体及意识和身体及表象之间，同时朝向它们。无论是被视为一种在真实和仿佛真实之间矛盾性的动摇，还是被视为真实与仿佛真实、或活体（有意义的材料）和表象（有物质性的意义）的含混结合，这种身体和语言的根本可逆性的经验都在这些难以名状的和不可判定的描述中被深切地感受到（并且常常被清晰地表达出来），这些描述非常清楚地表达了"我们沿着语言的熵值斜坡上升的运动遇到了我们借以回到现实性、行动、生产和运动之间的区别的运动"这一表述中含混和矛盾的点。因此，按代尔的评论，在流行评论中以及在我自己的现象学描述中起作用的文字游戏是相当准确的，且在经验上基于具身化经验本身的结构和意义。事实上，它不仅可以帮助我们理解语言表达我们所意味之物的巨大能力，也揭示了我们富有意义的经验结构。

具身化经验的主观感觉和再现的客观感觉在交织的关系中被感知为可逆的图形和背景，因此它们既是可通约又是不可通约的，事实上，这一交织关系特别受到电影媒介的强调和优待。这是因为电影把知觉和感官经验的"活的模式"（最具主导地位的观看、运动和听）作为表象的"符号工具"来使用[1]。利用这种活的模式，电影作为一种矛盾和含混的感官和知觉结构而存在。也就是说，电影通过动态的呈现（感官知觉的总是以动词驱动且持续的现在时，通过技术，为我们也为它自己构建和实现电影）同时表现了经验——而且它还把经验呈现为表象（已被感知到且现在被表达了出来的影像的事后固定性，它等同于名词形式）。在这方面，尽管我在本章强调了身体和再现的可通约性（commensurability），因为主流理论长期坚持它们的不可通约性，但是

---

[1] 安伯托·艾柯（Umberto Eco）使用符号－工具这个术语跟符号－内容或含义区分开来。在我看来这个术语要比能指这个词更有用，它提醒我们"原料"（stuff）的积极而多样的物质性本质，内容和含义正是通过原料被积极地传达出来。Umberto Eco, *A Theory of Semiotics* (Bloomington: Indiana University Press, 1976), 52-54.

我当然不否认后者的可能性——特别是在电影经验之中。事实上,从另一角度来看,莱斯利·斯特恩处理这种不可通约性的方式是通过强调电影中的——和电影本身的——诡异感,这种诡异感作为观众的活体和电影再现之间相互脱节的经验而存在:

> 电影,在鼓励一种特定的身体认识的同时,也在这个过程中揭示了一种特定的非认识性的认知,一种身体性失语症(aphasia),一种有时可能表现为胃窝中的恐惧感或一飞冲天的欣快感觉的断裂……在这些冲突之外,在认识和感受之间产生了一系列的差异、差距或不连续性,这种认识和感受有时使诡异感更为突出。[1]

尽管如此,诡异感仍具有十足的偶然性,可以被视为一种比喻,它对抗我们生存的更为必需且持续的根基,在我们的生存中认识和感受一般是未分化且可度量的——这是因为我们同时被系统地整合为具身化的且有意识的主体,这些主体同时"具有"并"建构"感觉。实际上,它是感觉的未分化经验,它充当身体和语言、感受和知识的根基并且把它们结合起来,它们的一致性在我们的经验中如此常见,以至于它们的突然分离被视为令人沮丧的或离奇的,或者在极端的意义上,是病态的。在强调活体和再现的亲密结合时,阿方索·林吉斯(Alphonso Lingis)告诉我们:"我的身体作为表象得以被感知的内部领域……以及作为从世界中反射而被看到的形象,一个身体被铭写在另一个身体之上……身体的密度是'前事物的',尚未分化成现实和幻想……(身体)是一个存在着诸多能指的区域。"[2] 利科强调表象和活体

---

[1] Stern, "I Think, Sebastian," 356-357.
[2] Alphonso Lingis, "Bodies That Touch Us," in "Sense and Sensuousness: Merleau-Ponty," special issue, *Thesis Eleven* 36 (1993): 162.

的亲密结合，他告诉我们，语言不仅指明"它的他者"还指明"它本身"——在这样做的过程中，语言不只是指涉性的，也是彻底反思性的，它在自身之中承担着"它与存在相关的知识"。利科继续说："这种反思性语言使语言知道它已经被置于存在中。语言与其指称物之间的通常关系被颠倒了：语言意识到它自身处于它所涉及的存在的自我表达之中。这种反思意识绝不是把语言锁定在自身内部，它是一种关于其开放性的意识。"(304) 在我们既是具身化的又是有意识的存在中，在我们既拥有又制造感觉的过程中，字面意义和比喻意义彼此相互体现——就像它们体现我们一样。"有意义的物质"和"有物质性的意义"出现于一个相互作用且可逆的图形-背景关系之中，这一关系就是活体具有对世界的感觉并在词语中制造感觉。因此"在词语的所有感觉上"这句（隐喻性的）短语与含混性产生共鸣，在它"与存在者相关的知识中"，本能地表明它自己对"在感觉的所有词语中"这句（字面上的）短语的倒转——即使强调的重点和方向发生了改变，这种逆转也没有失去其指称物或反思。

我们对电影的具身化经验是一种观看、聆听、触摸、移动、品味、嗅闻的经验，在这些经验中，我们实际的和比喻的感觉有时可能会动摇，有时可能会在离奇的非连续性中被感知，但最常的情况是将其构造为无差别的感觉和含义的结合——尽管是以一种相当特殊的方式。虽然在看《钢琴课》时，我不能隔着爱达的袜子完全接触到她的腿，虽然我在《漂亮宝贝》(*Pretty Baby*, 1978；路易斯·马勒执导) 中所见的刚洗好的干净衣服的怡人气味以及亚麻布的温暖仍然在某种程度上对我来说是模糊的，虽然我尝不到我在《蒲公英》里充满爱的特写中看到的肉丝面的确切味道，但是我对这些事物还是有部分充实的感觉经验，这使它们对我们来说既是可理解的又是有意义的。因此，即使我在电影中的经验的意向对象没有完全被我意识到，而是在感觉的分配中被我把握住（如果我在影院之外，这种分配结构可能会有所不同），但是我确实有一个真实的感觉经验，它既不能被还原为对我的其中两种感觉的满足，也不能被还原为通过意识思维的认知操作在"事后"构建的感觉类比和隐喻。当然，紧迫的问题是，我们在电影中经验到了哪种"不同"的感觉满足？也就是说，这种满足的结构是什么，以及它是如何发生的，以至于我们实际上不仅作为我们感觉性存在的弱化来经验电影，而且作为对这一存在的强化来经验电影？

在影院中（如同其他地方）我的活体作为一种感觉的和制造感觉的潜能而准备就绪。看着银幕，我的"姿势图式"（postural schema）或意向行为通过对我的所见所闻进行摹仿性的同情（或对其畏避退缩）而呈现出来[1]。如果我被我所见的东西所吸引，我的意向性流向银幕上的世界，那么它不仅仅在我的意识注意中显示自身，而且也始终在我的身体张力中显示自身：有时很明显，有时很微妙，但总是我的物质性存在的活跃性投入、倾向和筹划。但是，只要我不能真正地触摸、闻到或尝到在银幕上吸引我的感觉性欲望、我的身体的意向轨迹的特殊形象并寻求可感对象来满足这种感觉吸引，我们将会调转方向去将部分受挫的感觉把握定位在一些更加真实可及的东西上。那个更加真实可及的感觉对象就是我自己主观感受到的活体。因此，在感受到来自银幕的"反弹"（on the rebound）（而且缺乏一种反思思维）的情况下，我会自反性地转向我自己的肉体、感觉的以及可感的存在，从而去触摸自己的触摸，嗅闻自己所闻，品尝自己所尝，总之，感知自

---

[1] 对摹仿的相关问题的讨论参见 Shaviro, *The Cinematic Body*, 52-53; 以及 Michael Taussig, *Mimesis and Alterity: A Particular History of the Senses* (New York: Routledge, 1992). 陶西格尤其把摹仿理解为一种肉体性活动，它不要求意识思维的转译才被实现或被理解。对这种肉体性移情与银幕上的身体及对象之关系的讨论参见 Williams, "Film Bodies".

己的感性。[1]

当然，我在看电影之时所具有的这种感受和感觉，与直接的感觉经验相比在某种程度上被弱化了——这是由于我仅仅部分满足了对我欲望的电影客体的感觉把握。同样确定的是，在其他方面，当我看电影时我所感觉到的感觉也是在与十分直接的感觉经验的比较中被强化了——这是因为我仅仅是部分满足了对原初的电影客体的感觉把握，它并不在对对象的意识中被完成，而是通过我的身体被完成。在这一身体中，我的感觉把握被反射性地加倍，因为在来自银幕的反弹中，我不仅成为触摸者，也成为被触摸者。（身体在这种感性的增强中自反性地反思——没有思维——它自己的感性，这种感性出现在最激烈的直接参与中，在这一参与中我们"感受自己的感受"：一道美味佳肴或一杯妙不可言的酒，我们在其中自反性地品尝我们自己的口味，或者美妙的性爱，在其中我们沉浸于感受自我所感。）

在电影经验中，因为我们的意识不指向我们自己的身体，而是指向电影的世界，所以我们在这动摇的和可逆的感觉结构中毫无思考地（因为我们的思想"在别处"）被俘获了，这种可逆的感觉结构既分化又将我们实际身体的感觉与比喻身体的感觉以及我在屏幕上看到的客体相联系。在这种结构中，我的感觉中枢的经验得到提高和加强，同

---

[1] 参见 Maurice Merleau-Ponty, "The Philosopher and His Shadow," in *Signs*, trans. Richard C. McCleary (Evanston, IL: Northwestern University Press, 1964), 166. 虽然他讨论了我们的活体在感官上感觉自身的能力要比我们在观影中的经验更具有意识性的自反性，但是这位哲学家仍然有助于我们对一种方式的理解，在这种方式中，我们的感官性参与可以被"转回到"自身来强化感官意识并扩散它的特殊内容（这点关系到我们对电影经验的感觉，我不久后将再回到这个问题）：我的身体与其自身存在一种关系，这一关系使它成为自我和事物间的纽带（vinculum）。当我的右手触及我的左手时，我把左手理解为一个"物体"。但同时，如果我愿意的话，会发生一件不同寻常的事件：我的左手也开始感知我的右手……因此，我触摸我自己的触摸；我的身体完成了"一种反思"。在我的身体中，通过我的身体，不仅存在着感知者与所感知者的一种单向关系。这种关系是可逆的，被触摸的手成了触摸的手，我有责任说感觉在这里扩散到身体之中——那种身体是一个"在感知的东西"，一个"主体–客体"。

时它被视为普遍的和离散的。也就是说，就我的活体在电影经验中感觉自身而言，银幕上那些在感觉上唤醒我的比喻性对象的特定可感属性（羊毛礼服的重量和略显粗糙的感觉，石头的光滑，另一个人的皮肤纹理和弹性），将以一种有些模糊且弥散的方式被感知。然而，电影客体的特殊感觉属性的弥散并没有减少我参与它们的感觉强度，因为它们是吸引我的东西，是我的意向性自我投入的地方。也就是说，就我在感觉上被吸引、被唤醒且有意识地被置于别处的比喻性对象之中（在银幕上我的各种感觉部分地掌握这些客体）而言，我并没有关注自己身体的感觉特殊性。从我未被实现的身体性意向的反映中去完全感受银幕上的形象，但仍然有意识地意指它们并部分地感觉它们，我对自身实际的和特殊的整合的感觉也将是普遍的和弥散的——即使这种感觉可能是相当激烈的。（我在这里讨论的"自我触摸"形式——有意识地指向"他者"的一种形式——因而在结构上与有意识的自我触摸形式是不同的，在有意识的自我触摸中，人们的身体和意识是自我指向的；在后面一种自反性中，这种指向自身的双重意向和注意常常变得非常具有自反性，以至于尽管某人有自我性欲的［autoerotic］目标，但它也可以消除肉体的愉悦。）[1] 总之，我特有的意指银幕的姿态，弥散性地反射到我自己身上并最终向一种感性"敞开"我那既是实际的也是比喻的身体。

例如，在看《钢琴课》的时候，我的皮肤对触摸的渴望流向屏幕，并反射回自己，然后一次又一次地前往银幕。在这个过程中，我的皮肤真实且强烈地对我在银幕上看到的质地和触感感到敏感，但是我在它表面上所感受到的既不是爱达的塔夫绸衣和羊毛衫的特殊性，也不

---

[1] 在这里，我们也许可以想想这样的情况：当我们反射性地感觉自己在哭泣时，我们就会停止哭泣；挠痒痒自乐自己几乎不可能；对我们大笑的自我意识会导致笑变成被迫的。它还可以帮助我们了解在手淫的时候性欲是如何引向别人的，如何需要一个不仅仅是自己的对象，以避免一种加倍的自反性，从而引起对性欲本身的意识反映。

是我实际上穿着的丝绸的特殊性。一方面（如此多的修辞！），在这种情况下我不能完全接触塔夫绸和羊毛，虽然我可以跨模态地把握它们弥散的质地和重量；另一方面，虽然我完全有能力去感觉我穿的丝绸衬衫的特殊质地和重量，但我的触觉的欲望位于屏幕上的塔夫绸和羊毛中，因此，也就是在意欲其他地方，我仅仅是部分地和模糊地感受到我皮肤上的丝绸的特殊性。此外，在这种触觉欲望的持续流动和折返的未经思考的肉体运动中，我的触感——从这触觉在银幕上并通过银幕而得到的部分满足反射到它在我的身体上并通过我自己的身体而得到的部分满足——被加强了。我的皮肤变得极其敏感，即使一般来说也是如此。事实上，这种在实际性和比喻性之间的反身性和反思性互换，以及我那同时在实际性和比喻性层面上的触摸的"感觉"的扩散已经使我向所有这些织物和它们的质地开放——事实上，这已经使一块特殊织物在我皮肤上的实际触感成为一种极为普遍且极度广泛的存在模式。

值得再次强调的是，我在这里凸显的身体自反性不是有意识的反思。在大多数的电影感性经验中，电影感性主体并不思考他或她自己的实际性身体（或衣物），因此也不会被粗暴地推到银幕外的座位上，以回应银幕上的隐喻性身体和质地被感知到的非连续性。相反，电影感性主体将他或她的实际身体一方面视为一种具有可逆性和相互性的不可简化的动态关系结构，另一方面则视为银幕上的身体性刺激的隐喻性客体。当然，这种关系结构可以被拒绝或破坏——事实上，这常常发生在当感性经验变得过于激烈或令人不愉快的时候。然而，一个人因为真实地感到恶心或遮住自己的眼睛而离开电影院，这几乎不是思考的结果。这是一种反身性的、保护性的行为，它证明了实际性身体与银幕形象之间的相互性和可逆性的关系，以及这一行为的感觉对一种密集但同时是分散的经验的实际投入，这一经验在肉体和意识上都富有意义——如林吉斯所言,一种"尚未分化为现实和幻觉"的经验。例如,看《钢琴课》时,我可能会觉得它对我的身体和她的身体(这两个身体在某种程度上说都是"我的")造成的感受都过于强烈,斯图尔特比喻性地用斧头砍掉爱达的手指,在实际场景中我可不敢看。因此,当再次预见——在紧迫情况中而不是在思考中——即将发生的暴力之前,我不仅畏缩在自己的座位上,也用手指蒙住了自己的眼睛。

## IV

让我们回顾一下林吉斯的表述:"我的身体作为表象得以被感知的内部领域……以及作为从世界中反射而被看到的形象,一个身体被铭写在另一个身体之上。"身体和语言或形象在一种可逆的和自反性的意向结构中相互渗透且彼此体现。因此,思考了比喻性的短语"在词语的所有感觉中"的字面和肉体层面上的含义后(说它是比喻性的是因为我们知道词语并不真正有感觉),我们还需要在颠倒后的短语"在感觉的所有词语中"的字面意义上思考这个短语的比喻和再现层面(说是字面意义是因为我们知道词语确实能够描述感觉)。

确实,我这里的论证强调的是大部分人(甚至一些电影理论家)用来描述他们的电影经验的感觉性语言,并不一定或不仅仅是比喻的——因此我早些时候提到了拉科夫和约翰逊,还有萨托维克讨论隐喻(metaphor)的肉体性基础的情况。[1] 不过,在此我想进一步表明,常常用来描述电影经验的"感觉的所有词语"不是比喻性的。首先,传统的修辞学把比喻描述为产生于语言使用的首要和次要语境之间的**层次关系**中:一个词在实际上被理解,只要它是在一个规范的约定俗

---

[1] Jack Katz, *How Emotions Work* (Chicago: University of Chicago Press,1999),他联系到隐喻描述而指出:"首先引入隐喻元素的是主体的体验,不是分析。"(299)

成的语境中被使用。同一个词在比喻意义上（figural）或者隐喻意义上（metaphoric）被理解，仅当它在一个不寻常的延伸意义中被使用，并且超越其规范性语境（事实上，隐喻这个词的意思是"超越"）[1]。但是，如果我们承认正是活体为经验提供了一种规范性的根据和语境，并且从一开始活体就作为一种联觉性系统而运作，在这种系统中，各种感觉相互合作且一种感觉与其他感觉可相互取代，被理解为与其他感觉是相互贯通且可逆性的，那么我们就不能争辩说——在电影经验的未分化的感性中——存在着为隐喻的结构和功能所必需的清晰的语境等级。也就是说，一旦我们了解视觉在一种动态结构中被其他感觉体现且体现我们的其他感觉，而这种结构不一定或不总是在感觉上有等级，那么说我们"触摸"电影或电影"触摸"我们就不再是隐喻了。触摸不再是在电影经验中的一个隐喻性延伸，不再超越它的惯常语境和它的字面含义。事实上，我们可以说，只有在事后思考时，我们对电影的感觉描述才似乎是隐喻性的。我们所接受的知识告诉我们，电影主要是一种视觉和听觉的媒介；因此，它"理所当然地"认为它对那些除看和听外的感觉的吸引被理解为比喻的而不是实际的。然而，到目前为止，我希望表明这种约定俗成的知识是化约性的，并不能准确地描述我们看电影时的实际感觉经验。当我们看电影的时候，我们所有的感觉都被调动起来，这通常取决于所给电影或电影性时刻的特定引导，我们自然化的感觉层次和习惯性的感觉经济学被改变且被重新安排了。在这些经验中，实际的和比喻的东西彼此交互并把它们自己颠倒为"感觉"——首要和次要语境被混淆了，层次和隐喻的根据因此被破坏了，尽管没有完全消解。

艺术史学家理查德·雪夫（Richard Shiff）在写作有关绘画中视觉

---

[1] Hubert G. Alexander, *The Language and Logic of Philosophy* (Albuquerque: University of New Mexico Press, 1967), 92.

和触觉之间的关系时告诉我们:"谈到相互性是为了消除设置主观的(或反常的)比喻元素对立于客观的(或惯常的)字面元素的可能性。在相互的变化之中,一切事物都具有了隐喻性的形象,或者,一切事物都具有字面的现实效果。"[1] 回想一下之前讨论过的"仿佛真实"的性质,特别是当它的"不真实性"受到始终环绕它的着重引号的挑战时,雪夫表明,在这种相互性的变化中,"人们可以指明……—种隐喻性的字面性"——一种用法,它"可能消除对引号的需要,引号无非是通过增加一定程度的距离或比喻表达来对抗字面性的常态化"。然后雪夫问道:"什么样的再现或语言构造能够以这种方式结合字面意义和比喻意义?"(158)答案不是隐喻,而是譬喻乱用(catachresis),"有时也被称为虚假且不恰当的隐喻"。雪夫告诉我们,譬喻乱用"调和并结合隐喻与字面",并且"在没有合适的或字面的术语可用的时候"被使用(150)。因此,从一个语境中借用一个术语在另一个语境中命名某物,我们说椅子的扶"手"或针的"头",是因为我们没有其他合适的称呼[2]。譬喻乱用不同于恰当的隐喻,因为它迫使我们面对并命名语言中的断裂,或如利科所说,"使用恰当词语的失败,以及补充它

---

[1] Richard Shiff, "Cézanne's Physicality: The Politics of Touch," in *The Language of Art History*, ed. Salim Kemal and Ivan Gaskell (Cambridge, UK: Cambridge University Press, 1991), 150(楷体为笔者所加)。下文引用时将标注在正文中。

[2] J. David Sapir, "The Anatomy of Metaphor," in *The Social Use of Metaphor: Essays on the Anthropology of Rhetoric*, ed. J. David Sapir and J. Christopher Crocker (Philadelphia: University of Pennsylvania Press, 1977),这里详细地说道:有很多种表达方式经常被用作隐喻的例子,然而都未被理解为修辞。常见的一种是使用身体部分代表实物的部分:"桌腿""针头""针眼""山脚下"等。它们的表达是对隐喻的替代;因此对"针头"来说,我们有"针"这个主题和"头"这个不连续的术语。然而,它不像一个真正的隐喻,它缺乏连续的术语,尽管这种术语可以通过迂回的表达来提供:"针的球形或圆形的凸出末端",这里所提供的短语是连接 X 和"头"的共同特点的一个简单例子。在大部分话语中,缺乏一个连续的术语使我们被阻碍去感受独立领域之间的并置,这些领域对隐喻来说是本质性的。我们不能轻易地回答这个问题,"如果不是(针)头,那么它是什么呢?"有了一个真正的隐喻,我们可以……威廉·燕卜荪更喜欢称这些表达式为"转移"(transfer),马克斯·布莱克与大部分修辞学家一样,把它们理解为譬喻乱用的类型,布莱克把譬喻乱用定义为"在新的意义上使用词语,以弥补词汇中的断裂"。(8)

们的不足和失败的需要和必要性"（63）。因此，当我们利用自己的譬喻乱用时，我们都在利科所说的"语言的熵值斜坡"之上了——我们在寻求一些对一个真实经验的适当语言表达。此外，只要这个譬喻乱用的术语用身体的一部分进行代替（针的"头"、椅子的扶"手"），我们就会明显地处在这样一个点上，在其中，我们"沿着语言的熵值斜坡上升的运动遇到了我们借以回到现实性、行动、生产和运动之间的区别的运动"，同时在这个点上，"活的表达表述了活的存在"。这种（我敢说）"自觉放弃"和不充分地命名某物的行为，是为了想有一个涉及"语词含义的被迫延伸"的充分的词语，而不是语言学的游戏，即隐喻。在语言游戏中，我们自愿使用一个术语替代另一个，去创造各种各样的比喻含义。因此，对利科而言，因为它的用法不是自觉的，譬喻乱用不仅是一种错误的隐喻，也应该被排除在"比喻的领域之外"（from the field of figures）（53）。事实上，利科把譬喻乱用看成"最终是一种命名的延伸"，从而是一种"语言的现象"，而不是——像隐喻一样——一种"话语"现象（180）。那么，譬喻乱用既不作为隐喻发挥作用，也不作为比喻发挥作用。相反，正如雪夫所写："譬喻乱用完成的正是这个：它把比喻意义当作字面意义进行应用，同时还保留比喻性的外观或感受。"（158）这正是电影通过其再现模式完成的东西——它也正是观众的活体如何相互作用，从而使物质有意义和使含义具有物质性的方式。因此，雪夫告诉我们，"由譬喻乱用产生的相互性或转变破坏了主体和客体、自我和他者、反常和惯例，触觉和视觉的任何极端对立"（150）。也就是说，"触觉和视觉被卷入相互的比喻之中：触觉在比喻视觉，视觉在比喻触觉"（158）。

当观众在电影中经验的活体使电影中的身体和世界事物在比喻上的实际再现（figurally literal representations）相互作用时，这一活体就参与到了感觉的譬喻乱用的形式中。也就是说，它通过回到自身去相应地（尽管并不充分地）"使自身变得有血有肉"（flesh it out）以进入实际的物理化感觉，从而来填补在它对银幕上隐喻性世界的感觉性把握中所存在的断裂。比喻意义和字面意义间的这种相互关系也同样出现在我们对电影经验的语言描述中。也就是说，在试图描述这种身体和再现的复杂相互性时，我们的短语回到自身，以传达真实的被物理化经验的比喻含义。因为想要一些更合适或更充分的方式来命名和传达看电影的感觉经验的结构和意义，评论家会本能地回到语言上，在实际性上使用它的感觉性比喻——既作为一种使影像"有血有肉"的方式，也作为实在的电影经验的感觉来充实反思性描述的方式。因此，既在我们的电影经验中，也在我们描述它的语言学尝试中，隐喻和比喻的一些矛盾的感觉被保留了下来，这并不特别奇怪——而且我们都陷入了感觉生产的譬喻乱用的结构之中，因为它只能部分地在感官上满足，但又增强和强化了在填补自身不足时的相互性，这个感觉生产的譬喻乱用结构被经验和描述为既是真实的又仿佛是真实的。

利科结合维特根斯坦提出的"看"和"看作"之间的区别，讨论了隐喻意义和实际含义之间的冲突，这一表述与代尔的"真实"和"仿佛真实"的说法相似：

> "看作"……一半是思想，一半是经验……"看作"提供了解释链中缺失的环节。"看作"是诗歌语言的感性方面……现在，一种关于感觉和可感物融合的理论似乎与隐喻意义和字面意义之间的冲突这个特点格格不入。另一方面，一旦在"看作"的基础上重新进行解释，融合论就会与互动和冲突理论并行不悖。"把 X 看作 Y"包含了"X 不是 Y"……意义的边界被超越了，但是没有被废除……"看作"指的是隐喻陈述的非语言性中介。通过承认这一点，语义学发现了它的边界；并且，在这样做时，它完成了它的任务……如果语义学在这里遇到了

它的限度，那么一种关于想象的现象学……也许可以将其取代。（212-214）

电影感性主体拥有并制造对电影的感觉，关于这一主体的现象学向我们揭示了作为肉体性和有意识的、可感和能感的活体的交织性功能——以及我们如何在隐喻上和字面上理解银幕的感觉。也就是说，活体透明地提供首要的交织的前提，它连接并统一了既在肉体上又在意识上富有意义的各种感觉，也允许它们具有次要的分化含义，一个是肉体性的，另一个是意识性的。相应地，对电影经验中存在的这种活的"融合"和分化的表达的现象学研究向我们——通过语言的譬喻乱用式表达——揭示了活体的既统一又分化的关于电影感觉的经验的可逆的和动摇不定的结构。譬喻乱用矛盾地面对着融合和差异，其结构中存在矛盾且其含义中似乎也存在含混。譬喻乱用不仅指向语言的比喻和字面的活体经验之间的"间距"，也可逆地、交织性地"连接"和"填充"它。如利科在上面写的那样，譬喻乱用"指的是隐喻性陈述的非语言性中介"。在电影经验中，譬喻乱用的非语言性中介实际上是由观众的活体与电影的可感形象之间的感觉性关系而实现的。的确，正如利科所总结的："一半是思想，一半是经验，'看作'是使感觉与影像结合的直观的关系。"[1]

在电影体验中，在感觉性地经验着既定电影的电影感性主体这边，字面和比喻的这种相互性和交织性混合（混淆）出现在拥有感觉也制造感觉的活体之中；并且，在反思性的感觉性描述这一边，字面和比喻的这种相互性和譬喻乱用性混合（混淆）出现在语言之中——无论是电影的语言还是语言学的语言。因此，电影经验——在银幕的两边——调动、混淆、反思性地分化但又经验性地统一活体和语言，而

---

[1] Ricoeur, *Rule of Metaphor*, 213.

且凸显了可感物质和感觉含义的相互性和可逆性。我们的手指,我们的皮肤、鼻子、嘴唇、舌头和胃,以及我们身体的其他部位,都理解我们在电影经验中的所见。那么,作为电影感性主体,我们拥有具身化的智慧,它扩展了我们的眼睛,使其远远超越了它们各自的视觉能力,并扩展了电影,使其远远超出了在银幕上的可见的限制,并使语言向其肉体性起源和局限的反思性知识敞开。这就是在无需思维的情况下我的手指在电影中所知道的东西。

# 4 收缩空间中扩展的凝视[1]
## 偶然事件、风险以及世界中的肉身

> 我们……需要一种对宇宙的精神分析，它暂时放弃次等的人类思考，而去关注宇宙的各种矛盾。我们……也需要一种对物质的精神分析，在它接受物质的想象（the imagination of matter）有人类伴随的同时，也更密切地关注物质形象的复杂游戏。
>
> ——加斯东·巴什拉（Gaston Bachelard），
> 《空间的诗学》（*The Poetics of Space*）

本章主要探讨那些标志着我们对世界和他人之"凝视"的存在主义的可能性和矛盾——更特别的是讨论这些可能性和矛盾在伟大的波兰导演克日什托夫·基耶斯洛夫斯基的电影视觉中物质性地具身化和戏剧化了。但是本章还有一些别的东西——作为客观可感的存在的我们，始终服从于经验层面具体的偶然事件的含混性质。因为我们——还有我们的凝视——是同其他客观的存在者和事物一起在世界的时空中物质性地具身化了，我们参与了无数的偶遇，它们的范围和结果不仅超越了我们的视角，而且超越了我们的能动性（agency）。正是就这

---

[1] 本章的简短版本最早出现于 2001 年 4 月 21—22 日加州大学洛杉矶分校（UCLA）的一次议题为"克日什托夫·基耶斯洛夫斯基的法则、爱情和运气"(The Laws, Love, and Luck of Krzysztof Kieslowski) 的学术会议上，当时论文的题目是《收缩空间中扩展的凝视：克日什托夫·基耶斯洛夫斯基和超越性问题》(The Expanded Gaze in Contracted Space: Krzysztof Kieslowski and the Matter of Transcendence)。我非常感谢会议的组织者，肯尼斯·瑞哈德，没有他的邀请我不会被激励着去书写一个电影导演，其作品总是深深打动我。

一点而言，基耶斯洛夫斯基的电影具有典范性。偶然事件的含混性和悖论性占据着基耶斯洛夫斯基的思想，它们既向主体提供开放的可能性和数不清的"机遇"，让主体性存在去"生成"（become），又通过我们所做的决定我们"命运"的每个客观性行动来包围和固定我们。事实上，这常常构成了他的电影视角，并构成了在加斯东·巴什拉所说的"粗暴的辩证法"（harsh dialectics）[1]的意义上的对世界的哲学性凝视。[2]

这种粗暴的辩证法是人类生存的条件。我们具身化为能感和可感的客体，同时被抛入物质世界中并成为它的一部分——而且，无论如何，作为通过我们的意识和能动性而超越我们的客体性身份的主体，我们乐于忘记存在这一事实，却又总是被其迅速抓住。也就是说，我们一次又一次地为我们的肉身在其"此地性"（here-ness）和"此时性"（now-ness）中的根本的偶然性和脆弱性所惊讶，也为其总是产生实质性影响的方式所惊讶，肉身在这些方式中真正是"物质性的"（matters）。尽管我们的主观意识具有超越性的能力，它能够意愿、梦想、想象、思考自身以及将自身投射到它不在的地方和时刻，我们客观的肉身也总是内在性（immanent）地——将"此地"（here）和"此时"（now）抛入一个时空当中，这个时空被其他处于动态的物质组合和结果中的内在性事物和存在者所占据，那些组合和结果是我们可能经常思考却无法想象的东西。事实上，在对我们（跟随巴什拉）称之为我们的"物质的想象"的自反性中，这种"被抛性"（thrown-ness）不仅经常被认为是令人惊讶的或诡异的（uncanny），也被认为是令人惊骇的专断性或非理性的。因此，正如巴什拉所说："人和世界处在一个危险的共同

---

[1] 参见加斯东·巴什拉：《空间的诗学》，张逸婧译，上海译文出版社2013年版，第237页："即使我们认识到我们孱弱的存在——通过一种粗暴的辩证法行为——我们还是对巨大有了意识。于是我们被放回到我们使事物放大的存在的自然活动中。"——译者注

[2] Gaston Bachelard, *The Poetics of Space*, trans. Maria Jolas (Boston: Beacon, 1958), 184. 本章的题词在此版本的第115页。下文引用时将标注在正文中。

体中。他们对彼此都是危险的。"(176)[1]

但是，如果我们在世界中的物质性的内在性和"被抛性"让我们暴露在存在与生俱来的危险中，还在我们的能动性和合理性上设置了必要而充分的限度，那么我们的物质性的内在性和被抛性也为我们设定了我们存在之自由的固有可能性的必要且充分的条件。更确切地说，我们的物质（matter）的实际性（facticity）[2]——以及我们的实质（mattering）——正是在这种客观的被抛性中：在我们每个人都主观性地享受并忍受的"刚好在此地"（being just here）和"刚好在此时"（being just now）的非常独一无二且不断自我更替的独特性中，因为我们在无穷无尽的交往的各种组合中同世界与他人相遇。因此，如果我们沉迷于我们物质想象的自反性中（或者在更加通常的情形中，被其当场抓住），我们就会像巴什拉所指出的和像基耶斯洛夫斯基电影戏剧化表现的那样，"走向存在的不清晰的、位置模糊的区域，在这里，我们被存在的惊讶所影响"——以及我们在生存中实质性的被抛性就会以一种"具体的形而上学"（concrete metaphysics）的形式出现（58）。

当然，我们总是试图在意识和理性上理解这种"存在的惊讶"——特别是当这种惊异以一种不那么美好的方式出现，威胁着我们对于能动性和固定身份的日常感觉，并让我们震惊地认识到自己的脆弱、偶然性以及掌控自己生活时的本体论式的无能为力的时刻。在这种情形下，克洛德·列维-斯特劳斯就会给人以丰富的启发。他曾书写了"野性的思维"和该思维制造物质世界之具身性感觉时的极为复杂的模式，以及我们在面对超出理性思维和可控范围的"偶然事件"的危险时所感到的存在的脆弱性。在他书写这些的时候，他告诉我们（以一种

---

1 尽管巴什拉在这本著作中专注于"幸福的形象"，这里他还是引用了在埃德加·爱伦·坡的《厄舍府的倒塌》中找到的不那么美好的"空间的诗学"。
2 "实际性"（facticity）是海德格尔前期思想中的一个关键概念，与其相对的是"事实性"（factuality）。前者从存在论层面强调此在本身的实际生存状态，后者从存在者层面强调存在者的存在状态。——译者注

多少有点滑稽的解释）："我们必须认识到，所谓的原始人已经逐步发展出了一些合理的方法来使非理性在其本身所具备的逻辑的偶然性（logical contingence）和情感的激荡（emotional turbulence）这双重方面嵌入理性当中。"[1]

那么，接下来我的关注点会是非理性的这双重方面，特别是它们被克日什托夫·基耶斯洛夫斯基的"粗暴的辩证法"和"具体的形而上学"所戏剧化表现的部分——也就是说，通过他的哲学性凝视的电影的视觉性，这一凝视是对世界的凝视，以及对在客观性和主观性上体现了人类存在的危险被抛性的凝视。一方面，这种凝视聚焦于"逻辑的偶然性"的非理性效果，聚焦于当在物质层面上具体且内在时所存在的危险、意外特征与功能。另一方面，这种凝视亦聚焦于"情感的激荡"的非理性效果，聚焦于由存在的物质性后果所造成的非物质性的和超越性的主体的不稳定特征和功能。基耶斯洛夫斯基之凝视的两面构成了存在这枚硬币的两面，然而，这两面在它们重叠和共同的破裂中汇合，这种破裂是日常世界的表面凝聚力的破裂，同时这两面又都处于一种辩证的关系中——它们的实质和意义有着根本的不同。事实上，通过电影，基耶斯洛夫斯基实践了一种双重视角，来表达并戏剧化地表现非理性同时产生的双重且矛盾的方面，以及二者在人类经验的具体性中被混合和综合的诡异方式。也就是说，在基耶斯洛夫斯基的世界里，尽管逻辑的偶然性和情感的激荡完全构成了颠覆理性以及让我们认识到理性的（和我们的）"他者"的不同"方法"，但它们还是系统地关联在一起。我们可以看到——非常直白地看到——它们在具体情境中的实际汇合是怎样破坏了我们对它们所作的抽象区分——一起被破坏的还有在它们的对立性推论（即"机会"和"命运"）

---

[1] Claude Lévi-Strauss, *The Savage Mind*, trans. George Weidenfeld (Chicago: University of Chicago Press,1966), 243. 下文引用时将标注在正文中。

之间所作的区分。那么，在逻辑的偶然性和情感的激荡的存在性结合中出现的是对物理和形而上学、内在和超越、客观和主观的独特混淆和它们之间的可逆性。一起出现的还有我们所说的经验层面的诡异，我们依据我们的变化或者其结果，将其称为意外或者巧合。

那么，让我们以一种说明性的顺序开始，让我从作为我的教科书的基耶斯洛夫斯基的杰作《十诫》(*The Decalogue*)的第一集开始。故事开始于克日什托夫——和电影导演同名，一个语言学教授，同时也是一位优秀年轻男孩的慈爱父亲——在书桌前写论文。突然，他停下写作，近乎惊惧地看到一个灰暗的、诡异的污点匪夷所思且缓慢地透过层层纸张显现并逐渐变暗，在刚开始那具有不祥意味的对其作品的遮挡中蔓延开来。之后，我们知道那可能是——就在那一刻——他心爱的儿子帕维尔（Pawel）在英语课停课之后去滑冰，结果摔入一个结冰的池塘里，被淹死了。我们稍后就会看到克日什托夫捡起那个产生污点的匪夷所思的碎墨水瓶，接着我们看到他又去看了看是谁在紧急地按门铃，之后去洗掉手上的墨水，我们听到汽笛不祥的声调，同他一起冲到窗口看到一辆救护车经过他公寓大楼下面的街道。

在这个场景中，"逻辑的偶然性"和"情感的激荡"的汇合与混合是极其明了的。这里就像巴什拉提到的那样："事物在我将自身存在的意识添入其中的空间中的共存是多么具体。"（203）预感的联系通过对相互独立的声音和影像的联想式剪辑，以此在最为"物质的"和"野蛮的"类比方式得到了实现：画外的飞机声作为连续镜头的开始；对逐渐蔓延的污点的特写；克日什托夫着迷而又不安地凝视着这种失序的难以解释的入侵；发现之前没有看到的墨水瓶，它在理性上解释了奇怪的污点来自何处，当它被捡起时又在他的文字上滴下了更多墨水；门铃突然急促而大声地响起，一个小女孩问道："帕维尔在家吗？"；乱七八糟的过程和些许（但是被呈现出来的）绝望与克日什托夫擦掉手上墨水印迹的动作混合在一起；汽笛的尖啸让他来到窗前，此时预兆性的电话铃声不停响起。伴随墨水污点的出现，每一个经验到的物体和声音都被（克日什托夫，以及我们）感受为某种超出经验的东西的不详符号，某种可怕东西的预兆和一些破坏了事物固有理性和秩序的"其他"东西。在被特别强调的——被仔细检查的——关于此时此地的这一组连续镜头里，事情的发生显得很随机，但是没有一个是无关的；也就是说，每一个"意外"的发生——污点、小女孩按门铃、汽笛和最后的电话铃声——都累积着恐惧并累加成为"命运性的"。事实上，在之后给妹妹伊莲娜（Irena）的电话中，焦虑的克日什托夫清楚地——也是非理性地——把墨水污点视为凶兆的开始和对它的摹仿，因此也将其视为一种混乱的"共－地－性"（co-here-nce）[1]，在其中，看上去完全分离的、偶然的事件在一种具有暗示性的因果性的物质关系中可怕地联系在一起。伊莲娜问道："发生了什么事吗？"常常保持理性的克日什托夫回答："瓶子碎了，墨水洒了出来。然后帕维尔……我不知道。湖上的冰好像碎了。"在这个连续镜头的整体中，我们明确地看到——和听到——逻辑的偶然性和情感的激荡的汇合，命运和偶然的汇合，它们汇合在一套特定的关于时空中的"巧合"（co-incidence）的模式中，该模式构成了命中注定和悲剧性的意外。

在提到这种摹仿性的（据称是"原始的"）类－逻辑（ana-logic）的时候，列维－斯特劳斯指出，"对于实践惰性（practico-inert）的分析……复兴了泛灵论的语言"（249）[2]。当然，从更深层次上来讲，这种摹仿性的类－逻辑和泛灵论中的东西在所有电影中都会运作——因此，也许它们只是原始思维的一种现代主义形式，这种原始思维被列维－

---

1　Co- 前缀表示"共同的"，"here"表示上文提到的"这里"，该文字游戏意指这些事件共同发生于此，形成了一种暗示着不详命运的诡异连贯性。——译者注
2　此处参考了中译本，克洛德·列维－斯特劳斯：《野性的思维》，李幼蒸译，中国人民大学出版社 2006 年版，第 273 页。——译者注

斯特劳斯描述为"深植于形象中的概念系统"(264)。在这一点上,詹妮弗·比恩(Jennifer Bean)指出了摹仿的类－逻辑在其中系统性地合并和混合范畴性分歧的方式:

> 摹仿强调条件反射,而不是反思;它以一种触觉的、施行性的以及感知的感官形式让主体和客体或他者进行亲密接触,其结果是产生了一种超越传统的主客二分模式的经验。通过摹仿,主体不再被其认同方式所固定和僵化。确实,摹仿将认同**重新定义**为一个过程,一个使得内和外的边界成为不确定的、流动的或者说是渗透性的**感染性**运动。[1]

就像蔓延开来的墨水污点一样,这种不确定的流动性,这种不稳定的传染,对我们来说都是显而易见的,如同在《十诫Ⅰ》中字面性和比喻性的运作一样。

这里,我们也许会问,这只是一个巧合,还是作为我当下讨论的命运而积累起来的?就像巴什拉告诉我们的那样:"哲学家通常会用一个熟悉的客体作为象征来描述他'进入这个世界',他'在世存在'。他将在现象学意义上描述他的墨水瓶,而且一个微不足道的东西会成为广阔世界的看门人。"(155)的确,如果说这种摹仿性类－逻辑是所有电影的基础,那么,基耶斯洛夫斯基的电影在这种类－逻辑中是特别突出的,在其中,这种类－逻辑对"合理性"的双重不安被突出以——同时地——成为一道绝妙的哲学难题和一部激烈的现象学戏剧的基础。更进一步说,这种摹仿性类－逻辑几乎没有在电影式表现主义或情节剧的移情或同情方式和技巧中被塑造——这两种艺术形式并不混同或

---

[1] Jennifer M.Bean, "Technologies of Early Satrdom and the Extraordinary Body," *Camera Obscura* 48,vol.16, no.3(2001):46.(楷体为引用者所加)

综合二者，它们更加偏向于情感的激荡而非逻辑上的偶然性。[1]

事实上，上面描述的连续镜头（还有基耶斯洛夫斯基电影中其他无数此类镜头）之所以如此诡异且令人不安，是因为逻辑的偶然性和情感的激荡在这里承受了同等的重量。也就是说，在价值层面，它们在经验主义上——以及在认识论上——"被水平化"了，正因如此，原因和结果、本体和本体论存在、机遇和命运、意外和悲剧才得以同时一致共存于一些无等级性的尽管也是人为结果性的联系中，这些联系既不可被化约为仅仅是人类的和个人化的维度，也不能够被化约为仅仅是物质性的东西。对基耶斯洛夫斯基来说，在"巧合"当中没有等级制度。事情的缘起和因果关系都是高度复杂和非线性的，人与人之间以及人与物之间的物质性巧合远非人类的计算能力所及——尽管我们无论如何都要在字面上对它们的总和负责，但这只是由于我们在一个作为结果的汇合的特定网络中存在或不存在于这里或那里。就这一点而言，基耶斯洛夫斯基特别能适应这种情形，就像哲学家阿方索·林吉斯说的那样："事实的经过也开始像紧急情况那样向前推进；凝结成形的东西为变化构成了一个基体。初生的意义孕育在事实当中，它从偶然事件的交汇开始。"[2] 机遇（"事实的经过"）和命运（"紧急情况"的投射）都出现在物质性巧合的具体时空中并在其中被混合，而这种巧合无论从特征还是效果上来说，都是混乱和无序的。就像在《十诫Ⅰ》中的不祥的连续镜头中，偶然的事物在逻辑上的巧合"增加"并积累了其存在的分量——但是存在这样一种复杂性，即这些偶然事物造成

---

[1] 和基耶斯洛夫斯基相比，我们可能会想起阿尔弗雷德·希区柯克，另一个利用并强调电影影像的模拟性和类比性特性的电影导演。但是，希区柯克是在表现主义和情节剧的角度中这么做的，在其中，各种各样被强调的客体都在感官上与我们对话（一部正在响的电话、一支熄灭在煎蛋上的香烟、一碗特别让人"作呕"的食物等），它们总是服务于人的情绪性激荡的表达，而不是为逻辑偶然性的物理学或混乱而服务；因此，这些客体在其相异性中不会被认为具有准自主性（quasi-autonomous）。

[2] Alponso F. Lingis, "Sense and Non-Sense in the Sexed Body," *Cultural Hermeneutics* 4(1977):348.

的身体和情感上的激荡不能被准确地计算也不能被预测。[1]

在这一点上，詹姆斯·温切尔（James Winchell）贴切地把基耶斯洛夫斯基的场面调度（mise-en-scène）描述为建构了一个"出人意料的"合理的形而上学：历史的情感物质性（affective materiality），而不是历史的辩证唯物主义。"他接着说："这种视觉联想和寓意化的过程出现在基耶斯洛夫斯基的体系中，它几乎不管观众对于'真实的'和'日常世界'的通常想法。借助于符号的网络，当观众把一些精选的看似客观的偶然联系起来时这个网络就出现了，基耶斯洛夫斯基在流通领域中建立了指称物层面上的形而上学经济学。"[2] 的确，在《克日什托夫·基耶斯洛夫斯基如是说》（*Krzysztof Kieslowski: I'm so-so*，1995；克日什托夫·维日比茨基执导）中，这部电影被看成导演"钦定"的自传，基耶斯洛夫斯基自己提起过存在"一种秘密的形而上学"，它不能被化约或"删减"——有一个镜头遵循并强调了这种表述，这一镜头是这样的：一头不协调的、动机不明的、偶然出现的大象在一排整齐房子前的街道经过，它毁掉了这些房子原有的秩序和安定。总之，基耶斯洛夫斯基的电影视角——以及，在反思性意识的关键时刻

---

[1] 在这一点上，基耶斯洛夫斯基的视角和当代的混沌理论有很大的共同之处，混沌理论认为混沌事实上是有秩序的。比如说，一些随机事件中的联系制造出足够的力场来使它们中的一些成为"奇异吸引子"（strange attractors）。在另一个表述中，"初始条件"中的最小变化（例如一只蝴蝶在世界的一端振动翅膀）可以导致最大限度的湍流，因为其后果可以在时间和空间中回响（一场猛烈的飓风会在世界另一端产生）。这使得像天气这样的"湍流系统"（turbulent ssytems）变得如此复杂以至于它几乎完全不可被预测。因此，非常有意思的是，基耶斯洛夫斯基的《红》（*Red*，1994）在很大程度上是由一场错误的天气预报构成的；在由他的长期助手克日什托夫·维日比茨基（Krzysztof Wierzbicki）所制作的纪录片《克日什托夫·基耶斯洛夫斯基如是说》中的一次重要访谈中，导演本人从这个角度考虑了天气。幕后有人评论说："幸运的是昨天下雨了。"而基耶斯洛夫斯基在银幕上的回答是：首先，这并不是运气；其次，一个年老的农妇才可能说这是"上帝的旨意"；最后，事实是下雨并不是靠偶然性而是靠"发生着的许多事"一起决定的——他接着列举一连串的经验现象。参见 *Krzysztof Kieslowski :I'm so-so*, dir. Krzysztof Wierzbicki (Kulturmode/Statens Filmcentral,1995).

[2] James Winchell, "Metaphysics of Post-Nationalism: La Double Vie de Krzysztof Kieslowski," *Contemporary French Civilization* 22,no 2(summer-fall 1998):248（楷体为笔者所加）.

中，他的角色们的凝视——扩大到去承认在存在之中的某些东西，这些东西总是潜在地令人害怕且令人敬畏，这表现在它们顽固的物质性中，它们非人类中心式的存在中，还表现在它们对所有事物的存在之平等（existential equality）的主张之中，这些事物包括人和生命体及其他。这种存在之平等的视角取消了人类的存在、意义和秩序的优先性和特权，但是同时强化了这样一个信念，即人类存在总是超越性的且具有意义的。在这样的凝视下，"人"被化约为一个优越的"存在者"，而存在被扩大成一个"生成"（becoming）的广阔场域。因此，不管是导演、演员还是观众，都可以是具有威胁性的或具有解放性的，这取决于他们的视角，取决于他是否愿意对人类身份和特权看似牢靠的固定性作出让步，把自己经验为这样一个扩展性的和非人类中心式的凝视的主体——或者客体。

为了回应这种扩展了的、非人类中心主义的、去中心化的凝视，基耶斯洛夫斯基世界观中的非人类的和无生命的物体似乎都在"回看"（look back）角色们和我们。这里，"实践惰性"宣称了它自己在这个世界中的物质性的——准确说是非人类的——前提和在场，的确，它"复兴了泛灵论的语言"。在这一点上，基耶斯洛夫斯基的电影客体都断言一种意指性力量和神秘的自主性，它通过本体在场（ontic presence）的双曲过剩（hyperbolic excess）而出现，而这种在场则是来自电影对这些电影客体的特写镜头，以及这一镜头对这些客体的物质性在场所进行的超经验性的细节描绘。就像巴什拉在《空间的诗学》中讲的那样，通过一个放大镜来看或者详细观察，"会提升客体的地位（stature）"，并且他还指出这种放大了的细看是怎样让一些看起来如此"司空见惯"和"微不足道"的像"墨水瓶"一样的东西转变为进入更广大世界的起点。在《十诫Ⅰ》中，有很多这样的客体和事情，它们"回看"并打碎了角色们（和我们）司空见惯和驾轻就熟的视觉框架——以及连贯性,它们提升了的地位和傲慢使我们的眼睛向被扩展了的存在范围敞开。这些不仅包括克日什托夫被打碎的墨水瓶,还包括栖息在窗台上的羽毛上沾有血渍的鸽子;躺在雪地上的一条死狗;牛奶逐渐消融在一杯早晨的咖啡中;一瓶牛奶被冻成模糊的和乳白色的半透明物;帕维尔的新冰鞋在他床铺上方的黑暗中闪烁着微光;墨水污迹在克日什托夫的论文上扩散开来;不停作响的门铃声在公寓的墙上回响;还有一直待机的绿色电脑屏幕和闪动的光标呼唤着一种对电脑的图形声明作出"我已准备就绪"的回应。在这些客体的持续性中,我们和演员们都能常常感受到"一种恐惧的颤栗(a tremor of intimidation)——一种不会屈尊去逢迎自身的他者性的情感印记"。[1]

因此,这些对象以及它们对我们注意力进行的诡异且具有奇怪自主性的恐怖索求让我们想起雅克·拉康(Jacques Lacan)对他那顿悟般的视觉遭遇的传闻性叙事就不足为奇了。他看到一个闪闪发光的沙丁鱼罐头盒——一块漂浮在布列塔尼海边的废料。(此处值得注意的是,在他的《精神分析中的四个基本概念》[*The Four Fundamental Concepts of Psycho-Analysis*]中,拉康在与凝视有关的"他者性"和摹仿的他异性[alterity]上投入了一些时间。)[2] 他写道,无生命的沙丁鱼罐头盒,当然不具备感觉能力——和特权——去发现他正在看它,但是,在某种意义上,他强烈地感觉到它好像无论如何都在"回看"——并且取代——他。[3] 确实,在这里对拉康来说,"实践惰性"的沙丁鱼罐头盒确实真的"复兴了泛灵论的语言学"。然而,鉴于拉康随后对这种摹仿性的结构化凝视问题进行的字面抽象(包括他的也包括沙丁

---

[1] Peter Schjeldahl, "Folks,", *New Yorkers*, Jan.14, 2002, 88. 施杰尔达(Schjeldahl)是在说一个民间艺术博物馆中对象的并置,但是他的描述在这里可以引起共鸣。

[2] Jacques Lacan, *The Four Fundamental Concepts of Psycho-Analysis*, ed. Jacques-Alain Miller, trans. Alan Sheridan(New York: Norton,1978),97-100.

[3] Ibid., 95-97.

鱼罐头盒的），人们也可以争辩说反之亦然，的确，实践惰性的泛灵论复兴了——"复活了"——分析性语言。亦即，对拉康来说，"沙丁鱼罐头盒被奇怪地赋予了回看能力的来源"不是由另一个人类的凝视（就像让-保罗·萨特说的那样）也不是由一个以可逆转的主客关系为标志的摹仿性认同对我们视觉场域所造成的侵入和剥夺。而是像艺术史家诺曼·布列逊（Norman Bryson）说的那样，对拉康而言，对象的回看开启了"在视觉场域中的能指的断裂"[1]——始终存在于延异（différance）的推迟中的过去、现在、未来的社会意义网络，这一网络总是超出我们凝视的特定的和局部的探询。因此，当我们从视觉上遭遇一个对象且它似乎在"回看"我们时，那一刻我们被它的"不合理的"自主性惊吓到、威胁到且固定住了，它看上去是冷酷无情的和难以理解的，去除了我们的中心地位，消解了我们视觉的优势和特权——这是因为它完满的意义和在场不仅逃避而且拒绝人类的理解和还原。

在回过头来看着我们的同时，这个具有意义的客体也越过我们看向被扩展的——尽管也是被延迟的——视觉性和意义的场域，这一场域包含并吸收了我们偶然的、局部的和个人的凝视所提出的问题，这一问题是还原性的但也是被投入的（invested）和结果性的（consequential）。通过《十诫》，我们可以看到关于事物那种突如其来的、自主的且非人的在场的强有力的实例，这些事物回看向与其接触的人类主体性并超越它们。这种对事物的增强不仅通过前面提及的对物体和角色的孤立的（因此也是夸张的）特写镜头得以实现，而且通过导演紧凑地组织人类角色的模式得以实现——既有组合又有剪辑以严格地限制视线的匹配和瞬间（不管是作为萨特意义上的客

---

[1] Norman Bryson, "The Gaze in the Expanded Field," in *Vision and Visuality*, ed. Hal Foster(Seattle, WA: Bay Press,1988),91. 参考布列逊是为了质疑拉康的《精神分析中的四个基本概念》（67-119）。下文引用时将标注在正文中。

观化和掌控，还是作为相互主体化的关心和爱）。[1]因此，即使在《十诫Ⅰ》这个在全十集中也显得特殊的一集中，三个主角（克日什托夫、帕维尔和他的姑妈伊莲娜）都非常喜爱和重视对方，并通过语言和动作表露出来,他们各自的凝视（以及克日什托夫对他们的凝视）存在着形式上的孤立和去人性化。也就是说，仅仅在画面中，演员们好像总是忽视并且超越他们所占据的空间，看向一个被延迟的别处，看向一个不可见的和去个人化的在场，这发生在没有视线匹配的情况下，这种相遇将演员们从一个镜头到另一个镜头中的凝视与另一个接受并反馈其观看的人的凝视连接起来。因此，凝视的这种孤立和去个人化扩大了电影的视觉性和意义的场域，它远远超越了在空间中的经验限制，也超越了视力的纯粹的——或者甚至是主要的——人类中心式形式的认识论限制。

我还会回到这种扩展的凝视的更广阔的含义，但是此刻我想在《十诫Ⅰ》的语境中继续探究拉康的去中心性的"回看"，片中变黑的墨水污点不祥地出现，被克日什托夫解读为一些超出他掌控和解释之事的可怕且难以言明的能指——在这个例子里，这种事情只有在事后才可以知道，即帕维尔的意外之死的"巧合"。的确，我在这里必须指出另一个事后的巧合，它和电影中的巧合在寓意上是平行的。鉴于基耶斯洛夫斯基、摄影机和作为叙事道具的墨水瓶之间的特定时空性和物质性的结合，以及墨水瓶后来在《十诫Ⅰ》和一位（出于其他的目的）阅读巴什拉的电影研究者还有艺术史家诺曼·布列逊所写的一篇讨论凝视的特别文章中所产生的影响，那么拉康所说的被授予力量之物虽

---

[1] 视线匹配（Eyeline matches）是以角色为基础的叙事中连接镜头的主要方法之一；一个镜头中的角色注视方向和角度与下一个镜头中另一个角色的注视方向和角度匹配起来。如果这两个角色注视的方向和角度相似的话，就会传达出这两个人在看同一个"另外的"东西的感觉；如果他们凝视的方向相反，但是角度在同一直线上，这两个镜头就会传达出他们在相互看对方的感觉。无论是哪一种，视线匹配的运用都倾向于在一种可理解的连贯性中缝补（或者"缝合"）人物对世界的凝视和他们相互之间的凝视。

然是无生命的，但它"回看"我们就像那个污点一样，这到底只是一种偶然还是不祥的种种汇合的积累？这种积累如此沉重以至于似乎是不可避免的且"命中注定的"。拉康说，侵入视觉场域的"能指"就像《十诫Ⅰ》中蔓延开来的墨水，这样一个"污点"或者"盲点"投下了昏暗、可怕的阴影，不仅模糊了我们的视觉，使我们突然意识到我们在一个直接且无限地超出我们的视觉和意义场域中的去人性化，而且通过它突然且黑暗的过度，让我们实实在在感受到人类的有限以及死亡。[1]

拉康用汉斯·荷尔拜因（Hans Holbein）的名画《大使》（*The Ambassadors*）中的污点在视觉上解释了视觉场域的这种模糊性和"耻辱"。《十诫Ⅰ》中的墨水污点向由克日什托夫的学术论文所再现的理性掌控和局部意义投去了它那关于黑暗和死亡的非理性阴影，《大使》与之非常相似，它展示给我们一个死者头颅的非理性图像，它斜着侵入了画作的人类优势视角，这一视角是理性的、"直显的"（straight-on）和人类中心式的[2]。尽管就像布列逊说的那样，画作的主题是"学富五车的大师，他们掌握了由他们那个社会氛围所塑造的……所有的知识准则"，然而他们的视角却被颠覆和消解了——"被他们不能掌握的一

---

[1] 在这一点上，值得注意的是，在尼可拉斯·罗伊格（Nicholas Roeg）的《威尼斯疑魂》（*Don't look now*, 1973）中也出现了墨水污点的可视化，它既是不可思议的又与孩子的死亡有关。我还要指出的是阿托姆·伊戈扬（Atom Egoyan）的《甜蜜的来世》（*The Sweet Hereafter*, 1997）中的一个长镜头，在这个镜头中，一辆满载孩子的校车缓缓沉入湖面上的白色冰层，看上去像是一个灰色污点在诡异且缓慢地蔓延。安妮特·因斯多夫（Annette Insdorf）在 *Double Lives, Second Chances: The Cinema of Krzysztof Kieslowski* (New York:Hyperion,1999) 中写道，"生活中最深不可测且最令人伤心欲绝的事件之一——孩子的死亡"，它不仅在《十诫》第一集中留下了印迹，而且贯穿了整个系列，还出现在基耶斯洛夫斯基的其他电影中（73）。这不仅仅是巧合。从现象学的角度看，我认为这种将墨水污点与孩子的死亡联系在一起的"不可思议"（uncanniness）来自对蔓延者的污点所进行的可逆的（但价值上不同的）可视化，这个作为"虚无的生成"（becoming of a nihility）的蔓延着的污点描绘了"生成的虚无"（nihility of a becoming），后者就是孩子的死亡。

[2] Lacan, *Four Fundamental Concepts*, 85-90.

些东西所切断，经历了变形（anamorphosis）的头骨从侧面投射自己以穿越他们的空间"。然后他接着说"银幕、头骨或者盲点插入的效果，就是让观看的主体不再是视觉经验的中心，就像语言的主体也不是言语的中心一样"（92-93）。

基耶斯洛夫斯基不太可能读过拉康的著作，而且可以肯定的是这两个人在世界上所共享的空间和时间甚至比导演电影中的两个维罗妮卡（Véroniques）更加稀薄，这两个维罗妮卡的平行生活只有一次偶然的相遇。尽管如此，考虑到视觉、语言、言语、变形和死亡的这种结合，我们可能会再次怀疑它是偶然还是命运——或者是一个"单纯的"被"忽视"的巧合（或者因为它在这里而被"写出来"）——《十诫Ⅰ》中不仅塑造了一个墨水污点的侵入性能指，它在克日什托夫的论文的局部能指上传播过度与灭绝，而且它还标志着它的主角克日什托夫作为一个自信的语言学教授马上会由于一个死人头颅的非理性倾斜而认清自身的位置——或者，更准确地说，会被驱逐出这一位置。在电影早先的情节中，克日什托夫在开一个课程讲座，他命运不幸的儿子帕维尔也在，这一讲座承认言语中的过度的无规则性会超出掌控它的语言学规则。然而（也伴随着《大使》中的狂妄自大），他也赞美了未来通过电脑的"集置"（enframing）对那种过度之物进行的控制[1]。我们看到帕维尔的第一个和最后一个形象都出现在电视屏幕上，我们可能也想知道，这是偶然、命运，还是单纯的巧合（所有这些都是"事后"出现的）。在电视屏幕上，他忧郁彷徨的形象——就像荷尔拜因的死人头颅一样——在《十诫Ⅰ》的视觉场域上斜着投下了预兆和最后的阴影（a

---

[1] 正如本章后文所述，我在这里引出海德格尔的集置（enframing）概念，以及他对工具主义者之傲慢的批判，这并非巧合，他们的傲慢将通过技术使得世界和存在被简化为仅仅专门为我们（或者《大使》）而存在的"世界图像"（world picture）或"持存物"（standing reserve）。参见 Martin Heidegger, "The Question Concerning Technology," trans. William Lovitt, in *Martin Heidegger: Basic Writings*, ed. David Farrel Krell(New York: Harper and Row,1977),287-317。

fore- and final shadow）：我们看到年轻的男孩"斜着"跑向我们，直到他的动作被定格在最后的、凝固的——变形的——时刻。[1]

在基耶斯洛夫斯基的电影中，我们一次又一次地看到一些突然地、倾斜地而且立刻地横穿并切入我们的（而且通常也是他的角色们的）可理解的狭窄视觉场域——将它扩展至超出我们的理解范围，变成对更多的东西、更超越的东西、其他的东西的不安（以及也经常变成对这些东西的忧虑）。作为一个孩子，帕维尔似乎强烈地意识到这种东西的在场。当他在听他爸爸的讲座并渐渐有些疲倦时，他的目光被在他座位前方的幻灯片放映机挡住了一部分，我们看到他尝试凝视他父亲时的框架化和碎片化的种种可能性，同时，克日什托夫以同样的方式与帕维尔联系在一起——这些不仅使克日什托夫的自信和被过分恭维的优势成为问题，而且使被压缩的视觉场域和模式得到凸显。的确，就像鲁斯·帕尔默特（Ruth Perlmutter）说的，当帕维尔透过幻灯片放映机的镜头偷看克日什托夫时，似乎这个孩子特别地"敏感"——他能够通过他自己和放映机的部分视觉场域，通过不仅是人类理性而且是人类存在的有限框架和范围去进行观看。[2] 通过《十诫》，这种对人类生存的有限范围和本体限制的意识常常被唤起——无论是通过躺在雪地上的一条回看帕维尔（和我们）的死狗，还是通过一只挣扎着去逃离一杯茶的黄蜂，抑或是通过一块突然从一间无名公寓的窗户中

---

1 因斯多夫参考了一篇乔尔·马格尼（Joel Magny）的文章"Decalogue,1: Fire and Ice"，马格尼指出贯穿全集的这些倾斜的、忧郁的和变形的帕维尔的银幕形象，使得《十诫Ⅰ》具有一种"强烈的闪回效果。我们目睹的一切已经发生，无可避免"。因斯多夫补充道："基耶斯洛夫斯基因此制造出了一种宿命的幻觉（the illusion of fatality）。"（*Double Lives*, 73）有趣的是，在《两生花》的片头，基耶斯洛夫斯基也运用了变形手法来扭曲和扩散波兰的维罗妮卡走路的特写镜头，然后，在一个稍宽的镜头中，她扔掉了她的乐谱夹；这是一种超前叙事（[flash-forward]，被前置的未来"将已发生"），因此发挥了（虽然只是在回溯中）提前预告她的死亡的功能，这在电影后来的情节中会遵循"真实时间"（real-time）再次出现。

2 Ruth Perlmutter, "Testament of the Father: Kieslowski' The Decalogue," *Film Criticism* 22, no.2 (winter 1997):58.

扔出的湿重的抹布,这看上去是以某种方式对这块抹布所象征的这个日常世界进行的一次打击。就像帕维尔,我们开始对一个关于视觉性和意义的具有他异性的非人类中心式框架的存在变得"敏感"。因此,布列逊在谈到拉康那扩散性的"污点"和不可控制的意义所产生的不安和恐惧时所说的,同样可以用来说明基耶斯洛夫斯基的污点:"我看到的每一样东西都与一种……观看的产物编排在一起,这种观看独立于我的生活并在生活之外存在:我个人的发现、我的眼睛探索世界时的调查结果……最终都并不按照我的制造展开,也不同于我的有死性(mortality)。"(92)在《十诫Ⅰ》中,这正是帕维尔遇到死狗时所面对的情形——这是在剧集的结尾克日什托夫无法选择但是又不得不承受的事情。

事实上,在《十诫Ⅰ》的结尾,这种视觉和物质存在的匿名感得到了相当明确的(虽然是间接地)体现,这种匿名感不关心人类的特权和有死性,一旦被理解,就可能会消除主体那自满的稳定性。克日什托夫因为儿子不合理的意外死亡,以及逻辑的偶然性(帕维尔碰巧滑过的那一片冰很薄因此塌陷了)和情感的激荡(儿子之死对他来说不可理解也不可接受)而感到难受和一蹶不振,没有宗教信仰的他走进了邻近的一家教堂。我们看到他愤怒地推翻了圣坛桌,桌子转而将一幅圣母马利亚的画打倒在地。被打翻的蜡烛流下的蜡油滴在圣母马利亚的眼睛上,承担了眼泪的形式和功能。然而,这不是神迹,这里并没有人类中心式的启示:在基耶斯洛夫斯基的(还有克日什托夫的)凝视中,这个事件只是一个不可思议的、残酷的巧合,它是从偶然事件和具体的物质性事件及其后果的汇合中产生出来的。

这个场景让我们想起在拉康描述无生命客体对我们进行那吓人的和去中心化的回看之前,萨特不仅写过人类凝视的否定性的侵略性,因为它把他者作为客体进行固定,而且写过意外的消解性的否定性。

逻辑的偶然性的不合理，或者是转变为意外的偶然事件，对萨特来说是"典型的否定性原则：正是意外宣判了人类并向其宣告了不可能"。意外事件使主体去人性化并溶解了主体，"因为他的目标被一些东西偷走并在最后几分钟才归还。他可以作为世界的客体存活一段时间，但是事实已经证明关于实践和内部性（interiority）的观念只是梦想的梦想，而且也已证明人类客体是外在于它自身的，它只是一个意外的集合，在其中一个意外中保存下来而又在另一个意外中消失不见"[1]。因此，我们最后看到克日什托夫出现在教堂前的一个圣洗池边，圣洗池的表面凝结成一个大大的、不透明的、浑浊的凸透镜的形状，这一场景并不是毫无意义的。也许，因为注意到人类视角的有限性以及他自身不可能的外部性（exteriority），他举起冰似的镜片茫然地看它，透过它，越过它而进入虚无。

无论如何，在《十诫Ⅰ》（还有在基耶斯洛夫斯基的其他电影）中，还有一个不同的世界——一个差异的世界——通过非人类中心式的凝视在存在层面上被揭示并经验。这种世界观不是威胁性的而是开阔的。它关注存在与生存（being and existence）的丰富性，尽管它并不把人类的存在和生存放在优先地位。也就是说，这种来自他者性的回看并没有产生出克日什托夫（或者拉康）对主体的替代和消解所产生的相当受限的——和否定性的——感觉，同时在这种观看中，人类对它根本的外部性和客观性的认识也没有导致它减少。相反，这种非人类中心式的凝视是逾越常规的（exorbitant）：敞开而不是消灭，放大而不是减小。它明确表达了对无止境的可能性场域所感到的惊讶，这些可能性场域由存在的根本外在性提供，也由它在一个它不能完全理解的世界中的物质化的被抛性（throw-ness）提供。

---

[1] Jean Paul Sartre, *L'idiot de la famille: Gustave Flaubert de 1821 à 1857*, vol.2 Paris: Gallimard, 1957），1439.（在此我非常感谢詹妮弗·比恩提供这条重要的参考。）

在一篇优秀的——对我来说是具有启发性的——名为《扩展场域中的凝视》(The Gaze in the Expanded Field) 的文章中,布列逊(之前被我广泛引用的一个人)探索了西方哲学中与凝视有关的否定性的替代物。评注了萨特和拉康所表达的凝视概念后,他随后转向了日本哲学家西谷启治(Keiji Nishitani)(他先是跟西田几多郎[Kitarō Nishida]学习,后师从马丁·海德格尔)对萨特和拉康的构想的激烈批判。布列逊解释道,对西谷启治来说,"从萨特到拉康的思想线路在很大程度上都依然停留在一个概念的围圈中,在这个围圈中,依然是从一个站在世界中心的主体的立足点来对视觉进行理论化"(87)。这种居于中心的主体成为一个常量,尽管两个哲学家都逐步尝试对主体进行彻底的去中心化:萨特通过进入他人的客观化凝视的视觉场域,拉康则通过无生命客体的非人类中心式的"回看"使得凝视主体在其对世界进行视觉性掌握的通常位置上被替代和去中心化。但是,在这两个例子中,他者的凝视威胁着要消除主体,因此被看成是迫害的、恐吓的或者恐怖的。西谷启治的批评指出,在这些构想中,来自他者凝视的威胁和迫害并不是要消除主体,相反,事实上,是要巩固它。就像布列逊写的那样:"主体之为主体的感觉得到了强调,而非被毁灭:按照西谷启治的观点,这是因为整个场景都被限制在主体和客体两极。还没有被充分思考的是视觉的更宽广框架的问题。"(96)

当然,就像我已经在《十诫Ⅰ》中展示的那样,基耶斯洛夫斯基戏剧化表现了回看在他的角色们中(也常常在我们中)产生的威胁感、毁灭感和情感的激荡。但是我的讨论也会认为,导演同样对逻辑的偶然性更具解放性的一面感兴趣——也就是说,它打破理性和事物的秩序,以扩大对人类中心式凝视的狭隘的恐惧和谨慎的"理解",不仅让其他东西而且让"更多"东西被揭示出来。的确,基耶斯洛夫斯基广阔的视角经常激励我们和他电影中的角色去瞥见一种更为宽广的视觉框架，去瞥见另一种并非天生具有威胁性的观看事物的方式。在它的宽度、偶然性以及向作为主体的固定形式和意义的延异和延迟的开放中，这种"回看"和"展望"（look beyond）扩大了主体——溶解和扩散了它而不是分解和消除了它。

这种被扩展的——和广阔的——凝视被凸显了，例如，在基耶斯洛夫斯基的《两生花》（*The Double Life of Véronique*，1991）的开场镜头中，它强调并宣告了作为某种程度之降临（as an advent of sorts）的视觉。在此我们看到具身化视觉的存在冒险的形成，因为它提供了通向开放世界的更宽广的通道。首先，我们从波兰小婴儿维罗妮卡的视角看到街道和星空相互倒置的形象——后者在接下来的反打镜头（countershot）中"回看"。紧接着是法国婴儿维罗妮卡的眼睛的特写镜头，她通过放大镜观察一片树叶，而树叶在一种高度细节化的反打镜头中"回看"她[1]。这里，巴什拉在《空间的诗学》中贴切地写道："拿着放大镜的人——非常简单地——封锁了日常生活。他是一只在新事物面前的新眼睛。"关于基耶斯洛夫斯基的两个婴儿，他补充说，"植物学家的放大镜是被重温的年幼时期"（155）。在这两个扩展了的视角的例子里，好奇的小女孩通过她们妈妈的画外音的提示，可能有些矛盾地被促使去仔细观察世界的自然奇观——它的物质想象。她们的妈妈作为基耶斯洛夫斯基的代言人将婴儿的视角引向特殊细节，这些细节扩展并深化了我们自己的视觉注意力，并唤起了一种现象学意义上的惊讶，它惊讶于具身化存在的物质性和我们的凝视所连接的物理世界的令人疑惑的（尽管是有序的）复杂性和无限的（因此是超越性的）意义。

在此——在年幼的对世界的惊讶的开放性中——主体的稳定性被

---

[1] 更多关于该组镜头中基耶斯洛夫斯基的"对视觉本身的质疑"的问题参见 Insdorf, *Double Lives*, 128-129。

一种广阔的和非人类中心式的凝视消散和溶解了，这种凝视在结果上并不是否定性的。相反，婴儿的视觉与回看的世界之间是动态性可逆的。这里的主体不是固定的，它是扩大的、逾越常规的，它的消散和溶解是以"激进的唯物主义"（radical materialism）为前提，激进的唯物主义构成了我们——以及我们的视觉——在世界中的具身性，我们在哲学家莫里斯·梅洛-庞蒂所谓的"肉身"（flesh）[1]的意义上与世界进行共享。正如阿米莉亚·琼斯（Amelia Jones）所做的精彩总结，肉身

> 显然**不是**自我和世界（或者自我和他者）之间一道决定性的、不可渗透的边界，它在根本意义上固定这个自我。作为不断摆脱并重建自身的物理薄膜，肉身从来不会是同一种物质，而永远是活动中的外形；肉身暂时地既作为一种可溢出的、移动的边界，一种虚拟性包含物的边缘外围而存在，又作为人类身体的可见踪迹（在自己和一个他者的视野中身体的轮廓从来不是稳定的）而存在。不论从隐喻上还是从实质上来说，肉身都是一个信封，一个标明了内部与外部结合的"界限"，同时又是它们的**结合点**（site of their joining）。[2]

在这个表述中，我们的凝视以及那种回看并超越的凝视，并不是按照自我和他者，或者主体与客体之间对立的"粗暴的辩证法"被建构起来的。相反，我们的凝视在它所观看之物的风格（manner）——和质料（matter）——中具身化和在世化（enworlded）了，它是质料和意义的混合以及二者之间的交往的综合性"转换点"。就像梅洛-庞蒂在《可见的与不可见的》（*The Visible and the Invisible*）中指出的那样，

---

[1] 梅洛-庞蒂的"肉身"（flesh, chair）一词意在表明：主体与世界并不是分裂的，而是由同一种感性基质组成。这种感性基质就是"肉身"。——译者注

[2] Amelia Jones, *Body Art/Performing the Subject* (Minneapolis: University of Minnesota Press, 1998),206-207.

我们自己的视觉和肉身是封闭在世界和他人的肉身和视觉中的；因此，具身化的凝视是"可触的可视之物和可视的可触之物的双重且交叉的位置"[1]。在这一表述中，凝视既不是人类中心式的，也不是非人类中心式的；它在它转变着的位置、持续的移动和流动的身份中具有可逆的摹仿性（reversibly mimetic）。总之，它包含他异性。这种广阔的凝视所揭示的正是存在的创制（poiësis）：就像巴什拉说的那样，"主体和客体的二元性是色彩斑斓的、微光闪烁的，在其倒转中不停地保持活力"（xv）。这是片中的两个婴儿提供给我们的视角。

在《十诫Ⅰ》早先的剧情中，这种不具有威胁的视觉的他异性也通过儿童开放的和摹仿的视觉得以发掘。尽管帕维尔比两个维罗妮卡都大，但是他仍然足够年幼，能够去享受凝视的多形态可能性，这个时候凝视还没有完全分化成主体和客体间的等级关系。我们第一次通过公寓的窗户看到他，他不仅在看一只栖息在窗台上的鸽子，还——在一种具有摹仿性认同的行为中——设想了一种与它自身相一致的视觉和身体性行为。在一个看上去很传统的剪辑过的特写的正反打镜头（shot-countershot）结构中（这一结构在基耶斯洛夫斯基的非等级性关注的平等主义细节中消解了正反打镜头的等级特性），我们看到帕维尔竖起脑袋去"尝试"体验鸽子的他异性视角，同时，我们看到鸽子也回应似的竖起头询问般地回看帕维尔，但却超越了他，进入一个从这只鸟的他异性中出现的不可见的视觉场域。此处被戏剧化表现的东西确实正是摹仿的"同时具有原始性和仿效性的力量"。就像詹妮弗·比恩说的：

> 摹仿把认同与欲望间的关系颠倒过来：认同并非以主体对一个所爱对象的无意识欲望的结果而出现，而是一个"自我"

---

[1] Maurice Merleau-Ponty, "The Chiasm——The Intertwing", 引自 *The Visible and the Invisible*, trans. Alphonso Lingis, ed. Claude Lefort (Evanston, IL: Northwestern University Press,1964),134-35。

对一个"他者"的模仿，这在所有程度和目的上都与原初认同无法区分，在这个原初认同中，有机体首先像外部之物或他者一样行动，而且只有在这以后才会欲望它们。摹仿的范式想象了对自我的悬置，或者更准确地说，想象了一个实体的多变的开放性，该实体并不能真正地构成一个自我。[1]

尽管仍然向这些摹仿性认同开放，但帕维尔的年纪也大得足以开始以人类中心的方式去缩小他凝视的范围——它的扩展性，就像巴什拉说的那样，是一种"生命将要控制和警告将要逮捕"（184）的东西。的确，帕维尔的主体性得到了充分的巩固，从而开始感受到回看所具备的多变且潜在的消解力量，这一回看宣告了一些超出其掌握和理解能力的东西，一些不仅向帕维尔暗示了其存在的审慎（existential discretion）还暗示了其有死性的东西。看到躺在雪地上的死狗之后，他很焦虑地询问有关死亡的事情——然后他从理性的爸爸和信仰宗教的姑母那里得到了不同的答案。在情感激荡的时刻，他不仅表达了他对世界的最初喜悦，这一世界向构成我们存在的他异性和逻辑的偶然性这二者的愉悦和种种可能性敞开，他还表达出自己作为一个主体被威胁的绝望感。他告诉自己的爸爸："当我得到正确的答案时（他在电脑上解决的时间/距离问题的答案）我很高兴，当鸽子来吃面包屑时我也很高兴。但是我看到这条死狗，我想'那又怎样呢？'如果我算出了猪小姐（Miss Piggy）什么时候抓住科米（Kermit）[2]，那又如何呢？"

因此我们又回到了拉康意义上的凝视，它看似去除了主体的中心，但是它受到西谷启治的批判，因为它有着支撑和确证一个作为独立实体的主体的相反效果。为了对此作出回答，西谷启治（我认为基耶斯洛夫斯基也是如此）彻底地扩展了萨特或拉康所构想的凝视。尽管使

---

1 Bean, "Technologies of Stardom," 45-46.
2 此处指的是迪士尼旗下的著名布偶角色猪小姐和科米蛙。——译者注

用完全不同的术语来表达，西谷启治和梅洛-庞蒂一样，把凝视定位在一个激进唯物主义的前提之中。也就是说，西谷启治不是将视觉中心化，也不是将他异性控制在人类中心式的主体-主体和主体-客体关系的狭隘领域之中，而是借用梅洛-庞蒂的观点坚持认为视觉是具身化的，并因此被构成为世界的视觉性的肉身和场域的一部分，而不是与之相对。[1] 据布列逊所言，西谷启治根据他所称的"彻底的无常"（radical impermanence），也被称为"空无"（emptiness）、"空白"（blankeness）和"虚无"（nihility），从这一角度出发通过对主体和客体的识别（和重新概念化）而对凝视和视觉性的范围进行了扩展。视觉场域和它的特定实体及形式（无论主体或客体、人或物）在表面上具有的持久性和（或）谨慎性，出现在一个"变形的普遍场域"（universal field of transformations）——"质料的一种持续脱落和扰动"（a continuous exfoliation and perturbation of matter）中。因此，我们看到的特定实体和形式的确是"部分特别的"（part-icular）。也就是说，这些实体和形式"只有通过一种在每个实体周围投射一个知觉框架的光学（optic）"才能被构造并保持，"这个知觉框架是从该场域中割离出来的，并且将割离部分固定在静态框架中"。但是，在存在中，作为"普遍环境"（universal surround）的一部分，知觉从其中找出它静态的割离部分，"客体不会以任何方式在可能会将它固化为理式（Form）或理念（eidos）的拘束下出现"（97）。实体被理解为且"被视为"仅仅是彻底的无常的普遍场域中的一部分，"实体分崩离析"而且"不能说

---

[1] 布列逊、罗萨琳·克洛斯（Rosalind Krauss）、马丁·杰伊和乔纳森·克拉里在布列逊的文章"The Gaze in the Expanded Field"后附带的"讨论"中简明扼要地讨论了西谷启治的"扩展的凝视"与梅洛-庞蒂的对"肉身"的构想。参见第109—111页。对梅洛-庞蒂来说，"肉身"是"一切事物"的否定的肯定性，也就是说它在持续的"生成"（be-coming）中是"空无一物"（no-thing）；然而对西谷启治来说，"彻底的无常"是"空无一物"在其持续的"生成"中的肯定的否定性。在这两种表述中，作为"固定性"（fixity）的"存在"被破坏了。

它占据了一个单独的位置"或者"获得了任何一种有限的轮廓"（97-98）。没有"人"或者没有"事物"可以说"享有独立的自我存在，因为它的存在基础是其他万事万物的存在"。在"客体场域是一个持续不断的流动性"的范围内，个体实体（主体和客体）只能被构造为虚无（98）——也就是说，从否定性的一面来说，可区别的差异和时间性的延异延缓了被拘束的"存在"，它总是作为一个持续的"生成"而存在。

视角和视觉场域一样，也是彻底无常的。因此，布列逊告诉我们，"西谷启治的行动是去消解框架的装置"，通过缩小视觉场域的开放性，"总是为主体制造客体且为客体制造主体"。这种对于框架的和视觉场域之开放的毁灭揭露了其彻底的无常，也替代了观看者，但并不是消除。就像布列逊说的："观看者仍然在睁开他/她的眼：宇宙并未消失。但是这个观看者是通过宇宙中其他一切事物的存在而存在的一个存在者，不只是出现在观看通道末端的客体的主体-效果。"（100）此外，一个框架被强加在一个不是通道而是普遍环境的东西之上，观看者现在的观看和视角被构成（在此我们想起梅洛-庞蒂的《可见的与不可见的》）为不可见的一部分以及"不可见的之中"的一部分："视线之外的东西支持并渗透所见之物，他者的凝视从各个方向包围了视线。"（101）因此意义和存在都从未被固定；它们永远无法到达，而只能存在于一个连续不断的"延迟的运动中"（motion of postponement）（99）。

联系到当前的探讨，我认为基耶斯洛夫斯基对孤立的特写镜头的频繁使用凸显了一些客体，它们从一个更大的视觉场域中切割出来且与其断绝，它们封闭的和不详的在场也坚持"视线之外的东西"，而且让我们意识到"一个从各个方向包围了视线的凝视"。事实上，基耶斯洛夫斯基对声音也作了同样的处理——他构造了一种画面外的在场，它与其说可能为我们确证（大部分电影正是这么做的）一个不可见的日常世界的环绕的和理所当然的声音，不如说是在一种听觉的隔离状态和详细的听觉特写中涌现,这种隔离状态和听觉特写与一种被延缓的——而且是平静地令人紧张的——沉默相对抗。鉴于这种在画面外且不可见的在场的感觉会使我们想起视线之外(和超出所听)的事物,一个观众这么对基耶斯洛夫斯基说就不奇怪了,他说:"你的电影越是具体且真实,它们看上去就变得越形而上。你越多地使用特写镜头,你就会离演员角色和物体越近;你似乎是正在寻找一些超出具体物或物理物的东西。"[1]但是基耶斯洛夫斯基的形而上学与先验之物没有任何关系;相反它的关注在于环绕四周的世界的超越性,以及我们对其内在性的"秘密形而上学"的有限视角和情境化理解(situated comprehension)。[2]

更进一步说(而且与西谷启治的"存在是一种持续的流动性"的观念一致),通过指出并强调具体的内在性实体,这一实体既超越了我们的目的又对我们的生活是重要的,基耶斯洛夫斯基把具体和内在之物的意义和存在构想为从不固定的、从未"削减"至我们的尺寸的——尽管它们被"切断"且暂时被他的画面所拘束。在他的电影中,事物孕育着可能性;它们在存在的地位上膨胀。事实上,它们既不只是实践惰性,也没有稳定地被固化为诗歌符号;相反,它们在一种不断的延迟的运动中存在并承担重量和价值。这种延迟的运动赐予基耶斯洛夫斯基的舞台布景(mise-en-scène)以一种悬置(suspense)的严肃形式。有生命的和无生命的"存在者"和意义在它们的构成性的否定性、

---

[1] 来自发布在网络上的匿名采访,参见网址 http://www.petry.com/kk/docs/interview.txt。
[2] 在这一方面,虽然有些评论家已经对此作出了一些论断,但是除了一些最为普遍的说法,把基耶斯洛夫斯基解读为一个"天主教"导演,或者就此而言,把他解读为对宗教的超验性(transcendentality)抱有特别的兴趣是极其困难的。在其著作和采访中,他公然拒绝了对其作品进行的宗教性的——和非经验性的——解读。因此,他的"秘密的形而上学"似乎与物质的神秘性及其同时在主客体层面和结果上的巧合密切相关;事实上,就像我在之前的一条注释中说的那样,关于他的认识论的讨论,关于机遇与命运,以及叙事性事件的本质,其中的很大一部分都更多地与量子不确定性和混沌理论的发现相关,而不是与宗教神迹或不可思议的超自然的神秘性相关。

它们对解决方法的缺乏、它们不间断的"生成"中始终都是妙不可言的。因此,我们在画面中看到的东西似乎总是预示着一种逃避我们的"存在者",而它也总是在别处,而不是在我们的视线之中。

在这个意义上,基耶斯洛夫斯基的电影遵循了布列逊的观点,可以看到它允许"一种完全黑暗和不透明的东西进入视觉场域,它支持彻底的他异性:宇宙中剩余的他者性,一个完全使主体及主体的视角去中心化的环绕性场域"(104)。因此,当导演提到《十诫》时,这样对我们说是很恰当的:"对我来说,这是一部建立在理解世界的愿望和这种理解的不可能性之间的冲突之上的电影。"[1] 关于他通常的作品,他说"了解不是我要做的事情,不了解才是"[2]。他在此所表达的和在他电影中戏剧化表现的虚无感和对大使式的(ambassadorial)掌控的拒绝,看上去和西谷启治的彻底去中心化的主体的凝视很相似,就如布列逊所言,"它在一种没有中心的条件下开始了解自己,因为它占据了一种本质性的空无(constitutive emptiness)且被其所占据"(104),这种凝视既不是毁灭性的也不是肯定性的;它仅仅作为本质的空无以及一种开放的潜在性而存在。

事实上,这种通向普遍环境的去中心化凝视作为一种本质性的空无,的确在《十诫Ⅰ》开始的镜头中得到了最戏剧化的表现。这些镜头把我们置于结冰湖泊的开场的虚无中,并向我们介绍了一名不知道名字的年轻人,他是《十诫》中反复出现的——且沉默的——"见证者"。他是观看者(seer),安妮特·因斯多夫称之为"纯粹'凝视'",但是基耶斯洛夫斯基将其描述为"只是一个来观看我们以及我们生活的家伙"[3],在别处他又补充说他是为了给予电影"一个神秘的部分,一种难

---

[1] Kieslowski,摘自 Michel Tarantino, "The Cave: Michael Tarantino on Krzysztof Kieslowski," *Artforum Internationa* l30, no.4 (Dec.1990):23。

[2] Kieslowski,摘自 *Krzysztof Kieslowski:I'm so-so*。

[3] Insdorf, Double Lives,73.

以捉摸且无法解释的东西"[1]。但是在我们见到年轻人的眼睛之前,有几个镜头在既是世界又是摄像头之凝视的"本质性的空无"中开启了电影——以及整个《十诫》:首先,一个缓慢的向前追踪镜头穿过一个几乎完全结冰的湖的空无的空白,并以一个拍摄了湖边火堆旁蜷缩着的小小身影的长镜头结束;接着,是一个拍摄了火堆旁的身影拱起背部的更近的镜头;然后才是对这个年轻人面孔的正面特写镜头,他的凝视在轻微但明显地游移,最终直视着镜头。尽管这种直接的凝视是一种出乎意料的——因而是诡异的——向我们的回看,但它也是一种超越我们进行扩展的注视。在另外一个谈论这种电影中的直接凝视的语境中,马克·维内(Mark Vernet)指出在这种方式中凝视的直接性不仅破坏了电影画面的完整性,而且并不指向"一个特定个体,而是……整个宇宙,这一宇宙是这种观看的见证者"[2]。那么,年轻人直接的凝视确实真正地"溶解了框架的装置",并向外扩展成为一个人不可见的却在场的普遍环境,从而产生出西谷启治所说的"从各个方向包围视线的他者的凝视"。

通观《十诫》,年轻人及其凝视的匿名性作为"一个积极的,甚至是假定的结构"[3]。也就是说,就像阿方索·林吉斯所言:"把一个特定目的转换成一种匿名模式不仅仅代表存在的一种重要脉动的退化和损耗;这是同这个世界的重要关系得以建立和获得的方式。"[4] 对基耶斯洛夫斯基和《十诫Ⅰ》的观众来说,冰湖的空白和虚无以及年轻人观看的直接性,开启了一种"澄明"(clearing)(此处带有海德格尔的影子,西谷启治曾跟随他学习)——或者,像马丁·杰伊(Martin Jay)所说

---

[1] Phil Cavendish, "Kieslowski' Decalogue," *Sight and Sound* 50, no.3 (summer 1990):164. 值得注意的是,一些评论者认为片子里的年轻人是一个天使,但基耶斯洛夫斯基直接否认了这种解读。

[2] Marc Vernet, "The Look at the Camera," *Cinema Journal* 18, no.2 (winter 1989):52.

[3] Lingis, "Sense and Non-sense," 352.(楷体为笔者所加)

[4] Ibid.

的,"在真理得以揭示的地方——但真理并非必须被任何一个身体中的任何一只眼睛或两只眼睛揭示出来。真理被揭示出来,眼睛只是在那儿承担了对它的见证"[1]。然而,这种真理不是固定的;它是彻底的无常、流动和根本的匿名性这三者的动态的真实性——一种普遍性视角的真实性,在其匿名的运用中,就像林吉斯所说,它"作为某人去看,作为肉身的眼睛去看"(as one sees, as eyes of flesh see)[2]。

这种匿名性视觉的以及广阔普遍环境的踪迹,还有破坏并开启画面和主体的限制的空白和虚无,在《十诫Ⅰ》中大量存在——这并非不管基耶斯洛夫斯基的角色们在其中实质地存在的缩小和收缩的场域,而是将这一场域视为原因。的确,基耶斯洛夫斯基曾经评论《十诫》中的公寓大楼"给视觉场域造成了限制",我们看到画面一次又一次被黑暗、被墙和门的边沿破坏,以致空间变得既狭窄又碎片化。[3] 无论如何,与这种被缩小的空间形成对比的是空白的、空无的且开放的空间——不仅仅是前面提及的结冰的湖面,因斯多夫写道,它是一个"没有人类居住的基本形象,它描绘了一个荒凉的宇宙"[4],而且还有毗邻着灰色公寓大楼的白色雪地,在其中,在一个长镜头中,帕维尔高兴地跑着,同他的姑姑一起嬉戏,与之相对,我们把克日什托夫和他的邻居们视为在进行孤立且相隔遥远的运动中的小小人影。就像巴什拉说的,"冬天的宇宙是一个简化了的宇宙……由于这种普遍的雪白,我们实际感到一种对宇宙的否定的形式"(40-41)。接着是克日什托夫闪着绿光的电脑屏幕,它具有更加模糊的"本质性的空无"和虚无——尽管它被框定且限制在公寓空间中,但是它自己却构建了一个同时暗示着万事万物和一无所有的无限制空间。

---

1 马丁·杰伊同布列逊的对话参见布列逊的"Gaze in the Expanded Field,"110。
2 Lingis, "Sense and Non-sense," 352.
3 Joseph Cunneen, "Kieslowski on the Mountaintop," *Commonweal*, Aug.15,1997.12.
4 Insdorf, *Double Lives*, 73.

西谷启治的"彻底的无常"在《十诫Ⅰ》中也明显地被表现和强调——不仅是不祥地蔓延着的墨水污点，还有各种各样的影像和诸种转变，都让我们（且也经常让剧中角色）想起"物质的持续的脱落和扰动"。当然，最主要的是湖面的可疑环境以及结冰的程度是否足够承担人类的重量和信赖，以便帕维尔可以尝试他的新冰鞋。当我们在电影开场的追踪镜头中首次看到湖面的时候，有一小股水流从画面的一侧流出，它对结冰的坚固程度进行了质疑。之后，各种各样的"测试"——理论的和实践的——都不认为冰面足够结实。尽管如此，气象统计、电脑计算，以及克日什托夫亲自对湖面的检测仍然坚持冰面足够结实，帕维尔（就像我们所有人做的一样）在薄的冰面上溜冰——湖表面的稳定性充其量是很脆弱的，随时都有可能瞬间崩塌，并且融化成别的东西。的确，通观《十诫Ⅰ》，存在对转化中的液体和固体有一种视觉性和叙事性的强调：牛奶溶解在咖啡里，变酸，或者冻结；蜡烛熔化，滴落，重新变硬；教堂洗礼池中的圣水冻结成一种半透明的但有阴影的——像镜片一样的——冰盘。

然而我想再一次回到墨水污点——它那不祥的蔓延被克日什托夫现象学地体验为拉康的盲点，体验为死亡的暗示。作为西谷启治"普遍环境"之统一体的一部分，墨水污点也要服从于变化。也许，在西谷启治的"从各个方向包围视线的他者的凝视"中，还有在基耶斯洛夫斯基的凝视中，污点或盲点可以被看成是毫无威胁地打断和扩展了视觉场域。又是一次偶然、命运，或者说实际上在普遍环境的统一体和运动中的东西确实真的是一个重要的巧合，布列逊用日本的"泼墨"（flung ink）山水画为例来反对拉康对荷尔拜因《大使》的解读，并以此来说明西谷启治的凝视明确表达出来的视野的无威胁性和打破画面框架的扩展性。尽管布列逊告诉我们这些禅宗山水画"不想去超越作为普通视觉的事实"，它"包括在客体存在的一个部分或轮廓的形式上观看客体"，他强调这样的泼墨绘画也不表现或承认与客体本身相同的这种轮廓（101）。正如他所言，泼墨意象试图表现两样东西，一种是"对象的剩余物，即从其自身移动到所有那些观看者不在场的无数场所的其他观看"，以及与此相联系的"观看者的剩余物，亦即观看者躲避掉的其他观看的总和"，尽管它们作为一个"包围不可见性的环境"（surrounding envelope of invisibility）而存在（103）。

更进一步说，通过泼墨画我们不仅与蔓延的污点再次相遇，而且我们还会与我们自己在世中的被抛性，以及与体现并突然闯入我们"理性"存在的逻辑的偶然性再次相遇。布列逊告诉我们，禅宗绘画通过泼墨的随机性来使图像去形象化（disfiguring），以此实现图像被框定的固定性的不稳定性，因此让它"构成普遍环境的物质性转化之场域"敞开（103）。那么，泼墨画与其说是作为一种具有威胁性的拉康式污点或盲点来发挥作用，不如说（像布列逊在一段很有说服力的文章中描述的那样）是作为一种向"全部随机性力量的开放"来发挥作用："泼墨标志着使图像的固定形式向与之相对的力量的全局性布置屈服。理念散落在风中。图像被要求浮动在画面之外的力量中；它被抛出，就像人扔骰子一样。侵入图像的是宇宙的其余东西，是画面外的一切。"（103）总之，在说明西谷启治对萨特和拉康的凝视的修正过程中，布列逊告诉我们，禅宗要努力实现"一种视觉性体制，在这种体制中主体的去中心化也许会从本质上非灾难性的角度被思考"（104）。

如布列逊所说，这种凝视针对的是一个无法测量的广阔的场域，在这个广阔域中"视觉被主体完全无法控制的东西所穿过"（104），这个凝视对我来说是基耶斯洛夫斯基电影的标志，当然更是《十诫Ⅰ》的标志。角色们更狭隘的且因此是混乱性的看法（view）在他们当中产生了存在性的恐惧，他们的这一看法是对从属于逻辑的偶然性这一概念所具有的能够破坏框架的非理性的看法。尽管基耶斯洛夫斯基对此非常同情，但是他的视角远远没有像电影人物那样是人类中心式的。

事实上，他曾讽刺地说道："我们身处一个到处都是危机的时代，但并不是世界末日。"[1] 这一讽刺表明他认识到了在人本主义式凝视中发挥作用的粗暴的辩证法，这种凝视几乎但还没有完全去中心化。

最终，人们能够感觉到基耶斯洛夫斯基所理解的这样一个观点，即如果我们接受自己在世的偶然被抛性，并考虑到我们存在的物质性重量和后果，对我们被抛落的地方（land）给予一定程度的关注，那么我们的生活就不会那么可怕（而且当然在情感上也不会那么动荡）。对他来说，《十诫》的要旨就是，"睁大你的眼睛，小心地生活，而且试着不要造成苦痛"[2]。那么，也许，在他宏伟的三部曲——《蓝》（*Blue*，1993）、《白》（*White*，1993）、《红》（*Red*，1994）——之后，这件事情就显得并不令人惊讶了，也就是说，导演决定退休并回到郊区的房子里去过一种"平静的""简单的"生活，去"砍柴然后坐在长凳上"[3]。又一次，列维－斯特劳斯很适合在此处被引用。仿佛是他在评注基耶斯洛夫斯基的唯物主义电影（和具体的形而上学），仿佛他也在渴望简单与平静，他写道：

> 所有的意义都要对一个较低的意义负责，后者给予了前者最高的意义，而且如果这种衰退最终止步于认识"一种偶然法则，人们对其只能说：**它就是如此**，此外无他（It is thus and

---

1 Kieslowski, *Krzysztof Kieslowski: I'm so-so*.
2 Insdorf, *Double Lives*, 74.
3 引自 Hiroshi Takashi, "Eyelashes Quiver in a Propeller's Breeze," *Krzysztof Kieslowski* (Lodz: Camerimage, 2000), 6. 在促使我撰写这篇论文的会议上，我得到了这本作为礼物的纪念册，并"发现"了高志（Takashi）的简短致敬，他曾在日本出版了《十诫》的剧本，并加上了自己的评论。高志不仅提到了基耶斯洛夫斯基在日本的状况（引领了西谷启治），还在我们每个人对世界的有限但不同的文化视角这一问题上引用了列维－斯特劳斯。所有这些都在我发布列逊启示的很久以后，我受其启示去论述基耶斯洛夫斯基的电影凝视，这一凝视与西谷启治对萨特和拉康的批判相关，或者受其启示在列维－斯特劳斯《野性的思维》中找到出路。我们只能惊讶于巧合的复杂性，并且相信确实存在"奇异吸引子"，以及混乱中的秩序、偶然中的命运。

not otherwise）"，那么对那些其思想甚至在潜在（laten）形式上也没有被超越性所折磨的人而言，这种预期不会使他们感到惊恐。因为只有在屈从于这种偶然性法则的情况下，人类才会获得他合理希望的一切，所以他成功确定了自己的行为方式，并成功把其他一切都放到可以理解的领域。（256-257）[1]

的确，我们可以感觉到，当退休后到乡间去砍柴并坐到长凳上时，基耶斯洛夫斯基想说的是，"它就是*如此*，此外无他"，他想"屈从于偶然性法则"，没有"被超越性折磨"的思想。但是从他所有的电影中也可以清楚地看出，这是不可能的。毫无疑问，他自己的视角重视并理解一种积极、开放且"没有被折磨的"关于存在之丰富性的视角，这一视角是被他那两个叫维罗妮卡的小婴儿经验到的，因为她们被这个世界所"惊讶"并且不需思考地共享它那作为"一切"的"肉身"。当然他自己的视角抓住了没有被折磨的视角和否定的肯定性价值，即彻底的无常、本质的空无和偶然性法则。但是基耶斯洛夫斯基最终仍然是一个人道主义者（我们大部分人也是这样），反讽的是他不能（也可能是不愿）放弃他的"折磨"（torment）——尽管他可以超越（see beyond）这种折磨。尽管如此，在他仍然"被超越性所折磨"（在去世之前，他和自己的长期合作者克日什托夫·皮耶谢维奇［Krzysztof Piesiewicz］在写一个三部曲的电影剧本，名字是《天堂》［*Heaven*］、《地狱》［*Hell*］和《炼狱》［*Purgatory*］）的时候[2]，基耶斯洛夫斯基也妥协于"偶然性法则"——他在退休去享受平静与简单后由于心脏病在1996年结束了生命，偶然性在此看上去不仅是尖锐的讽刺，而且在某种程度上也是命运。对基耶斯洛夫斯基以及我们大多数人来说，除了死亡，没有方法可以彻底回归平静和简单——而且只要我们还信奉理

---

1 列维-斯特劳斯对萨特的引用。

2 Insdorf, *Double Lives*, 184.

性,理性总会被它的他者(逻辑的偶然性和情感的激荡)所烦恼和打扰。林吉斯反对对平静、简单以及"休憩"的渴望,他写道:"历史只能是一种偶然性的传承,一种风险的传统,一种由冒险和机遇构成的必然性。"[1] 这是基耶斯洛夫斯基的《十诫Ⅰ》以及他的其他电影所肯定且哀悼的东西。

---

1　Lingis, "Sense and Non-sense," 356.

# 5 "苏西写字娃娃"
## 论技术、Technë与书写化身

> 首先有一个时刻,欲望投入图形冲动之中,最后形成了一个书法对象。
>
> ——罗兰·巴特

> 避免乱七八糟的写作材料。
>
> ——沃尔特·本雅明

以下对书写的肉体活动的现象学沉思是由一个电子娃娃引起的。"苏西写字娃娃"(Suise Scribbles)是18世纪拟人化自动书写机的当代版本。很多年前的圣诞节,她摆在玩具反斗城(Toys R Us)的货架上,售价119美元,我忍不住买下了她。苏西及其存在的特性提出了一些非常重要的关于书写身体(writing bodies)和书写技术(writing technologies)的问题——这不仅是因为她的自动机的工具主义(automaton's instrumentalism)拷问了书写是什么以及书写是如何完成的,还因为这种工具主义在其中被具身化了的形式拷问了在书写方面什么是——或者什么不是——"人性的"。苏西是一款相当大的女娃娃,大约2英尺高,看起来5岁左右(她的宣传册上是这么说的)。她还附带着自己的写字台、一支圆珠笔(有四种颜色的墨水盒,据说是为了富有表现力)、一本便笺簿和一只机械手臂——还有一盒磁带装在她背部的播放器里,盖在她的外套和粉色运动衫之下,给她的胳膊发送电子指令，使她能唱歌（虽然嘴唇不动），讲述她和她的消费者玩伴有多么开心。除对她的印象以及我对为什么——在电子时代——一个人形书写机器却被塑造成用笔而非用电脑写字感到好奇外，苏西首先真正吸引我的是她的举止。她身体有些柔软，因此就能被放在桌上，显得好像真是在低头看着纸，她的双肩必须被固定在背后的办公椅上。她皮肤白皙、头发金黄、眼睛碧蓝，她的面部表情在我看来似乎有些焦虑。然而，最令人不舒服的是，她缺少颈部的肌肉。她5岁大的脑袋就垂在书写板的上方，往好了说是有些悲惨，往坏了说就像脖子断了一样。总之，"苏西写字娃娃"既是一种书写技术，又是活体的模拟，她为我带来了与书写材料和书写意义中技术与具身化之间的种种关系有关的重要问题。我稍后会回到苏西和她的才艺（accomplishments）上，但首先我想探索书写的物质性（materiality），因为它在其主观和客观形式中都更多地需要依靠人来被经验到。

在现象学探究的语境中，苏西通过对"书写身体"和"书写的身体"（bodies of writing）这二者的物质性本质的实体化（hypostatizing）而夸张了（hyperbolizes）这一本质，从而提醒我们书写从来不是一种抽象物。这是一个具体的意向性*活动*，在其各种实质性形式中，它也是一个具体的意向性*客体*。活动和客体，即我们称之为书写的现象也充分（虽然并不必要）地暗示了一个具身化和在世化的*主体*——这个主体书写并且在书写之中（in writing），不仅通过劳动将某"物"（thing）带入物质性在场和之前未有的社会意义中，而且以一种特别富有意义（因为特别具有物质性）的方式，通过她的身体在空间和时间上亲历这种活动。[1] 也就是说，书写是关于*物质化*（mattering）的，也在同

---

[1] 就物质性的"物"（thing）来看，书写的"物质"（matter）并不必然需要一个意向性主体。（因此，正如后文要讨论的，由自动机产生了对书写的迷恋。）但是，要使书写的物质具有意义，要使书写不仅必然地"是"（be）而且充分地是它所是的"东西"（what），它就必须涉及一个意向性主体。这方面可参见 Margaret Morse, Television Graphics and the Virtual Body: Words on the Move" in her *Virtualities: Television, Media* （转下页）

样程度上与意义（meaning）相关。但是，使事物成为物质需要技术（technology）和技巧（technique）。尽管书写自身是一个具体的也是社会性的中介，它位于主观意识和他者的客观世界之间，但它又通过相互独立的工具形式的物质性被进一步中介。尽管我们可以在沙子上留下文字，在石头上凿出词语，或者用手指的血签下童年时期的条约，但是今天在我们的文化中我们通常是用铅笔、钢笔、打字机和"文字处理"（word-processing）的计算机来写——我们已经把这些技术以不同方式（且不同程度地）整合（incorporate）到我们的身体和书写经验中了。[1] 这些技术不仅要求不同的技巧来使用它们，还不同地构成并改变了书写活动、书写客体和书写主体的感觉和材料——因而还有书写经验和意义。这并不是说我们都有使用特定书写工具的相同经验，也不是说我们对书写工具的经验是始终如一的，不会随着我们的任务或情绪而改变；也并不是要否认我们对书写工具和书写实践的评价通常是在历史和文化中形成的。实际上，这是在说，我们对特定的物质性书写工具的肉体性使用体现并有助于我们的思维结构及其具体表达。

---

（接上页）*Art and Cyberspace* (Bloomington: Indiana University Press, 1998)。该文恰当地指出了"书写和印刷两者的很多术语——手、脸、性格——都是不在场的人类身体和我们假定为对其负责的主体性的转喻"（72）。

[1] 在此，我没有提在其他文化中的毛笔书写经验或技巧。这种活动以及它的特殊材料和技巧，会有其自己的空间、时间和身体的现象－逻辑。实际上，在现代西方文化中，书写常常被理论家（大多为男性）视为一种虐待性切口（incision）和暴力性侵扰；考虑到毛笔的使用，我们可以把它在表面的行动理解为相当不同的：添加性的、爱抚性的、非暴力的。参见 Andrew Brown, *Roland Barthes: The Figures of Writing* (Oxford: Clarendon Press, 1992)。其中讨论了与巴特有关的这一问题；布朗还提到毡头笔（the felt-tipped pen）作为一种书写工具并不会侵略性地刮蹭或压入（impress）纸张（170、192-193）。

## 具身化的技术

在《手写现象学》(A Phenomenology of Writing by Hand)中,丹尼尔·钱德勒(Daniel Chandler)指出,我们书写经验的宽阔范围可以跟五个关键特征相联:铭写的直接性(directness of inscription)、笔迹的一致性(uniformity of script)、抄写的速度(speed of transcription)、成分的线性(linearity of composition)、表面的界限性(boundedness of surface)。这些特征体现了书写的活动和产物,但根据我们书写工具的实质的物质性而改变[1]。对这些特征,钱德勒解释道:

> **直接性**指的是时间中的悬置和空间上的间接性。显然,钢笔和铅笔涉及最直接的写字,打字机涉及空间的间接性,而文字处理器则涉及既具有空间的间接性也具有时间的悬置的铭写(它是最不直接的)。**一致性**既指字母是由手(用钢笔和铅笔)写成的,也指字母事先就已定型(比如使用打字机或文字处理器)。**速度**指的是与其他工具相关的抄写的潜在速度。显然,打字机和文字处理器比钢笔和铅笔潜在地具有更快的速度,至少对于一般书写[2]而言是这样的。**线性**指的是一种工具允许人在文本中跳跃的程度:在这里文字处理器远不如其他媒介有线性。关于**界限性**,我指的是对一种特定书写和阅读的表面的"框架尺寸"的限制。在打字机的例子中,这些边界包括纸宽和仅在打印线之上的文本的可见性;在文字处理器的例子中,它还包括打印机的承载宽度,而更重要的是屏幕上可以显示的行数

---

[1] Daniel Chandler, "The Phenomenology of Writing by Hand," *Intelligent Tutoring Media* 3, nos. 2/3 (May/Aug. 1992). 下文引用时将标注在正文中。另参见钱德勒的 *The Act of Writing: A Media Theory Approach* (Great Britain: University of Wales, Aberystwyth, 1995), 尤其是第六章"书写工具", 第132—188页。

[2] 一般书写(longhand)指的是除了打字机或速记等特殊手段的普通书写方式。——译者注

和每行字数。在此，铅笔和钢笔显然没有那么多限制。(72)

尽管这似乎是我们已经知道（或者我们认为自己知道）的枯燥的还原，但是钱德勒指出这五个特征都"与工具和作者对空间和时间的处理有关，而且因此，正如现象学家所主张的，这样的关系对于我们经验的结构化是根本性的，那么它们被经验为正在转变的影响（transformig influences）就并不令人惊讶了"(72)。因此，在《批评家技巧十三条》(The Writer's Technique in Thirteen Theses)中，沃尔特·本雅明作出了相当严肃的声明，他规定作者要"避免乱七八糟的（haphazard）写作材料。对某些纸张、笔、墨水的学究式（pedantic）坚持是有益的。这些器具不必奢华，但必须充足"[1]。在题为《与书写工具之间近乎疯狂的关系》(Un rapport presque maniaque avec les instruments graphique)的采访中，罗兰·巴特对"找到合适类型的笔的问题"感到困惑[2]。

举例来说，现在我用电脑书写除便条和清单外的东西，一想到我右手中指上"突出的"老茧时我就感到一种诧异。它唤起了我来自童年和青少年时期的物理记忆：比如紧紧地握住铅笔或者钢笔，比如写字写得抽筋，比如按压不同质地的纸张从而接触不同形式的反馈和阻力。即便是在电脑上写下现在这些想法的那一刻（电脑只需要轻微的实质性的身体性参与，我的指尖对按键的轻触几乎被我的凝视的高

---

[1] Walter Benjamin, "One-Way Street," trans. Edmund Jephcott, in *Walter Benjamin: Selected Writings, Volume 1, 1913–1926*, ed. Marcus Bullock and Michael W. Jennings (Cambridge, MA: Harvard University Press, 1996), 458.

[2] Brown, *Roland Barthes*,192-193. 布朗摘自一次对巴特的采访——"Un rapport preseque maniaque avec les instruments graphique"（法语，意为：与书写工具几近疯狂的关系），收入法文版《声音的种子》(*Le Grain de la voix: Entretiens, 1962–1980*, Paris: Seuil, 1981)，第170—174页。——引用本章开头的题词："Il y a d'abord le moment où le désire s'investit dans la pulsion graphique, aboutissant à un objet calligraphique."（首先有一个时刻，欲望投入图形冲动之中，最后形成一个书法对象。）布朗还批评了别人将这个句子错误地缩减为"我喜欢用手写作"（J'aime écrire à la main）(193)。

度集中所遮盖了），这些老茧让我想起之前与书写的更具物理性的联系。最特别的是，我回想起一种对一个模糊想法的特殊感觉，这种想法获得了力量、焦点和动力，它在词语的物质形式中通过我的胳膊和紧握的手指成形并出现——这些词语甚至有时以其突然出现的实质和罕见的精确性令我惊讶[1]。手指上的老茧还使我想到了在我们身体和我们不同的书写技术之间有一种相互作用，这些书写技术共同构成了对空间性的不同经验。与我在打字机或计算机前直坐的姿势不同，当我用铅笔或钢笔书写时，我通常向前弯曲身体，朝向左臂起保护作用的半圈——无论我是坐在办公桌前还是台子前，还是躺在地板上或床上，或者在垫子上跪坐着；无论我是在迷迷糊糊地写诗，还是焦虑地在学校参加考试。这种亲密的被亲历空间的身体界限，不仅某种程度表明了我的右手习惯，而我在打字机和电脑键盘上对双手的使用则没有表明这种习惯，而且它也主张一种空间私人化的形式，即我与铭写着我的意义的铅笔或钢笔的结合。[2] 这是一个可能已经被加斯东·巴什拉描述为贝壳形的 (shell-like) 空间：也就是说，一个在侵入与挤压（intrusion and extrusion）的辩证结构中构成并处于其中的空间，一个在其他性质中顾及那个被巴什拉称为"缓慢的连续形态的神秘性"的空间，就像一个关于贝壳的创制的特征点[3]。因此，矛盾的是，即便是在学校里，在他人的监视下，用铅笔或钢笔手写仍是一种对物质性和社会性的涌现的私人的、封闭的、亲密的经验——一种包围并保护一个世界不受入侵同时又挤压并压缩它的经验。

---

1  对写作是一种通过身体进行的思考运动的论述（尽管是以一种男性特色的视角）参见 Charles Grivel, "Travel Writing," in *Materialities of Communication*, ed. Hans Ulrich Gumbrecht and K. Ludwig Pfeiffer, trans. William Whobrey (Stanford, CA: Stanford University Press, 1994), 254-255。

2  Lisa Jensen, "Confessions of a Computer Phobe," *Santa Cruz (California) Good Times*, Dec. 13, 1990. 其中写道："试图从我自己难以捉摸的沉思中诱哄得到灵感是一种太私人性的过程，不应该被窥视的终端之眼仔细检查。"（23）

3  Gaston Bachelard, *The Poetics of Space*, trans. Maria Jolas (New York: Beacon, 1969),106.

当我开始使用打字机时，这种被亲历的空间扩展了，但也失去了一种特定的亲密的强度——尽管我是一个足够优秀的打字员，就大部分情况而言，我使用机器的经验就像我使用铅笔和钢笔一样，这一经验对我来说相当显而易见，我可以与其结合并通过它进行写作。在打字机上书写会更少地感觉到一种私人性的经验；坐在机器面前，不知为何，需要对房间本身的具体性质和人工性质进行一种相应的空间性调整：纸张紧挨着我，家具和书围绕着我。这些"东西"，当我盯着打字机上的纸张时，它们对于我的视域并不引起注意，但是即便如此它们依然保持了一种物理的在场，是对我所接触的所有具体的且经常是愉快地具有抵抗性(pleasurably resistant)的物体的补充：可敲击的按键、键盘、被放入和拉出的纸、被弄皱或被放在一堆成果上的纸张、一瓶为了修改错误的修正液等。

相反，当我坐在电脑前，我的书写空间似乎一下子就比贝壳式地用笔书写的经验更加亲密但更加巨大；与在打字机上书写的经验相比，它更少地感觉到自身在物理上植根于一个世界的广度。我在电脑前的经验要比贝壳形更接近隧道形(tunnel-like)，它比可延展的物质性和物理性更盲目、更封闭，也更抽象。它的私密空间与其说是与侵入和挤压相关的空间，不如说是排外的空间；它的物理感觉与其说是印象和表达的感觉，不如说是几乎不费力的且非物质性的交流的感觉，在其中，我的身体似乎更加分散——我的头与屏幕模模糊糊地但强烈地连接在一起，我的手和手指以及键盘和鼠标轻微地感觉到它们外在于一个感觉上不太坚固的核心。虽然，如钱德勒在上文指出的那样，通过电脑进行书写，物理性铭写是被延迟的，因而如他所说是"间接的"，但是，我对与词语强烈的直接接触的感觉却得到了强化，尽管几乎是去肉体化(decorporealized)的——这与我在书写时的空间性存在相协调，这种协调在很多方面看起来都否认了我日常物质世界的限制和抵抗。米歇尔·海姆（Michael Heim）在《电子语言：对文字处理的哲学研究》(*Electric Language: A Philosophical Study of Word Processing*)中描述了这种空间经验："文字在屏幕上跳舞。句子平稳滑入位置，并为彼此让路，同时段落在屏幕上起伏（ripple down）。文字标注了高亮的，按下一个按键它就消失了，然后在这个没有摩擦力的电子环境（frictionless electric element）中随心所欲地立刻再次出现。"[1]（在这方面，我手指上的老茧也——而且不可忽略地——提醒我，我的身体和它所涉及的书写材料，在制造书写痕迹的过程［in the making of mark］中被不同程度的摩擦和阻力标示出来。这是一个在"苏西写字娃娃"中也存在的问题，尽管她绝不会起老茧，但如她的宣传册所言，可能会由于某种书写行为而"无法工作"，"通常是那些带有宽布尖头［the broad cloth tips］的记号笔，……给手制造了很多摩擦力"。）

那个老茧，把我从电脑中唤回到一个属于书写和书写工具的更物理性的世界。它还提醒了我，我与铅笔、钢笔及它们特定的物质性的结合不仅产生了某种特殊的空间形式，还产生了某种特殊的时间形式——于我而言，它们的局限一方面是以审美疲劳（aesthetic languor）为标志，这种审美疲劳将它的愉悦既体现在字母和词语的手工制作（forging）和视觉效果（visual sight）上，也体现在其语义价值和交流价值这两方面；另一方面，它们的局限是由手中的物理疲劳感所标明的。手写看起来缓慢且疲劳，或者缓慢且费力。实际上，正如海姆对手写的观察："把字写在纸上的任务总是附带着很多苦差事。"（192）手写的劳动还在物理上将主体印入并投入（imprints and invests）其客体中，以构成一种特殊的物质价值。因此，海姆还告诉我们："作者的图形印记或者个人特征不仅仅是手写元素的主观成分……图形印记

---

[1] Michael Heim, *Electric Language: A Philosophical Study of Word Processing* (New Haven, CT: Yale University Press, 1987), 152. 下文引用时将标注在正文中。

是一个过程的主观方面,它包含着物质的物理阻力和由这种阻力产生的对物质的尊重。"(193)例如,哲学家唐·伊德看见他的孩子们在法国小学所使用的老式的"浸墨笔"(dip pens)后被深深吸引,不禁自己尝试起来,他评论说自己感受到了"书写过程的缓慢"和重写的痛苦。但是,正如他指出的,这种缓慢有其相应的补偿:"我也发现,当一个人的思维过程远远领先于实际的书写,那么(思维的)编辑活动就能在写作过程中成形。在句子完成之前,人们可以多次构想或重新构想它。"此外,伊德注意到他是如何"着迷于笔迹的实际外观,笔迹中字体可以相当好看,因为曲线和不同的誊写(scribing)能够获得审美的品质(aesthetic quality)",这使他重新发现了那种我们将之与美文(belles lettres)联系在一起的书写风格的"艺术"。[1]

在更广泛地思考我们与他称为"使用中的技术"(technology-in-use)的具身化关系的现象－逻辑中,伊德描述了他自己的各种经验,并将其与不同的书写技术(浸墨笔、打字机和文字处理器)进行了对比。尽管他强调技术(这里指书写技术)并不决定主体的意向性行为,但是他也强调,技术从来不是中性的,因而它们在不同程度上影响了我们的行为:"技术,通过为我们的行为提供基本框架,构成意向性和倾向性,在其中使用模式(ues-patterns)占据主导地位。"如此而言,他告诉我们:"我不应该声称使用浸墨笔就'决定'了我以美文的风格书写,但是这种偏好或倾向确实存在。"(141)当然,书写理性是一种文化因素,它限定了任何风格上的可能性或由书写的特定物质性所强加的影响。不过,不同的书写技术当然会由于各种文化背景中的历史处境而发生变化,伊德认为,不同的书写技术可能会使我们"倾向于"不同的创作可能或风格上的可能,"仅仅是因为书写经验的哪一个部

---

[1] Don Ihde, *Technology and the Lifeworld: From Garden to Earth* (Bloomington: Indiana University Press, 1990), 141. 下文引用时将标注在正文中。

分得到了加强以及哪一部分变得困难"（142）。海姆也注意到了这一点："对象征的操作、象征领域的安排，有其自己特殊的时间和运动。"（138）

因此，用铅笔或者钢笔书写的物质性经验之间就有着重大的差异，因为每种方式都有其自行决定权、自己的空间要求、时间节奏和运动。对我而言，我回想起用铅笔书写的时间节奏与用钢笔书写时间节奏相当不同。铅笔书写包含乱写的自由，因为它几乎总是有擦除的可能。事实上，擦除本身就是书写过程的一部分，它给铅笔书写带来一种由手势形成的特殊的时间标点。这种手势，在这种文化中，与摇头说"不"的手势有着明显的同构性，紧接着的动作就是从纸上擦去不再有用——至少不是作为书面表达——的文字的橡皮残余。要是用钢笔而不是铅笔书写，我会想起一种不同的节奏：当纸还很干净的时候，开始会写得慢一些，因为我就不会犯下第一个不可擦除的错误，后来，随着页面被越来越多的错误和自我修改的杂乱无章所标记与衡量，我也有了更自由但稍微有些敌意的势头。因此，就像伊德所评价的："真去重写是痛苦的，如果重写的对象是一封写好的信，那就得从头开始，因为不能有一点儿涂改。"（141）一开始（无论是一封信，还是一篇单独的作文，或者一本新的学校笔记本，它们的空白页都鼓励着我进行完美书写，而后又因我的手或心灵的疏忽而变得苍白无比），用钢笔书写我会更加深思熟虑，更觉得我正在做的以及正在标记的是**永久性的承诺**。（这种经验在少数的实例中得到了强化，比如当我像伊德那样尝试使用浸墨笔时。但是，这种经验很大程度上被电脑的使用削弱了，用电脑时，在我将文字打印出来之前，我就可以命令文字移到别的位置或者消失，甚至不必擦去或吹掉它们的残余物。）用钢笔的话，我只得把错误画掉（cross out），而不能擦掉它们，在物质上移除它们的强烈快感消失了，取而代之的是（经常是愤怒的）添加的手势，即用斜杠和黑色与蓝色的标记覆盖在它们的物质性材料之上，这样就像是死去的或者毁容的身体，之后将不可能辨认出这些文字了。但是，当我改用打字机时，这些错误的改正（assaults）就转变了——一方面，通过仔细地和附加性地刷上一层修正液来实现，海姆称之为"通过将一种物质强行盖在另一种上面来改正它的工业琐事（industrial chore）"（132），而它对我的错误所进行的放松的和仪式性的修正令我感到相当愉快；另一方面，通过打字机的按键在一种令人满意的轻快的身体姿势和断断续续的节奏中"画掉"（x-ing）被否认的表达：（尤其是我的电动打字机所发出的）"rat-a-tat-tat"的声音，与其说唤起的是一场猛烈的或被打得鼻青脸肿的殴打，不如说唤起的是一次让错误词语消失的高效机枪扫射（machine-gunning）。

当我们结合书写技术时，我们剥离（excorporate）我们的思想和感觉的同时将物质形式赋予它们；正如在这个过程的主客观两极之间有一种空间的相互作用一样，这里也存在着时间的相互作用。我的一个记者朋友讨厌电脑，几乎总是偏好用铅笔或者钢笔书写。她跟我说，她感觉电动和电子书写设备给她带来的与其说是技术上的挑战，不如说是时间上的挑战。她说："正如它所是的那样，我几乎无法忍受电动打字机等待我手指去按键时发出的不耐烦的嗡嗡声，这是一种低声且持续对时间在流逝的提示。如果一个饥饿的电脑屏幕一直盯着我，我到底该怎样思考呢？"[1]闪烁或闪光的计算机光标似乎特别固执并要求得到回应。因而，正如钱德勒注意到的，尽管"这种受到工具压迫以进入令人不适的行为的感受肯定不是每个作者都有的经验……人们必须向那些忽略这种感受的人坚称，对那些确实经验过的人而言，它仍然是重要的"（71）。此外，尽管铅笔芯偶尔会断掉，或者墨盒会空掉，但跟电脑文字处理程序及其对书写过程强加的时间要求、干扰和中断

---

[1] Jensen, "Confessions of a Computer Phobe," 23.

相比，铅笔和钢笔在物质工具性上保持着相对的不变性和稳定性，即使它们使写作过程的某些方面变得"更简单""更快速"。

艾连娜·斯嘉丽评论说："如果我们的工艺品不对我们产生影响，那么就没有制造它们的意义。我们制造物质性工艺品，是为了将其内化：我们制造事物，以便它们反过来重塑（remake）我们，修正具身化意识的内部。"[1] 因此，作为被整合进我们身体的书写技术，铅笔和钢笔不仅给我亲历的空间和时间的特殊形态进行了赋形（in-formed），也赋形了这样一种方式，在这一方式中我履行了在世界上创造意义和物质的任务。在此，正如伊德所注意到的，他用浸墨笔时倾向于写美文，*存在风格*（existential style）的概念就出现了——这种风格"特征化"（character-izes）了书写的主体，这与它对被书写的客体所做的一样。当然，书写与存在风格的关系在某人手写的怪癖（eccentricity）和"个性"中最物质性地被塑造出来。在这一方面，值得一提的是，"书法"这个词最初是在 1630—1699 年出现的，这是一个标志着机器印刷文化出现的时期。正如塔玛拉·帕拉金斯·桑屯（Tamara Plakins Thornton）所指出的："直到这一刻，笔迹才开始被定义为与印刷有区别。如果印刷是机器的非人化产品，那么笔迹就成为手的创造物，它在物理上——和概念上——与创造它的人相联系。"[2]

然而即使是像人们自己的手写笔迹这样个性的且非技术性的事情也可能会随着特定的书写技术而改变，同时改变某人的书写方式。因此，尽管这在关于书写的论述中很少被承认，但值得注意的是，很多人跟

---

[1] Elaine Scarry, "The Merging of Bodies and Artifacts in the Social Contract," in Culture on the Brink: Ideologies of Technology, ed. Gretchen Bender and Timothy Druckrey (Seattle: Bay Press, 1994), p.97.

[2] Tamara Plakins Thompson, "Handwriting as an Act of Self-Definition," *Chronicle of Higher Education*, Aug. 15, 1997, B7. 尽管从古腾堡印刷机（the Gutenberg press）开始印刷就已经存在了，考虑到对手写的广泛文化理解，桑屯指出："迟至 17 世纪，男人和女人还很少承认个体与他或她的字迹（script）之间的联系。直到 18 世纪初，英国法律权威杰弗里·吉尔伯特（Geoffrey Gilbert）才提出'人可以通过他们的字迹来进行区分，就跟通过他们的脸来区分一样'。"（B7）

本雅明和巴特一样，相比于其他的工具，他们更喜爱特定种类的书写工具——即便当几种工具看起来能够同样好地完成相同的客观任务。例如，说到铅笔，我一直偏好使用2号铅芯的铅笔。1号铅芯的铅笔在纸上写得太轻，但是对我而言还不够温和：它的笔头太硬，太刺人（stingy），太无情（unforgiving）。对于钢笔，我的偏好（和欲求）范围更广泛——不过，一般而言，无论是自来水笔（fountain pen）、圆珠笔（ballpoint）或者毡头笔（felt-tip），且不管颜色如何，我都偏好精细的笔。这些选择只是偶尔才会与我的客观任务产生关系。我偏好在听讲座时用圆珠笔而不是毡头笔做笔记，我偏好用签字笔写清单，自来水笔被保留给特殊的和更正式的写作，这些都没有明确的理由。我没有像会计师那样有正当理由去找一支精细的笔。除了特定的标准化测试或评价表上的特殊说明，似乎也没有我选择2号铅笔而非1号铅笔的客观理由——尤其是当我对铅笔的选择跟我对尖头钢笔的选择似乎直接矛盾时（2号铅笔的铅笔芯更软更宽，它能够作出比1号铅笔更粗的标记）。

这种明显的矛盾造成了存在层面的感觉以及文化层面的感觉，而从现象学的视角来看，这根本就不是一个矛盾。它直接影响了我的书写的生产、我的活动方式和风格、我正在进行的项目、我使之产生的被称为"书写"的那种客观物质。作为我的文化的产物，它具有一种已被认可的正式等级制度，从铅笔开始，从钢笔到打印机/文字处理器再到出版印刷。我总是觉得用铅笔写是相对随意且大胆的事情，用钢笔写则相对更加忠诚（committed），甚至经常是庄严且正式的。[1] 不过，从物质和肉体上来说，1号铅笔更浅的印记和有点刺人的硬度，与2号铅笔更软的铅芯和阻力更小的笔尖所能带给我的松散的扩展性

---

[1] Daniel Chandler, in an email to me (Aug. 7, 1997). 该文提到了"文化上被认可的关于正式性的等级制"（the culturally-sanctioned hierarchy of formality），这一概念与西方文化中的这些书写工具有联系。

（sloppy expansiveness）和无拘无束（freeing allowance）的确是不相符合的（我总是倾向于用铅笔写出主题的提纲和情感充沛的诗）。但是，当我用更加难以擦掉的墨水写作，将钢笔"承诺"（committing）给纸张（我们什么时候曾对铅笔、打字机或文字处理器用过"承诺"［commit］一词？），我不仅构造了在实际上使用"细笔尖"（fine point）的可能性，还构造了在物质上制造"细笔尖"的可能性。这就好像我的思想走过了一个分辨和提炼的强化过程，以至于它们能通过钢笔尖的精确和精致的物质性在物理上呈现出来。事实上，在我改用打字机以及后来改用电脑之前，我偏好用钢笔写说明性的散文。

当然，现在由于其便易性，我都在电脑上写论文和书——受我的老茧内部一种特定活跃感所提醒，一想到如果我不得不使用铅笔、钢笔甚至是我的电动打字机（它已经被搁置在走廊壁橱背后的某处很多年了）来做事情，这所涉及的所有劳动都令我发颤。的确，关于在电脑上写作的这种"便易性"的讨论有很多——尤其是一些批评者指出，书写的物理性过程的简便化以及轻松地操作和修改文本的能力，不仅鼓励了那种我将其与铅笔的随性的非永久性相联系的松散的扩展性，还鼓励了追求更精细的笔尖的无止境历程（endless qualifications），这对我而言，首先是与针尖笔（fine-points pens）相联系的。因此，人们有一种在电脑上写得很长的倾向，它（从字面上）忽视了与所给项目相关的"页"（纸张的物质性页数）有多少（或者应该有多少）。对这种扩展了的书写能力，O. B. 小哈迪森（O. B. Hardison Jr.）指出，"电脑写作的推动力是从一幕到另一幕的连续运动（滚动）"[1]；而海姆指出，无论这种滚动被如何扩展性地敞开，它还是一种掩饰（concealment）的模式，它"隐藏了计算机的计算能力，这一能力能够在打印之前或

---

[1] O. B. Hardison Jr., *Disappearing through the Skylight: Culture and Technology in the Twentieth Century* (New York: Penguin, 1989),259.

在打印中以各种不同类型的格式给文本分配页面"（129）[1]。至于这种扩展性还如何导致了对"更精细的笔尖"的不断追求，伊德指出了他称之为"日耳曼风格的大部头"（Germanic tome）的重新出现，即有大量脚注和文献的学术专著已经变得如此倾向化，这些专著现在更容易通过学者们喜爱的脚注程序制作出来。伊德还注意到，自文字处理技术出现以来，出版商越来越多地抱怨稿件长度超过了规定的长度。当在电脑上写作时，我发现自己要比使用这种技术之前列入了更多的引文并加入了更多证明的或扩展性的内容脚注——这并非因为我突然比以前读了更多或想了更多，而是因为写和做脚注都变得更容易完成了。事实上，今天，在电脑上写作的我们之中有多少人已经不再对"页码"抱有物质上的感觉而且经常写得超出指定限制，并通过缩小字号而非压缩文章的长度来实践一种电脑式的把戏（sleight of hand）？

总的来说，伴随着我所采用或放弃的书写技术，我的写作"风格"相应地发生改变。从铅笔和钢笔转变到作为我主要技术的打字机，我写的散文比写的诗更多，而我写的散文也变得更断断续续了。而从打字机变成电脑，我又倾向于造更冗长的句子，并且还发现自己使用了更多种类的强调方式——下划线、斜体、加粗、不同的字体——它们以一种手写和打字机都无法如此多样化地适应的方式配合着我的**语态**（voice）和**心态**（mood）的变化。不过，尽管这些更现代的技术增强了我书写的某些方面，比如写作的速度或编辑的自由和易操作性，但是它们也削弱了其他方面，尤其是书写的**物理感觉**。打字机和电脑，尤其是后者——削弱了我的这样一种经验：语言流经我的身体以把它的（和我的）标记留在一个有阻力的又有弹性的世界表面上。

不管经验的哪些特定方面通过各种书写技术得到了加强或者削弱，在此要指出的是，我的存在风格和我的书写风格是相关的——只要我

---

[1] 关于"滚动"（scrolling）更"流行的"讨论请见 O. B. Hardison Jr., *Disappearing through the Skylight: Culture and Technology in the Twentieth Century*, 259-346。

整合了不同的书写方式,我也就被它们整合了。钱德勒引证了一个作家,这位作家"甚至认为,他不仅感觉到笔是手的延伸,而是他自己成了笔的延伸:'文字从笔中流出,而不是从头脑中流出……我成为我的笔;我的整个有机体成了这个书写工具的延伸。意识集中于笔尖。'"(69)当然,我并不仅仅屈从于对铅笔、钢笔、打字机或电脑的物质性需求,我能够反抗并推翻它们在我这儿最轻易激起的反应。不过,在那个现象学家称之为"自然态度"的东西中(所谓"自然",是因为它在历史上和文化上都"自然化"为透明性了——而且,阻碍反思——它在意识的"零度"上被亲历),只要我在实践中优先采用一种给定的书写技术,我就倾向于屈从它的物质性需求,并且很可能根据它的空间的、时间的、身体的和技术的坐标形成一种存在习惯。

## 具身化的技巧

正如这些观察所体现的,一种关于书写的物质性与技术性经验的现象学试图描述并意识到这种经验的动态的和本质上的相关结构,因为它牵涉到书写的存在活动,牵涉到出现在作为书写手段和被书写材料的物质形式中的意向性对象,以及一种具身化的和在世界中的主体,即书写者——活动、客体、主体都通过一种特定书写技术而得以可能并被中介,这种书写技术在时空上限定了我们在其中书写的具身化方式和客观风格。但是,考虑到对一种存在主义的现象学描述承认了描述本身也总是受历史和文化的限制,它还应该进一步描述这样一种方式,在其中,书写的意义和它的物质性技术在历史和文化层面被在世化了——特别是具身化的技巧和那些为它们赋形的种种意义。

在此,值得特别关注且有必要进一步阐述的是,这个电动书写娃娃"苏西写字娃娃"除了一个"5岁"的白人女孩,还有另两种具身化：一个是非裔美国男孩，另一个是毛绒绒的棕色泰迪熊。在我们理解了手写同时充当着主体性的指示符号、阶级的象征符号和社会赋权（social empowerment）的实用形式的情况下，书写自动机所选择的这些具身化是离奇的，这不仅仅是因为它们的机械性才能，还因为它们对特定种类的信仰的物质性揭示而显得离奇，这些信仰是关于什么（和谁）构造了合适的书写以及关于"对书写的不恰当挪用"（inappropriate appropriation of writing）——这些信念认为，某些被认为缺少有意义的（也因此缺少意指性的）意向性和主体性的写作者，只是一种致力于挪用和"机械模仿"（aping）才华横溢的高手们的恰当书写的自动机。在这一点上，与出现在玩具店橱架上的那些书写娃娃相关——小女孩、黑人男孩和在文化上被去除爪子的动物（a culturally declawed animal）——值得注意的是，没有人注意到白人男孩自动机的缺席。由此，我们可以设想，对于在新泽西州爱迪生市（所有地方）的宛德拉玛玩具店（Wonderama Toys）里构思出了这些书写自动机的有见识的人来说，他们不仅把人的书写能力具身化（embodying）在无能动性（agencyless）的机器之中，而且具身化在所谓的较不理性、较无力量、较为低劣的"他者"的形式中，两种具身化都使一种"诡异"的矛盾修辞法物质化了，使自动书写的"非人"本质放大了[1]。从启蒙（白人男性的）人文主义的显明视角和遗产来看，它是在既自夸又沾沾自喜地运作着。事实上，正如安妮特·米歇尔森（Annette Michelson）对另一个在小说中"由爱迪生发明的"更"完善"（accomplished）的

---

[1] Mary Ann Doane, in "Technology's Body," in *Feminist Anthology in Early Cinema,* ed. Jennifer M. Bean and Diane Negra (Durham, NC: Duke University Press, 2002). 该书恰当地总结道："进化论将更高级、更开化、神经更发达的人种标本与一个原始的——种族性的他者相对立，这种他者是以一种身体的直接性和不受限制的性欲来定义的。"她继续道："在弗洛伊德那里，一个转喻的链条被构建起来，它将婴儿期性欲、女性性欲和种族性的他者性欲联系起来。"（542）相关阐述亦参见 Donna J. Haraway, *Simians, Cyborgs, and Women: The Reinvention of Nature* (New York: Routledge, 1991).

女性自动机所写的一样，白人女孩、黑人男孩和毛绒绒的泰迪熊都坐在它们的书桌前，像一个"铭写（inscription）的重写纸[1]"——它们每一个不仅在铭写而且也被铭刻为由"理性本身产生的一种无理性的且合理的摹本（facsimile）"[2]。

迄今为止，我都很小心地避免讨论作为一种独立的象征交流形式的写作（a discrete form of symbolic communication）——也没有讨论它通过具身化的技巧而适应新的文化的过程。相反，我所强调的是写作行为中活体根本的物理性活动和经验，以及它所涉及的物质性和技术性手段，这些手段从根本无"物"（no "thing"）中造出重要的某"物"（some "thing"）。实际上，更细致的现象学考察揭示了一种特殊活动和事物，我们称之为书写并将其理解为独立的象征交流秩序，就其本身而言，它是一种次要的理解，这种理解建立在物质性活体的首要基础上，这一活体在作为其存在的一个必要条件的世界中留下了它自己的有意义的标记。这种主要类型的符号活动是一种比独立活动更普遍的活动，而且它可以被最好地描述成活体根本的、突然出现的（emergent）符号过程（semiosis）。它（活体）在世界中拥有、创造和标记意义，并向他人标记意义。也就是说，活体总通过它精确的物质在场标记它的生存处境，总是处在向性的（tropic）和作出选择的意向性运动中。活体在其物质性在场和社会性存在中构造了"原创的"的区别标记和"神奇的"标记器（marker）；它正是在其存在中具体且可见地产生出我们所称为——既是人为的也是按字母表顺序的——"字符"（character）

---

1　palimpsest，一种可以擦去字迹反复书写的纸。——译者注
2　Annette Michelson, "On the Eve of the Future: The Reasonable Facsimile and the Philosophical Toy," in *October: The First Decade, 1976—1986*, ed. Annette Michelson, Rosalind Krauss, Douglas Crimp, and Joan Copjec (Cambridge, MA: MIT Press, 1987),432.（在这篇关于哲学的玩具、电影和女性身体的杰出文章中，米歇尔森写到了在维里耶·德利尔-亚当1889年的小说中由托马斯·阿尔瓦·爱迪生所发明的女性机器人哈德利。）

的东西的第一形态。[1]

一些具体的例证在此可能会有所帮助。因此我要请出肖恩（Sean），他是我5岁大的邻居，在我采访他时他才刚上学。在弟弟的陪伴下，当我问他什么是写字的时候，肖恩停止了踩脚踏车。他对这个问题一点儿也不感到吃惊，他告诉我他知道——然后开始弯曲并移动他的右臂，在空中画了一组有限但是流畅而且形态规则的曲线。"你弟弟也会写字吗？"我问。"不，"肖恩回答，"他才3岁，他只会乱画。""那么，写字和乱画有什么区别呢？"我问。于是，肖恩展示了乱画的样子——这一次，他在空中以一种比之前更机械、更僵硬、参差不齐的方式来回挥动他的手臂[2]。然后我问肖恩他可以写"什么"。他以这种方式回答我：他首先告诉我他的名字，接着是每个字母的单独发音，然后他讲了一串分开的和没有联系的词。片刻的沉默之后，他友善地告诉我这样一件事，他有一天写了蛛网（spiderwebs）。我相当确定，他并没有在谈论作为其字母之总和的单词，相反他还没有在书写与画画之间作出明确区分。[3] 实际上，不管是肖恩在写字和乱画间作出的有把握的区分，还是他对书写和画画的自信的混同，都提出了一个关于书写的一

---

[1] 对活体和它的区别性活动中的符号过程的起源的更详细阐述可参见拙文 "The Lived Body and the Emergence of Language," in *Semiotics around the World: Synthesis in Diversity (Proceedings of the Fifth Congress of the International Association for Semiotic Studies, Berkeley, 1994)*, ed. Irmengard Rauch and Gerald F. Carr (Berlin: Mouton de Gruyter, 1997),1051-1054；以及拙作 The Address of the Eye: A Phenomenology of Film Experience (Princeton, NJ: Princton University Press, 1992),71-76。

[2] 关于乱画（scribbling），在一个比肖恩的解释更加复杂的层面上的可能含义参见 Brown, *Roland Barthes*，尤其是第四章 "The Scribbler," 152–209。

[3] Régis Debray, in "The Three Ages of Looking," trans. Eric Rauth, *Critical Inquiry 21* (spring 1995). 其中指出 "图像（graphisme）（译者保留了法语词，"因为它既表示图形或图形艺术，也表示书写或字迹"）本身的含混性，解释了希腊语动词 graphein 的双重意义，去画和去写"（541）。关于书写和画画之间含糊不清的区分的延伸讨论还可参见 James Elkins, On Pictures and the Words That Fail Them (Cambridge, UK: Cambridge University Press, 1998)。埃尔金斯问："我们如何知道我们看的是书写而不是画画？是什么标准在其中起作用？它们如何与语言学家所关注的更复杂结构相联系？"他的结论是："任何图像都可以理解为失败的或者未完成的书写，而任何书写也一样。"（130–131）

般意义与材料的重要问题:"在什么地方,乱画消失了,然后作为交流的书写或者作为表达的画画开始出现?"[1] 最终,在那个比我在此所能叙事的更加冗长的谈话结束时,我问肖恩写字"对什么有好处",尽管他把我的问题理解为一个关于功能和价值的问题,但他搜寻着他找不到的答案。相反,他告诉我,他弟弟有一种魔术铅笔,可以把乱画变成书写。"你所要做的,"他告诉我,"就是用这个魔术铅笔在那个魔术本上乱画,喊着'abracadabra',然后真正的书写会代替弯曲的线条在那出现。"这个 5 岁的孩子清楚意识到了书写作为一种身体活动和一种为了使其产生而需要技巧的物质客体,模糊地意识到了一些即时且神奇的通过书写而完成的物质性转化。他的书写概念建立在——说得更有意义些,集中于——书写的身体和物质方面。

因此,肖恩书写的开始是以身体动作和特定技巧为基础,这些身体动作和特定技巧被包含在制作重要的物质性标记的过程中——无论对于存在而言它们那被模糊地理解的使用价值或者"理由"是什么。一方面,肖恩展示了写作的身体独创性(originality)和同时在世界中与在世界上留下标记的身体独创性;另一方面,他进入书写活动的文化起点(就像我一样)是经由制度化(institutionalized)的指导和身体模仿的方式而来的,也即一种注重技巧的指导与模仿。也就是说,对于肖恩而言,书写行动是通过一种身体性指导(a bodily tuition)被聚焦起来:在他清楚地理解了他正在做什么或者为什么要这么做(也就是说,为什么这种将物质带进世界的特定模式很重要)之前,就要在物理上进行跟随。因此,像他之前的所有书写者一样,肖恩制造某种标记并将其作为一个在场的存在决断留在世界上的普遍化物理活动及

---

[1] 参见 Brown, Roland Barthes, 178。在此,同样令人感兴趣的是巴特关于身体与意指之间关系的广泛作品。关于书写、乱画和画画这个特殊话题,参见他的文章 "Cy Twombly: Works on Paper," in *The Responsibility of Forms: Critical Essays on Music, Art, and Representation*, trans. Richard Howard (New York: Hill and Wang, 1985), esp. 158-162。

其乐趣，已经在历史和文化层面被调整为特殊的和高度客观化的形式。事实上，只有随着时间与实践，肖恩更大的铭写性（inscriptional）身体运动才会被手客观地包含并"在手中"被调整。[1] "书法"（penmanship）的运动和技巧将被整合到肖恩的身体图式中，一旦养成习惯，最终将显得不那么陌生和费力；而会显得"自然"。

在《作为一种自我定义行为的手写》（Handwriting as an Act of Self-Definition）中，桑屯评论了手写技巧的历史和文献，不仅提到了"18世纪雕刻精致的书法手册或者维多利亚时期的字帖"，当然还提到了到20世纪还在书法教学中占主导地位的"帕尔默法"（Palmer Method），这种方法能清晰地发出机械而重复的标准辅音，就像标志了机械时代的流水线生产的泰勒主义和福特主义一样。桑屯写道：

> 帕尔默先生（Mr. Palmer）允诺提供一条可以跟打字机比赛的不知疲倦的手臂，但是真正吸引了教育工作者的是他的手写训练……有时，他们以"预备的健美操"（preparatory calisthenics）开始，然后在老师的指令下……学生们完成了一套接一套的椭圆形和推拉（push-pulls）动作。学校官员对这些训练的价值直言不讳。他们所传授的这些课程——遵守标准的模型，服从权威——将会改造少年罪犯，同化外来者，并使工人阶级的孩子适应他们在打字小组和生产线上的未来。[2]

在这方面，这个更当代化的"苏西写字娃娃"的宣传册就很有启发性了。苏西拿着它的"魔术"笔和写字板坐在书桌前，她有电动控

---

[1] 参见 Jonathan Goldberg, *Writing Matter: From the Hands of the English Renaissance* (Stanford, CA: Stanford University Press, 1990)。戈德堡追溯了文艺复兴中"手写和字迹之间的关系"（relationship between the hand writing and handwriting）的谱系，这一谱系认为手从整体的（和主体的）身体中的逐渐分离与客体化和笔迹（script）的工具化生产相关联（236）。感谢萨拉·简（Sarah Jain）让我注意到这个文本。

[2] Thornton, "Handwriting as an Act of Self-Definition", B7.

制的书写手臂,她不仅被它的制造者当作一个玩具,还被当作"学习助手"。于是,这个小册子首先告诉我们(以有些正直的腔调):"要记得,苏西写字娃娃大约 5 岁,所以她的书写水平就以这个年龄水平来设计。我们总不想一个玩具比小孩写得好吧。"接着它继续说道(帕尔默的阴影被嵌入它那蒙台梭利[Montessori]式[1]的耐心中):"苏西写字娃娃可以帮助孩子学习,但重复是学习的关键,永远要记得每个孩子都在以自己的速度学习。"

莫妮克·维蒂希(Monique Wittig)的自传体小说《红没药》(*The Opoponax*)[2]精彩、细致而又痛苦地描述了小孩子对写作的原初关注集中在书写的物质性和身体行动中的具体基础,而不是集中在一个人所写的东西的象征意义;而且描述了对作为一种社会控制形式的书写技术和技巧的文化性关注,而不是去关注作为个人性和社会性表达的书写。维蒂希向我们讲述了她的年轻密友:

> 凯瑟琳·罗格朗不会写字。她用黑色的铅笔压在纸上。她写的字母两边都会伸出去,超过了应该写在其中的那两行,这些字母向上向下突出,碰到其他行去了,它们不是直的。家庭教师说,重新开始。首先你写一些 d,然后写一些 a,再写一些 r。s 的凸出部分总是太大,而一些 r 总是在它们的支架上向前倒。[3]

对字母具体(先不管身体的)外形的描写,以及对字母的客观顽抗(recalcitrance)所察觉到的感觉,在后面——折磨人的——段落中得到了扩展。这个段落把书写的具体物质性跟技术和被禁止的身体技

---

1 玛利亚·蒙台梭利(Maria Montessori),意大利幼儿教育家,意大利第一位女医生、第一位女医学博士,是蒙台梭利教育法的创始人。——译者注
2 本书已由北京联合出版公司出版,参见《奥波波纳克斯》,张璐译,北京联合出版公司 2025 年版。——译者注
3 Monique Wittig, *The Opoponax*, trans. Helen Weaver (Plainfield, VT: Daughters, 1966), 24.

5 "苏西写字娃娃":论技术、Technë 与书写化身    167

巧两者结合了起来：

> 你拿钢笔蘸了紫色墨水，在练习本上写字。笔尖在纸上划擦，两个笔尖分开，像是在吸墨纸（blotter）上书写一样，然后笔尖里塞满了小纸毛。你用手把它们摘掉。你又开始写。又塞了更多的毛。你在罩衫上摩擦笔。你拿笔在手的皮肤上擦。你把笔尖的两个部分分开，这样你的手指就能进入它们之间并清理它们。尖端不再能合在一起了，所以你现在可以双倍书写……家庭教师愤怒了。这是今天第三次了。你必须集中注意力，像这样握笔……家庭教师倚着她的肩指挥她的手……你把笔拿在拇指和食指间。你的食指以一个正确的角度弯曲，压在笔尖所插入的圆端上。你的拇指弯曲得少一些。食指总是滑到墨点上去……你不得不再次以所有的力气把食指压在笔的端头上，这样就不会滑下来。拇指也压在笔端上，使笔在几根指头间保持紧密，这样一来你也就无法使用它了。你的整个胳膊都疼了……总之，凯瑟琳·罗格朗是头笨猪。家庭教师挥动着她的笔记本这么跟她说……笔记本上有墨水污点，还有手指印。这是因为当你把笔伸到墨水瓶里蘸墨水时，它要么蘸满了墨水，要么没有蘸足墨水。第一种情况下，你刚要写，墨水就立刻滴在练习本上；第二种情况下，你把笔尖过于用劲儿地压在纸上，以至于纸被戳了个洞。在此之后，即使试图书写也徒劳无功，毕竟钢笔可不像铅笔一样能让你自如挥洒。弗朗索瓦丝·波米尔写得很慢很认真。在她的练习本上面，她沿着线压着一本干净的记事本，用不写字的那只手使它保持原来的位置。她写完一页就抬起头……帕斯卡尔·德洛罗什弄了个污点。她轻轻地哭了……蕾娜·杜的练习本……有很多污点和小洞，就像凯瑟琳·罗格朗的一样。在蕾娜被要求写的字母周围还有一些涂鸦。

她曾试图到处去擦掉一些东西。这带来了有趣的混乱，使你想要去触摸一下这些山丘和谷地。这些小山之间却很脏。家庭教师再次发火了，甚至把蕾娜的练习本扔到桌子底下。[1]

凯瑟琳·罗格朗（和莫妮克·维蒂希的）使用浸墨笔的写字课精心地充实了伊德成年后在法国与学龄儿童一起使用同样的书写工具的经历，但这也是对伊德成年遭遇的反讽性评论。当然，凯瑟琳的写字课戏剧化地展示了物质性和技巧，它们最终奠基了伊德对艺术和美文技巧的成人式理解，但它们极端的对象化（还有女教师对凯瑟琳的对象化）不允许她产生留下自己标记的乐趣。[2] 在《电子语言》中，海姆写道："在手写中，材料的阻力增强了对感受起源的感觉……字符所有权的印记（the stamp of characteristic ownership）把写下的思想标记为我自己的，这是通过与经验和顽强抵抗的物质进行斗争而取得的。因此，手写的表达增强了对个人经验或者与私人、个人自我有关的完整性的感觉。"（186）凯瑟琳·罗格朗的写字课看起来是反对这种描述的——尽管莫妮克·维蒂希后来成了一个"作家"（尽管在她的教室体验的语境中，她是把自己描述为一个客观化的第三人称视角）。

维蒂希的文章还展现了不那么受限制的书法课程，这是一个5岁的美国男孩最近在教室外面并以春季天空的白板为背景给我上的课程。我记得他在书写和乱画之间所作的明显的身体性区分，记得他对书写和画画的无所顾忌的混淆，记得他无法告诉我书写"有什么好处"。不仅仅是在法国的学校中，书写首先是被当作技术和技巧来教授，也被当作一种物质化的手段（a means of mattering）来教授，而非有关意义的事物。事实上，正是在这一事实中，我们的启蒙遗产（Enlightenment

---

[1] Wittig, *The Opoponax*, 31-33.
[2] 这种客观技巧训练的强烈折磨与同时存在的在笔迹与笔迹学的主观特质之价值中的文化信仰相冲突；关于这种冲突，参见 Roxanne Panchasi, "*Graphology and the Science of Individual Identity in Modern France*," Configurations 4, no. 1 (1996): 1-31.

heritage）可能显得有些陌生。尽管我完全想不到其他具体的教孩子写字的办法，但我可以思考根本性的启蒙二元论如何从物质性身体中区分出精神和心灵（现在由苏西那事实上已经"断了的"脖子表现出来）。这种分离是否导致人类主体性的客体化和机械化，并大大影响到作为一个客观技巧的书写的观念与教导？此外，考虑到意义与材料、意识与身体的历史性和文化性分离，只要它总是铭写材料并使其成为一种"存在风格"，我就能够理解手写如何总是会混淆（confound）这种客观化，并以一种有问题的方式保留灵韵性（auratic）[1]。因此，值得注意的是，在18世纪中期，那个标志着科学唯物主义上升以及进入机械印刷和印刷文化的时期，我们发现存在一种互补和矛盾：一方面，美文作为体现了自反性意识和个体感性的书写形式而享有特权；另一方面，一种具身化为人类的机械书写自动机显著增加和人们对其存在明显的兴趣。[2]

这样的启蒙时期的书写自动机有一个特殊的例子，它很值得与"苏西写字娃娃"——这个晚它几个世纪的电动娃娃——联系起来进行思考。它是由皮埃尔·雅克－德罗（Pierre Jaquet-Droz）和他的儿子亨利－路易（Henri-Louis）发明的，并于1774年在瑞士的纳沙泰尔（Neuchâtel）

---

[1] 为了详细阐述瓦尔特·本雅明对这个术语的使用，萨缪尔·韦伯（Samuel Weber）把灵韵描述为"独特之物的独特的别离"，这种独特性并非与原初时刻有关，而是跟死后的余震有关"。当然，手写（"独特之物的独特的别离"）和手写客体（文字作为并代表"独特之物的独特的别离"，而且与书写的原初时刻有关，是它的"死后的余震"）是有灵韵的。参见 Samuel Weber, "Mass Mediauras, or: Art, Aura and Media in the Work of Walter Benjamin," in *Mass Mediauras: Form, Technics, Media*, ed. Alan Cholodenko (Stanford,CA: Stanford University Press, 1996),104-105。

[2] 尽管拟人自动机的历史可以追溯到古希腊、古中国和古阿拉伯文化，而在欧洲可以追溯到中世纪和文艺复兴时期，但是18世纪中期见证了这种制造物的显著增加。如参见 Jean-Claude Beaune, "The Classical Age of Automata: An Impressionistic Survey from the Sixteenth to the Nineteenth Century," trans. Ian Patterson, in *Fragments for a History of the Human Body, Part One*, ed. Michel Feher, Ramona Naddaff, and Nadia Tazi (New York: Zone, 1989),430-480。对于这些以及后来的在"机械性生命"上的尝试的历史，也可参见 Gaby Wood, *Edison's Eve: A Magical History of the Quest for Mechanical Life* (New York: Knopf, 2002)。

首次展出，直至今日它还能工作并且被展出。苏西的这个启蒙时期对等物被称为"抄写员"（The Scribe）。这个机器小孩采用一个大约3岁的白人男孩的样子，有他的双胞胎"兄弟"陪伴和相配。他的兄弟被称为"绘图者"（The Draughtsman），只能画图，不能写字。（肖恩对写字和画画的混淆，在这里以一种诡异的方式被分为两部分，并成为"双胞胎"[twinned]，也就是说，尽管有差别，但还是一样的。）加比·伍德（Gaby Wood）在《爱迪生的夏娃》（*Edison's Eve*）的开头中描述了这对双胞胎：

> 这些神童看上去不比还在学步的孩子大，穿着一样的天鹅绒夹克和丝绸灯笼裤。娃娃脸，白净；光着脚，悬在与地面有些距离的地方。第一个男孩开始在他桌边的小墨水瓶中蘸了蘸他的翎毛笔。他摇了两下笔，然后有条不紊地在纸上移动着他的手，开始描绘他的信息中的字母。同时，他的兄弟在画着素描。他慢慢地画了一个侧面的头像，然后低下头，吹走铅笔落下的灰。[1]

有张照片展示了"抄写员"跟"苏西"一样坐在他自己的写字台前，姿势也几乎与她一模一样；事实上，他的长相也与她惊人地相像——但他穿着不同风格的衣服，他的脚是光着的[2]，以及他手里拿的是翎毛笔而不是圆珠笔。

这样的拟人自动机由于它们的逼真程度而受到特别的重视：例如错综复杂的机械装置让"一个女孩的胸脯在规律的间隔中进行起伏，以完美地模仿呼吸"，而且还让"眼睛移动且让头部具有生气"，将眼

---

1 Wood, *Edison's Eve*, xiii.
2 伍德在《爱迪生的夏娃》中写道："雅克-德罗式的人物从事不可思议的活动时总是光着脚，这表明了他们那个时代让-雅克·卢梭所坚持的信念，如果不受鞋的拘缚，孩子们可以更加自由地学习。"

睛转动，左看右看，再上看下看。[1]但是，与此相关的是，那个时期的人们经常以他们机械的和自动的"发条装置般的"特征而受到赞扬。因此，哲学家朱利安·奥弗莱·拉·美特利（Julien Offray de La Mettrie）在1748年写道："人的身体就是一台自己给自己上发条的机器。它是永不停歇的运动的活生生的形象。"[2]在拟人自动机和机械化的人体之间的矛盾与互补以及它们的"可逆性"的难题，在历史上一直持续到今天。19世纪资产阶级着迷于拟人自动机，在对这种着迷进行讨论的语境中，苏珊·巴克-莫尔斯（Susan Buck-Morss）告诉我们："这种颠倒（reversal）是马克思所考虑的资本主义工业化的生产模式的特征：机器承诺了人性的自然化和自然的人性化，结果却导致了这两者的机械化。"[3]今天，我们仍旧对人机交换、颠倒和物化这些概念感到着迷——因此玩具反斗城中的苏西不仅被当作"互动"教学的玩具和喜欢玩乐的同伴（它的书写不比5岁的孩子好）来卖，还被当作中了病毒的电脑和具有"人工智能"的人类来卖。因此，当我们的主流技术逻辑还把人的身体当作——根据当代哲学家让-弗朗索瓦·利奥塔（Jean-François Lyotard）具有挑衅性的现象学批评——"作为人的思想的复杂技术装置的硬件"的时候，我们从拉·美特利和18世纪中走出（或者没走出）了多远呢？[4]

---

1 Jasia Reichardt, *Robots: Fact, Fiction, and Prediction* (London: Penguin, 1978),14. 对书写机器的阐述见第13—15页。

2 引自其"L'Homme Machine," in Julie Wosk, *Breaking Frame: Technology and the Visual Arts in the Nineteenth Century* (New Brunswick, NJ: Rutgers University Press, 1992),81（感谢珍妮弗·冈萨雷斯［Jennifer Gonzalez］为我提供这个参考）。

3 Susan Buck-Morss, *The Dialectics of Seeing: Walter Benjamin and the Arcades Project* (Cambridge, MA: MIT Press, 1991), 363. 与此相关的是本雅明对19世纪晚期资产阶级文化的论述："你不知道这些机器和娃娃如何令人反感，一个人如何流露出在这个社会上遇到完全的自然的存在时的轻松。"(363)

4 Jean-François Lyotard, "Can Thought Go On without a Body?" trans. Bruce Boone and Lee Hildreth, in *Materialities of Communication*, ed. Hans Ulrich Gumbrecht and K. Ludwig Pfeiffer, trans. William Whobrey (Stanford, CA: Stanford University Press, 1994),291. 值得注意的是，利奥塔将人的身体描述为思想的"硬件"，同样的技术逻辑也将其描述为可完全任意处理的和完全不受重视的"神经漫游者"的"湿件"。见威廉·吉布斯那部很有影响的小说《神经漫游者》(*Neuromancer*)（New York: Ace, 1984）。

## 具身化 Technë（技艺）

在历史和文化的轨迹中，我们可以看到技术问题是如何取消具有人性的重要具身化意义的，机械技巧如何在书法课上被制度化和"工业化"，在书法课上，孩子们学习压制他们独特的具身化"存在风格"的特质，也即他们真正的"独创性"的特质。然而，一个悖论出现了：今天，正是由于我们生活的制度化和技术性管理中对书写者特质的社会压制和对"独创性"与"自发性"的评价，我们已不像一些历史上的前辈那样倾向于认为"煞费苦心的书法暴露出想象的缺乏"[1]。实际上，正如桑屯提出的，自机械印刷和印刷文化出现以来，书写的技术性和大规模生产与作为一种自我表达行动参与到书写中的活体之间的关系就存在着本质上的含混性。在依赖标准化的高度技术化文化中，关于"自我的本质"的"一致性力量与个性力量之间"持续的争论依然存在着，这一点更加令人不安。[2]

在这个意义上，无论我们怎样否认，即使我们处在后现代之中，我们还很难算是后启蒙的或者后工业化的。"苏西写字娃娃"是启蒙运动对书写和人的客体化的具体延伸，也是19世纪对流水线的标准化、一致性和重复性的具体延伸——除此以外，这一延伸先是给我们带来了打字机，然后是文字处理器，现在又给我们带来了"重复性压力损伤"（repetitive stress injury）。[3] 苏西是一个特殊的拟人电动书写机器，

---

[1] Thomas Mallon, "Minding Your 'P's and 'Q's'", *Handwriting in America: A Cultural History*, by Tamara Plakins Thornton, *New Yorker*, Feb. 3, 1997,79.

[2] Thornton, "Handwriting as an Act of Self-Definition", B7.

[3] 对"职业病"的历史认同的书写，参见 Carolyn Steedman, in *Dust: The Archive and Cultural History* (New Brunswick, NJ: Rutgers University Press, 2002)，其中注意到，现在我们称之为"重复性压力损伤"的疾病出现于20世纪20年代，当时，"不列颠妇女员工协会关注了对书记员工作中书写者的痉挛现象一个世纪的诉苦，他们试图把它列为没有补偿限制的工业化疾病。但是，他们只是论证了手和胳膊密集的（minutely）重复运动对身体造成的影响；比较对象是电报员（电报员的痉挛是被1911年的国家保险法规列为可以无限主张利益的已被列入计划的工业化疾病）和高速度计算机"（33n14）。

其目标不在于激发智力的反思并取悦成人，而在于成为"好父母"，以及在于在写什么的问题上"吸引"和"指导"孩子们。从物质层面上说，尽管她穿着 Oshkosh B'Gosh 的罩衫，梳着金黄的马尾辫，但苏西与自18世纪40年代以来在她前面出现的自动机有很多相似之处——尽管她有一个不同的"发条装置"。实际上，如果我们看一下过去的自动书写娃娃的照片或图示，苏西的机器臂装置——尽管是电子操控的——跟那些机器相比没什么差别。但是，虽然有很多相似之处，但苏西跟它的前辈们还是有显著的差异。不仅仅是因为在一种非哲学性的文化中她不被认为是一个哲学玩具，也不仅仅是因为她令人厌烦的甜美嗓音和恐怖的录音笑声与歌声一直大声地告诉我们它跟它的儿童消费者"一起"书写多么"欢乐"。鉴于由她的启蒙时期前辈"抄写员"所写出的第一个东西是有挑衅性的"我思故我在"，接着是"我们的机械装置蔑视时间"[1]，"苏西写字娃娃"首先写下的却是新泽西州爱迪生市"求助热线"的免费电话，如果她坏了，人们可以打这个电话。这些事情让人停下来思考，当然，就像把她那为其人造生命提供电能的两节"C"电池取下来一样。但是，尽管有这些不同，她与她稚气的原型之间有相似之处，这种相似标明了她与她们之间真正的——和根本的——差异。也就是说，启蒙时期的自动机用机械手中的翎毛笔书写，这看上去在文化上是合逻辑的，在技术上是自然的。后来，浸墨笔成了常用的书写技术。于是，我们必须问，为什么在一个受电子驱动、对电子着迷的文化中，苏西还要用笔写字呢？为什么她不是坐在一个小的文字处理器前或者电脑前？为什么在一个电子文化中，一支笔，甚至是一支有四种颜色墨水盒的塑料圆珠笔是一个电子娃娃更好的书写工具呢？实际上，如果人们往历史上回想，我们可能会问，在打字机是一种常用的书写模式的时候，是否有书写娃娃坐在打字机前呢？尽管我

---

[1] Wood, *Edison's Eve*, xiv, xvii.

不确定，但我想是没有的。

我相信，这些问题的答案，相当准确地，就在手中（in the hand）。苏西在一个电子文化中仍然用笔书写，这揭示了我们深刻地知道（而且是带着对活体的了解）书写不仅仅是一种被习得的机械技巧，更重要的是，它总还是*有灵韵的*，因为它不仅仅凭借一个物质身体而且要凭借一个活体才可能实现，这个活体，不管多么受控制，都不可避免地在行动中写下其独特的意向性并留下富有表现力的即兴创作（expressive improvisation）的标记。[1] 经过了多年的书法班训练，铅笔和钢笔使能够从"空无一物"（no-thing）中创造出东西——把意义转变成物质，使物质有意义——的活体进行最广泛且最有特质的表达。尽管如此，钢笔和铅笔是延伸手的特质的最好技术，而且它们能够最充分且最具物质性地标记出那种与书写有关的具身化的、意向性的、偶发性的多余（excess），这一多余超出其自身的客观化、标准化和机械化。尽管人们可能觉得社会评论有些好笑，但是在看到一个拟人的书写机器通过一个非拟人的书写机器进行书写（尤其是那些像打字机或者电脑一样的机器）时，不会感到任何吸引力，也没有什么诡异的感觉，这些非拟人的机器大大减少了图形学上的过度（graphological excess），这种过度则形成并实质化了具身化存在风格。[2]

---

1 各种不同的再现和表达技术与"手"之间的关系、机械的与即兴之间的关系，在现象学社会学家大卫·沙德诺的两本著作中得到了相当精彩的阐释。参见其 *Ways of the Hand: The Organization of Improvised Conduct* (Cambridge, MA: Harvard University Press, 1978) 和 *Talk's Body: A Meditation between Two Keyboards* (New York: Knopf, 1979)。在后者中，沙德诺比较了触摸式打字和在钢琴键盘上进行爵士乐即兴创作。

2 考虑到笔记学式的多余和它对存在的风格的标明，值得注意的是打字的特质，它通常更多地属于机器而不是人类使用者（因此，警察的工作偶尔包括找出特殊的打字机，以找到可能在其上创作出涉罪之物的人）。相比之下，作为书写机器的计算机更被标准化得多：没有按键被破坏（no keys to chip），没有没对准的字母，等等。但是，正如之前提到的，在计算机上书写"建立在"一些"个人选择"和"表达性的潜质"的小层次之上，这些超过了打字机，只要书写者会通过用更多和更多样的字型、字号和区别符号来表达存在风格。尤其是电子邮件的书写者发展出了使用区别符号的新奇模式，以指示存在的语气：反讽的眨眼、大声的笑，等等。尽管如此，不管计算机（转下页）

因此，在对桑屯的《美国的书法》（*Handwriting in America*）的评论中，尽管托马斯·马隆（Thomas Mallon）称赞了作者对书法的方法和风格变化的追溯，以及她对（从浪漫主义时期开始的）笔记分析的历史和"在手写的个性的性格学和生理学概念之间的20世纪对决"的讨论，但是他也斥责桑屯没有考虑到当代以及"我们的文化在转向鼠标和屏幕时所失去和得到的东西"。马隆指出，尽管"传真和电子邮件已使写信恢复到令人备受鼓舞的程度（an encouraging extent）"，但是它们也已经标记出了"复兴的限度"。他说，作为作者和读者，我们知道"你不可能用一个吻来封签电子邮件，最新的笔记本电脑甚至可以保护我们远离我们自己的体液：Macintosh Power Book 系列的电脑已经用触摸板代替了轨迹球，这样拇指的汗就不会妨碍工作"。相比于电子化书写（即使是爱情类的书写），马隆注意到，手写情书的力量和价值源于情人们身体到纸张页面的物理亲近性的指示符号（indexical signes）之交换，以及"物理动作和强度"的笔记学转移和展示——这的确能让对方看到你出汗了或者哭了。不管情人的书写方法如何，使他或她的表达变得重要的具身化运动，正如马隆所总结的，是"与所有那些使他一亲自出现就成为你的挚爱的其他动作联系在一起的"[1]。（在此，我可能要指出，苏西并不真挚地——也就是说，虽然是电子化地，但是机械地——在她的写字板上，恕我直言，给任何打开她的人印出"我爱你"。）

我们的手写是独一无二的——当它越来越罕见，它也越来越具有灵韵性，越来越有珍贵的性质。苏西跟她的机械祖宗的不同之处在于，

---

（接上页）所允许的笔记学式的多余能比打字机所提供的多出多少，它都无法提供像铅笔和钢笔那样的"表达之手"的个人化表达。

1　Thomas Mallon, "Minding Your 'P's' and 'Q's'", 81.

在电子文化中，她进一步夸大了一种神秘性，不是作为一种技术事业的书写的神秘性，而是作为一种人手的表达的神秘性。因此，无论她的Oshkosh B'Goshe外套和甜腻的歌声怎样掩盖上述的神秘性，也不管购买她的成年人怎么忽略它，苏西都毕竟是一个哲学性的玩具。她和她的前辈跨时间地肯定了如下事实：尽管书写是一种技巧，但是它总还是更多的东西。在这种情况下，他们就要求我们重构"关于技术的问题"，以在不仅书写词语还要书写世界和她自身的行为中适应意向性的活体-主体。正如海德格尔提醒我们的，技术不只包括客观的工具，技巧也不只是它们的客观化运用。"技术……不只是手段，"他告诉我们，"技术是揭示（revealing）的方法。"因此，他就将我们转回了古希腊的技艺（technë）的观念："这个名称不仅仅是指匠人的活动和技能，还指心灵和美的艺术。技艺属于产出（bringing-forth），属于创制（poiësis）；它有时是诗性的（poetic）。"[1]更近一步地，技艺是知（knowing）的方法和方式。制作、产出和揭示，不仅对于物质的存在是不可获缺的，而且对于一些"物"（thing）为何和如何被了解并理解为"物质化"（mattering）来说也是不可或缺的。

在这种产出及其特定的知的模式中必然且物质性地暗示的东西就是一个具体化的意向性主体。不像苏西（这是个无意向性的模拟物，她笑却没有高兴，书写却没有实质[mattering]），这个活体主观性地整合（incorporates）并剥离（excorporates）客观技术，以斯嘉丽称之为"同感唯物论"（consensual materialism）的方式将她自身和复杂世

---

[1] Martin Heidegger, "The Question Concerning Technology," trans. William Lovitt, in *Martin Heidegger: Basic Writings*, ed. David Farrell Krell (New York: Harper and Row, 1977), 294.

界的多样性带进物质性存在[1]。这样，即使是坐在计算机前，以没有显示出我的手的任何特质的10号日内瓦（Geneva）字体打印我的思想，我也永远不会被简化为仅仅是一台书写机器，也永远不会完全忘记或放弃人手用于揭示和产生人类的表达方式的能力的神秘性。即使在这里，在我的电脑屏幕前，即便以一种被简化的方式，我的书写也物质性地揭示出作为存在风格以及文化习惯的自身。实际上，我的活体"与它所破坏的复制模式是相连续的"[2]。当我书写的时候，我对字体和区分标记的选择开始表达一些超出了我的文字在屏幕上的数字化规律性的东西。（但是，等到你在一本印刷书籍上读到它的时候，出版编辑肯定会以一种"特有风格"［house style］为理由进一步减少我的特质，这种风格比我原创的作者风格更重要，因为它曾经体现在印刷上的和区别性的"偏好"之中。）总而言之，客观的物质性手段（技术）和主观欲求（创制）的喻义（tropology）都被束缚在一个作为启示性的产出（技艺）的不可化约的意向性关系当中，这一关系作为启示性的产出（技艺）在各种历史和个人实践中使物质具有意义并使意义具有物质性。

苏西的历史版本坐在它们的小桌子前机械地书写，我想知道它们是否首先在它们主人的孩子之中，后来在它们孩子的主人中激起一种势不可当的要撕裂这个"意指性场景"（signifying style）的冲动。不过，我宁愿这么想。尽管我是一个成年人，当然会爱护一个我花了119美元买来的娃娃，也读过了告诫我要"记得苏西是台机器"的宣传册，因此，我不应该"虐待"她，不过，我得承认自己想脱下她的粉红色长袖polo衫，从插口处猛扯下她的机器书写臂来"看看她是怎么工作

---

[1] Scarry, "Merging of Bodies", 97.
[2] Brown, *Roland Barthes*, 185.

的"。(我认为,让为孩子们购买这个玩具的成年人大失所望且恐惧的是,这是这个据说是"互动性的"玩具的年幼拥有者实际上经验到的唯一真实的互动性。)尽管从表面上看,"看看她是怎么工作的"的强烈欲望似乎是以一种技术仅仅是机械性手段的感觉为基础的,但我会提出,它揭示了一个深刻得多的对行动和物质这二者的根本性产出的好奇心。的确,"用手"书写(甚至,或者尤其是当它是机械的时候)使与有生命者和无生命者、活体和仅仅模拟活体的物质性"物"有关的问题保持活跃,活体不仅是物质性客体,而且是有意向性和有感觉能力的主体。此处恰如其分的是,"抄写员"不仅写了"我思故我在",还写了——正如伍德告诉我们的——"一个更具讽刺性的颂辞:'我不思……我因此就不存在了?'这个书写者,仅仅是一个机器,能够传达它不能思考的事实。但很明显,它存在着:如果能够传达出它不能思考的事实,那是否可能它终究能够思考?这个机器可能在撒谎?"[1]

考虑到这个与有生命者和无生命者、有灵韵的活体和它的诡异拟像有关的问题,孩子们通常在撕开他们那机械性的但栩栩如生的玩物以后,发现他们自身对世界和人类所抱有的主体性的且深具诗意的好奇心并没有任何客观性的和技术性的关联物。无论是在电子动物(animatronic)的运作中,还是在孩子式的解剖中,苏西的机器书写臂都不会告诉我们任何与书写意义或者手的物质这二者有关的真正实际性的东西。实际上,我们对拟人书写机器的兴趣恰恰就在于它不能告诉我们任何与书写有关的真正实际性的东西——即便它以物质的形式书写和"产出"意义。将苏西的意指性场景撕开,不能揭示出任何有意义的东西——不管是关于意指性的,还是关于物质化的。苏西,毕竟只是个机器。尽管她有机械摹仿的技术设备,但她恰恰缺乏能力来

---

[1] Wood, *Edison's Eve*, 8.

回应我们真正想知道的东西：也就是说，活体的意向性、主观欲求和存在方式是如何通过技艺的创制而不是通过技巧的机械学和自动化而成为物质性（materiality）和物质（matter）的。

# 6　屏幕的场景
## 展望摄影、电影和电子的"在场"

> 技术的本质是非技术性的东西。
>
> ——马丁·海德格尔

当我们的表达（expressive）技术也变成感知（perceptive）技术之时——这种技术以我们以前从没想过的方式来表达和延伸我们，不仅彻底改变了我们对世界的理解，也改变了我们对自己的理解——会发生什么呢？艾连娜·斯嘉丽写道："我们制造事物，以便它们反过来重塑我们，修正具身化意识的内部。"[1] 当然，书写和美术实践中所包含的特殊表达技术确实在我们使用它们的时候"改造"了我们——但是诸如望远镜、显微镜或 X 射线等感知技术的使用对我们具身化意识的修正会有多么强大？这些感知技术不仅改变了我们表达世界和自身的方式，也以一种如今已变得自然化且明显的激进方式改变了我们对自己的感觉。最近（尽管不再是最近），我们已经被摄影、电影、电视和电脑等电子媒介的感知技术（也是表达技术）彻底"改造"了——所有这些对"具身化意识的内部"（以及其外部活动）而言都更具变革性，因为它们是在文化上无处不在（persuasive）的技术。它们不仅属于科学家、医生或受过教育的精英，也属于我们所有人——和整个时代。

---

1　Elaine Scarry, "The Merging of Bodies and Artifacts in the Social Contract," in *Culture on the Brink: Ideologies of Technology*, ed. Gretchen Bender and Timothy Druckrey (Seattle: Bay Press,1994), 97.

的确，不言而喻的是，在20世纪中，摄影、电影和电子技术的再现（representation）已经对我们进行表达和意指的手段及模式产生了巨大的影响。也许不那么明显的是，这些技术对我们具有的历史性的特殊意义或"感觉"产生了巨大影响，也对那些时间和空间坐标的制造产生了巨大影响，这些坐标在根本上形成了我们社会的、个人的和身体的存在，并为之标定方向。在今天的美国，不论我们是否看电影，是否看电视或音乐视频，是否拥有摄像机、录像带或数字光盘录制机及播放器，是否允许我们的孩子玩电子游戏和电脑游戏，是否用个人电脑写学术论文，是否在网上办理银行业务和购物——我们都是移动影像（moving-image）的文化的一部分，并且我们亲历电影生活和电子生活。确实，毫不夸张地说，没有人能够逃避每天与摄影、电影、电视和电脑技术以及它们所产生的通信网络和文本这些事物的——直接和间接的——相遇。也可以毫不夸张地认为，这些客观的遭遇物以一种最深入的既在社会层面上具有普遍性又具个人性的方式把我们改造为具身化主体。也就是说，作为相对新奇的人类交流的物质性，摄影、电影和电子媒介不仅历史性地被象征化了，而且也历史性地构成了对我们文化中以往的各种形式的时空意识的根本改变，以及构成了我们对世界、对自己、对他者的存在"在场"的身体感觉的根本改变。

这种主观感知到的不同感觉和具身化在场，都首先需要得到摄影，然后得到电影和电子媒介的意指和支撑，二者在再现与社会存在的客观和物质实践中出现，并共同构成它们。因此，在共同创造我们现在所处的移动影像文化和生活世界时，电影和电子媒介不仅与摄影技术非常不同，而且它们彼此具体的物质性和特殊的存在意义也是不同的。每一种技术不仅在我们身体存在的形象（figurations）上起着不同的中介作用，而且构成了它们。也就是说，每一种技术为我们活体提供了"在世存在"的完全不同的方式。因为每一种技术都与不同的文化功能、形式和内容密切联系着,所以它们将我们牵连进不同的物质性投入结构(structures of material investment)中,并且通过区分不同的审美反应和道德责任的呈现(presentation)以及再现模式来刺激我们。随着我们的审美形式和对"现实"的再现在外部得到实现,然后又先被摄影术,再被电影,现在被电子媒介所扰乱,我们关于生活中什么是重要的价值和评判标准也变得不稳定并发生转变。总之,正如摄影技术对19世纪和20世纪初期的影响,在20世纪末期和21世纪早期,电影银幕和电子屏幕以不同的方式引导并塑造了我们对世界的在场,我们在世界中的表象以及我们关于世界的感性和责任。每一种技术都不同地且客观地改变着我们的主体性,同时都邀请我们共同构想空间、时间和身体性投入这些重要的个人和社会经验。

这些初步的评论是以这样一种信念为基础的,即我们对时间、空间和存在的具身化在场的感觉的历史性变化不能被认为是不足以成为我们的技术产生的相应变化的结果。然而,它们必须被进一步思考,因为就像马丁·海德格尔在这篇文章开头的题词中提醒我们的那样:"技术的本质是非技术性的东西。"[1] 也就是说,技术从来不会在呈现中立效果的中立环境中发挥其特定的物质特殊性和作用。相反,它不仅通过它的物质性而且通过它的政治、经济和社会语境而历史地被体现出来,它因此不单共同构造并表达了技术价值,也共同构造并表达了各种文化价值。与此相关的是,技术从不仅仅是被使用的,也从不仅仅是工具性的,它总是被人类整合并亲历,人类创造它并将其置于一个意义和隐喻的结构之中,在这个结构中,主客关系不仅是合作性和共同构造性的,也是动态的和可逆转的。

例如,在我们电子技术占主导地位(电影仅居次要地位)的文化

---

[1] Martin Heidegger, "The Question Concerning Technology," trans. William Lovitt, in *Martin Heidegger: Basic Writings*, ed. David Farrell Krell (New York: Harper and Row, 1977), 317.

中，许多人从电脑系统和程序的角度来描绘和了解他们的思想与身体（他们甚至从电影的角度来描绘和了解他们的生活），这并非偶然。以人类思想和身体的方式描绘和理解电脑系统和程序并不是微不足道的（例如，将其理解为智能的或易受病毒感染的），这些新的由电脑生成的"存在者"（computer-generated "beings"）已成为我们最流行的移动影像虚构出的真正的控制论英雄（例如，1987年保罗·范霍文［Paul Verhoeven］的《机械战警》［*Robocop*］；1991年詹姆斯·弗朗西斯·卡梅隆［James Cameron］的《终结者2：判决日》［*Terminator 2: Judgment Day*］）。正如埃莱娜·德·里奥所说："技术起源于人类生存条件的具身化，人类的想象力必然是一个由技术性绘制和奠基的结构。"[1] 因此，通过上述的例子，我们能发现一种性质上全新的技术逻辑（techno-logic）开始改变我们对世界、自身和他者的感知定向。此外，随着这种新技术在文化上变得无处不在且具有规范性，它开始深刻地体现并影响社会逻辑（socio-logic）、心理逻辑（psycho-logic）、公理逻辑（axio-logic），甚至是我们每天亲历我们生活时所依赖的生物逻辑（bio-logic）。

从这方面看，其中最强大的是那些感知技术，它们也充当再现的技术，即摄影、电影、电视和最近的电脑。这些技术不仅拓展了我们的感官，也拓展了我们观看和理解我们自身的能力。当然，拓展我们身体能力（physical capacities）的人工制品，例如汽车（它的功能既不是知觉也不是再现，而是运输），已经深刻地改变了我们生活世界的时空形状和意义，改变了我们对自身的身体性和象征性的感觉[2]。然而，

---

[1] Elena del Río, "The Body as Foundation of the Screen: Allegories of Technology in Atom Egoyan's *Speaking Parts*," *Camera Obscura* 37-38 (summer 1996): 97. 下文引用时将标注在正文中。

[2] 这里所指涉的不仅是这样的方式，在其中汽车运输已经拓展了我们物理身体的移动能力，并且因而拓展了我们对距离和空间的活的感觉（lived sense），我们的时间性的节奏，创造并表达与诸如阶级和风格这样的事物相关的我们的文化价值；而且也指（转下页）

像摄影、电影、电视、录像和电脑这种知觉和再现技术两度为我们赋形：首先是通过它们特殊的物质条件，利用这些条件，它们在技术哲学家唐·伊德称为"微观知觉"（microperception）的透明和活体的层面上，隐秘地介入并拓展我们的感觉；然后再一次通过它们明显的再现功能，利用这种功能，它们在唐·伊德称之为"宏观知觉"（macroperception）的阐释学层面上有意识地并以文本形式介入我们的感觉中[1]。大多数电影和电子媒介的理论家和评论家被后者吸引——被阐释学文化语境的宏观知觉描述和解释所吸引，这种语境体现并塑造这些技术及其文本再现的物质性和社会性语境。尽管如此，在某种程度上，如果我们没有直接地——通过我们的知觉中枢，通过我们自己身体的内在中介（immanent mediation）和物质性——接触这些技术或文本，就可能无法反思和分析它们。因此，就像伊德提醒我们的，尽管"在宏观知觉的领域里，微观知觉（感受性-身体性 [sensory-bodily]）都有它的特定区域"，但是"不存在没有微观知觉性中心的宏观知觉"这一表述同样是对的。所有宏观知觉的描述和解释"只有在微观知觉的可能性的范围中才能得到实现"[2]。然而，必须强调的是，因为知觉是作为一个总是已经充满意义的身体和感官的格式塔（gestalt）被构造和组织的，所以一个微观知觉的焦点不能被化约为一个生理学上的焦点。也就是说，只要我们的感觉不仅是可感的而且是"有意义"的，那么感知的和可感的身体也总是一个活体——身体沉浸在社会的意义和躯体

---

（接上页）涉这样的方式，在其中它改变了我们对我们身体所具有的感觉。表达悔恨的方言"没有车轮而在"（being without wheels）在本体论上说明了我们对汽车所进行的相当真实的整合，也说明了汽车对我们的整合。

1 Don Ihde, *Technology and the Lifeworld: From Garden to Earth* (Bloomington: Indiana University Press, 1990). 伊德区分了两种知觉形式："常常被作为感官知觉的东西（在实际的看、听等之中直接的和被身体聚焦的东西），我想称之为微观知觉。但是还有一种可能被称为文化的或阐释学的知觉，这种知觉我称之为宏观知觉。两种知觉都同样属于生活世界。而且两种知觉维度都紧密地关联并交织在一起。"（29；楷体为笔者所加）

2 Ibid.（楷体为笔者所加）

的（somatic）意义中，同时也制造并回应它们。

接下来，我想强调我们与经常被忽视的摄影再现、电影再现、电子技术再现这三者的知觉技术进行接触的某种微观知觉方面。我还想表明一些方式，即这些媒介及其接受和使用的各自物质条件体现并改变了我们的微观知觉经验——尤其是我们对自身的时空感和意义的文化语境。我们观看并随身携带照片，或者坐在电影院里、电视机前或电脑前，我们不仅作为有意识的存在者，还作为肉体性存在者参与到知觉和表达的活动中。我们的视觉既不是从我们的身体中抽象出来的，也不是从我们通达世界的其他知觉模式中提取出来的。我们所见之物也并非仅仅触碰我们眼睛的表面。正在观看的影像被技术性视觉所中介且通过它变得可见，因此技术性视觉不仅使我们看到技术性影像，而且使我们技术性地去看。就像伊德强调的，"在最广泛意义上的（技术性）'硬件'的具体性（concreteness）与我们的身体存在的同等具体性相联系"；因此，"'存在的'（existential）这个术语在语境中指涉知觉的和身体的经验，指涉一种'现象学式的物质性'"。[1] 只要摄影、电影和电子技术每一个都已经被客观地构成为一种新的独立的（discrete）技术逻辑，那么它们每一个就也被主观地整合，使得一种新的关于具身化存在在场的独立知觉模式成为可能。总之，当它们中介并再现了我们与世界、他者和自己的互动的时候，摄影、电影和电子技术就已经改变了我们，以至于我们在当下看到的、感觉到的并理解的自身与三种技术出现之前的我们的状态完全不同。

人类主体及其客观产物的关联性和物质性不仅表明了它们之间的混合、交换和逆转性的一些可通约性（commensurability）和可能性，还表明了对人类活体主体与他们的知觉和再现技术之间的存在关系的

---

[1] Don Ihde, *Technology and the Lifeworld: From Garden to Earth* (Bloomington: Indiana University Press, 1990), 21.

任何现象学分析必须在微观知觉的层面上是符号学的和历史的。描述既必须注意特定的客观物质性和形式,主观意义通过它们得到了表达,也要注意主观性的文化处境和历史处境,在这些处境中,客观物质性和客观意义会在日常生活的实践中结合在一起。像人类视觉一样,摄影、电影和电子技术的知觉和表象的物质性和形式都不是抽象的。它们被具体地安置,而且是有限的,尤其是传统的和制度化的。它们也体现并共享大范围的相互关联的文化现象的时空结构和历史。因此,在它关注广义上的"物质条件"和生产"关系"时(特别是技术性知觉及其存在意义这二者的条件和产物),存在主义现象学与新历史主义或马克思主义分析的某些方面是并行不悖的。

就此而论,我们可能会转向弗里德里克·詹姆逊(Fredric Jameson)对三次关键且广阔的历史"时刻"的深刻讨论,这三个历史时刻以"在资本自身之中的技术革命"和相应出现的相关"文化逻辑"为标志,这些文化逻辑在每一次技术革命中成为主导,从而在审美感性及其表象中彻底形成了三次革命[1]。詹姆逊认为三个关键时间段分别是19世纪40年代,19世纪90年代和20世纪40年代。詹姆逊把变革资本结构(将市场资本主义变为垄断资本主义,再到跨国资本主义)的重大技术革新与由"文化逻辑"所造成的改变关联在一起,这三种文化逻辑分别被定义为现实主义、现代主义和后现代主义三种根本不同的审美表象和伦理投入(ethical investment)的价值论(axiological)形式和规范。根据詹姆逊的推断,我们也可以在这种历史和逻辑架构中定位视觉(听觉)表象的三种相应的技术模式和制度:它们分别是摄影、电影和电子技术。我认为,每一种技术不仅在资本内部的特殊技术革命中高度共谋,而且在文化和主体内部的特殊知觉革命中也是如此。也就是说,每一种技术都深刻地共同构造了特定的时空结构

---

[1] Fredric Jameson, "Postmodernism, or, The Cultural Logic of Late Capitalism," *New Left Review* 146 (July-Aug. 1984): 77.

和现象－逻辑。这种时空结构和现象－逻辑体现了每一个占主导地位的文化逻辑，詹姆逊将之定义为现实主义、现代主义和后现代主义。

在这方面，现象学历史学家斯蒂芬·克恩（Stephen Kern）描写了1880—1918年欧洲和美国所发生的活的时空经验中技术性地折射出来的且无所不在的知觉革命，他同时表明尽管一些重大的文化相对独立于技术发生，但是其他的文化变革都直接地受到新技术启发，或更加隐蔽地在新的技术的"隐喻和类比"中出现，这些隐喻和类比间接地改变了知觉生活和思想的结构[1]。这里所表明的是，技术上相互独立的性质与新技术的现象学影响或表象的"物质性"，共同构造了一个复杂的文化格式塔——这个格式塔被牵涉进历史上每个特定的"资本中的技术革命"和文化逻辑的转变中，同时也体现了它们。因此，摄影、电影和电子的技术"性质"总是且只能用一种有限制的方式来把握——作为一种文化主题而不是作为一种技术性本质。

尽管我在此最具新意的贡献是，我希望，对于我们对电影和电子再现技术的理解（这两种物质性构成了我们目前的移动影像文化），首先应该讲述的是文化的根基在摄影（这已经引发了大量的现象学描述）的语境和现象学中。[2] 知觉和表象的摄影模式在开始于19世纪40年代的詹姆逊所定位的市场资本主义中占有优势地位。这是个产生于蒸汽驱动的机械化的技术革新之中并受其推动的"时刻"，这一技术革新使前所未有的产业扩张成为可能，并宣告了一种现实主义的新的文化逻辑。产业扩张不仅会引起扩张的其他模式和形式，而且这

---

1　Stephen Kern, *The Culture of Time and Space: 1880–1918* (Cambridge, MA: Harvard University Press, 1983).

2　这方面有所建树的现象学著作当属 André Bazin, "The Ontology of the Photographic Image," in *What Is Cinema?* trans. Hugh Gray, vol. 1 (Berkeley: University of California Press, 1967), 9-16; Susan Sontag, On Photography (New York: Delta, 1973); 还有 Roland Barthes, *Camera Lucida: Reflections on Photography*, trans. Richard Howard (New York: Hill and Wang, 1981).

种扩张本身因其前所未有的可见性（visibility）而在历史上是独一无二的。正如让－路易·柯莫利（Jean-Louis Comolli）所指出的："19世纪下半叶处在对可见的某种狂热中……这是图像的社会繁殖的结果……然而这也是可见和可表象领域的地理性扩展的结果：通过旅行、探险、殖民，整个世界变得可见同时也变得可占有。"[1] 因此，尽管现实主义的文化逻辑被视为主要通过文学（更具体地说是资产阶级小说）再现，但是，它可能甚至更加密切地与由摄影构成（和扩展）的对世界的"明证"相联系，这一明证是通过机器实现的，而且是经验性的和再现性的。

直到最近摄影技术才广泛地在现象学上被理解为存在于一种证明性的逼真性（testimonial verisimilitude）状态中——摄影的胶片感光乳剂（emulsions）类比性地标记（并客观地"捕捉"）了世界具体的和"真实的"存在的物质痕迹。[2] 和之前的技术不同，摄影用一种之前只有人的眼睛才能媲美的精确性来生产世界的图像。因此，如柯莫利所说，随着摄影的到来，人眼失去了"不朽的特权"；相较于"摄影机的机械之眼"，人眼的价值被贬低了，"现在它代替了人眼"[3]。然而，这种用机器视觉取代人类视觉的行为也有它的补偿——在这些补偿中，有对时间和经验的物质控制、容纳和客观

---

[1] Jean-Louis Comolli, "Machines of the Visible," in *The Cinematic Apparatus*, ed. Teresa de Lauretis and Stephen Heath (New York: St. Martin's, 1980), 122-123.

[2] 在流行意识中，当代对摄影作为现实之证据的信仰的削弱已经成为摄影图像的无缝电子化操作发展的结果——个可能的操作，这在现在明显地影响了我们的接受，并改变且改造了摄影的"现实主义"。虽然喷绘（air-brushing）和其他形式的图像处理已经被实践了很长一段时间，但是它们通常在图像上留下了可辨别的痕迹；这不包括摄影图像的数字电脑处理。对此问题的讨论参见 "Ask It No Questions: The CameraCan Lie," *New York Times*, Aug. 12, 1990, sec. 2, pp. 1, 29; 对从摄影到数字的根本转变这一问题更为详细也更为严谨的解释和讨论可参见 William J. Mitchell, *The Reconfigured Eye: Visual Truth in the Post-Photographic Era* (Cambridge, MA: MIT Press, 1992); 以及 Peter Lunenfeld, "Digital Photography: The Dubitative Image," in *Snap to Grid: A User's Guide to Digital Arts, Media, and Culture* (Cambridge, MA: MIT Press, 2000), 55-69。

[3] Comolli, "Machines of the Visible," 123.

占有。[1] 摄影通过从短暂的时间流中抽取视觉经验，在化学上和隐喻上相当字面性地（literally）将貌似真实的主体"固定"为视觉的客体。摄影在一个物质过程中具体地复制可见的物体，这个物质过程像最有说服力的科学实验一样——在每次循环（iteration）中产生了看似相同的结果，还在它的可重复性（iterability）中经验性地强调并证明了可见和真实之间的关系。此外，这个物质过程产生了一种物质形式，这种物质形式能被客观地占有、流通和保存，能够随着时间的推移不断累加利率并以各种不同的方式变得更有价值。摄影因此不仅仅是一种明显与先前各种形式不相同的完全新颖的再现形式，它也彻底改变了我们与表象以及与彼此之间的认识论关系、社会关系和经济关系。正如乔纳森·克拉里告诉我们的，摄影是关于消费和流通的一个新的、同质性领域的要素，在这个消费和流通中，观察者被固定了（becomes lodged）。为了理解19世纪的"摄影影响"，我们必须将其看作价值和交换的新的文化经济学中的一个关键组成部分，而不是视觉表象的连续历史的一部分。[2] 确实，在把19世纪的摄影视为拜物对象（fetish object）的时候，柯莫利将摄影与金钱联系起来，巧妙地称其为"'真实'的金钱"（the money of the 'real'）——电影的物质性确保了它"方便流通和挪用的可能性"。[3]

在对主观人类视觉的现象学描绘中，梅洛－庞蒂告诉我们"看是远距离地把握"[4]。视觉占有——拥有但存在距离——的主观活动受到

---

1 大部分媒介理论家都指出摄影（和电影的）光学是根据以文艺复兴时期的透视理论为基础的知觉规范而得以结构的；这种透视再现了作为产生于一个个体性和中心化的主体并被其组织和掌控的那种可见之物。这种画家式再现的形式被摄影和电影的光学自然化了。科莫利在他的《可见的机器》中说："机器之眼，摄影镜头……作为一个带有视觉的常态性……带有视觉性知觉的规范的……可见物的身份的担保人……发挥作用。"（123-124）

2 Jonathan Crary, *Techniques of the Observer: On Vision and Modernity in the Nineteenth Century* Cambridge, MA: MIT Press, 1990), 13.

3 Comolli, "Machines of the Visible," 142.

4 Maurice Merleau-Ponty, "Eye and Mind," trans. Carleton Dallery, in *The Primacy of Perception*, ed. James Edie (Evanston, IL: Northwestern University Press, 1964), 166.

摄影的物质性的客观化，它使一种可见的——以及更密切的——占有成为可能。也就是说，作为主观视角的有距离地拥有在一个客体中被字面化（literalized）了，这个客体不仅复制并固定了有距离的视觉结构，而且允许它更加接近。以一张照片而言，所见即所得[1]。事实上，这种客观化和经验性占有的结构是双重的，甚至是三重的。摄影不仅在物质性地"捕捉"并占有"现实世界"的痕迹，不仅是摄影本身可以作为一个真实客体而被物质性地占有，而且摄影的符号学地位在文化上被定义为一个机械复制品（而不是一个语言学表象），这一符号学地位也使得一种前所未有的、字面的、物质的以及也许是独特的自满形式——以及伦理学——成为可能，这种形式和伦理学首先是关于**自我占有**（self-possession），然后，在日后技术变得便携和廉价时则是关于**自我繁殖**（self-proliferation）。家庭相册则充当"记忆银行"，以真实的货币进行填补——通过客观化和死亡——使它超越了当下价值及其人类主体，在时间的流逝中不断增值。[2] 总之，照片作为一个客体和具有固定但在增加的价值的财产，使经验、他者和作为在经验上真实的自己物质化并证实（authenticates）了它们。

关于照片证实性力量（authenticating power）的物质性，回顾电影《银翼杀手》（*Blade Runner*，1982；雷德利·斯科特执导）中大量的尤其具有反讽意味的情节很有启发意义。这部电影是一部科幻电影，它是在一个不仅在阐释学上怀疑摄影现实主义并且也怀疑一切现实主

---

1 让-吕克·戈达尔（Jean-Luc Godard）在他富有机智的电影《卡宾枪手》（*Les Carabiniers*，1963）中玩弄了这种将摄影看作"有距离地拥有"的客观化和字面化占有物的概念。在电影中，两个新兵——愚蠢和更愚蠢——从一场战争"满载"而归，他们携带着装满明信片的手提箱，他们将其视为非常如实地捕获他们现在（重新）呈现的国家纪念碑和珍宝。

2 必须指出的是，"记忆银行"这个表达和电子（而不是摄影）文化有关。尽管如此，它为我们提供了一种向后阅读的方式，这种方式识别出一种字面和隐喻意义上的表象经济学，并且暗示任何试图理解摄影的"创造性"的尝试普遍地受到当代电子意识的影响。

义的电子文化中被制作的。[1] 考虑到这种文化环境，电影的主要叙事焦点在于一群"比人还要像人的"基因制造的"复制人"（replicants）的含混的本体论地位，这并不令人惊奇——这种含混也引起了我们对如何知道人之所以为人的认识论的怀疑。在某个时刻，电影的女主角，也是最新的复制人原型瑞秋（Rachel）通过指着一系列的纪念照片否认了对她的人造身份的揭示，这些照片证明了她母亲的存在，证明了她曾经作为一个小女孩的存在，也因此"证明"了她拥有关于真实过去的主体记忆。当她被告知她的记忆及其物质性外向性（extroversion）实际上"属于其他人"的时候，她不仅变得烦恼，而且在本体论上被重新标记（re-signed）为一个拥有不真实生活、不真实历史的人——尽管她仍然记得她所记得的，照片仍然放在她的钢琴上。照片突然在它们那全然可疑的客观物质性中（对于人类观众以及叙事的复制人而言）被凸显出来。也就是说，当被质疑的时候，它们同时揭示并丧失了它们作为"真实的货币"、作为我们自我占有的手段而对我们所有人普遍具有的重要的物质价值和流通价值。

客观化、物质占有、自我占有和自我增殖的结构将照片构成为个人经验的真实痕迹以及可以"属于他人"的经验的具体外向性，这种结构给它的时间性存在赋予特殊形式。在一个能被占有、复制、流通和保存为经验之"货币"的真实客体中捕捉生活自身的各种方面时，摄影专用的物质性和静态形式对19世纪中叶被人们所普遍理解为从过去到现在再到将来的直线的、有秩序的、目的论的时间流逝作出了明显的干预。照片将时间流的同质且不可逆转的**动能冻结**并保存在一个瞬间的、抽象的、原子化的和本质化的时间中。但也有代价。瞬间变动不居。它不能在它的可见空间、它的单一而静态的视点的抽象中

---

[1] "现实主义"中对信念的悬置与现实中的反信念不一样。然而，这是对"现实主义"信念的透明性的拒绝，以及承认我们对真实的接触总是被中介的且在认识论上是局部的。

款待一个被亲历的和活生生的身体的在场——所以，它并不像邀请观众对场景进行沉思那样真正邀请观众进入这个场景。在它对时间性的征服中，在它把时间的动力学转变成一种静态和本质的瞬间时，摄影建构了人们可以持有和观看的空间，但是在它转换为一个客体的时候，空间则悖论性地变得稀薄、非实在且不透明了。照片将活体拒之门外，即使它可能想象性地——在记忆或欲望那平行但动态的时间化空间中——促成了一场生机勃勃的戏剧。

电影呈现给我们不同的感知技术和再现模式。通过它那将凝固的视点变为**自我置换视觉**（self-displacing vision）的动态和意向性轨迹的客观上可见的空间化，以及它那将一个重要瞬间变成**活的动力**（lived momentum）的被主观性地体验到的时间化，电影彻底重构了摄影。克里斯·马克（Chris Marker）的优秀短片《堤》（*La Jetée*，1962）最戏剧化地凸显了在照片的先验的被假定的瞬间和电影的存在性动力（existential momentum）之间，以及在被沉思的场景和被亲历的场景之间的根本差异[1]。作为对欲望、记忆和时间的电影式研究，《堤》通过对静物照的使用而得以被完整地呈现——除了在影片后期中的一个非常简短但十分引人注目的片段。一个女人躺在床上，并在另一张照片中看着镜头，她——经由时间和记忆一直是男主角的欲望对象，我们只能在凝固的和被重新想起的瞬间中了解她，这个时刻标志

---

[1] 对于不熟悉这部电影的读者来说，《堤》是在一个递归结构中被阐述的叙事。一名第三次世界大战的幸存者的脑海中常常浮现出一个女人的面孔以及奥利机场的场景，在那里，他还是个孩子，他看到一名男子被杀死。由于他记忆犹新的是科学家在他的后末日（postapocalyptic）文化中——现在生活在最小的权力之下，没有希望——试图送他回到他生动的过去，因此他最终可以进行时空穿梭来到未来援助他的现在处境。经过多次实验，该名男子能够活在他的过去回忆中，并且现实地得到满足，也开始与他朝思暮想的女人保持一些关系，还可以短暂地造访未来。然而，他意识到他在自己的现在没有未来，得到未来的支持者的帮助后他选择回到他的过去以及他现在爱的女人身边。但是，最后回到他原来在奥利机场的童年记忆中的场景最终揭示了：第一，他作为一个孩子所看到的是作为成人的自己，被一个来自现在的人追赶；第二，他原来的记忆其实是他自己成年后死亡的愿景。

着她的丧失和她的在场——突然眨眼了。这是对"突然"的特殊感觉——与其说是对更肤浅的叙事或形式的惊讶，不如说是对图像及其与我们的关系的本体论地位的意外和根本转变感到惊讶。确实，在女人不停眨眼的短暂动力和意向性显示之前，我们看到她躺在床上的静止和分解的摄影图片，这些图片在进行越来越快的电影性连续运动（cinematic succession），它越来越接近运动，但永远不会实现。剪辑过的连续运动因此可能使我们在叙事学上或在形式上为运动做好准备，但是，无论多么快，这种连续运动不会赋予女人生命或给予超过她的形象的实质性在场。因此，正是在我们看起来准备好了的时候，即使摄影运动变为电影运动时非常巧妙，然而我们还是非常惊奇，且认为这种运动非常惊人且"突然"。这是因为所有事情彻底改变了，我们和图像在与彼此的关系中被重新定向了。在摄像机（和观众）的凝视和女人之间的空间突然变得可以居住，这种空间由身体性运动及参与的真实可能性而得到体现，由活的时间性而不是永恒的无限所体现。图像变得"有血有肉"，以及这个女人从一个摆姿势的宫女（a posed odalisque）[1]不仅变成了欲望的一个永恒丢失的对象，而且变成了——更多地——一个终有一死的和有欲望的主体。总之，在电影中先前逐渐积累的怀旧时刻在其突然而短暂的动能和随后的有效行动的潜力中获得了实质性的和当下的在场。

就像安德烈·巴赞（André Bazin）所做的一样，我们可能将摄影主要视为一种僵化（mummification）的形式（尽管，与巴赞不同，我认为电影不会如此）[2]。尽管它证明并保存了世界和经验曾经真实在场的感觉，但是它没有保存它们的现在。摄影既不会——像电影一样——

---

[1] odalisque 指的是奥斯曼宫廷中的宫女，带有近东异域风情，如安格尔就曾画过《大宫女》（*La Grande Odalisque*），作者这里似乎是个修辞，强调女人的影像从那种描绘宫女的古典人物画的无生机状态变成了"有血有肉"的状态。——译者注

[2] André Bazin, "Ontology of the Photographic Image," 9-10.

作为一种"生成"（coming-into-being）（一种总在现在构成自身的在场）而起作用，也不是——像电子技术一样——作为"自在存在"（being-in-itself）（在现在中的一种绝对在场）而起作用。相反，它的作用是固定"已然存在者"（being-that-has been）（在一个总是过去的现在中的一种在场）。因此，悖论性地，当它物质化、客观化其占有行为并保存在其中时，摄影就会与丧失、过去和死亡有某种关系，其意义和价值在怀旧的结构与怀旧的审美投入和伦理投入中紧密相联。

尽管电影依赖摄影，但是它与生活和经验的积累——而不是经验的丧失——关系更大。电影技术使摄影具有活力，并且在种类的差异而非程度的差异中重构了它的物质性、可视性和知觉的逼真性。运动中的图画（moving picture）不是已完成或已经过的活动的可见表象，而是生成和存在的活动的可见表象。另外，更有意义的是，运动中的图像不仅明显地再现了运动中的物体而且——同时——呈现了视觉本身的运动[1]。电影的新奇物质性和技术逻辑出现于19世纪90年代，即詹姆逊所说的资本自身内部中的技术革命的第二个变革"时刻"。在这个时刻之间，其他新奇的技术，尤其是内燃机和电子能源，真正地重新激活了市场资本主义，形成了垄断资本主义的被高度控制但更加广阔的结构。相应地，詹姆逊看到了现代主义的新文化逻辑的出现——这种逻辑重构并最终开始主导现实主义的逻辑，因为它更充分地代表了一个时代新的知觉经验，这个时代的标志是陌生的自主性以及运动图像在其他机械现象中充满活力的流动性。尽管运动图片在摄影的层面上显得逼真，但它在全新的"电影"模式中粉碎（fragments）、重整（reorders）并合成了作为生命活力的时间和空间，这种模式没有在现实主义客观性目的逻辑（teleo-logic）中发现必然性。因此，尽管现代

---

[1] 电影视觉的现象学描绘和各种行动的延伸解释可以参见我的作品 "The Active Eye: A Phenomenology of Cinematic Vision," *Quarterly Review of Film and Video* 12, no. 3 (1990): 21-36。

主义已经在未来主义者（他们试图在静止的形式中表达运动和速度）和立体派（在静止的形式中优先考虑并再现多重角度和时间同时性）的绘画、摄影和雕塑中，还有詹姆斯·乔伊斯（他表达了客观时间和主观时间的同时性以及意识"流动"的方式）的小说中，找到了它最具标志性的表达，但其实是在电影中现代主义才发现了它最充分的表象。[1]

哲学家阿瑟·丹托（Arthur Danto）告诉我们："通过电影，我们不仅看到它们运动，我们还看到它们正在运动：这是因为图像本身在运动。"[2] 尽管电影仍然静态地把视觉主观性客观化为可见物，但它通过一种物质性在性质上改变了摄影，这种物质性不仅声称世界和其他事物是视觉的对象（无论是动态的还是静态的），也表明了它自身物质化的能动性、意向性和主体性。电影既不是抽象的也不是静态的，它将视觉的存在活动带入在现象学上被经验为移动影像的意向流（intentional streams）的视觉性之中——它连续的和自主的视觉生产和这些图像有意义的组织不仅证明了客观世界，更为彻底的是，证明了一个无名的、流动的、具体的和世界空间的道德投入的主体。在此方面，注意这一点是重要的，即电影通过摄影机和投影仪的**自动运动**（automatic movement）被在现象学上被视为视觉意向性的东西的**自主运动**（autonomous movement）所覆盖与转变。这个视觉意向性可见地选择它所关注的主体和客体，采取一种朝向它们的态度，并将它们积累成一种有意义的在审美和伦理上被表达出来的经验。[3] 因此，小说和可见的电影主体（不管在物理上多么匿名）在微观知觉的层面上被理解为能够铭记处境的视觉性和身体性变化，能够梦想、幻想

---

[1] 这里值得注意的是詹姆斯·乔伊斯于 1999 年 "在都柏林引进第一个移动图像剧院方面发挥了重要作用"（Kern, *Culture of Time and Space*, 76-77）。

[2] Arthur M. Danto, "Moving Pictures," *Quarterly Review of Film Studies* 4 (winter 1979): 17.

[3] 如果我们认为我们与我们活体的关系恰恰与其相似，则自动运动通过自主性运动的这种压倒一切的转化可以被理解为一种现象，不仅仅是单纯的技术"幻觉"：也就是说，我们自动的生理运作被我们的自主性和意向性行动不断覆盖和改造，除非在一个特别实例中，这些运作因为困扰着我们而被我们特别关注从而得到凸显。

（hallucinate）、想象、记忆并评价它的栖息之所和对世界的经验。以人类为案例，这种电影主体的潜在运动性（potential molitily）和经验既是无限制的，又被它的特定视觉和历史文化连贯性（即它的叙事）的存在有限性和物质限度所束缚。

这里，我们再次以《堤》作为例子。尽管电影由作为打动我们的一系列独立的和静止的照片组成，而非由演员的"活的"和有生命力的动作组成，但正是在它强调照片的超越性地位和非时间性的非生成性（nonbecoming）的时候，《堤》现象学式地投射出作为时间流和存在性生成的东西。也就是说，作为一个整体，电影将独立的摄影图像组织、综合并阐明为有生命力的和意向性的连贯性，然后，事实上，使时间的综合与生命力成为其明确的叙事主题。然而，《堤》在它明确的叙事中所寓示的是瞬间（moment）向动量（momentum）的转变，这种转变构成了电影本体论，并构成了每一部电影的潜在背景。

尽管电影技术在某种程度上基于摄影技术，但是我们需要再次记住那句话："技术的本质是非技术性的东西。"电影技术必然依赖于单独的和静止的摄影画面，通过摄影机和放映机的快门而间断地运动（而非连续运动）。但这一事实并不能充分地解释我们所经验到的电影的物质性。与照片不同，一部电影不仅仅作为它自己的机械性客观化——或者是物质产品——也不仅仅作为视觉的一个客体符号性地参与到经验之中。相反，运动中的图像，不管其起源多么具有机械性和逼真性，这些图像都符号性地被经验为主观的和意向性的，也被经验为对客观世界之表象的呈现。因此，一个运动中的图像被感知为它自己视觉的主体和我们视觉的客体，它并不严格地是（像照片一样）可以被轻易地控制，被包含或者被物质性地占有的东西——至少，在相对最近的电子文化的出现之前是这样。无疑，在录像带和光盘出现之前，观众能够共享并因此在某种程度上能够解释性地改变一部电影对具身化和在世界中经验的呈现和再现,但是观众不能掌控或控制电影那自主的和瞬息的流动与节奏,也不能物质性地占有它的有生命力的经验。当然,如今在消费性电子产品的帮助下,观众既能改变电影的时间性也能物质性地占有它无生命力的"身体"。然而,通过快进、重放和暂停[1]来控制电影经验的自主性与流动的这种新能力,以及占有电影"身体"以随心所欲地在家中让它充满生命力的能力,不是电影的物质性和技术性本体论的功能;相反,这些能力是电子技术的物质性和技术性本体论的功能,它逐渐支配、占据并转变了电影和我们对它的知觉模式与表象模式的现象学经验。

然而,在前电子状态和原初物质性下,电影首次机械地放映和展示的不仅是客观世界还有主观的具身化视觉的结构和过程——这种视觉迄今为止只能作为一个不可见的和私人的结构直接为人类所用,我们每个人都将这种结构经验为"我们自己的"。也就是说,电影的新奇物质性和技术逻辑给我们提供了具体的和经验性的见解,使我们主观视觉的可逆的、辩证的和社会的性质变得客观可见。在写作关于人类的视觉和我们对"他人也看到了我看到的东西"这个观点的理解时,梅洛-庞蒂告诉我们:"一旦我们看到其他观看者……此后,通过其他人的眼睛,我们自身是完全可见的。……第一次,我正在进行的看对于我来说是真正可见的;第一次,我好像在我自己的眼睛下完全被翻转了。"[2] 我们通过他人的眼睛看到自己在看,这种视觉自反性在电影之前只能被间接地完成,也就是说,我们只有通过看着(而不是透过)他们眼中的意向性之光(intentional light)和他们客观行为的投入才能理解他人的视觉与我们的视觉有相似的结构。然而,唯独电影把这种

---

[1] 随着电子技术以及 VCR 和 DVD 播放器的出现,暂停键确实只是暂停。然而,在电影中,图像能在屏幕上"冻结",只有当它被重复多次,它才能通过放映机继续移动;而静止的摄影不同,电影总是不得不活跃地忙于"捕捉"它的凝视。参见我的 The Active Eye 可获得更深入的阐述。

[2] Maurice Merleau-Ponty, *The Visible and the Invisible*, trans. Alphonso Lingis (Evanston,IL: Northwestern University Press, 1968), 143-144.

视觉自反性和哲学转向直接物质化了，即在客观地可见但被主观地结构的视觉中，我们不仅能看着（look at）而且能看穿（look through）。总之，电影确确实实提供了客观视线进入视觉的主观结构，并因此进入始终作为观看主体与可见客体的自我与他者。

再次，在《银翼杀手》中，比人还要像人的复制人的矛盾身份是富有教益的。在与基因性地制造了他的眼睛的生物技术家交谈时，复制人罗伊·巴迪（Roy Batty）带着一种反讽的意味说："如果你能看到我用你的眼睛所看到的东西就好了。"这不仅在叙事中引起了共鸣，也描述了电影的观众。通过电影的知觉物质性和表达物质性，我们参与了对所谓"不可能"的主体间性形式之渴望的反讽性表达。电影的知觉物质性和表达物质性是十足的物质性的，通过它，上述那种欲望被客观地且可见地满足了。[1]因此，与其说电影仅仅是用机械视觉来置换人类视觉，不如说电影的机械功能给人类视觉的可逆结构带来了可见性：这种结构在活体中系统性地以既是主体又是客体、既是能见的（看）又是可见的（被看）的方式呈现，也以同时产生观看活动（一个"观察的角度"）和被看的图像（一个"被观察的角度"）的方式在活体中呈现。

事实上，通过它机动的和组织性的能动性（这一能动性通过居于世界中的移动摄影机的空间即时性，以及对主要空间经验的反射性的和时间化的编辑性重组［re-member］而获得），电影铭记并唤起了存在在场的感觉，这一感觉同时被主观地内化也被客观地外化了；它被概括地和综合地集中了，但也被去中心化和分裂了，它是移动的和自我置换的。因此，电影不会唤起与摄影所引起的自我占有相同的感觉。事实上，电影主体被感觉为从未完全自我占有的，因为它总是部分地

---

[1] 这种说法浓缩了我书中的主要观点和论据。参见 *The Address of the Eye: A Phenomenology of Film Experience* (Princeton, NJ: Princeton University Press, 1992)。

和可见地被移交给他人的视觉，同时它在视觉上只占据了它所看到的一部分，也不能整体地看到它自己。此外，它的视觉的移动性构成了电影主体（包含电影和观众），这一主体总是在时间、空间和世界中移动（displacing）它自身；因此，尽管它作为物质性具身化的存在和简要地集中（在屏幕上或作为观众的活体）的存在，但它总是在逃避它自己的（以及我们的）限制。

电影对具身化移动视觉的双重的、可逆的和有生命力的视觉结构的可见铭写，根本上改变了摄影的时空结构。与詹姆逊所称的"时间和时间性的极端现代主义（high-modernist）主题"一致，电影用"绵延（dureé）和记忆的挽歌之谜"[1]使摄影变得充实。尽管它关于展现（unfolding）的可见结构不能挑战占主导地位的客观时间的现实主义知觉，这种客观时间是不可逆的和向前导向的流（即使是倒叙，也被电影视觉包含在向前导向的经验动力中），但是电影的意向性、时空流动性首次表达了主体性在想象、回忆和向前投射时的非线性且多方向的运动，并首次使这一运动变得可见。通过这种方式，电影使时间明显变得异质性（heterogeneous）了。也就是说，我们明显能够感知到在主观和客观模式中被不同地结构化的时间，并且我们明白这两种结构同时存在于明显的不连续状态之中，就像它们在特殊的活体经验中被积极地和不断地综合为在特定活体经验中的连贯性（即一个特定的、具体的和被空间化的历史和特定的时间化叙事）。

电影对表象所进行的活灵活现的呈现构成了它的"在场"，这一在场总是在当下参与生成和意指的经验过程。因此，向前流动的重要价值体现了电影及其时间性的特定形式（并且与摄影的非时间性相区分），并与一种结构紧密相联，这种结构不是占有、损失、逝去和怀旧，而是累积、短暂、呈现和期待——也与一个由自身与集体过去和广阔未

---

[1] Jameson, "Postmodernism," 64.

来之联系所体现的当下的在场相关联。通过对经验的编辑性扩展和收缩，也就是通过倒叙（flashback）、预叙（flash-forward）、画面冻结（freeze-framing）、实体动画（pixilation）、反向运动（reverse motion）、慢速运动（slow motion）和快速运动（fast motion），以及视觉地（和听觉地）呈现记忆、欲望和情绪的主观时间性，电影可视的（和可听的）活动的滞留（retention）和前摄（protension）建构了一个主观的时间性而不是客观时间的不可逆方向和向前的动力，但两种时间是同时的。时间的同时性不仅"加厚"了电影的当下，也在空间上扩大了电影的在场——既扩展了电影中这里（可能的和具身化的电影之眼所在的地方）和那里（在此，电影眼的凝视把自己置身于它的客体中）之间的每一个影像中的空间，又包含了这种能见/可见的电影表达中多样的情境，如双重曝光、叠加、蒙太奇和平行剪辑。

电影也彻底改变了摄影的空间现象-逻辑。电影同时是呈现的和再现的，是观看的主体和可见的客体，是由过去和将来构成的当下在场，是将时间的异质性综合为具身化经验之连贯性的持续生成，它加厚了相片薄薄的抽象空间，使其成为一个具体的和可居住的世界。我们在此也许会记起《堤》中一个女人的眼睛充满生命力的突然闪烁，以及这个可见运动如何将摄影转变为电影，如何将一幅已拥有的图片的平坦表面转变为情人卧室的活的空间和积极的可能性。在它的运动能力中，电影的物质能动性（具身化为摄影机）因此总还是将视觉/可视空间构成为运动（motor）和触觉空间——这个空间深邃而有质感，可以被实质性居住，不仅为视觉/可视的（the visual/visible）提供抽象基础，也为它的特定处境提供抽象基础。因此，尽管视点是电影理论中常见的术语，但在电影中并没有像它一样的抽象物。相反，有一些具体的观看情境——这些情境是具身化、世界化和情境化的主体/客体的特定的、移动的和投入的介入，这些主体/客体的视觉/可视的活动探索并表明了一个多变的视觉领域，它来自一个其视域总是超越它自身的世界。此外，受到电影的时间性影响，电影的空间也被经验为异质的——既是连续的又是不连续的，从内到外都是被亲历的和被重组的。电影的在场因此被多样化地定位了——同时在过去处境和将来情境的那里移动自身，也从身体目前所处的这里为这些移动确定了方向。当时间的多重性和不连续性被综合、被集中并凝聚成一个特定的活体的经验时，多重的和不连续的空间也被凝缩（synopsized），并被定位在一个特定身体的空间和物质的综合中。也就是说，不连接的空间和不连续的时间被表达为独立的镜头和场景，它们综合地聚集在一种连贯性中，这种连贯性也即电影的活体：镜头是它的感知器官，放映机是它的表达器官，屏幕是它的独立物质中心，集中了富有意义的经验。总之，电影作为一个主观活体经验的知觉和表达结构的客观且可见的表现（performance）而存在。

电子技术则不是这样，它的物质性和多样形式使它的观众和"使用者"参与到感官性和精神性经验的一个现象学结构中，和电影比较起来，这个结构看起来如此分散以至于似乎属于无－身体（no-body）。20世纪40年代，电子技术在电视（看起来是收音机和电影的一种家庭式的温和结合与延伸）和超级电脑（由一个不那么温和的军工复合体驱动的更加神秘的技术）中文化性地出现，电子技术可以被看作第三次"资本自身内部的技术革命"。电视和电脑不仅彻底改变了资本，也改变了文化，就如詹姆逊所说的，是资本主义前所未有的和"惊人的扩张进入迄今还未商品化的领域"，包括"一种对自然和无意识的新的、历史性的原始侵入（penetration）和殖民化（colonization）"[1]。随后，电子技术不仅逐渐主导着摄影和电影，也在逐渐主导我们的生活；确实，正如布鲁克斯·兰登（Brooks Landon）所写的，电子技术

---

[1] Jameson, "Postmodernism," 78.

已经"渗透进所有形式的经验,并变成不可避免的环境,一种'技术圈'(technosphere)"[1]。从20世纪40年代开始,一些东西被一种似乎完全媒介化的文化理解为自然的,对这些东西的这种扩展的和总体化的整合,以及无意识的电子性镜面化生产、增殖和商品化(无意识作为可见的和可销售的欲望在全球传递)将垄断资本主义重构为跨国资本主义。相应地,詹姆逊(有名地)将后现代主义视为一种新的文化逻辑,这种文化逻辑开始主导现代主义,并且开始改变我们对存在在场的感觉(我会在此加上电影的在场)。

由于技术的(和电视的)渗透(pervasion)和(万维网)散布(dispersion)的功能,这种新的电子的在场感与一个关于当下的也关于即时刺激和迫切性欲望的无中心的类似网络的结构紧密相连,而不是与摄影对过去的怀旧或者电影对将来的希望紧密相连。数字电子技术将摄影和电影的类比性质(analogic quality)原子化并抽象地图式化,变成信息的离散(discrete)像素和比特,它们随后被连续地传输,每个比特是不连续的、不连接的和绝对的——每一个比特自在存在(being-in-itself),即便它是一个系统的一部分。[2] 电视、录像带和数码光盘、VCR和DVD录音机/播放器、电子游戏、拥有网络接口的个人电脑和各种各样的口袋式电子产品形成了一个包容性的知觉和表象系统,该系统的多种形式"相互连接"(interface)以构成一个可供选择的和绝对的电子世界,这个世界是非物质化的(immaterialized)——但在物质上作为结果的——经验的世界。这个电子世界将观众/用户独特地整合进一个空间去中心化的、弱时间化的和准-非具身化

---

[1] Brooks Landon, "Cyberpunk: Future So Bright They Gotta Wear Shades," *Cinefantastique* 18, no. 1 (Dec. 1987): 27.
[2] 尽管所有运动中的图像都是一个接一个连续播放的,但每一个摄影和电影图像(或画面)都是模拟性地而不是数字化地被制作或被放映。也就是说,图像是作为一个整体被制作和放映的,而且其元素是被逐级(gradation)区分出来的,而不是通过绝对数字价值的自由开/关来区分的。

（quasi-disbodied）的（或者分散的具身化的）状态。

我们再一次用《银翼杀手》来说明电子技术如何既不是摄影也不是电影。人类主角德卡尔（Deckard）在追踪反叛的复制人之一莱昂（Leon）时，在复制人的空房间和浴室里搜索，发现了一张照片，这张照片看起来除了这个空房间本身没有揭露任何事。通过使用一个类似于一部电视和 DVD 播放器的虚构科学设备，德卡尔（通过声音）引导设备的电子眼放大，靠近，分离并扩大照片不同部分的细节，最后他发现了一个暴露复制人行踪的重要线索。一方面，德卡尔在这儿所起的作用就像一个摄影师在他的暗房里通过光学的发现使得过去的经验变得显著可见。（这个顺序让我们回想起 1966 年米开朗基罗·安东尼奥尼［Michelangelo Antonioni］的经典电影《放大》［Blow-up］中一个模糊地"被揭露"的谋杀者的放大照片。）另一方面，德卡尔就像一个电影导演用电子眼探索和探测摄影的空间，从而通过可区别的行动使最后"被发现的"叙事变得具有生命力。德卡尔的电子眼既不是摄影的也不是电影的，尽管它从莱昂照片的静态奇异性（static singularity）中构造了一系列运动的图像并且为德卡尔揭示了一件事情，那就是叙事的素材能被制造出来，但它实际是在离散的静态比特中连续地运作着。我们看到的运动图像本身并不运动，它们没有给我们或者给德卡尔显示出有生命力的和意向性的视觉。这些运动的图像传送到电视屏幕上，不再保持照片所具备的具体的、物质性的和客观性的"物性"（thingness），但是它们也无法实现意向性和前瞻性视觉（这一视觉由电影客观地表达出来）的主观性生命力。总之，它们更多地以德卡尔的经验存在，而不是作为莱昂的经验存在。

事实上，电子技术在现象学上不是被经验为离散的、意向性的和在空间中以身体为中心的中介和投射，而是被经验为通过网络或网页的同时的、分散的和无实体的传播。这个传播装置在空间内构造了一个由节点组成的从物质层面上看并不牢固的格子架（flimsy laticework of nodal points），而不是具身化经验的稳定基础。电子表象和在场因此既没有维护世界和自我的客观和物质性的占有（就像摄影所做的一样），也没有维护一个中心化的而且是主体从时空角度对世界物质性的介入，以及对其他的被聚集并投射为从物质层面具身化的意向性经验的介入（就像电影所做的一样）。电子技术以数字与图示的形式，从对经验性的本质客观性的物质性复制中抽象出来（这一本质构成了摄影），并且从具身化主观性和构成了电影的无意识的表象的呈现中抽象出来（这一本质构成了电影），从而建构了一个元世界，在这个世界中审美价值和伦理投入倾向于被定位在其自在的表象（representation-in-itself）中。也就是说，电子技术符号性地——并且意义重大地——构成了一个模拟系统。这个系统构造了许多似乎缺乏原型的复制品。而且，当意义和它的原始或"真实"指示物之间存在一种在现象学上被感知到的薄弱的或者缺席的联系时，正如居伊·德波（Guy Debord）所说，"被直接亲历的一切事物都已被移进表象之中"，在这个时候，指涉性不仅变成了互文的，而且是形而上学的。[1] 居住在这样一个形式上图示化的和互文的元世界中，该世界在远离真实世界之物质性的程度上是前所未有的，这种居住具有把观众／用户从被称为道德和身体的庄重性（gravity）中解放出来的显著倾向——并且，至少在兴奋（euphoria）的那一刻，它将我们从真实世界的结果的重量中解放出来（确实，不仅信用卡的挥霍和电子购物看起来是这种情况的世俗的和普遍的证据，而且，通过发送和传播电子请愿书，比如去拯救国家艺术基金会［the National Endowment for the Arts］可以轻松地"履行"某人的公民责任，这一行为的不那么普遍但过于乐观的高度热情也是一种证据）[2]。

---

[1] Guy Debord, *Society of the Spectacle* (Detroit: Black and Red, 1983), n.p.
[2] 我这里说的是占主导地位的文化和技术逻辑。很明显，电子传播（包括申请书发送这样的事情）可以且的确带来了更大程度的道德严肃性以及相关的重要的物质结果。然而，这种倾向有待成为流通的案例，并且为处于这样一种文化中的人所接受，在这种文化中电子和后现代逻辑不是支配性的，具身化的存在真正地在指称的关键之中，无法被忘记或者没那么容易"解脱"。

155 　　电子技术的非物质性及其对重力的解脱也使"绵延和记忆的挽歌之谜"和人类的处境数字化了。人类活体中的叙事、历史和一种集中的（中心的）投入以及活体的有死性都被分化和分散在一个系统中了，这个系统不是把时间性构成为一种尖锐的意识经验的连贯流动，而是将其构成为短暂欲望的爆发，以及随意的、未经鉴定的和无尽的信息的传递。（这里我们也许首先会想起在线商品目录和网络拍卖的兴起；其次，我们也许会想起一个人在网络上搜寻比廉价机票更有意义的东西时通常会感到失望的经验。[1]）不同于摄影和电影的时间性，电子技术的时间性的主要价值在于**持续的当下**的离散的时间性比特（由于电视、录像带、数字光盘、计算机内存和软件），这种持续的当下可以通过观众／用户被挑选、结合并不断重播，从而达到这样一个程度，即客观时间的流和先前不可逆转的方向似乎不仅克服并且重塑了循环的时间网络的创造。[2] 也就是说，一方面，历史和叙事在时间上的紧密结合让位于编年史和情节在时间层面的自行判断，让位于从叙事上看曾经令人震惊的具有不连续性和不相邻性的音乐视频，让位于无论是在因果性方面还是在意向能动性的实现方面都显得多样、随意或有趣的种种叙事。[3] 然而，另一方面，时间性被分散了，它的解决方法不存在

---

[1] 尽管这可能会削弱我在此的观点，但我还是承认没有比廉价机票更有意义的东西了。

[2] 参见 Michael Heim, *Electric Language: A Philosophical Study of Word Processing* (New Haven, CT:Yale University Press, 1987)。这本书在这里是合适的，作者认为："虽然内容可能相同，但通过个人录像带科技观看的电影不是真的同……投射到银幕上的电影一样。当投射的影像不再大于生命，通过快进、定格和每一个指尖控制而变得可操作时，经验中就会有一种深刻的变化，……在什么正在被看见的意义上也会发生变化。这种观看不再有一个你必须调整你的注意力的场合。有了它，电影文化可以被随时调用，随意操作。录像带为电影提供了一个不同的心理框架。"（118）

[3] 比如在《双面情人》（*Sliding Doors*, 1998；彼得·休伊特执导）中，演员上演了两种十分不同的生存可能性；《罗拉快跑》（*Run Lola Run*, 1998；汤姆·提克威执导）中演员直接地在一种处境的几个循环重复中奔跑；《记忆碎片》（*Memento*, 2000；克里斯托弗·诺兰执导）中，时间似乎在直线倒退回过去事件的开头处，但实际上充满了差距和重叠，而且含混地向前移动，同时与另一个电影叙事焦点相关；《穆赫兰道》（*Mulholland Drive*, 2001；大卫·林奇执导）中，似乎只有局部的时间凝聚和各种主观性，以及在角色中自由漂浮的能动性。

于可理解的叙事紧密性上，也不存在于内在意识流中（这种意识流在时间层面上"紧密结合"成某人的主体性认同），而是存在于各种瞬间和情况的实际网络中。因此，如今看来，对大多数人而言，维系同一性的似乎是另外一种紧密性：持续的手机响铃，电子呼叫以及"掌上电脑"（palm pilot）消息的不间断确证——这些与其说是重要的交流，不如说是某人的存在、某人的"在世存在"的外部客观证明。

随着异质性时间的物质性实现，曾经主导现代主义的文化逻辑及其电影技术在现象学上体现并转变了早期主要的时间性的客观感和线性感。也就是说，它重新认识和表象性地意识到客观和主观的时间同时存在，但结构非常不同。通过一个有悖常理的转向，现在主导后现代主义的文化逻辑（并且，也许是后-后现代主义）和它的电子技术逻辑在现象学上影响了——并且转变了——带有主客观时间感的现代主义和电影的时间性，这种时间感再次变成同质性的。无论如何，这是一个彻底的改变，而不是回归到较早的现象-逻辑，在这个逻辑中，对客观时间的感觉占主导地位，这种客观时间在一个标志着过去、现在和将来的线性进程中持续不断地向前流动，主观时间从属于这个运动并因此明显被感觉为是同质的。在以技术转向为标志的现代主义时代中，电影主要将我们的时间感分裂为两种，并且使客观时间的线性和主观时间的非线性之间的区别变得可见和可感，从而构成了我们对这些时间的异质性感觉。当时间性已经被技术文化转变时，时间性的新奇和激进之处在于，尽管我们对主观时间的感觉保持着它的现代主义的非线性结构，但是我们对客观时间的感觉已经将之前在线性进程中向前流动的恒定性重构为一个非线性且不连续的结构，这在很大程度上与主观时间的非线性和不连续结构相类似。因此，客观时间不再与非线性和不连续的主观时间有差异，而标志着它们时间性的不同形态的明显差异已经消失了。现在，时间性构成并且自相矛盾地作为不连续性的同质性经验而存在。极端现代主义（和电影）的绵延的独特主观特征也被外在化为"只读"(ready-only)和"随机存取"(random-access)的电脑和文化记忆的客观时间性,而客观时间的调节性限制(regulative strictures)和线性目的论现在似乎在一种等价且可逆的非线性结构中逐渐回到自身(在铁路曾经"准时"运行的地方,我们只需查看航线,而且我们对他们的时间表的真实性感到不信任——不过,当然还有数字录像设备[TiVo])。这种时间改变是彻底的——它改变了我们的感觉感性,从《追忆似水年华》的现代主义的、挽歌式的和对经验的庄重重组,到《回到未来》那后现代主义的、喜剧的和反复无常的循环。[1]

科幻虚构电影的类型再次说明了这一点[2]。电影《回到未来》当然是贴切的,亚历克斯·考克斯(Alex Cox)的后现代的、戏仿的和不带感情色彩的电影《追踪者》(Repo Man,1984)更清楚地表现出了后现代异质性的同质性,这种同质性是以现象学的方式被经验到的。这部电影以流浪汉和无赖为题材,是一个结构松散、紧张、插曲式的且犹豫不决的故事,它讲述的是一个冷酷无情的放荡的年轻人与汽车回收员、外星人、洛杉矶朋克、政府公务人员等的故事,但是它也被建构为一个由巧合组成且被复杂地关联在一起的混沌系统[3]。在叙事连贯性的局部的和人类的层面上,电影的个别场景不是通过叙事因果关

---

1 Marcel Proust, *Remembrance of Things Past*, vol. 1., trans. C. K. Scott Moncrieff and Terence Kilmartin (1922; reprint, New York: Random House, 1981).《回到未来》这部电影——有三部曲——由罗伯特·泽米吉斯导演:*Back to the Future* (1985), *Back to the Future Part II* (1989), and *Back to the Future Part III* (1990).

2 在所有的叙事电影类型中,科幻电影最关心诗意地图绘空间性、时间性、新科技所体现和/或构成的主体性的那些转换。而且科幻电影在其特定的材料上已经制造了这些具体可见的新的诗意地图。详细的阐述参见我的 *Screening Space: The American Science Fiction Film* (New Brunswick, NJ: Rutgers University Press, 1997), 223–305。

3 我从复杂系统的角度对混沌的指涉是特殊的且有目的性的,这种指涉产生于在之前被视为随机和巧合现象的东西中的混沌与秩序之间的复杂关系的新界限。最具可读性的详细阐述参见 James Gleick, *Chaos: Making a New Science* (New York: Viking, 1987);应用于与混沌的当代表象有关的文化问题可参见我的"A Theory of Everything: Meditations on Total Chaos," *Artforum International* (Oct. 1990): 148–155。

系或者心理动机而是通过字面的物质能指被联系起来的。例如，悬浮仪表盘装饰物提供了电影另外不同的两个情节之间的非因果关系和物质性动机。不管怎么样，在超验的整体层面上，电影通过叙事循环性解决了它的非因果和混乱的结构，叙事循环性将看起来随意的角色和事件连接聚集到复杂的关系和秩序中，这个关系和秩序被空间外的角色描述为"宇宙无意识"和"巧合的格子架"。《追讨者》中的情节和同一性分散于一个巨大的关系性的"巧合的格子架"中，这个格子架是一个"网络"，一个由节点状的且短暂的遭遇和事件构成的"万维网"。因此，洛杉矶在《追讨者》中占据着重要地位——它不仅在局部上使个人经验碎片化为分裂的部分和离散且混乱的比特，这些部分和比特只能通过汽车的窗口而松散地存在，而且使经验的在超越性层面的紧密结合在那个字面意义上但具有总体性的"巧合的格子架"[1]中得以可能，这个格子架也即洛杉矶高速公路系统的"网络"和"网页"，它在另一个尚未稳固的人类量级之上把经验重新连接为可理解的。

后现代和电子瞬间在对滞留和前摄的现代主义和电影时间结构的打破中构成了一种绝对在场的形式（从给过去/现在/将来的时间系统赋予意义的客观不连续性和主观不连续性中概括出来的形式）。相应地，时间性的变形改变了它所占据的空间的本质和特性。当主观时间被经验为前所未有的外在性，并且被转变了的客观时间感同质化时，这一客观时间与其说是不可否认的线性时间，不如说是在方向上可变的时间，空间也相关联地被经验为抽象的、无根据的和平坦的空间——一个用于播放和展示的地点（或屏幕）而不是一个投身其中的情境，在这种处境中动作进行计数（counts）而非计算（computes）。这样一

---

[1] 米勒这个角色既是电影最有远见的"先知"，也是叙事中最精神恍惚的"疯子"。他很容易阐明脱节的但奇怪的关系的逻辑系统，在这种系统中UFO和南美洲的联系解释了地球上的所有人都来自哪里以及他们要去往哪里。他通过指出你会如何"思考一盘虾，并且突然有人说'盘'或'虾'或'一盘虾'"，而表明他的"宇宙无意识"观念和"巧合的格子架"。

个缺乏深度的空间不再能精确地把握观众和用户的兴趣，但是不得不持续不断地刺激它。它的平坦——它缺乏时间厚度和身体投入的功能——不得不在表面上吸引观众的兴趣。为了实现这一点，电子空间建构了与深度、质地和被投入的身体运动相应的客观且表面性的对等物。颜色的饱和度和对细节的夸张关注取代了影像表面的深度和质地，而持续的行动和屏幕及影像同时且杂乱的多样性取代了重力，重力为活体的运动进行奠基和定向，活体拥有一种身体自由（和来自身体的自由）的感觉，这种感觉令人惊叹，在运动上令人兴奋，并经常使人眩晕。因此，伴随着审美特征和感性的这种转变，一个重大的伦理投入的转变出现了。不管影响是消极的还是积极的，电子技术的主导性文化技术逻辑和与之相伴随的电子"自由"感倾向于扩散并/或者使活体的物质性重力和道德性重力去具身化（disembody）。[1]

我想要表明的是，电子在场是无根的和非等级制的，它既没有一个视点，也没有一个视觉处境，就像我们分别地经验摄影和电影一样。相反，电子在场随意地通过网络存在，它活跃的动作描绘并点亮了屏幕的表面而不是用身体维度去铭记它（身体维度是中心化的意向性投射的一项功能）。电视屏幕和电脑终端上的影像看起来既不是被投射的也不是有深度的。当我们接触或面对它们的时候，在现象学上看，它们不知怎么地"就在那儿"。电子空间的这种二维的、二元的表面性立即将意识活动从万有引力和它迄今为止在一个物质世界中的具身化且有根基的存在的方向中解放出来，并且使意识活动失去方向。在所有表面上，电子空间不能被不是电子身体的任何身体所居住。这样的

---

[1] 由于这篇文章是最初发表的，我一直面临有关这种论断的争论，尤其与虚拟现实和各种尝试调动电子空间中的人类感觉中枢有关。这个争论是电子空间使我们"重新具身化"（reembodies）而不是"去具身化"（disembodies）。虽然，在一定程度上，这是真的，电子技术占主导地位的文化逻辑往往逃避或贬低我们处于物理空间的身体——不仅在他们遭受他们的肉身和有死性的时候，而且在他们为这样的重新具身化的幻想建立基础的时候。

空间否认并假肢性地（prosthetically）改变了观众的物理身体以至于主观性和情感通过自由浮动（free-float）、自由落体（free-fall）或自由流动（free-flow）来穿过水平／垂直网格，或者就像我们所有的电子口袋通信设备一样消失在稀薄的空气中。主体性同时是去中心化的、分散的和完全外在化的——这再一次抹除了现代主义（和电影）的内外之间的辩证法，以及它在意识和具身化经验的连贯性中对不连续时间和不连接空间所做的综合。正如詹姆逊所解释的这种存在的新奇状态：

> 从集中主体的较老的失范（anomie）中……解放出来，也许也意味着不仅是从焦虑中解放出来，也是从所有其他的感觉中解放出来，因为不再有一个自我现场去感受。这并不是说后现代主义时代的文化产品完全避免感觉，而是这种感觉——也许称为"强度"（intensities）会更好且更准确——现在是自由漂浮和非个人的，并且倾向于被一种独特的兴奋所主导。[1]

这种兴奋性的在场由电子技术的文化逻辑和技术逻辑共同构成并通过它们变得可见，它不仅新奇而且独特。冒着听起来反动的风险，我会认为这也可能是危险的——这不仅仅因为它的抽象概念很容易"翻车"。在一个更深的层面上，它缺乏特定且清晰的兴趣、在人类身体中有根基的投入以及在世界中的行动，它那自由浮动的价值标准以及它被当下的瞬间所充斥很可能会让我们失去整个未来。

在《作为屏幕基础的身体》（The Body as Foundation of the Screen）中，埃莱娜·德·里奥指出，对技术生产的影像的现象学和存在主义描述必须坚持"在影像的制造和接收中身体的结构性作用，但是更重要的是，坚持身体本身的重构（the reconfiguration of the body itself）——这拓展了可见性和在场的客观框架的限制"（95）。阿托

---

[1] Jameson, "Postmodernism," 64.

姆·伊戈杨探索了当消极地和积极地居住在被技术所中介的知觉和表达的多种（以及主要的电子）模式之中时的人类关系。在讨论伊戈杨的杰出电影时，德·里奥用与詹姆逊相似但更积极的方式描述了活体主体的重构。当她指出我们在被电子技术所中介的影像文化中对屏幕之多重性与异质空间之同时性的经验时，她写道："这样的影像共存有一种把准时的和自我占有的身体分散到栖居于不同时空场所的身体的多样性中的效果。因此，电子屏幕并非维持一个自恋的自我逻辑（ego-logical）身份的幻觉，而是能够提供暂时性和非实体性的象征范式。"（109）尽管如此，她也指出，活体主体的这种电子分散和重构的更多积极方面几乎没有规范——并且确实与最近的控制论环境的主导逻辑相矛盾，这种逻辑试图"回避和擦除身体，仿佛它的存在重量和有机重量能轻易消失"，但这是多么徒劳（97）。因此，伊戈杨将"电子屏幕"作为一种能够表达与再现实体和价值的人性化新模式来"使用"，这一行为是"激进的"，并且"不与由电子媒介规范性地产生的效果相冲突"。值得注意的是，活体主体的这种电子重构通过电影发生——伊戈杨的电影整合了电子技术（而不是相反）以至于他的电影就像德·里奥描述的那样，构成了"一种自我意识的表象性过程，这一过程在电子技术的大多数主流使用中是缺席的"（112）。

现象学的分析不会以调查研究下的对现象的"厚"描和主题化为结尾。它的目的也在于对现象的解释，这一解释为那些介入它的人揭示了它所拥有的活的含义、意义和非中立价值。按照当代影像文化，无论它们多么彼此介入和竞争，无论它们多么彼此借用隐喻和比喻，电影和电子表象之间的物质差别作为它们的历史性的活的含义与价值之间显著的差异而出现。电影是一种知觉和表达的客观技术，它在我们之前来到并存在于一个结构中，这结构暗含了一具可感的身体和一个有感官的和制造感觉的主体。在它的视觉表达和运动中，它允许我们第一次客观地看见曾作为可见的不可能性存在的东西：我们在世界上既是意向性主体也是物质性客体，既是看者也是被看者。因此，当它物质地和意向性地介入实质性的世界时，它向我们展示并肯定了意识的具身化存在。它也肯定并告诉我们，通过视觉和行动分享物质性和世界，我们是具有主体间性的存在者。

现在，从历史上看，是电子技术的技术逻辑——而不是电影的剩余逻辑——支配着我们文化表征的形式，并且形成了它的内容。而且和电影再现不同，电子表象通过它的结构在现象学意义上扩散人类身体的肉身性在场以及那具身体的物质世界的维度。无论在某些方面它的价值是多么重要与积极，无论它从活体主体中涌现的发明和用处如何得多，电子技术还是倾向于忽视或简化人类身体。确实，在我们特定的社会和文化中的这个历史时刻，我们能看到，我们周围的一切都表明活体处在危机中。它的重力，它的差异性的存在、地位和处境，它的脆弱性和有死性，它对他人居住的具体生活世界所进行的至关重要的社会性投入，它为了维护上述这些所作的斗争，现在都表现为对电子表象之去具身化效果的歇斯底里且夸张的回应。一方面，当代的运动中的影像给我们展示了人类身体（它的必死的"肉体"）被不可避免地残酷地拷问，"被打满孔洞"（riddled with holes）并且"被驱散"（blown away），这一身体不能保持物质完整性或道德的严肃性。如果终结者不能终结它，那么电子智能炸弹会终结它。另一方面，现在流行的迷恋身体塑形和整容手术显示了一种将人类身体重构为更不容易受伤害的愿望——一个"坚硬的身体"；一架清瘦的、刻薄的和不朽的"机器"；一个能在物理层面与电子网络连接并在主体当前的已被数字化的生活世界中保持一个有意义的——虽然是可改变的——物质性在场的赛博格（cyborg）[1]。因此，在我们的电子存在的早期，健美运动者

---

[1] 赛博格是20世纪末期产生的科幻小说术语，指的是机器与肉体的结合体，赛博格小说已经成为科幻小说中的一个重要类型。——译者注

阿诺德·施瓦辛格扮演了无懈可击、身体坚硬的电子人终结者，然而最近，与活体的非物质化更一致的是，身材纤细的基努·里维斯在《黑客帝国》(The Matrix, 1999；沃卓斯基姐妹执导)、《黑客帝国2：重装上阵》(The Matrix Reloaded, 2003；沃卓斯基姐妹执导) 和《黑客帝国3：矩阵革命》(The Matrix Revolutions, 2003；沃卓斯基姐妹执导) 三部电影中灵活地分散并扩散了他身上仅有的一点肉，这并非历史偶然。

在肉身面临这种物质性和技术性危机的背景下，人们只能希望围绕着它的歇斯底里和夸张是战略性的回应——而且只能希望通过这次危机，活体在事实上已经能够充分地改造我们的注意，以便有力地支持它的存在并反对对它的模拟或抹除。因为在电子技术的主导文化和技术逻辑中有这么一些人偏爱仿真的身体和虚拟世界。确实，他们已经忘记了"技术起源于具身化的人类条件"，并且，实际上，他们相信身体（轻蔑地称呼为"肉"或"湿件"）只有作为图像或信息而存在才是最好的。他们认为在我们的电子生活世界中，协调某人的在场的唯一可能性就是通过反具身化来重构身体，把我们的意识数字化并下载进神经网络和内存中，下载到一个仅仅是电子存在的屏幕上面。[1] 如此一个无实体的电子存在可以不在意艾滋病、无家可归、饥饿、折磨、战争的血腥后果和肉体在影像和数据景观之外所继承的所有其他疾病。电子存在可以不在意活体，即便后者不仅曾经想象过它的技术逻辑并且赋予它实体基础、重力和价值。它可以不在意自己的历史。事实上，通过贬低物理性活体和世界的具体物质性，占主导地位的文化和技术逻辑形成了我们当代的电子"在场"，它表明——如果我们不小心——我们所有人都会处于不久就将变成机器中的幽灵的危险之中。

---

[1] 自这篇论文首次被写出来，有趣的是，下载某人的意识到电脑中的这种修辞已经更进一步地被分散和"超越化"了。现在，修辞谈论的是将某人的意识上传到万维网中。

第二部分

# 负责任的视觉

# 7 打败肉体[1]/在文本中生存，或者如何活过整个世纪

> 情感与情绪的消逝为我们所有最真实又最脆弱的愉悦扫平了道路——在痛苦和自残所引起的兴奋中；在作为完美竞技场的性爱中……为了我们自身变态的维罗妮卡（the veronicas of our perversions）[2]；在我们把自身的病态当作猎物一般去追寻的道德自由中；以及在我们使用概念化那显然无穷的力量时——我们的孩子们所应害怕的不是明日公路上的汽车，而是我们自己计算他们死亡的最简洁参数时的快感。
>
> ——J. G. 巴拉德（J. G. Ballard）[3]，
> 《〈撞车〉序言》（Introduction to *Crash*）

不久前，在一期《科幻研究》（*Science-Fiction Studies*）中，我有机会抨击了鲍德里亚的身体——既包括他的活体（lived body）和他的技术身体（techno-body），也包括这两者间难以逾越的鸿沟，这条鸿沟

---

[1] 打败肉体（Beating the Meat），原本为粗俗的俚语，指男性手淫，meat 指的是 penis（阴茎）。但在此处应该指"打败肉体"，文中会提到"meat"是对肉体的一种蔑称。作者使用了双关意义，下文对此作出了说明。——译者注

[2] veronica 指一种名为婆婆纳的草本植物，还可以指人名，一般与宗教典故维罗妮卡的面纱有关，译者难以确认此处准确的意思，故根据字面意思作了翻译。——译者注

[3] J. G. 巴拉德，英国小说家、散文家、艺术家，其最著名的代表作是小说《撞车》（*Crash*），中文版于 2009 年由吉林出版集团出版，该小说还被拍摄成电影并于 1996 年上映，电影中文译名为《欲望号快车》（由大卫·柯南伯格执导，而非 2005 年桑德拉·布洛克主演的《撞车》）。——译者注

从未或很少被思考[1]。该期刊刊发了两位法国理论家－批评家有关科幻以及技术文化（technoculture）的短篇论文的英译文[2]，其中一篇对《撞车》一书褒奖有加，这是 J. G. 巴拉德所著的一部非同寻常的小说，首版于 1973 年，1974 年之后的版本前面都会有一篇作者的精彩序言[3]。我对鲍德里亚的愤怒源自他对作品的肆意误读，此作品中的变态角色会因人体和技术间充满肉欲的冲突和合谋而变得"性亢奋"；他们会在毁坏的车辆中以及通过猛烈的撞车来为性和死亡欢呼。

《撞车》是一个以"色情"准科幻小说叙事为幌子的伦理故事，它冷漠、客观且毫无感情的文风过滤掉了叙事者对性行为和伤口充满情感和情绪的细节描写，（我想在大多数情况下是这样）叙事者也有能力去肉欲横流地唤醒读者鲜活的肉体。的确，巴拉德在他的序言中清晰明确地指出了小说的设想，以及他对当代文化不断增长的技术狂热所潜藏的致命后果的严重忧虑。由于将色情看成"关于我们如何以最迫切且无情的方式利用和压榨彼此，且最具政治意味的小说形式"，因此，他把《撞车》描述成"第一部以技术为基础的色情小说"。他认为这部小说是"一种极端情况下的极端隐喻，也是只在极端的危机中采用的一系列绝望措施"（6）。与小说颇为不同的是，序言中痛斥周遭世界时所使用的文风颇具火药味，巴拉德极有预见性的序言谈论了"窥淫癖、自我厌恶、我们的梦和渴望与婴幼期的关联"，他还认为，在一个充斥着"罪恶的技术"、"大规模商品化"、无尽的选择，以及"梦想可用钱买"的"传播技术图景"中，"这些心理疾病如今已在本世纪最骇人的灾难中泛滥：情感的消亡"（1）。虽然在如今被称为——当时还未被称作——后现代文化的语境中，巴拉德感受到一种道德的丧失，但他不

---

1 Vivian Sobchack, "Baudrillard's Obscenity," *Science-Fiction Studies* 18 (Nov.1991):327-329.
2 "Jean Baudrillard: Two Essays," trans. Arthur B. Evans, *Science-Fiction Studies* 18 (Nov. 1991):309-320. 下文引用时将标注在正文中。
3 J. G. Ballard, *Crash* ( New York, Vintage, 1985). 本章的题词在第 1 页。下文引用时将标注在正文中。

是一个卫道士。"《撞车》的终极目标是给予警告",他告诉我们,这部小说"是从技术地貌(technological landscape)的边缘发出警告,它针对残酷的、色情的以及被过度关注的领域,这些领域越来越具有吸引力"(6)。

然而,鲍德里亚一边赞誉巴拉德的书,一边却拒绝他的警告,并且——正如其早期著作中所常见的那样——向技术的"残忍"和"色情"屈服。的确,在写关于《撞车》的论文时,坐在鲍德里亚办公桌前的那具活体已经忘却自身,反而去赞誉"一具既没有器官也没有器官快感的身体,这身体已经完全被伤口、切口以及技术所带来的疤痕所占据——所有这些都置身于一种既没有指涉也没有限制的性欲符号之下"。而且,一面忘记了自身,一面又将其称誉的幻想明显地置于"融合了反抗和暴力能力的身体"之上,鲍德里亚的活体即便尚且存在,也已确定变得麻木无情(disaffected)(313)。在回应《撞车》时,鲍德里亚的身体总被当成一个客体来思考,然而(至少在他的写作中如此)从未作为主体去亲历——而且,由于是"被思考"而不是"活",身体才能承受所有那些符号的滥用,而这些滥用会带来不加选择、没有区别的快感。但是,这样一个鲍德里亚渴望的技术-身体,(正如鲍德里亚所理解的)是一部描绘色情画面(porno-graphic)的小说,它被客体化以及被书写,这种书写超出了信仰和真实——也就是说,它绝不会是鲍德里亚在其中亲历的身体,亦即那具既是"此处的"也是"我的"身体。这样一来,鲍德里亚与他自己的活体及其存在疏离了,而这种物质的存在预设了非常真实而非仅仅字面上的痛苦,他对"残忍的外科手术",亦即"不断操练制造切痕、割痕、疤痕,以及在身体上开个洞"的技术产生了超验的性亢奋(313)。鲍德里亚公开拒绝了巴拉德的警告和道德关注,并将之看作过时的且与当下格格不入的,他享受着小说中的伤痛、"人工孔洞",以及"人工内陷"(invaginations)(315)。他至少会在纸上为"铬合金与黏膜"以及"所有身体可对之开放的符号实践和献祭——不是通过自然，而是通过人造、拟像和事故"——之间的融合产生性亢奋（316）。

我想知道，在所有这些色情的技术幻想中，鲍德里亚的身体在哪里？既包括那个端坐桌前既有物理形态也有意识的肉体，也包括那具被压抑被否定的（disavowed）后现代主义者的活体。在同时被去中心化并被完全客体化之后，以及在感官思想（sensual thought）和纯粹心理经验（psychic experience）的现象学结构中外显（extroverted）与异化之后，它似乎被重新标记（re-signed）为一个无身体（no-body）[1]。那个人的活体（而且也许并非巧合的是，这是一个男人的身体），就其所有的物质事实，它的位置性（situatedness），它的有限性（finitude）以及它的限制性（limitations）[2]而言，似乎都通过文本化而被转化为了"纯粹"符号的无限可能性、可接受性、文字性，还有不负责任。在对物质性真实变为"可读文本"这一关键性崩溃进行总结时，弗里德里克·詹姆逊指出了"身体如何最终证明自身是一卷羊皮纸，而它的痛苦与症状以及它深处的冲动与它的感官装置（sensory apparatus）可以像其他任何文本一样被仔细阅读"[3]。鲍德里亚所看重的身体感觉，是在预设了具身化存在的情况下被切断了其起源与基础[4]。也就是说，鲍德里亚的身体发现其肉欲快感只存在于符号游戏的极乐（jouissance）中，它的痛只存在于创作瓶颈中。因此——当我想起第一次阅读鲍德

---

1 作者喜欢使用一些令人产生联想的造词方式，比如"re-signed"去掉连字符就是resigned（被放弃的），而no-body在去掉连字符之后就是nobody（小人物）。——译者注
2 从现象学的角度来说，finitude一般指的是人终有一死，而身体也会消亡，即一种有死性，而limitation则指肉体在活动上的限制性。——译者注
3 Fredric Jameson, *Postmodernism, or, The Cultural Logic of Late Capitalism* ( Durham, NC: Duke University Press, 1991),186.
4 作者这句话想要表达的是鲍德里亚完全不顾具身肉体的存在及这种存在带来的伤痕和疼痛，而只保留文本层面、符号层面的身体。身体的具身化存在，也就是物质的身体是符号身体的起源和基础。——译者注

里亚论《撞车》的文章时，我正从左腿末端的肿瘤手术中康复，并且熟知伤痕、切口、技术造成的伤疤、人工孔洞以及内陷——我希望上天能赐予他一两次车祸，以及能通过些许疼痛来恢复他的感觉。

确实，没有什么能像些许疼痛那样恢复我们的感觉，没有什么能像真实的（不是想象的也不是文字的）伤痕或伤口那样去反对技术性癖超验性（technosexual transcendence）的浪漫主义和幻想，当前技术-身体话语均以这种超验性为特点，而这种技术-身体又被认为充斥着后现代虚拟赛博空间[1]。正如詹姆逊提醒我们的那样："历史令人心痛。它拒绝欲望并且给个人和集体实践设置了不可逾越的障碍。"[2] 这种疼痛有力地将我们打回到我们的内在性、真实性，以及我们内在的"反应-能力"（response-ability）的身体必然性（即便不是道德律令）[3]。因此，尽管我真的在手术间隙开玩笑说，我的医生如何"进入别的男人没到过的地方"，但当我坐在那里读着鲍德里亚时，我正经历着人工孔洞和技术造成的伤疤所带来的疼痛，我可以证明他的隐喻令人反感，而所有关于"符号政治经济学"的言论都充满恶意。我的大腿上"关于挫伤、疤痕、截肢以及伤口的符号制造术（semiurgy）"绝不是什么"在这具身体上被打开的新的性器官"（314，楷体为笔者所加）。甚至在我的大腿最被当作客体也最技术化时，我都亲历着这条大腿——不是抽象地

---

1 现在有许多研究这些技术-身体幻想的文献。例如，可参见早期的例子 Scott Bukatman, *Terminal Identity: The Virtual Subject in Postmodern Science Fiction* (Durham, NC: Duke University Press, 1993); Scott Bukatman, "X-Bodies (The Torment of Mutant Superhero)," in *Uncontrollable Bodies: Testimonies of Identity and Culture*, ed. Rodney Sappington and Tyler Stallings (Seattle: Bay Press, 1994), 93-128; Claudia Springer, *Electronic Eros: Bodies and Desire in the Postindustrial Age* (Austin: University of Texas Press, 1996); and Mark Dery, *Escape Velocity: Cyberculture at the End of the Century* (New York: Grove, 1997).

2 Fredric Jameson, *The Political Unconsciousness: Narrative as a Socially Symbolic Act* (Ithaca, NY: Cornell University Press, 1981), 102.

3 按照作者习惯，作者应该是故意制造了 response-ability（反应-能力）这个与 responsibility（责任）在发音上很相似的词。根据下文，作者可能指的是具有反应能力才能具有责任感或伦理态度。——译者注

在"这具"身体上活动,而是具体地将之作为"我的"身体。因此,剧烈疼痛、轻微疼痛以及麻木(麻木毕竟不是没有感觉,而是感觉到没有感觉)、技术对我身体的冰冷触碰,使我不可能产生肉欲,而不是如鲍德里亚所说的可能会被肉欲搞得心神不宁。

然而,这个把鲍德里亚当成靶子的批判是很久以前的事情了,那时我还没有真的变成一个技术–身体,也没有体验到假肢带来的多维度的愉悦。自从癌症反复发作以及三次手术之后,我左腿膝盖以下和部分大腿都被截断,于是我学会了利用——并享受——假肢的替代。很快便感觉不到疼痛了(五个月后连痛的幻觉都消失了),我出门买了一整个衣柜的别致的新内裤,为的是与修复师每两周一次的见面,他是个长得很俊俏的小伙子,而且为我痴迷,他一般跪在地上修理我的钛合金膝盖时总会与我的胯部齐平。我不得不说我喜欢我的假肢以及它雕塑般的外表——尤其是那条永远不会长脂肪的大腿比我所谓的好腿还要纤细。我用极大的努力重新学会了走路,先把那条残肢[1](对我残余肢体的委婉说法)插入一条被吊索固定的腿的插槽中,再插入所谓的"抽吸"(suction)槽中——当它或我工作正常时——几乎可以透明地感觉到它就是"我"。正是这种抽吸槽让我体验到一种新的"人工孔洞"的经验,既没有手术的痛苦,又包含了技术的色情游戏的一切。每次装腿时,我的确一个阀门"扭/插"(screw)[2]进了我新大腿的洞里,推动它以将空气排出,只有这样假肢才能将我的残肢吸入被硅酮和玻璃纤维包裹的深处。

我也(至少在我自己眼中)变成了一个"苗条、破旧的机器"。截肢后我瘦了很多,不是因为像我们文化中那些厌弃自身的女性那样节食,而是因为密集的运动:起初仅仅是撑着拐杖从这里到那里,而现

---

[1] 作者这里说的"残肢"原文为 stump,指的是树被砍断后剩下来的树桩,所以后文才说这是对她残余肢体的委婉说法。——译者注
[2] screw 在英文中既有"扭紧"也有"性交"的意思,作为"性交"理解是口语中比较粗俗的用法,此处作者采用了双关的手法。——译者注

在是因为"举铁"以保持我其余的身体（也就是被我们的技术－身体与赛博格轻蔑地称为"肉"的东西）跟上我假肢的耐力和力量。事实上——在此我接纳了一种忏悔的立场，我一般不会宽恕别人——多年前我放弃了节食，因为我对没怎么贪食就总是自我批评而且还只喜欢"以前的我"感到愤慨。但是，在截肢和大量运动之后，我承认对自己变瘦的积极情绪多过因失去大腿而带来的消极情绪（不太妥当地说，这仿佛是一个"市场"里"肉类"部门的交易）。

事实上，自从我有了假肢以后，感觉自己变得比以前更有吸引力了，而不是相反。从我变成了坚硬（尽管只有一部分）的身体以来，我感觉比数年前更容易引起他人肉欲也更容易被他人引起肉欲——尽管由于我花在物理治疗和体育馆的时间太多，所以很难有时间真做点什么。我截肢十年以来，确实已经意识到将自我看成"我如今所是"是非常可笑的（如果这不是一种积极的倒退的话）。我发现，如果我想要，那么在技术的帮助下，我就能"改造自己"，为自己重塑一个更坚硬的和或许更年轻的身体（不幸的是，我残留的身体——它的"湿件"[1]被烙上了痛的记忆——不断地让我厌恶，但是我确信自己的技术欲望[technodesire]最终会胜利）。事实上，因为我现在所变成的技术－身体，我如今有了变形的力量，这种变形的力量原本是只有"多形态"的变态赛博格（polymorphously perverse cyborg）才能拥有——尽管我绝不是唐娜·哈拉维（Donna Haraway）在写她那篇具有讽刺性和乌托邦色彩的宣言时脑中所构想的那个东西。[2]

---

[1] 湿件（wetware）一般指的是人脑，类似于电脑系统但又明显与之不同，以区别于电脑系统中的硬件和软件。——译者注

[2] Donna Haraway, "A Manifesto for Cyborgs: Science, Technology, and Socialist Feminism in the 1980s," *Socialist Review* 80 (1985):65-107. 哈拉维的"赛博格"给许多文章带来了灵感，如可参见 *The Cyborg Handbook*, ed. Chris Hablis, Heidi Jul Figuroa-Sarriera, and Steven Mentor (New York: Routledge,1996)；若需要关于赛博格和性别关系的精彩论述也可参见 Anne Balsalmo, *Technologies of the Gendered Body: Reading Cyborg Women* (Durham, NC: Duke University Press, 1996).

就讽刺而言，如果你已相信我关于这一点所写的一切，你也许会认为我是自欺欺人、尖酸刻薄、处于心理补偿或某种十分特别的否定心态中，而不是多形态的变态。实际上，所有这些都不对。尽管我现在写的大多数都是真的（包括买那些别致的内裤），不真实的是，自从装上了假肢，我已经安于成为一个赛博格，一个技术－身体，或者用一个新近的术语，就是"后人类"（posthuman）[1]。我的假肢没有整合（incorporated）我。事实上，在我截肢后起初的几年里，以及我重拾某些自信之前，我的物理存在的意义就是去整合它。[2] 因此我对假肢的态度与如今我打趣的这种"好玩"但讽刺的态度有些许不同，后者是为了回应鲍德里亚及其追随者对技术－身体愉悦感的称赞。[3] 多次手术以及我的假肢体验真正教会了我，如果我们想活过这个世纪，就必须反对那些千禧年话语（millennial discourses），它们会把我们的肉身去语境化，变成没有感觉的符号或者把它数字化变成赛博空间（cyberspace）中储存的信息，正如一个爱好者热情四溢地描述的那样，在赛博空间中"你所有的一切都被截肢了"[4]。我已经截掉了一些——但不在赛博空间里。自此，我想成为一个虚拟的"无－身体"的热情就受到了限制。与新技术革命面对面，而且它改变着我们文化的方方面面（包括我们

---

1 关于后人类可参见 N.Katherine Hayles, *How We Became Posthuman: Virtual Bodies in Cybernetics, Literature, and Informatics* (Chicago: University of Chicago Press, 1999); R. L. Rutsky, *High Techne: Art and Technology from the Machine Aesthetic to the Posthuman* (Minneapolis: University of Minnesota Press, 1999); and *Posthuman Bodies* (Unnatural Acts),ed. Judith Halberstam and Ira Livingston ( Bloomington: Indianna University Press, 2000)。

2 更多关于整合人工制品（其中包括人工假肢和/或玩偶）的讨论可参见 "The Merging of Bodies and Artifacts in the Social Contract," in *Culture on the Brink: Ideologies of Technology*, ed. Gretchen Bender and Timothy Druckrey (Seattle: Bay Press, 1994), 85–87。

3 值得注意的是，在称赞和/或批判技术的时候，术语"假肢"(the prosthetic) 变得"性感"了，代替了后结构主义与文化研究语境中的"赛博格"。详细论述可参见本书第9章《单腿而立：假肢、隐喻和物质性》。

4 John Perry Barlow, "Being in Nothingness: Virtual Reality and the Pioneers of Cyberspace," *Mondo 2000*, 2(1990):42.

的身体和永久附着其上的手机、随身听以及掌上电脑），我们不得不意识到并且弄清楚危险的深层次矛盾，这种矛盾告诉我们：作为活体的我们与我们的工具以及工具的作用之间的关系是可逆的，这些工具会让我们超越我们的物理限制。我们还是不要（像我们当中某些人那样）——真地——忘乎所以了。

在发表为赛博格辩护的乐观宣言的数年以后，哈拉维认识到了鲍德里亚的身体色情和《世界 2000》(*Mondo 2000*)/《连线》(*Wired*)的亚文化[1]——即让我们上传到数据景观（datascape）中后打败肉体（beat the meat）[2]——所暗示的去具身性（disembodiment）话语所带来的自我毁灭的冲动。在《社会文本》(*Social Text*)的一篇访谈中她警告的正是她曾经支持的"解放的"赛博格主义（cyborgism）（这的确很讽刺），因为它已接入/干上（jack into and off on）[3]了她称之为"上帝的把戏"的东西，并且想要否认（或藐视）有死性。哈拉维认为，我们与技术之间隐含的可逆关系，我们对意识和计算机的困惑，对被当作主体的肉体与被当作客体的金属和电路的困惑，都是"超验主义的"行为。"它通过对其自身的恐惧来生产死亡，拒绝承认（正如它所做的那样）以下事实："我们的确会死，我们的确会伤害彼此，地球的确会灭亡，我们不知道有任何其他星球可以供人类居住，逃逸速度是一种致死的幻觉。"[4]

在一篇名为《技术身体：整合技术与肉身》(The Technical Body:

---

1 《世界 2000》(*Mondo 2000*)是诞生于加州的赛博格文化杂志，主要探讨网络、新毒品等各种边缘文化，主要活跃于 20 世纪 80—90 年代。《连线》(*Wired*)继《世界 2000》之后，是 20 世纪 90 年代诞生并盛行的文化类杂志，主要介绍技术对文化的影响。——译者注

2 Beat the meat 在这里既指的是把意识上传到数据库之后打败了肉体，也可对应前文所说的色情，即手淫。——译者注

3 jack into 指的是连接电脑或互联网，jack off 是"手淫"的粗俗表达，这里作者依照一贯的行文风格将两个词语合二为一，并且在下文会对此进行解释。——译者注

4 Donna Haraway, 引自 Constance Penley and Andrew Ross, "Cyborgs at Large: Interview with Donna Haraway," *Social Text* 25/26 (1991):397。

Incorporating Technology and Flesh)的十分重要的论文中,哲学家詹姆斯·巴里二世准确地从现象学观点谈论了这些问题。他的关注点在于现代技术的出现伴随着我们对工具熟悉程度的不断增长和不断扩散。在深层结构和社会层面上,这些已经被整合为感知形式,因此它变得如此自然以至于我们无法觉察其历史特殊性。人类的确有整合技术的倾向,关于这一点,巴里借用了梅洛－庞蒂所提出的行路的盲人与其拐杖之间的关系(很多方面都类似于我与我的假肢之间的关系)。由于盲人将意向投向这个世界而不是拐杖,因此拐杖"变成了他触觉的延伸……作为拐棍变得不可见,作为身体则'可见'"[1]。这种与技术之间的关系类似于科学家通过显微镜进行透明地观看的方法或者类似于我透过双聚焦镜片[2]进行观看;无论是幻灯片还是文本,当我们对视野内的客体投以意向之时,两者都变成了我们眼睛的延伸(然而改变的方法不同)。在我们意向性完成时,不论我们的技术倾向于变得透明的途径有什么样的例子,它们都"展示了人类身体延伸自己并超越客观边界的能力",而且都突出了身体如何"实际上会完全被与之相关的事物所吸引,并最终会将这些令其着迷的物质全部整合进自身"。[3]这样一来不只是对梅洛－庞蒂和海德格尔而言,而是对我们所有人而言,"理解人类身体和技术身体如何激发和支持彼此,以及如何共同超越或'增强'彼此变得越来越关键"。然而,"这种对身体的技术性'增强'……是有代价的。所有这些增强,实际上都是损形(deformation)或变形"。而且"这种转变隐含了某种感觉形式的优先性,以及随之而来

---

1 James Barry Jr., "The Technical Body: Incorporating Technology and Flesh," *Philosophy Today* (winter 1991):397.
2 双聚焦镜片(bifocals),一种特制镜片,上半部分可用来看远方,下半部分则用来看近处。——译者注
3 James Barry Jr., "The Technical Body: Incorporating Technology and Flesh," *Philosophy Today* (winter 1991):397.

的对其他可能性的忘却或掩盖"[1]。

高看我们因技术而得以提升的能力，忘记或掩盖我们的能力因技术而得以提高的事实，以及这些结果并非源自我们自然身体能力的事实，这种种倾向导致了既明显又不明显的矛盾心理。在《技术和生活世界》（Technology and Lifeworld）中，哲学家唐·伊德讨论了这种矛盾心理，或者说是他所谓的"双重欲望"，这种矛盾心理存在于延伸了我们身体感觉中枢（以及我们的感知）的技术与我们的关系之中——不论是拐杖、眼镜、假肢、摄影机，还是电脑：

> 一方面是希望有完全透明性（transparency），完全的具身性，让技术真正地"变成我"。如果这可能的话，就相当于技术根本不存在，因为我的身体和感知会彻底变得完全透明……另一方面是获取力量的欲望，以及对技术所能实现的**变形**的欲望。只有利用技术，我身体的力量才能通过速度、距离或者在其他任何技术得以改变我能力的方式中得到加强和放大。这些能力总是**不同**于我原本拥有的能力。从最好的方面来看，这种欲望也是矛盾的。我想得到技术所允许的转变，但是我想以一种基本上察觉不到其存在的方式来得到它。我想以让它成为我的方式来拥有它。这种欲望不但在暗中**拒斥**技术所是，并且忽视了与人类-技术关系必然相联的转变效果。这种虚幻的欲望在对技术的肯定阐释和反对阐释中都存在。[2]

显然，透明性是我想要的，而且在与我假肢的关系中，我一直在努力争取这种透明性。我想以对待主体的方式将之具身化（embody

---

[1] James Barry Jr., "The Technical Body: Incorporating Technology and Flesh," *Philosophy Today* (winter 1991):398.（楷体为笔者所加）

[2] Don Ihde, *Technology and the Lifeworld: From Garden to Earth* (Bloomington: Indianna University Press, 1990), 75.

it）。我不想把它看成一个客体或者当我用它来走路时还去想着它（think *about* it）[1]。的确，在学习使用假肢的时候，我发现在镜子中以对待客体的方式看着我的腿，把它作为外置物——一件技术产物——来思考和操控并没有帮助我提高我的平衡和步态，不像我从主体的角度那样，在意向性运动活动（intentional motor activity）的格式塔中感受腿的重量和节奏。目前，腿仍是外在于我的客体，是一个有待解决的阐释学问题，是一项被"使用"的技术，我不能亲历它并且在其帮助下去完成那些与它相关但并不会去关注它的意向性计划。所以，我当然想让腿变得透明。但是，我所想要的透明性意味着我要对假肢进行整合——而不是假肢对我进行整合（尽管，对那些认为假肢很奇怪的人来说，我更像它的延伸而不是反过来）。

　　这意味着，尽管使我能动的技术是由钛合金和玻璃纤维构成，但我并不真的把自己看成一个坚硬的身体——哪怕在体育馆练得再好，实际上，当我在体育馆练好身体之后，我与体重秤（而不是假肢）的结合暂时地体现了那个隐喻。我也不认为由于我的假肢无论如何都会比我活得更久，所以它就给我带来了无敌和永生。虽然我以最亲密的方式得到了技术的帮助，但是，我不是个赛博格。与鲍德里亚不一样，我没有忘记我的肉身所拥有的局限性、有限性以及原本拥有的能力——更重要的是，我也没想要否认或逃避它们。毕竟，它们不仅是我以及其他人生活中实实在在的重力和价值的基石，而且这些局限性、有限性以及原本拥有的能力也是我通过各种感觉技术部分地超越它们的基石，这些感觉技术可以是我的假肢、双聚焦镜片，也可以是我写作时的电脑。也就是说，是我的活体——不是我的假肢，早上我安上它之前，它都静静地躺在我床边的角落里——为我提供了物质预设（material

---

[1] 作者这句话里的 embody it（将之具身化）指的是把肉体当作主体来对待，即成为身体的一部分，而 think *about* it（想着它）则是将之作为客体来对待，而作者将 about 故意变为斜体，是为了表示 it 成了主体思考的客体，但中文不便于翻译。——译者注

premise），并且，因此，也提供了逻辑和伦理基础，以便我清晰地理解一些伦理范畴，而这些伦理范畴来自身体对重力、有限性以及（我居然敢再次提起的）痛苦的感知。也是我的活体为我不负责任的想象力嬉戏提供了物质预设——就好像那些想象着能脱离身体来思考的活体们（lived bodies）那样，他们希望能通过技术手段取代身体而不是仅仅延伸它。

整个这一章（以及其他章节），我都使用了"活体"（lived body）这个现象学术语，对此我有重要目的。尽管显得有些多余，但我本就是用它来给那些时下流行的客体化（objectifications）一个强力的修正，这些客体化自鸣得意地——同时也是不负责任地——把身体，甚至是他自己的身体，看成主要是概念的或者作为客体的"物"，或者看成一种虚拟的"非物"（no-thing）。我们的高科技千禧年信仰的后果之一是取消或否定了活体反应和负责的物质和伦理意义[1]。这种否定不只是在技术狂那虚假的解放性修辞中被发现，那些技术狂们渴望变成永生且纯粹的电子信息，或者渴望成为像施瓦辛格那样能自我修复的终结者或升级版终结者（即那个可以随意变化成任何东西的终结者）[2]，这种否定也能在文化形式主义者危险的解放诗学中找到，这种人如鲍德里亚那样想逃脱活体及其限制并将之一笔勾销（就是字面意义）而仅仅使其成为当代的另一个符号。换句话说，鲍德里亚与我们文化中那些骂我们的活体太脆弱的人，以及那些想将自己客体化以超越可怕的必死性的人是一丘之貉。例如，有人迷恋身体有限的耐久性，也有人通过各种往往是变态或者病态的手段去尝试将自己转变成坚硬的身体

---

[1] 文中的"反应和负责的"原文为 responsive and responsible，指的是对外界作出反应并且负有伦理责任，由此更可看出前文 response-ability 是作者有意与 responsibility 谐音的新造词。——译者注

[2] 当然，这里指的是极具文化影响力的终结者系列电影：《终结者》（詹姆斯·卡梅隆执导，1984）、《终结者2：审判日》（詹姆斯·卡梅隆执导，1991），以及《终结者3：机器的崛起》（乔纳森·莫斯托执导，2003）。关于终结者系列电影以及更多关于变形的一般文化含义的讨论参见 Vivian Sobchack, ed., *Meta-Morphing: Visual Transformation and the Culture of Quick Change* ( Minneapolis: University of Minnesota Press, 2000)。

以及细得不正常的机器。还有一些——也许极为可怜——能因被炸飞的身体图像以及身体上蜂窝状的子弹洞（这种语言多么清楚地描述了欲望的本质啊）的图像产生性亢奋。还有人把它的身体轻蔑地称为"肉"和"湿件"，以及像汉斯·莫拉维克（Hans Moravec）那样，想把身体除掉，将意识"上传"到数据景观的神经网络中并使之永生。[1]甚至还有人，不像鲍德里亚那么明显，将身体当作客观的物来对待，把它理论化并从智识层面把它商品化，以便将其保持在——我竟敢在这里使用双关来坚持其内在的矛盾性？——伸手可及的范围[2]，以用于非功利的检查。对作为客体的身体（即我们所拥有的身体）既疏离又高度崇拜的迷恋，以及对具身性和活体（我们所是的身体）的贬低，是因为这两者之间越来越危险的混淆，一个是中介（agency），即"我们的身体/我们自己"，另一个是我们用来感知和表达的难以置信的新技术的客体化力量。

关于这种危险的混淆及其结果，哲学家艾连娜·斯嘉丽在其名为《痛苦的身体：世界的形成与消失》（*The Body in Pain: The Making and Unmaking of the World*）一书中，思考了我们活体的主体性经验以及肉体通过她所谓的"拜物教泛神论"（fetishist animism）过程变为技术的客体化变形：

> 把身体想象成部件、形状以及机制是从外部来构想：尽管身体内有泵和透镜，但是"泵的特性"和"透镜的特性"并非作为一个有感知力的存在所能感受到的经验的一部分。相反，我们从特性和需求来构想身体（那就不是"透镜"而是"看见"，不是"泵"而是"拥有心跳"，或者，更具体地说，是"欲望"

---

[1] 参见 Hans P. Moravec, *Mind Children: The Future of Robot and Human Intelligence* (Cambridge, MA: Harvard University Press, 1988)。

[2] 伸手可及的范围（at arm's length）除字面意义外还有"保持疏离"的意思，所以上文才会说这里使用了"双关"。——译者注

与"害怕")是深入被感觉经验的深处。最终,把身体想象成"生命力"或者"对生命力的觉察"……即意味着最终在感知能力所感觉到的经验中停留……"生命力"与"对生命力的觉察"……在某些非常有限的意义上被投射到客观的世界上……反对者将表面的生命力(apparent-aliveness)看成对客体世界致以崇高敬意的基础。[1]

文化理论家凯瑟琳·伍德沃德在一篇论文中聚焦了当代"技术批评"对技术的狂热中所隐含的对人类衰老的厌恶,同时对西方文化中优先技术发展的态度展开了批评,还批评了它被建构成"关于人类身体的故事"的方法:

> 数万年来,身体在各种工具和技术的帮助下成倍地提高了力量并增加了自身的能力,以便在空间中延伸或超越时间。根据这种逻辑,这一过程正是在人类身体的非物质性中达到顶峰。从这种观点来看,技术基本上是作为人类身体的假肢而存在,它最终会取代物质身体,向全球发送它的图像并且保存图像不受时间侵蚀。[2]

因此,随着我们不断地将我们的思想和欲望变为客体,不但通过模式化的传播技术来使之变为现实,而且将其具体化,我们对自己肉身的主观评价就降低了。的确如伍德沃德所注意到的,"在身体的逐渐消失与后现代景观社会……和赛博空间的精神世界的高度视觉化(hypervisuality)之间,存在着一种具有欺骗性的,甚至具有催眠性的

---

[1] Elaine Scarry, *The Body in Pain: The Making and Unmaking of the World* (New York: Oxford University Press, 1985), 285-286.

[2] Kathleen Woodward, "From Virtual Cyborgs to Biological Time Bombs: Technocriticism and the Material Body," in *Culture on the Brink: Ideologies of Technology*, ed. Gretchen Bender and Timothy Druckrey ( Seattle: Bay Press, 1994), 50.

关系"。[1]

将我们活体物化为仅仅有感觉的客体或技术的拜物泛神论和身体的消失（或透明度的增加）——这具我们所真正亲历着的身体，同时也是我们对技术进行整合的基础——都激起了某些"打败肉体"的陶醉感。有一个关于这种迷醉感有趣但多少也有点可怕和骇人的例子，这个例子来自罗伯特·J.怀特（Robert J. White），他是华盛顿天主教大学医学院的脑科实验室主任，他的主要工作是猴脑移植，在这项工作中动物的头会被切下来重新接到捐赠者身体上。怀特曾说："我们在医学史上首次证明了身体不过是个电源组（power pack）。"[2] 这里与我们这个美丽新世界的其他地方一样，由于肉体能力被新技术所拓展，所以我们身体越来越多地消失不见或"变为背景"，并且随之而来的是这些技术变得随处可见且受人追捧，这些导致了某种程度上疯狂的愉悦感，以及让我们觉得我们的存在被无限延伸了，远远超越了我们的物质性和必死性。然而，这是"错误的"意识——因为它已经与物质和死亡的**本体论预设**（ontological premises）"毫不相干"，而正是这些预设使得我们当初发明的技术及其力量成为可能。

因此，与各自幻想着去具身化（disembodying）的鲍德里亚、莫拉维克或怀特教授等人不同，我不想"打败肉体"。确实，有鉴于艾德对我们与技术之间关系的描述，这个词组与双重欲望及矛盾产生了共鸣，而这两者既跟我们与技术的当下关系相联，也（毫不意外地）与性别相联。在美国的俗语中，（我敢说）"打败肉体"一方面指男性的色欲以及通过手淫达到高潮的身体动作。另一方面，在今日的世界中，许多男性明显地通过连线（jack in）并玩弄一个更客体化的"游戏操

---

[1] Kathleen Woodward, "From Virtual Cyborgs to Biological Time Bombs: Technocriticism and the Material Body," in *Culture on the Brink: Ideologies of Technology*, ed. Gretchen Bender and Timothy Druckrey ( Seattle: Bay Press, 1994), 50.

[2] Lou Jacobson, "A Mind Is a Terrible Thing to Waste," *Lingua Franca* 7 (Aug.1997):6.

纵杆"（joy stick）来"手淫"（jack off），这个短语也指一种失去身体的愿望，以及通过技术来实现只作为意识而存在的愿望。因此，"打败肉体"同时表达了一个矛盾的愿望：通过技术来除去身体以便克服物质需求和肉身的限制——以及为了"在肉身中恢复经验而逃避新近的用技术延展的身体"[1]。

《撞车》的叙事者（一个叫巴拉德的"他者"）揭示了这种矛盾的欲望，即想通过最变态的方式在肉身中恢复经验。也就是说，他对"逃避新近的用技术延展的身体"并回到活体经验的渴望，只能通过技术来想象并实现。刚刚从一场车祸中恢复，巴拉德，即叙事者，告诉我们："撞车是我数年来唯一真实的体验。我第一次与我的身体自然地相遇了，它是关于疼痛和发泄的取之不竭的百科全书。"（39）因此，小说把伤痛、性高潮与汽车的方向盘、手动变速器以及挡风玻璃联系并合并起来：小说将肉身与金属混合；它的角色对"性技巧的想象基本上可以等同于20世纪不断繁殖的技术所创造的又一种技巧"（100）。因此，巴拉德的叙事者梦想着"另一场事故来增加更多的孔洞的库存，将之与汽车工程的更多元素相联系，使之与未来更加复杂的技术相联系"（179）。并且之后他继续追问："什么样的伤痛才能对热核反应室、白瓷控制室、神秘电脑电路图中看不见的技术发生性趣？"并且设想"用异乎寻常的性行为来为不可想象的技术欢呼"（179）。

从这方面看，把大卫·柯南伯格（David Groenberg）根据《撞车》改编的电影《欲望号快车》搬出来会很有启发意义。在美国上映时，此片被当作色情片而大量宣传和热烈讨论。当然，柯南伯格的片子是个有趣的尝试，他找到了如何在电影中对等地表达小说中充满警告的叙事，以及对人类和汽车间的性结合所进行的客观、冷静的描述。他的策略是给我们冷峻的表演以及当提到与汽车的性交场景时采用远景

---

1 Ihde, *Technology and the Lifeworld*, 75-76.

处理（但是细节用特写镜头）。然而，在我看来，柯南伯格在其改编中失手的是他坚持处理了对汽车的性欲：对它的某些部件、轮廓、光泽的充满色情的迷恋，这些在一个想要与技术交配或想变成技术的变态者眼中会变得仿佛有生命一般。因此，尽管柯南伯格给我们展现了他的角色们内心的"情感之死"，但是他没有给我们展示"残忍、色情、且被过度关注的"技术领域的色情效果，而这正是巴拉德的警告所在，也是鲍德里亚的拥护所在。毕竟柯南伯格一直都对身体的兴趣多过技术——但是他也对技术给人体的影响感兴趣。那么，尽管柯南伯格就像巴拉德一样也反对鲍德里亚，但他也试着讲述一个关于"我们自身变态的维罗妮卡"的警诫故事，他对肉体色情和病态的迷恋未被置换成技术。电影《欲望号快车》给我们展示的——与小说不同——是人们在汽车中做爱，而不是和汽车做爱。

巴拉德的警诫性小说诞生之后出现了赛博格主义话语，其中贯穿着一种明显以肉体为基础的对技术色情既不同寻常又骇人的重视。之所以明显是因为我们的文化对技术的称赞以及对身体存在的贬低，而且这种明显性通过转录以及转换物质的（transcribed and transubstantiated）性行为得以表达，而这种性行为对其发生的地点产生了致命的混淆。鲍德里亚、莫拉维克、《世界2000》以及《连线》中的人物正如艾德指出的，都想要"技术所给予的，而不想要其限制，即被技术所延伸的身体所必然带来的变形"[1]。因此，鲍德里亚对技术－身体的称誉将其描述为"在没有指涉与限制的性行为的闪亮的符号之下"这一说法其实内含着拒绝（disavowal）[2]。想要"技术所给与的"，但是又拒绝接受它所减少或"限制"的东西，那些认为技术－身体"性感"的人忘了，把阀门扭进我的假肢大腿中没给我带来什么身体快

---

[1] Ihde, *Technology and the Lifeworld*, 76.
[2] 根据上下文，这里说的拒绝指的就是下文"拒绝接受它所减少或'限制'的东西"。——译者注

感的震颤。这条大腿并不明白紧贴着它的蕾丝内裤有什么意义,也不能感觉到长筒丝袜正在抚摸着它的人工皮肤。总之,我的假肢有其限制,而且无论它做了什么来延伸我的"在-世界-中-存在"(being-in-the-world),不论它用了何种方法来增强我的感知和增加我存在的重要性,不论它看上去有多少次将我带入与技术世界的亲密关系中,我仍然必须得在交易中放弃我的肉身大腿——也就是说,在讨价还价中失去一些东西。鲍德里亚的技术色情真正特别危险之处——而且完全不同于巴拉德《撞车》中的技术色情——在于尽管它看上去抬高了意识,但最终却否定了技术的技术性地位(the technological status of technology)。因此,不像巴拉德,鲍德里亚令人目眩的亲技术修辞隐藏了他反技术的欲望,并且这种自欺欺人增加了肉与硬件之间最终的致命混乱。

在我们如今的文化阶段中,"高科技"给诸多文化批评家及学者带来了"技术性的高潮"(technological high),宣称自己拥有赛博格身份的"性感"特质,倒显得我很有个性。不像20世纪那样总是依赖着我的"最后一条腿"而活,我可以这样来描述自己:我现在依靠"第一条腿"而活,而它是我依靠虔诚的祈祷改变了人类的脆弱性和必死性才诞生的。我可以在新的不断增长的幻想中沉溺,即去想象自己如何刀枪不入又得以永生。然而,如伍德沃德的正确提醒所言,"刀枪不入且永生的身体是我们最大的技术幻想——同时也是妄想"[1]。我并不想加入这种妄想。在支配——而不仅仅是写作和思考——我"用技术拓展的身体"时,我发现自身躯体的脆弱性弥足珍贵。尽管我十分感激假肢给我带来的活动能力(多少会有些变形,这种变形从感觉上会变少,但某种程度上也会被放大),这条新腿最终依靠着我剩下的那条腿。若没有我的活体将之作为一种有意义的能力来支配,那假肢则是一个没有器官

---

[1] Woodward, "From Visual Cyborgs," 51.

也没有责任感的身体的一部分：如果你刺它，它不会流血。这样的技术－身体对人类的苦难没有同情心，不能理解人类的快乐，因为它没有死亡的概念，所以也不太可能认为人类的生活有价值。

因此，这正如《科幻研究》中的那篇小文章一样，我希望鲍德里亚能感受到一点疼痛——或者很多疼痛——以便让他恢复感觉。痛可以提醒他：不是他拥有一个身体而是他即身体。并且也可以提醒他，情感和我们称之为伦理态度的东西正是建立在这一存在的物质事实之上。无论是强烈的情感还是伦理态度（无论与假肢是否相关）都基于生活的感觉以及对人类身体的感觉，不是仅仅作为一个物质客体而被人拥有或与其他东西一样被人分析，而是作为体验和感觉其自身客体性的物质主体，它有能力为别人流血、忍受和受伤，因为它能够感知其自身遭受苦难和疼痛的可能性。当我们与技术文化打交道时，如果我们不能牢牢记住主体的身体感知，我们也许会——可能很快便会来临——把我们自身客体化，直至死亡。只有通过赋予我们肉体的限制性与可能性以价值，以及接受必死性带给我们的沉重与优雅来接纳活体所有的脆弱与不完美，我们才会活完这个或无穷个世纪。

# 8 有身体在家吗?[1]
## 具身化想象以及从可见性中被驱逐

> 身体只会在代表一件文化产品、符号碎片或人造物的极端和绝对形式中出现……即没有任何其他的物质现实为基础：只有当物质转化出现危机时才会出现。
>
> ——艾连娜·斯嘉丽，
> 《痛苦的身体：世界的形成与消失》

如今我们说与身体失去了联系并不是说我们看不见它们。事实上，看见我们的身体与感觉到它们之间成反比关系：我们越是把自身当成从各种图像里看见并将之看作图像的那些文化产品、符号碎片以及人造物来关注，那么，我们就越不能感受到使得它们成为现实的肉身存在的意向的复杂性及丰富性。我们的文化非常关注身体的图像以及图像的身体，生活在其中的我们往往会忘记我们的身体和视觉（vision）具有不可简化为仅仅可见的（visible）[2] 亲历生命的维度（lived dimensions）[3]。当然，我们对作为客体的视觉制品颇具远见的关注导致

---

[1] 本章的名字"Is anybody home?"在日常用语中的本意为：有人在家吗？作者将any（任何的）和body（身体）拆开来使用就变成了"有身体在家吗？"。——译者注

[2] visible 和 visual 是作者经常使用的两个重要术语，主要的区别在于 visible 指客体被看见的性质，visual 指主体能够看的视觉能力。因而在此将前者译为可见的或可见物（the visible），后者译为能见的，然而在中文语境中仍然存在歧义，只能加以说明。另外，在具体语境中，visual 和 vision 一样，也会被翻译为视觉（下文同）。——译者注

[3] 维度（dimension）是作者经常使用的一个术语，它区别于仅仅可见的二维图像，即身体的图像，而指身体可感受到的超过二维的更丰富的三维体验。所以当作者说失去维度（dimension）的时候，指的就是被削减、拉平为一个二维的身体图像。——译者注

了不幸且矛盾的失察。我们已经迷失在肤浅且没有实质的存在之轮廓中（outlines of existence），也迷失在把我们看起来的样子等同于我们所是的视觉幻象中，而不是更切身地去认识物质和重力，正是这两者让我们的图像更为厚重，并且赋予了它们存在的意义以及伦理的重量。[1]

这一章我想要思考我们对自我的主观想象以及主体的客体成像（imaging）之间的联系（也可能没什么联系）——我的思想最初之所以被唤起，是因为我自身身体被迫认识到两者之间不可将一个化约为另一个，以及在一个"历史的"文化阶段中，文化他者的身体一边忍受着一种支配主观情感的视觉形式，这种视觉形式还会将主观情感化约成客观的图像，一边（只有部分成功地）尝试着用电视摄像机和公共领域来对抗这种化约。在第一个例子中我使用了个人事件，即我的左腿被膝上截肢。讽刺的是，这次手术使得我的部分身体与我产生了疏离，但最终却让我与其余的部分产生了现象学的接触——对我而言，这是一种前所未有的亲密感，它告诉我视觉不只是客观可见物的生产。正如我稍后会解释的那样，学习用假肢走路更多地是以我的主观身体想象而不是以客观身体图像为基础。在第二个例子中我使用了一个文化事件：1995年10月16日发生在华盛顿特区的"百万人大游行"（Million Man March）[2]。面对媒体对游行十分奇怪的处理，我对参

---

[1] 在《痛苦的身体：世界的形成与消失》（*The Body in Pain: The Making and Unmaking of the World*, New York: Oxford University Press, 1985）中，艾莲娜·斯嘉丽非常贴切地说："那些曾试着描述'图像'与'感知'之间的经验性区别的人——休谟、雅斯贝尔斯、萨特——都承认经验有一种'活力'（vivacity, 源于 vivere，即活着——感觉上'活着的'视觉、嗅觉、触觉、味觉经验）；因此，一个人自身的生命被体验到并且似乎确证了客体的现实性，即它的'活力'），这种活力是'图像'所没有的。用萨特的话来说，图像相比较而言是'肤浅的''两维的''贫乏的''干枯的''瘦小的'。"（147）（本章开头的题词见第127页）值得一提的是，斯嘉丽和她的哲学先辈们都强调，在视觉作为主体能力和感知活动与把可见物当作客观的和可感知的产品之间存在着现象学意义上的区别。

[2] 由伊斯兰组织发起，还有大量非裔美国人组织参与的大规模集会和游行，旨在争取正当的公民权利，让少数人的声音被世界听到。——译者注

与该游行的美国黑人的身体被"计算"（counted）和"占比"（accounted for）的两种方式的不对称性产生了兴趣，这也令我因此更加伤感。撇开围绕着事件展开的具体政治争论（法拉汗[1]的领导能力以及对妇女的排斥）不谈，有人公开表示，这个事件的意义存在于客观视像（objective sight）与对活体的主观想象之间的对立上。就客观视像而言，重点在于一定数量用身体响应号召的游行者；然而，就主观想象而言，重点在于"被计算"的身体对伦理责任有高质量且丰富的经验，这种经验要求用故事而不是算数来说明。[2]

一个例子是面对我自己身体的挑战，即视觉在客体化中自我疏远；另一个例子是不同身体之间的社会性对抗，两者同时存在——但又无法通约——通过一方疏离且客观的反应，另一方对他者共同且主观的责任感。这两个例子凸显了当代美国文化中仅仅可见的（merely visible）事物的霸权以及随之而来的视觉的贫乏。尽管这些事件看起来毫不相关也肯定不会相互转化，而且两者都不能直接与当下的媒体研究相关连，但我个人学习走路的经验以及百万人游行的社会经验均认为肉体的物质现实性比仅仅可见的事物更丰富。两者都证明了一个事实，即活体（及其视觉）总是辩证地、对话地以及模糊不清地从身体的"我的"这边和"你的"那边或者"他的"那边来亲历。也就是说，我们总是具有物质具身性以及可见的存在，并且同时既是视觉的个人主体（personal subjects of vision）又是视觉的社会客体（social

---

1 路易斯·法拉汗·穆罕默德（Louis Farrakhan Muhammad）1933年出生，是伊斯兰教组织"伊斯兰民族"（NOI）的领导者，他还致力于不同宗教和信仰的融合。"百万人大游行"即由其发起。——译者注
2 与"百万人大游行"相关的是，在《痛苦的身体：世界的形成与消失》中斯嘉丽认为身体被战争的两"边"（sides）利用且都被认为有价值，并且将在"每一"（each）边中运作的两种模型之间的区别都置于对抗中，但是鉴于存在主义现象学表述为身体的"两边"（both sides）（"我这边"和"你那边"）的东西，这种区别也是可逆的。关于战争中对牺牲人体的价值观的文化信仰，她写道："在一种情况下，信仰属于那些用身体来确证信仰的人；另一种情况下，信仰属于不会使用身体来确证信仰的人。"（149）

objects for vision）。因此，这两个事件的重点在于，客体的可见性只代表视觉的一个维度，此外还需要增加视觉的主体和价值来承载这个维度，后者超越并涵盖了视觉可被看见的产物这个维度。这两个事件将作为媒体学者（同时也是人）的我们遭送回我们图像丰富的肉身内部构成（corporeal in-formation）[1]之中——我们已经被抽象化并远离了这种"内部构成"。

我们当代的图像文化（以及当代的理论）已逐渐将我们的身体物化为可掌控的物质材料。我们总是紧盯着可见物的表象与客体性——因此，图像和身体都丧失了它们的其他维度和价值。让·鲍德里亚对此说得十分中肯：

> 每个人都在追求他们的**外观**。既然不再可能把任何诉求建立在人自身的"存在"之上，那么除了这样做也没有别的办法，即展示**表面行为**（appearing act），不去关注**存在**（being），甚至也不去关心**被看见**（being seen）。因此它不是：我在，我在这儿！而是：我是可见的，我是一幅图像——看！看！这甚至都不是自恋，仅仅是没有深度的外显，一种自我吹捧的天真，在这种天真中每个人都成了其表象的管理者。[2]

因此，我们正生活在所谓的"世界图像的时代"中，[3]在"景观社会"

---

[1] In-formation 也是作者的生造词，即内部的构成，同时去掉连字符又是"信息"的意思。从字面上来说，主体经验本来就是一种内部的经验构成，而同时也是一种信息。——译者注

[2] Jean Baudrillard, "Transsexuality," in *The Transparency of Evil: Essays on Extreme Phenomena*, trans. James Benedict (London: Verso, 1993),23.

[3] Martin Heidegger, "The Age of the World Picture," in *The Question Concerning Technology and Other Essays*, trans. William Lovitt ( New York: Harper and Row, 1977), 115-154. 对于海德格尔而言，世界图像（world image）"不指世界的图画（picture），而是被想象和理解为图像的世界"。（第129页，楷体为笔者所加）

中[1]，以及"对可见物的迷狂"中[2]。在被再现的图像中的世界和我们的可见性"促使一切事物在客体的性质下团结一体"。也就是说，当代的图像文化（及理论）限定并改变了构成我们主客体双重模式的本质结构，将其转变为必然对象化（objectivating）——开放的、并非同时发生的而且是主体间性的——勉强满足客体化与物化（objectification and reification）需要的简化结构。[3] 也就是说，我们的身体变得越来越疏远、疏离，越来越被看成"资源"，越来越被当成"物"来观看、管理和支配。关于这一点，我记得许多年前在广告牌上看见过的一张非同一般的宣传健康保护组织的广告，它展现的是一个睡觉的新生儿的脸（嘴里含着奶嘴），这个符号意味着："从出生的第一天起，你就与你的身体在一起。你应该成为老板。"[4] 在这样的背景下，正如海德格尔所说："敞开（the Open）变成了客体。"[5] 总之，我们的图像文化主导的模式是凸

---

1 Guy Debord, *Society of the Spectacle* ( Detroit: Black and Red, 1983).

2 Jean-Luc Comolli, "Machines of the Visible," in *The Cinematic Apparatus*, ed. Teresa de Lauretis and Stephen Heath (New York: St. Martin's, 1980),122.

3 尽管生活在晚期资本主义和后现代文化中的理论家对诸如疏离（alienation）、客体化（objectification）和物化（reification）这样的术语很熟悉，但是对对象化（objectivation）也许就不那么熟悉了。这一点接下来会有说明，作为一个概念的"对象化"意味着以下两者之间存在着差别：一方面是一种必要且具有主体间性的经验，这种经验使我们有能力将自己客观地看成自身可能被其他自我所看的那样（也就是说，作为一个有意向地占据空间与时间的物质的、真实的、具身化的自我）；另一方面则是一种更加疏离的、疏远的且勉强"充分的"经验，这种经验使得主体被简化为客体（这客体是特定经济和社会结构的结果）。对这四个术语的有用区分可参见 Peter Berger and Stanley Pullberg, "Reification and the Sociological Critique of Consciousness," *History and Theory* 4 (1965):196-211。（译按：原本 objectivation 与 objectification 之间的意义非常接近，较难区分，应该是作者借助前人文献的解读进行了刻意的区分，根据作者的意思，objectivation 应该指的是把身体当作主体所感知的客体来对待 [比如想象另一个主体在观察我的身体时的感受]，而 objectification 则是将身体当作纯粹客体来对待，这种纯粹的客体之所以产生是来自社会结构所造成的疏离感。汉语较难翻译出这细微的差别，故而强行将之分别翻译为对象化 [objectivation] 和客体化 [objectification]，在某些情况下为行文方便，还可能将 objectification 翻译为客观化。另外，需要指出的是，对象化的方式是作者持褒义的态度，而客体化或客观化的方式则是贬义的。）

4 可访问 HMO, 加州蓝盾保险公司。

5 Martin Heidegger, "What Are Poets For?" in *Poetry, Language, Thought*, trans. Albert Hofstadter (New York: Harper and Row, 1971),110.

显身体-客体（body-object）以及将之看成与具身化主体（embodied subject）同时发生且同义，这种模式建构了一种特殊的现象-逻辑，而且是特定的文化实践的结果。这些文化实践能够也应该不同于当下。

我保证最终会回到引出这篇文章的两个事件上，在活体与视觉、可见物之间的个人关系与社会关系方面，这两个事件对我有特殊意义。但是，首先，我认为在更一般也更基础的具身性现象学的语境中来思考当代对"那个"身体的痴迷和专注是非常重要的。也就是说，接下来我想要凸显我们的文化将视觉变成单纯的可见物的简化行为，它建构了我们对我们自身身体以及他人身体的认识论关系，并将这种关系建构为贫乏的、疏离的，而且是二维的——然而，与此相反，我想要研究那些将我们与身体之间的本体论关系建构为丰富、多义又多维的结构。

## I

无论是从经验角度还是哲学角度看，我们的身体都是我们在世界中存在的基本"预设"。从比喻意义上看，我们也许会以一种对象化的方式将我们的身体想成我们自身的一部分，这一部分作为我们的"家"的实体而存在——一个保护我们并能亲切地回应我们的意向和愿望的地方；是我们的意识"挂帽子"[1]的地方，在这个地方，意识具体地存在于空间之中，并且处于一个相对透明、无自我意识的和舒服的状态。因此，在幸运的情况下，我们的身体被当作我们永久的地址（虽然会有所变化），被作为最原始的土屋（尽管被自我所弃置），被作为——无论是圆筒状的"气流"还是方块状的"温内贝戈"[2]——我们最重要

---

[1] 挂帽子的英文是 hangs its hat，这个短语指的是人回到家里把自己的帽子挂起来，表示一种非常舒服的状态，而我们的意识"挂帽子"，可以理解为一种"放空""坐忘"的状态。——译者注

[2] 气流（Air Stream）和温内贝戈都是汽车拖车的品牌，这种人可以住在其中的移动房屋被作者用来比喻身体。另外，气流拖车的造型特点是桶状，而温内贝戈拖车则是方块状。——译者注

的移动的家来活。然而，在其他情况中，我们的身体不是作为我们自身来活，而是我们"生活在其中"——"在……其中"（in）与"作为"（as）是不同的，因为它标志着由自我对象化（self-objectivation）到自我客体化（self-objectification）的运动，而且也标志着人的意识与身体间的不同步感越来越强。从比喻意义上来看，在这些例子中，我们感觉到在我们的身体中"安家"。也就是说，我们在一种更为客体化的模式中体验到我们的身体正提供着实实在在的预设，我们每个人就居住在这些预设之中，但是是作为相对的（即便是亲密的）"他者"。事实上，现如今，带着某种欢快且有干劲的美国式实用主义，我们当中的许多人已经将身体变成了外化的和物化的"房屋装潢"工程：我们把业余时间用来让它们保持体形，给它们新的面貌，装饰和改造它们，仿佛是在自鸣得意地摆设家居，房主们正是以这样的方式来对待他们昂贵且客体化的第二级居所[1]。

然而，在不幸的情况下，我们中有许多人既没有体验过活的身体，也没体验过居于其中的身体[2]。我们用比喻的方法可以将之理解为一种物质局限，一种被忍受的"牢房"（prison-house）。这些时候（通常在生病时的身体经验中，也在被羞辱等情绪的经验中），我们的身体并不显然地（transparently）是我们移动的家，带着我们去我们想去的地方，使我们可以接触世界并与之交流——我们也不把它们当成物来占有，比如属于我们的房子，我们拥有着这个年久"失修的房子"的所有权，伴随着骄傲也伴随着绝望。在最坏的情况下，我们的身体似乎根本就

---

1 作者将身体比作第一级居所，故真实的房子就变成第二级居所了。——译者注
2 我们在某些疾病/不适（dis-ease）的状态中体验着"家-身体"（home-body），关于这一点，我们完全可以写一整篇《论诡异》的姊妹论文，既非常熟悉又非常陌生，既完全是我们的家又是个陌生人（即使是在认识的地方）。众所周知，"诡异"的德语是"umheimlich"，即"无家/不熟悉"（un-homliness），然而，对此我们非常熟悉，也很不安。参见 Sigmund Freud, "The Uncanny," in *Studies in Parapsychology*, ed. Philip Rieff ( New York: Collier, 1963 ), 21-30. 关于现在的讨论，在我看来，诡异感会在变形的时候出现，即当身体从作为熟悉的家转变为陌生的和"他者"的东西时。

不属于我们。正如马卡德·史密斯（Marquard Smith）所写的："身体（body）绝不会被居于其内的实体（body）所拥有。它不会专属于其自身，也不是其自身的财产。"[1] 在这种状态下我们的身体既不像家也不像我们存在的家，反倒像是别人的财产。（之所以说是"财产"不仅仅指一个人自己的身体被感知为别人的"不动产"，也指一个人的身体似乎与其自我完全无关，都不过是为了礼节和社交。）从我们在忍受它们来看，我们的身体看似是一种客体化的和外化的物理限制，它控制着我们——我们的意识、意向性以及欲望——从外面囚禁着我们，抑制和阻止我们做想做的事以及成为我们想成为的人。这是被体验为囚室的身体（也许是我们的身体，但不是我们），这个囚室会阻止我们的意向性活动并否认我们的意志。[2] 这具身体被体验为一座经由符号学标记过的肉身组成的牢房，这被符号学打上标记的肉身把我们的主观经验变成客观物质材料的文化展示，比如，皮肤色素沉淀，我们眼睑的形状，胸或肚子的下垂，胸或阴茎的大小，缺一条腿，而这些文化展示像许多铁栏杆一样限制着我们，这些铁栏杆让我们的存在和社会可能性都不能自由和开放地嬉戏。

我们的身体可被体验为家、房子和牢房。作为"家"，它是对象化的地方，这个地方非常惬意地成为给我们提供切身支持的基础，也为我们提供了最原初和开端时对世界的敞开以及通往世界的路，还通过它的可移动性、感觉和重力为我们的生活提供了维度、意义和价值。它作为"房子"时，我们则生活于一种变化的关系之中，以及生活在

---

1 Marquard Smith, "The Uncertainty of Placing: Prothetic Bodies in Sculptural Design, and Unhomely Dwelling in Marc Quinn, James Gillinham, and Sigmund Freud," *New Formations* 46 (spring 2002):101.

2 对自身身体疏离化的相关讨论，尤其是关于痛苦和疾病的状态，参见 the chapter "The Dys-appearing Body," in Drew Leder, *The Absent Body* (Chicago: University of Chicago Press, 1990), 69-99. 勒德写道："对一个人所习惯世界的侵扰和压抑使其用一种新的关系与其身体关联起来。在痛苦中，身体或者身体某个部分会作为一种'陌生的存在'而出现。"（76）

不同程度的阐释客观化（hermeneutic objectification）之中，它是个会被我们装饰或为了教化我们或他人而被展示的地方，它令我们为各种问题及花费感到苦恼，但又令我们保留了一丝熟悉，令我们保留一个用来"挂帽子"的地方，一个常去的地方。作为"牢房"，它是个物化且疏离的地方，这个地方使得我们以否定性为基础，并且在一种充满限制和规训的不惬意的状况下禁止我们接触世界，它把我们每个人都锁在一个自己的房间里，但是我们都明白，这个房间事实上属于"别人"。

我以前体验我的身体时，与之保持着距离且充满了敌意，直到经历了那场截肢手术，它令我震惊并带我走向了与身体的深层亲密关系。当我沉浸在我的文化中时，我被这种文化的命名和标准所评判，我认为我的身体是充满问题的女性身体，令人不满的矮，难以控制的笨，而且永远永远不够瘦——因此，一个有些变态的安慰和提醒是：我并非唯一将身体体验为牢房的人，多年来我在钱包里装了一张没有地址的明信片，它的前半边有一个画得拙劣的人物大喊着这样一句话："救命！我被困在一具人类的身体之中了。"的确，在当代的（自我）监控文化中，我们中又有多少人——无论男女——感觉在我们的身体中如同在家一般而不是感觉被困在其中呢？（我天真地认为舞蹈演员与运动员一定能有家的感觉，但是我也意识到因为他们为别人的眼睛而表演，所以总是逼迫自己，他们不只是比我更多地去观看和评判他们的身体，而且也可能比我更小心且更容易对其身体的局限和不听话感到沮丧。）

事实上，此时此刻，我们中的谁在其身体中会仿佛"在家"一般？我们生活在一个持续启蒙的（still-Enlightened）文化中，尽管它当下对"身体"有着后启蒙的迷恋和拜物，但它仍然将身体看作陌生的物体，使之与主体意识相分离（即便主体意识就居于其中），而主体意识会将它规训为可见的形状,或者将其明显地塑造为一种自律(discipline)[1]。这种将身体规训为可见形状并将其变成一种自律的做法不能只归因于电影、媒介研究和文化研究;它是普遍存在的。例如,在现象学社会学家杰克·卡兹(Jack Katz)的批判中,我们可以读到:

> 任何简单地浏览过过去十年的社会理论和互动社会学理论文献的人会看见许许多多论述"身体"的著作。但是正如深度心理学及学院派心理学的著作一样,这种社会学工作过于平面化且理性化了。研究的重点要么是身体是一种表征,并在文化中(在广告、电影和小说中,在关于身体的谈话中,或更普遍的说法是,在"话语"中)对其进行解读;要么就是把身体看作被操纵了然后来发出一些信号,关于自我,或者关于一个人在潜藏的集体行动序列中的地位。被这样看待的身体要么是人体模特、广告牌、霓虹灯、小狗,要么是某种符号文本。人不被认为是在对各种深度和广度的自我进行着不断变化的理解。[2]

因此,我们当中有多少人,在接受了一整日关于"景观社会"中应被谴责的身体殖民化、技术化和物化的学术熏陶的煎熬后,转身便踏上(往往出于各种荒谬的理由)跑步机、班霸或赛百斯牌[3]的机器,只为把身体练结实?我们头脑中对强健的胸肌和腹肌充满想象,却忘记了这种描绘的敌意和暴力,也许我们还会为去关注它而感到骄傲。我们憎恨或取笑(因为我们私下里渴望拥有?)"健身狂"(gymbunny)的身体,例如黛米·摩尔(Demi Moore)在《魔鬼女大兵》(*G. I.*

---

[1] 这句话的原文利用了文字上的一些巧妙表达了同样的意思,一个是"discipline it into visible shape",另一个是"visibly shape it into a discipline",前一个 discipline 可以理解为福柯意义上的规训,后一个 discipline 可以理解为自律,"可见的形状"指的是当你的身材变好的时候才会被看见。——译者注

[2] Jack Katz, *How Emotions Work* (Chicago: University of Chicago Press, 1999), 334.

[3] 班霸(Stairmaster)、赛百斯(Cybex)都是著名的健身器材品牌。——译者注

Jane，1996；雷德利·斯科特执导）中所展示的那样；一方面，我们为它为取得这样强健的外形所经受的训练而着迷；另一方面，又为我们的感觉感到害怕，因为我们觉得这样的体魄意味着这具身体没有内在。（一个批评这部电影的批评家写道："摩尔将她的身体当成了工具，以致它就仿佛军事装备的闪亮躯干一般——腹肌像铁，胸像 B-52 轰炸机。"而且他还注意到了明星"毫无幽默的自我凝视"以及她竟不能"露出一丝微笑"。）[1] 总之，正如我所教授或引用过的唐娜·哈拉维的"赛博格宣言"（这篇文章更推崇赛博格身体液体般的变化性，而不是坚固的稳定性）所说，我们当中有多少人幻想有自己的家庭体育室以及私人教练？[2]

这绝不是要否认身体上和心理上对锻炼的真正需求，尤其是在以学者和成天看电视的人（这种人在电影和媒介研究中太千篇一律了）[3]为主的习惯久坐的文化中。[4] 这也不是要否认出汗可能看起来不好但实际上感觉很好，或者否认某些人锻炼是为了避免心脏病或为了获得一种痛苦中的快乐。事实上，这意味着我们往往最关心的是创造一个几乎不可能的外化的（extroverted）身体，这种身体的投入已完全外显而且具有操演性（performative）。吊诡的是，我们无法"如其所是"地看见这身体，因为与之接触时我们已经不是自身。当然，饮食紊乱

---

1　Owen Glieberman, "Demi Seminude Ain't Enough," *Entertainment Weekly*, July 12,1996, 38,40.

2　Donna Haraway, "A Manifesto for Cyborgs: Science, Technology, and Socialist Feminism in the 1980s," *Socialist Review* 80 (1985):65-107.

3　"成天看电视的人"在原文中使用的是一个固定的表达"couch potatoes"，直译为沙发土豆，即长期坐在沙发上看电视的人，他们就像是坐在沙发上的巨型土豆，这是媒介研究和电视研究一个常见的研究主题。——译者注

4　公共卫生部秘书唐娜·沙拉拉（Donna Shalala）曾于 1996 年公开宣称美国身材走样人群的数量在逐年递增，而且矛盾的是，这种增长部分是因为健身中心的兴起：绝大多数美国人都无法支付会员费，因此完全不运动。"每个人都感觉必须参加健身俱乐部，"报道中她说，"但是他们不会去耙松草坪或者清洗汽车。"（KFWB 新闻电台，1996 年 7 月 12 日）这种需要一种健康技术的"感觉"——与生活世界中的身体行动相对立——对应的是越来越多的人将身体看作可操控的物体。

的产生（尤其是女人）是这种令人感到疏离以及变得盲目的外化最直接的证据，即便如今它已成明日黄花，但仍非常恼人。在关于身体紊乱的医学研究中，更新的内容是"肌肉畸形"（muscle dysmorphia）的增加——这是一种神经性厌食症的相反形式。这种身体紊乱折磨着越来越多身体健康的人们（男人女人都有），处于这种紊乱中的"肌肉僵硬的身体锻炼者"会被"一种非理性的恐惧"告知"他们也许在别人眼里有点不健康或瘦弱"，从而会"照镜子并且看看他或她是否身体走样了"；那些紊乱的人如此专注于他们的身体以致"他们放弃了较好的工作、职业以及社交应酬只为了在健身房里花更多的时间"。[1] 正如鲍德里亚所说（语境虽不同但也相关）："人们今日所追寻的并不是健康，健康是一种有机的平衡，而是从身体散发出的短暂、健康且有益的光——如今人们追寻的更多的是一种表演而不是理想的状态。就时尚和外表而言，我们追寻的很少是美或吸引力，而是正确的外观。"[2]

因此，尽管学术界将我们所谓的视觉文化接纳为研究对象，但是更准确地说我们实际上生活在简化的"可见文化"中。这区别可不小——因为如果我们要从最完整、具身性的意义上来理解视觉，我们必须从仅仅思考"那具"身体（亦即，身体永远被摆在其客体的模式中，总是从另一个人的角度来观看它）过渡到也会感觉到成为"我的"身体是什么样子（我独自从我这边体验着它，同时其他人也会在另一边体验着它）。这不只对个人具有重要性，也具有政治重要性，我们在传授批判性思想以及文化研究时加入了对身体的现象学理解，这种理解囊括了我们的身体并与之共鸣，也就是说，身体不只是被客观地看见，也是被主观地体验着。与被观看的身体不同，活体为意义提供了物质

---

[1] Kim A. McDonald, "'A' 90s-Style Disorder: 'Muscle Dysmorphia,'" *Chronicle of Higher Education*, Nov. 18,1997,A17. 一名接受采访的医生预测"由于越来越多的男人和女人开始举重，'肌肉畸形会成为20世纪90年代的身体－图像紊乱，就好像饮食紊乱在20世纪80年代跃入公共视野一样'"。

[2] Baudrillard, "Transsexuality," 23.

预设，这些意义包括赋予符号与文本的生产与传播以伦理上的严肃性，活体是意义的基础，并往往忍受着这些意义。总之，我们需要提醒自己：我们的身体是活的，而且以不同的方式制造意义，这些制造意义的方式表达、囊括并远超某些特定的感觉和形成图像的视觉能力。这种修正对视觉主宰着进入世界感觉的文化很关键，并且在这种文化中，对可见性和身体图像个别且简化的强调在很大程度上决定了我们看见和理解我们在世性( enworldness )更广泛的可能性。在这种可见性文化中，生活经验的厚重感已被削弱为平面的肤浅，我们已经与对我们真正重要的事物脱离了联系。然而，我们需要的不是使我们摆脱图像而是使我们的图像有血有肉。

## II

"救命！我被困在一具人类身体里了！"碰巧，我曾带着的那张明信片上的形象是个男人，这不但没有打消反而加强了我每次看见它时对它的认识——因为这个人物的男性特质暗示着一种每个人都被宣判的肉体监禁。可以确定的是，如果一个人的身体健康状况还过得去，那么他的这种被困在自己身体里的疏离感就是历史性的且是被主流文化所同化的；但是，它也必然基于客观的——而且是对象化的——状况，亦即既是一种自我意识也是一种客体化的物质主体。在此，我将利用我仅剩的一只人类的腿（我的假肢显然是"后结构主义者的"腿），对人类的具身性存在作出某些普遍的判断。一般来说，但不包括极端神经病的或精神的病理学层面，每一个人类身体都以主体存在和客体存在的方式活着，这种存在既透明又不透明，既超验又为经验所限。我们的身体既是透明的赋能的力量，是我们的能动性的"零度"，同时我们的身体也是不透明的——在我们能动性的范围内，是的，但肯定超过了我们的意志。

这是换了一种方式说我们不是超验主体。主体意识降生于这个世界时就已被作为客体具身化了——物质层面上它永远是具体的、有限的并处境化（situated）的。因此，它对自己有一种尚不完整且画地为牢的看法。它将自己绊倒了。它不只遭遇了世界的抵抗，还遭遇了自我的抵抗。即使我们的肉身物质性允许我们不断地替换、拆解和重组我们的自我，但最终也是这种物质性构成了我们的基础。因此，每个人（everybody）都既作为主体又作为客体地生活在这个世界上，而每一具身体（every body）都是一个谜，而且对支配着它的意识构成阻碍，同时身体对意识而言是透明或令人愉悦的手段，通过这些手段，意识可以完全拥有、体验整个世界并赋予其价值。"意识不是纯粹的自我在场，"加里·马迪森强调，"主体通过在自身面前呈现（present）以及身体的中介来认识自身，也就是说所有在场（presence）是被中介的，亦即间接的或不完整的。"[1]

视觉，是我们的物质身体中介意识并使意识触及自身和世界的诸多模式中的一个。视觉使我们存在的对客体的知识具象化，因为它的结构在观看者与观看对象之间建构了一种必要又关键的距离。莫里斯·梅洛-庞蒂告诉我们："看是远距离的把握。"[2] 所以，尽管视觉给了我们一种可以客观地占有自我、世界和他者的模式，但这种占有既是部分的又是模糊的。视觉的自我占有，使得我们可以把可见的身体作为自我，并形成客观的知识，但重要的是，我们又被揭示为不只与别人存在距离，也与我们自己的意识及自己的物质性之间存在距离——以致我们通过自反的方式在自己的眼睛底下变成了平面化的身体-客体。也就是说，我们的视觉移走了我们，并将我们与我们当下栖居其

---

[1] Gary Brent Madison, "Did Merleau-Ponty have a Theory of Perception?" in *Merleau-Ponty and Postmodernism*, ed. Thomas Busch (New York: State University of New York Press, 1992),92-94.

[2] Maurice Merleau-Ponty, "Eye and Mind," trans. Carleton Dallery, in *The Primacy of Perception*,ed. James M.Edie (Evanston, IL: Northwestern University Press, 1964),166.

中的肉体拉开了距离，而且我们还凝视着这具肉身，将之作为一个外化的、陌生的并且化约的自我。从这个观点来看，我们既是对象化的（objectivated）也是客体化的（objectified）：之所以一定是对象化的，是因为我们意识到永远不能完全与自我并存并对自我敞开，从未在我们活着的所有维度中观看我们自己——之所以并不一定被客体化，是因为视觉的偏好具有统治地位，我们渐渐忘记了我们不仅仅是可见的身体－客体。

我们对自我间接的、不完整的和模糊的在场与不在场，出现在身体存在最基础和切身的过程中。吊诡的是，我们对自我透明度的全部感知以及随之而来的自我一致感（self-coincidence），需以我们的意识存在与物质存在间保持必要的距离为条件。事实上，如果我们在我们的身体中完全如在家一般，那么我们便不能"透明地"运作。如果我们太过关注它们从这里走到门这一机动任务的话，我们不但可能会被自己绊倒，而且如果我们的意识全都聚焦到血液在我们的血管中脉动，空气在舒张我的肺，消化液在分解食物，那么我们甚至不能有走路的意向能力。门、世界和我们的意向会回撤，而我们自身的物质过程就会成为背景。事实上，有时哪怕有意识地关注这些过程当中的任何一个，也会让我们陷入对身体骇人的自我沉浸状态，或者引起恐慌。为了在世界中行动，我们必须在一定程度上不与我们的身体同步，并且忽略它们，不去太仔细或太深入地感觉或聆听它们。最终，我们身体的自我透明性以及舒适感取决于某种相应的身体不透明性。诚然，正如朱·勒德（Drew Leder）所言："一方面，在某种意义上身体是我们生命中最持久也最无可逃避的在场；另一方面，它最根本的特点是不在场。"[1]

吊诡的是，当对我们而言身体处于缺席状态时，我们在身体中才

---

[1] Leder, *The Absent Body*,1. 关于身体不透明性是基本能力的讨论主要参见第二章 "The Recessive Body,"36-38。

最像"在家里"。我们说身体缺席时指的是它们在世界之中作为一种透明的能力给我们提供基础,这种能力为我们提供了有意义的行动和可感知的意义。当我们是小孩时会剔除我们腿上的疮痂,稍加阐释地说,我们是在刺探其包含的秘密,但与此同时,我们不假思索地、透明地将我们的身体/自我投入了我们所过的生活之中。甚至,作为自我有意识地沉浸于"社会景观"之中的成年人,作为身体被别人(我们自己也经常如此)认为有些不足的、劣等的和缺了点东西的特殊人群,我们仍然比我们所想的要更经常地去不假思索和透明地支配我们的身体(即使比我们能办到的要少)。梅洛-庞蒂这样描述它:"我们的身体是所有客体都被交织其中的织物,而且至少在与可感知世界相联时,它是我们最普遍的'理解'工具。"[1] 更重要的是,他提到:"我不是在我的身体面前,我就在其中,或者更确切地说,我就是它。"[2] 尽管因为文化知识型的不同而有程度上的差异,但正是在这种本体论意义上,我们所有人通常都如在家一般地居于身体中,至少是与它们相安无事(at ease)。也就是说,我们的身体就是我们自己:它们不像我明信片上的那家伙所暗示的那样困住了我们;相反,不论寿命多么有限,位置如何被规定,界限如何被限制,它们都是进入我们的方式,也是给我们赋能的能力。从本体论意义上看,直到我们忍受疾病、身体机能丧失或受社会歧视的时候,我们的身体才变成阐释上的大问题,并且那时我们才会将它们客体化(而不仅仅是对象化)。当我们在客观世界中而且总是在社会世界中被我们的物质存在所迷惑、削弱、侵占和中断时,我们就会留意到:在我们意识的意向性与我们所是的身体之间存在着一条鸿沟。

然而,我们的物质存在经常以最日常的方式为我们提供基础并激

---

[1] Mauric Merleau-Ponty, *Phenomenology of Perception*, trans. Colin Smith (London: Routledge and Kegan Paul, 1962),235.

[2] Ibid., 150.(楷体为笔者所加)

发我们，我们理所当然地认为被我们所亲历的身体并不主要作为可被看见的视像，而是作为制造意义／感觉的场所（sense-making site），在这里我们可以建构意义并且意识到我们自身和世界[1]。当然，当我写这篇文章的时候，我感觉把我们的身体呈现为几乎透明的且在世界中安逸自在的样子会非常令人不舒服，甚至很虚伪，因为我所浸润其中的文化通过身体的可见特征标记着我们的身体，并且歧视着我们的身体，这许许多多的做法造成了严重的后果。毕竟，我注意到，透明性是令人怀疑的，而安逸自在属于"白人"。而且我也经常集中地注意到，我现在的肉身是一个上了年纪且装有人工腿的女性。然而，当代文化对某些身体的高度关注，以及对某些身体的物化和歧视，都是以我们不假思索且透明地控制着的身体为背景的。"我们的"身体（同时它在视觉上被别人所拥有）一旦活动，其图像便被我们所遗忘，而且一旦我们处于神经、流体和质量的综合运动（这些说的是我们在世界中的存在和意图）中，它就会被忽视。因此，大多数时间，我们当中的大多数人完全不假思索地走到门口。当我们走路时，我们的思考中没有关于身体的部分，但是这个身体不仅透明地形成了我们的行走，也使得我们可以思考。因此，正如梅洛－庞蒂所告诉我们的：

> 我移动我的身体时甚至都不知道应该动哪条肌肉或神经，也不知道该到哪里寻找这次活动的设备。我想去那儿，但是我正在这儿，既不需要了解非人类的身体机制秘密，也没有将之调试到达到任务的客观标准，或调整到某种协调系统中的目标位置。我看见目标所在，我为之吸引，然后整个身体机器便会做该做的事使我到那儿。在人类的感知和姿态世界中什么都会

---

1 Make sense 在英文中一般指的是有意义，但是从字面上来说，它指的是制造感觉，sense 具有双重含义，在法文中甚至有三重含义，第三重含义为方向（对此法国哲学家让－吕克·南希有详细论述）。在这句话中，"建构意义"是 make sense 的常见含义，而意识到我们和世界则是指作为"感觉"的 sense。——译者注

发生，但是我的"地理的"或"物理的"身体按照这个小剧本的要求行事，这个小剧本永不停止地在我身体内制造着数以千计的自然奇迹。[1]

当我学习整合以及使用我的假肢时，我必须有意识地指导我身体的每个动作，这些动作在以前都是透明的，这时我回想起来，那些"数以千计的自然奇迹"是多么珍贵。然而，现在即使要依靠拐杖，但我也是完全不假思索地走到门边，在我的身体和世界中如在家一般。[2]

这里我一直在强调我们作为活体而普遍感觉到的一般本体论意义上的安逸自在（ease），或者更确切地说，是一种放松（easement）——这个术语更好地描述了我们对透明身体的"如家般"的感觉的基础是模糊、调节以及滑动。[3] 但是，在这一点上，我想通过三段逸事来确认这种经常感受到的我们的身体/自我如在家般的本体论意义上的放松，这些逸事都是关于各种原因导致的活体的不适。第一个故事展示了一种神经性疾病，这种疾病导致了主体的本体感受（proprioception）的丧失，并因此带来了具身化感觉的丧失，从而将意识从它如家般的身体中驱逐出去。就像我承诺的那样，第二个和第三个故事让我们回到文章开篇的具身事件中。也就是说，第二个故事凸显的是我的身体残

---

1 Maurice Merleau Ponty, *The Prose of the World*, ed. Claude Lefort, trans. John O'Neill (Evanston, IL: Northwestern University Press, 1973),77.
2 在这个意义上，我有意识地努力整合我的假肢以便它理解我行走的意图，和一个"健全的"运动员有意识地努力去使她的身体与她的期望相匹配，这两者之间只存在程度上的差别。因此，在"The Merging of Bodies and Artifacts in the Social Contract," in *Culture on the Brink: Ideologies of Technology*, ed. Gretchen Bender and Timothy Druckrey (Seattle: Bay Press, 1994) 中，艾连娜·斯嘉丽说的关于与假肢的人工本质相处的阐释，也适应于我们对客观具身性的主观关系的本体论阐释："我们不停地整合，然后谴责，然后再重新整合人工产品。词源上来看，'肢体'（limb）这个词源自拉丁语'limbus'，意味着边界或者边缘。"
3 对"放松"的定义意味着在导致某人身体的完全透明性的自我同时性出现滑动。这个词不止意味着"从痛苦、不适或重压中解脱、减轻"，而不是绝对地祛除痛苦和卸下具体化的重担，同时它还指的是"协调"（accommodation）以及"使用不是自己东西的权力或特权；被赋予其他人领地上的权利"。参见 *The New Shorter Oxford English Dictionary*, vol.1, ed. Lesley Brown (Oxford: Clarendon Press, 1993),776。

疾，我在刚开始学习如何用假肢走路时的不适（dis-ease），以及这个过程如何吊诡地促进并成就我的身体与身体图像之间的弥合，并且因此能更生动地讲述如何可以回到我们肉体本身（corps propre）（这是梅洛-庞蒂在其著作中的称呼）的"家"。最后，第三个故事以"百万人大游行"及其意义的矛盾陈述为高潮，它通过三个相关联的种族主义逸事呈现了文化的无序状态：一种社会的不适减少了活体的重力和物质性，并且将意识重新置于（"有色的"）皮肤表面。

这些叙事在种类和程度上都互不相同。因此，我这里的意图不是简单地认为它们彼此之间可以相互简化。神经性本体自我的丧失与通过手术失去一条腿并不相同，而且两者也都不能等同于种族主义所产生的人格本质的社会性丧失。然而，尽管它们所展示的身体不适的起因、性质和结果殊为不同，但这些故事拥有一个共同主题：每个故事都详述了身心整体（psychosomatic whole）中发生的根本性断裂的身体经验，这种身心整体是"意识"和"身体"间普遍的透明联系。更重要的是，每个故事都促使我们反思视觉在这种关联和断裂中运行的方式，这些方式既多样又模糊。总之，这些逸事戏剧性地讲述了如何将意识从其对自身物质性前提的舒服且往往不自觉的想象中彻底驱逐。

第一个故事，关于身体的本体论层面的不适，关注的是临床医生（同时是现象学家）奥利弗·萨克斯（Oliver Sacks）所说的"同一性的神经病学"（neurology of identity）[1]。萨克斯在《误将妻子当帽子的男人与其他临床故事》[2]中讲述了一个他称之为"去肉身性的女士"（the Disembodied Lady）的有神经性损伤的病人的案例。作为一个遭受反常的多神经性炎症攻击的受害者，克里斯蒂娜失去了她几乎所有的本体感受——我们处在世界的空间中并具身化时依赖着第六感和基本感

---

[1] Oliver Sacks, preface to *The Man Who Mistook His Wife for a Hat and Other Clinical Tales* (New York: Harper and Row, 1987),viii.
[2] 本书已由中信出版社出版，参见《错把妻子当帽子》，孙秀惠译，中信出版社2018年版。——译者注

觉,这种感觉据说为我们提供着身体图像,但是这种图像并不是源自我们身体(或直接源自视觉)的客观视像,而是来自主体对我们物质存在不可见的鲜活感觉(lived feeling)。萨克斯告诉了我们克里斯蒂娜在疾病发作后几天内的身体行为:

> 站着是不可能的——除非她低头看着她的脚。她的手不能端住任何东西,而且她的手会"徘徊"——除非她盯着它们。当她伸手抓某物时,或者试着给自己喂饭时,她的手会错过、或伸过头,就好像某种基本的控制和协调能力不存在了。她也几乎不能坐直——她的身体"出卖了"她。她的脸奇怪地没有表情且松弛,她的下颚大开着,甚至她连发声的姿势也忘了。[1]

由于她突然被驱逐出身体,并且丧失了几乎所有我们能称之为她的主观身体想象的东西,克里斯蒂娜因此变得高度依赖她视觉的客观感知。她最终学会了使用眼睛来定位,或者更恰当地说,在世界中摆放她的身体,以使她作为客观事物运行并运动起来。她在本体论意义上所产生的对身体的疏离感令人不寒而栗——但是她求助于身体的计算和研究来恢复的做法(也是仅有的方法)同样令人不寒而栗,这个例子以可怕的极端方式表现了 HMO 广告牌中所推崇的身体物化:"从出生的第一天起,你就与你的身体在一起。你应该成为老板。"

萨克斯指出,我们主观上感受到的以及基本的"对身体的感觉……是由三种东西给予的:视觉,平衡器官(前庭系统)以及本体感受"(47)。在正常的(即非病态的)情况下,所有这些制造意义的模式与进入世界和我们自身的模式一道协同工作。在克里斯蒂娜的案例中,视觉必定占支配地位。但是,尽管视觉允诺了她身体的"一些-东西"(some-thing),因此也允诺了生命的某些行动(因为她从未被治

---

[1] Sacks, "The Disembodied Lady," in *The Man Who Mistook His Wife for a Hat*, 45. 下文引用时将标注在正文中。

愈），但从主观的本体感受上剥离开的客体化视知觉并不足以使她重新拥有如家般的身体，也不足以使她在其物质性前提中寓居。她用一种听起来像鬼一样单调的声音告诉萨克斯，"我感受不到我的身体。我感觉很奇怪——被去具身化了"（45）。若回忆起梅洛-庞蒂的说法，我们可以说克里斯蒂娜感到她正在其身体前方，而不是在其中或者就是它。更重要的是，与那位哲学家将视觉描述为进入世界的不连续形式的特点一致，在这个世界中"看见即有一定距离"，我们可以说克里斯蒂娜也只能在一定距离上拥有其身体——起初作为一个受惊吓的观察者，最终作为一个专业的指导者和行动者。萨克斯告诉我们："一开始，如果不使用眼睛她就不能做任何事情，一闭上眼睛她便无助地瘫倒了。一开始，她必须通过视觉来指挥她自己，用一种几乎是痛苦的认真和小心来仔细地看着她运动中身体的各个部分。"（48）她起初的笨拙行动都是源于视觉精心计算的策略，但克里斯蒂娜正变得越来越熟练，尽管还是得依靠视觉，但她的行动变得更为协调并最终变得更加自动化而且更具完成度——此处这个词产生了深层的共鸣。萨克斯这样描述她的身体姿势：显得"像雕塑一般"，具有艺术性，有力量，有决心，演戏似的；她的声音也是，就像在舞台或剧院上一样，仿佛是一个演员的声音。

尽管克里斯蒂娜最终回到了她的家庭和工作，但她对她可见身体的视觉占有绝没有代替她对身体的非视觉和本体感受的知觉，因为她曾经"生活"在她的身体中。尽管有肉体，但她仍然不能整合她的意识于其中，因此她的身体再也不是她的居所了。正如萨克斯指出的，她客观地自我指认方向的视觉技巧"使得生活成为可能——而不是使之正常"（50）。克里斯蒂娜"继续感受到……她的身体是死的，不是真的，不是她的——她不能将之据为己有"（51）。更重要的是，在看她出现本体论危机前的家庭影像时，她不能将自己认作屏幕上的那个人。她告诉萨克斯她不仅记不得她，甚至不能想象她。连同本体感受一道,她失去了认同最基础的器官锚定功能,克里斯蒂娜还失去了视觉可见的和不可见的部分:即她的身体想象丧失了。在某人身体内生活——如主观的"我"及"我的"——对她而言没有维度、没有意义,因此也就没有真实感,而她将自己描述为感觉像是一个青蛙一样"被抛弃了"——被切除了内脏。她在视觉客观敏感性的帮助下,从外面来支配她的身体,但她却感到被驱逐了,被扔到了自身以外——她感到被去现实化(derealized)了,且到了我们绝大多数人绝不会体验到的程度。

当我讲述克里斯蒂娜的经验时,给我印象最深的是其与我自身经验既相似又相反。也就是说,是视觉的能见性拯救了她的生活,帮助她行走,使得她最大可能地拥有或重新拥有了她自身,一边对抗着本体感受和想象的去现实化,一边通过视觉来认识自己。不同的是,当我第一次开始物理治疗的时候,手边(或者更精确地说,是腿边)的任务是去认识一个看上去就没有生命的人工(因此是去现实化的)肢体,以整合和激活这个死气沉沉的重物,将之变为可本体感受和可感知的现实,这种现实不只是属于我的身体意向,也属于我的身体想象。然而,若要这么做,我须学会放弃隔着一定距离来控制我自己,即将之作为一个外在于我自己并被我和其他人看见的客体。最初,治疗专家将我放在一面镜子前,这样我就能够看见我自己并因此根据我可见的图像来调节我的身体。(我们都在电影中看见过这样的场景:许多铝条栏杆组成一条狭长的走道,上面铺着橡胶,病人抓着一根栏杆,腿部僵硬地朝向一面等身高的镜子蹒跚前进。)

然而,作为一个精于评价可见图像的电影学者,以及一位精通(经常也反对)拉康精神分析理论的现象学家,我的确突然领悟了那面镜子对我而言——从一开始就是——是一个代价很高且具有消极意义的误认(meconnaissance)场所。也就是说,我能看见它并没有告诉我什么。事实上,它的位置总在我"错误的一边",这令我感到困惑,而且我会把我的腿弄混，会跌跌撞撞，并且会摔倒。不但看镜子要求我只从客观和远距离的轮廓中找到我步伐的形状和节奏，而且我以相反的方向操纵它们也要求我如此。因此，我为了学会走路，不得不停止观看镜中的我。我被迫拒绝我外化的"想象界"反思告诉我位置"在那里"，而是在占据了我身体的"实在界"的空间中重新发现我自己"在这里"，而这一空间应该是不可言说也不可见的。总之，通过不断尝试正确地定位、感知和想象我的重力、平衡、行为以及运动能力，我发现如果我想要站在（stand）它的实际位置上，我就不能忍受（stand）对我身体的远距离观看。（理智地说，这不是小小的双关——并且，作为一个知识分子，我认为重新站起来对我来说不是个小成就。）

此处，我与克里斯蒂娜完全不同，她失去了她的本体感受而且只能用眼睛来感受身体。但对我来说，帮助我走路的不是身体的视像或者从外部给我的人工肢体，而是我对身体安排或身体行为的主观想象，这种想象传达着我"内部"的活动，就像我尝试整合并意指那条假肢时一样。当然，像克里斯蒂娜一样，我在一开始也不得不指挥和操控我的身体来重新学习走路。我必须学习所有有关身体的事情，而且因为我一直从外部观看自己，所以我突然遭遇了一个看上去不可能实现的身体协调任务，之所以说不可能，不仅因为我必须得思考以前我的身体不假思索就能完成的事情，还因为我与身体之间的亲密性比不上我与它的图像之间的亲密性。

最终，我学会了通过确定我自身的位置以及处于身体的"我的"这一边来走路，也就是说，不是通过把我的身体看作我的图像，而是通过把我的身体图像当作我来感觉。我将眼睛从可见的镜像那肤浅的形式上挪开，转而去想象我其他形式的自我关注和进入世界的模式所形成的形状。我学习着我的身体——我的材质、体重以及尺寸，我的平衡、重力以及张力和可移动性——不只是将其作为客观的、可见的物，而是作为以存在为目的的主观的和综观的（synoptic）物质能力总体。正是这种对我身体的重新认识帮助我整合假肢并将腿的客体性转换为我可以用来站立其上的主体性。总之，我不能再将自身看成我所被给予的图像，否则我也许真会摔倒；相反，我必须想象性地占有我自己，并且把我的行为作为有意义的和物质性的在场来感受。这与克里斯蒂娜的任务完全相反。在缺乏身体想象的情况下，克里斯蒂娜被迫去占有她可见的客观图像，以便摹仿有意义的行为，并且意识到身体能力的存在和可能性，但她无法实际可感地去感觉到这种身体能力。相反，我的大部分能力是为了有意识地注意到——去整合——我的假肢，这个能力源自一个主体身体想象的真实在场，而这种在场需要在客观的（也就是可见的）不在场的情况下才能被体验。的确，我看得见缺失了的——虽然仍然是在场的——腿不只在实质性地体验着，而且在帮助我（在装假肢之前与之后）适应截肢时起到关键作用，此时，如"幻肢"和"幻影感觉"[1]之类的术语对我来说就变得无感了。尽管在数年时间里我的"幻肢"在其感知形状上发生了根本性的变化（它变得比可见的"存在"的肢体更长也更细），但它真的长进了我的假肢吸口的空壳中，占据了它，丰富了它，将之填满，并最终抓住了它，因此它变得有了意义，而且我也从肉体上将之整合成了我自身的活体。

我在本章前面提到，我们要做的不是让我们自身摆脱图像，而是要使它们具有血肉，去认识其物质的——虽然是主观的——维度和价值，这些形成了它们的客观可见性。在我康复（这在上下文中是个有趣的术语）的过程中，这种认识通过有关我身体的可见图像（与镜中的那些完全不同的图像）被真正地带回给我。这些图像并不再现我客

---

1 幻肢（phantom limbs）和幻影感觉（phantom sensations）指的是截肢之后仍然感到肢体的存在和活动的幻觉。——译者注

观身体的形式和运动，就像被他者从外面看到和体验到的那样，而是再现着我的主观身体，就仿佛它在我这边作为我而生活的那样。我和电脑同时生产出这些图像。这些是回应的图像而不是直接的图像——因为它们引导我一次又一次地从其客观可见的表面和运动回到我自身不可见的实质。在一个例子中，两幅变化柱状图在电脑屏幕上被再现，而另一个例子中，两幅图从象限到象限进行循环，这些并不是关于我身体客观上看起来如何的图像，而是关于我如何主观地在腿上分配重量，以及如何在一个运动感觉平台上调节我的平衡和重心的图像。这些是主观具身性的客观图像。与呈现了客观具身性的轮廓和表面的镜像不同的是，这些客观图像按其作用的本源来看，既非颠倒的也并不令人困惑。尽管把这些看上去很抽象的图像当作我活体的摹仿性再现来看待似乎与直觉相悖，但是那实际上就是它们所是——尽管它们摹仿的对象不是我外观的表面。因此，人们可以说这些不仅仅是客观的和可见的（visible）图像；它们也是主观的和能见的（visual）图像。它们不仅真正地帮助我学会了走路，还对我们过于重视可见物的倾向提出了一种修正——一种真正的平衡。事实上，它们提供了一种帮助我学会看的观看模式：哪怕是最普通的图像也能在我们肉身的行动和投入中发现它们的价值、内容和动力。

### III

现在让我转向一个关于身体驱逐及疏离化的不一样的故事。构成其主体叙事的这些逸事不是关于诸如神经性灾难或身体某部分的物理性截肢所导致的本体论意义上的"不适"或导致某人如家一般的身体变得不透明，而是关于认识论或价值论的不适，以及知识和价值的病态所导致的对身体和视觉的贫乏和疏离的感觉。我最后会聚焦于"百万人大游行",但是我首先想考虑两个个体的经验——一个是小女孩,另一个是成年男人——都是非裔美国人。

与克里斯蒂娜不同,要讨论的这个小女孩没有感知具身化的身体障碍,她的问题在于她作为身体时所感觉到的她是什么的不确定性。这不是一个本体论意义上的必然性问题,而是一个认识论意义上的充分性(或不充分性)问题。此处出现的不适不是某人身体的疾病、贫乏或失效,而是文化的疾病、贫乏或失效。这种文化失去了本体感受的对等物,并且这种文化不再能亲密地感觉到活体。视觉的客观化作用也在此有重要意义,而在此视觉也被用来操控和指挥身体——尽管源头和终点都与克里斯蒂娜具有指挥作用的视觉很不一样。下面的自传场景是奥德烈·洛德(Audre Lorde)在其论文《四目相对:黑人妇女、仇恨和愤怒》(Eye to Eye:Black Woman,Hatred and Anger)中的描述:

> 去往哈勒姆区[1]的 AA 地铁。我抓紧妈妈的袖子,她的手臂上挂满了购物袋、圣诞节的货物……妈妈发现身边有个位子,推着我穿着儿童风雪服的身子坐了下来。在我的一旁是个读报纸的男人。另一旁则是个戴皮帽子的女人,正盯着我看。她一边看一边抽动着嘴巴,然后她的目光垂下,我的目光也随之一并往下看……她把衣服扯紧了些。我四处张望,仍没看见她在我们之间的座位上所看见的可怕东西——也许是一只蟑螂。但是她已经将她的恐惧传递给了我。从她的样子来看,那一定是某种特别糟糕的东西,所以我也拉紧了我的儿童风雪服以躲开它。当我抬起头时,那个女人还在看着我,她的鼻孔和眼睛硕大无朋。突然我意识到我们之间没有什么乱爬的东西:她不想

---

[1] 美国纽约市曼哈顿北部的一个区,是美国最大的黑人聚居地。——译者注

让其衣服触碰的就是我。[1]

与克里斯蒂娜一样，小奥德烈突然遗失了她的身体图像——她被剥夺了她的维度，通过视觉而与她自己产生了距离。但是，在这种情况下，她被抛弃了，并从外面被掏空——不是因为她自身本体感受的失效，而是别人可感知的病态。洛德从视觉角度来标记这种经验："我不想记住许多白人眼中流露出的废止（cancellation）和仇恨，它们如我所期待的死亡一般沉重。"[2] 曾经她在她的"穿着儿童风雪服的小身体"中（并且是作为这个小身体本身）如在家一般温暖，但她很快被从身体中驱逐了出去，并被置于外在于她的"寒冷中"，她从主观上感觉并认识到曾经透明和不假思索的统一的活体如今被诡异地撕成了两半。一方面她有意识地感觉到她自己，另一方面她感觉到了她的身体。后者此时已是某种有一定距离的、客观的和可怕的物。

在讲述克里斯蒂娜的故事时，萨克斯想起了维特根斯坦的《论确定性》(On Certainty)，并认为这本著作应直接更名为《论怀疑》，因为维特根斯坦质疑："是否存在某些环境和情况会带走身体的确定性，会给一个人提供基础去怀疑他的身体，也许还会在彻底怀疑中失去他的整个身体。"(Sacks, 44)。诚然，克里斯蒂娜在本体论意义上的病态展示了这种情况——可以肯定的是——奥德烈所忍受的文化病态也同样地展示了这种情况。哲学家查尔斯·约翰逊（Charles Johnson）在《黑色身体的现象学》(A Phenomenology of the Black Body)一文中很有说服力地将这种身体怀疑认定为种族性秩序系统的文化病态所造成的影响。约翰逊唤起了一种活着的感觉，即意识被掏出并从其如家般的身体中驱逐出去到底意味着什么——没有土坯，没有地址，没有居

---

[1] Audre Lorde, "Eye to Eye: Black Women, Hatred, and Anger," in *Sister Outsider* (Freedom, CA: Crossing Press, 1984), 147.（楷体为笔者所加）

[2] Audre Lorde, "Eye to Eye: Black Women, Hatred, and Anger," in *Sister Outsider* (Freedom, CA: Crossing Press, 1984), 147.（楷体为笔者所加）

所——当它在一种眼光中被扔出了自身之外:"我看不见白人他者在我们的皮肤上所看见的,但我在意他的意图,是的,在意我经常向他显露的某些令他尴尬的东西……是'我'感觉自己'很脏',仿佛对于自己我是个客体而不再是主体。"[1] 用弗朗茨·法农(Frantz Fanon)所创造的意义深远的术语来说,约翰逊称这种活着的感觉及物质被掏空、抛弃及最终被驱逐出由物质性前提所提供的透明舒适区的过程为"表皮化"(epidermalization)。[2]

在小奥德烈体验到约翰逊所描述的"灼人的萨特式怒视的'目光'"的那一刻,整个世界都被"表皮化了"(130)。约翰逊从洛德的童年经验扩展至成人,他告诉我们关于他自身对病态观看的身体回应,这种身体回应让他"意识到某些潜在的东西"并且改变了他的身体:"我的世界被表皮化了,像一个纸牌屋一样坍塌成了我皮肤做成的肮脏盒子。我的主体性像袖口一样被翻了出来……表皮化像气味一样在整个身体里弥散,像回声一样……突然的眩晕和迷失,一种对我的外部和为了他者的存在的敏锐感知。"(128)约翰逊告诉我们,一旦经历了这种突然的被掏空之后,表皮化的"黑色身体""醒来了,将自身转变为一种纯粹的身体性——奇怪得很,它感觉仿佛是用肢体在聆听别人,而我的内在像被焚烧的东西一般枯萎,并变成困惑,感到威胁。并且,如果它不让我把自身构建为仇恨(不能改变世界,我就改变自己的情绪),它瞬间就像一块为雾霭所笼罩(haze over)的土地"(130)。如果换成在穿着儿童风雪服的奥德烈的那个"灵魂杀手"的故事中,则可以说是冰雪覆盖(ices over)。

---

[1] Charles Johnson, "A Phenomenology of the Black Body," in *The Male Body: Features, Destinies, Exposures*, ed. Laurence Goldstein (Ann Arbor: University of Michigan Press, 1994), 126. 下文引用时将标注在正文中。
[2] 约翰逊认为术语表皮化(epidermalization)在其现象学意义上的来源不是法农,而是托马斯·斯洛特(Thomas Slaughter),来自一篇未完成的论文,即《表皮化世界》。(参见 Johnson, "Phenomenology of the Black Body." 136n14。)

约翰逊对表皮化身体的描述在某种程度上是矛盾的，或者更准确地说，是模糊的。一方面，表皮化凝视将其意识锁在不再属于他的身体之外，身体的感觉和意义被别人占有并被别人贬低。然而在另一方面，他仍能用本体感受去感觉这具身体，即便他只是从一个掏空（eviscerating）别人的他者的眼光中看见它。[1]这种感觉"很强烈，好像意识已经转变为被看见的皮肤表面"。他告诉我们：

> 我们的身体完全会对这种突然的表皮化作出回应；对主体而言，意识会被迅速清除内容：实际上，留下一片"空白"……还存在着生理上的反应：脉搏和肾上腺素的增加，被看见的皮肤变得湿润，仿佛身体与白人他者在进行着公开的阴谋，只为了确保我的意识万无一失地完全被肉体性所遮蔽。我感受到了它想要沉睡的尴尬，还知道我自己不再是主体，而是沉睡的、麻木的物质。(129)

也就是说，白人他者对他的视觉感知与他自身的身体能力"处于可逆

---

[1] 约翰逊描述的表皮化结构在许多方面与卡兹在《情绪如何工作》（*How Emotions Work*）中所说的羞耻结构很相似，这丝毫不令人感到惊讶。卡兹认为羞耻有三个维度，并且由三组元素构成：第一组元素阐明羞耻为何是一个解释的过程，或者说是从别人的立场看待自己的方法；第二组元素显示出羞耻是一种无力的行为，感到对控制自身认同和组织回应无能为力；第三组将羞耻描述为一种多形态的情感，一种不稳定的感觉，这种感觉拼命地想变化成表现其他情绪的肉身。总的论点是，感到羞耻的时候有着明确的下述特征：作为一种自我反思的形式，羞耻是①一种对自我的阴森揭示，它②使个体被孤立，并③直面神圣共同体的审视，它所揭示的是一种④道德劣势地位，这种劣势地位使人⑤容易受制于⑥无法抵抗的力量。作为一种情感状态，羞耻是⑦令人恐惧的、⑧混乱的、⑨全方位的，以及⑩令人感到羞辱的。(147)当然，羞耻是表皮化结构的一部分，是一种观看者与被看者之间的共谋，这种共谋在被看者一方产生了一种感觉，即他的身体"由于无法抵抗超越其意志的陌生力量"而背叛了他，还产生了"通过道德的界限来塑造其身份认同，而不顾其个人意志和努力"的无能为力感(156)。当然，与羞耻不同的是，表皮化是被一个自封的"神圣共同体"所炮制的，其实就是由自我认同为"白人"（因此自以为有道德）的人所组成，并且其"羞辱感"完全没什么神圣之处。

的关系中；一个功能受损……导致另一个功能也受损"[1]。约翰逊的行为——在一种可逆和否定的相互作用中——发生了改变，而且他的世界和他的身体（正是这双重视域约束了意向性的活动）都减少和收缩了。约翰逊就是这样被他的表皮化身体的"没有行动力的物质"所抑制，并被困于其中，他不再通过其透明的居处和他活体的能动性来确定他的存在的位置。而是"被一个并不以（他）自身的意向能力为源泉的协调系统所定位"[2]。为了避免那些带着病态和表皮化目光的白人脸来找麻烦，约翰逊建议给黑人具身性一种限制性的和自我抑制的设想："我必须永远守卫我的身体，以防止其公开地背叛我；我必须压制他们被冰冻的意向性所带来的形象——我监督我的行动，并且采取措施防备我自己，唯有这样，肮脏、邪恶和身体性的神话，才会像柏拉图式的形式一样，不会在我之中出现。"（129）

在这个意义上，小奥德烈终将会像克里斯蒂娜那样从外部摆放其身体。她会学着在别人的——以及她自己的——眼光下活动，并为了这些眼光来操纵身体。她将会时时刻刻地监视着它，否则就有失去基础的危险，并且会在她置身其中但不会再感觉如家一般的那个世界里失去根基，因为她已将原初的预设都丢弃给了别人。当然，奥德烈的病态，即使会有，也不是像克里斯蒂娜的那样源于她自身的问题。这只是身体本身的或伴随身体的流行病和表皮化文化不适的一个例子，而约翰逊也体验并描述过这种不适。而且，它不止要归因于一段包含

---

1 Iris Marion Young, "Therowing like a Girl," in *Throwing like a Girl and Other Essays in Feminist Philosophy and Theory* (Bloomington: Indianna University Press, 1990),153. 杨（Young）在此引用了梅洛-庞蒂在《知觉现象学》（133-137）中的论据来描述性别主义而非种族主义对活体所造成的影响；她写道："活体的不同感觉和行动被综合地联系在一起，每一种感觉和行动都处在彼此的相互适应性关系中。"（153）我有意地修改了杨关于性别主义及其对女性运动能力、空间性以及意向现实化（intentional realization）的影响的著作，这可以形成对（尽管不完全相同）种族主义所制造的相似压制的补充和桥梁。

2 Young, "Throwing like a Girl," 152.（楷体为笔者所加）

了许多种族主义行为和关系的历史，还因为——还不占少数——我们的文化越来越依赖距离化和客体化的视觉功能，这种功能已经变成了脱离我们身体的技术。事实上，考虑到视觉在我们文化中的优先地位，我们可以说，与约翰逊一样，我们的整个世界以及我们作为人类在其中意味的大多数东西都已被表皮化了。表皮化的我们全都将自身看成附带现象（epiphenomenal）。

现在，我绝不会想把特殊形式的对自我身体的疏离和驱逐变得平面或琐碎，这种疏离和驱逐来源于一种具体的种族等级系统。在约翰逊的意义上，表皮化已使得其自身独特的现象-逻辑被具体的历史语境和文化实践所验证，并且在回应和责任的特定结构和社会力量中得到展示。但是，我认为我们文化当中的大多数人能够在这种现象-逻辑中认识到，成为这种视觉的牺牲品以及成为可见物的仆人而非主人意味着什么。约翰逊自己认为，"说不存在完全相互孤立的、难以彼此沟通的'白人的'或'黑人的'经验，这是有道理的，应该说，存在着不同人类经验的变体，这种经验可以通过想象的方式得以交流，或通过感同身受的方式跨越种族、政治和文化的界限"（122）。因此，我们中的许多人并没去忍受特定形式的表皮化，这些形式贬低"我的"物质活体，将之削减为仅仅是"黑色身体"的肤浅表面，与此同时，我的确感觉到被疏离并被驱逐出我们自己的维度和丰富性意味着什么，以及失去我们的活体意味着什么，不是在我们意向行为惬意的透明性中失去，而是在一个我们自身作为纯粹表皮的客体化视像的不愉快中失去。在这种情况下，从这种优越性来看，我们怎么会感觉不到约翰逊所说的被我们肉身性"突然遮蔽的"意识和我们向"没有行动力的物质"的转变？

如今，几乎每一项让我们勉强"看见"肉体及其维度而不只是肤浅意义的品质都不能被算作重要的文化资本，不可在屏幕上计算。因此，人们主要从可见物的角度对1995年"百万人大游行"的公共意义展开讨论绝非简单的巧合：新的视觉技术不只是被用来在电视上展示那些在场的身体[1]，也被用来电子化扫描这些电视图像用以计算身体的数量。关于这个可见的技术所导致的结果的争论受到了公共领域的广泛关注（有四万还是超过百万的身体出现并被统计？），完全遮蔽了那些小众的故事报道，这些报道聚焦于应该从这场公共场所的聚集中看见什么，以及应该从数以千计的手和身体彼此"相连"中感觉到什么。这种对事件的有质量的陈述真正地整合了可计算的数字，但是是在身体质量（bodily mass）的意义和物质中、在近似性的力量中、在血肉的力量中，报道在描述参与者和观看者的身体行为的新形式时呈现了上述内容。总之，这一报道注意到了技术性的或技术化的眼睛所看不见的游行的许多方面和结果。

然而公众的眼睛却被媒体引向了黑人身体数量的所谓"重要新闻"，而这种更有质量的报道却被边缘化为就人类利益而言"不怎么重要的"内容。但是，不论其怎样被当作边角料新闻，这一高质量的报道比任何单纯计算可见身体数量的报道更有力量且更能改变世界，因为它既不关注单纯的数字也不关注皮肤表面。一位名叫克里斯特·布伦特·祖克（Kristal Brent Zook）的参与者在专栏中写道：

> 对于我们在场的许多人而言，关于游行的争论已变得没有意义。那一天对我而言已深深地铭刻于我的记忆之中，就像一系列的快照和插曲一般，所有这些把我带回同一个地方：黑人的人性。10月16日是……为了让一个总被欺凌的民族之灵魂复生，还为了将其命运和正当的位置归还给他们……比所有其他的都更重要的是，我深深地记住我的第一次早间祷告：低着

---

[1] 此处作者使用了bodies来一语双关地指人和身体，当问有多少人参与了游行时，还隐含了有多少身体参加游行的意思。这种用法下同。——译者注

头,敞开心扉地站在商场周围的草地上。在我的右边,我握住一个害羞的 13 岁小孩的手。在我的左边,一个坐着轮椅的老人扭曲地抓着我的手指尖。[1]

这里有意义的是肉身的物质、重力、重量和压力,还有它被经验性地感觉到且因此而具有的象征性质量。这里被描述的身体没有那些被计数的身体的那种死气沉沉的重量(death weight);相反,他们是活的,并且他们以有力的(weighty)方式使其自身的意义更鲜活:"他们彼此推搡、彼此倚靠、彼此推开、彼此拥抱。"[2]祖克的描述中有用的不是数字而是活体(在这里表皮化为他人和自己的"黑人"),他们利用自己的重量和重力、他们的超凡维度、他们的想象力,在世界中找到了一种新的、实质性的姿态。正如埃莱娜·德·里奥所说:"因此身体的空间性和统一性(即**肉体本身**)不是某种能通过客观可见性参数来说清楚的东西,而是具有模糊性和谜一般本质的东西。"[3]须特别指出的是,与将参与人数的可见性作为"百万人大游行"的意义的主流观点相对,祖克通过聚焦于**失明黑人**来总结她的描述:"史蒂菲·旺德(Stevie Wonder)说当他看不见那些人时,他能感受到他们。旺德抬头看着天空,停下来,倾听。像波浪一般,人群用令人称奇的电磁力来回答,从林肯纪念堂到国会大厦再折返,这股力量强烈地侵袭着我们。"[4]无论多简洁,而且无论多么迥异于那种从视觉的全身体性中技术性地抽象出可见性的文化,这一有关"百万人大游行"的高质量报道标志着肉体对肉体的挤压以及对黑人进行身体想象的运动,从一种对

---

[1] Kristal Brent Zook, "Multiple Images from Million Man March," *UCLA Today*, Oct.27, 1995,7.

[2] Aophonso Lingis, "Bodies That Touch Us," in "Sense and Sensuouseness: Merleau Ponty," special issue, *Thesis Eleven* 36(1993):166.

[3] Elena del Rio, "The Body as the Foundation of the Screen: Allegories of Technology in Atom Egoyan's Speaking Parts," *Camera Obscura*, nos. 37/38(summer 1996):102.

[4] Zook, "Multiple Images," 7.

皮肤可见表面一成不变的凝视到对其基本预设的恢复。正如杰克·卡兹告诉我们的："在社会生活中创造了所有可见性的是三维身体的不可见性，而在情感经验中，人们通过感官而不是思想来转向背景中自我的肉身基础。"[1] 在那一瞬，游行者不只在他们的身体中，也在其他的身体中重新获得了如在家般的感觉，他们还体验到——是的，也看见——活体的一种全新的开放性能力，这些能力关于姿势和运动，关于在当下体验到未来世界上会有更少的行为被压制和限制。这些身体之所以在短时期内影响深远，不是因为它们数量上可见，而是因为它们被完全地意识到了。

## IV

要凸显活体的"情感"（自己和别人都感觉到的），不是去把它变得多愁善感，也不是为了主张一种以不可言说为基础的模糊的形而上学，而是要强调我们如家般的身体在可见的图像中不能被完全捕捉到，尽管它们留下了标记，而且如果我们承认其存在，那么这些标记就能被阅读和理解。在这方面，哲学家阿方索·林吉思的辩驳最有力：

> 人的身体……在世界中移动……留下痕迹……飒飒响声、脚步声、嘟哝声、咳嗽声、叹息声、回音、眨眼、汗水、泪水。它们的自由是一种物质的自由，通过这种自由它们消解被给与的所有本质及文化加诸其上的各种形式，在街道或田野里留下它们的手指和脚跳舞的轮廓，在阳光下、阴影中散落它们的颜色，在风中留下它们的温度，在椅子、工具和其他人的手上留下它们的体液，在夜晚留下它们的梦。[2]

---

1　Katz, *How Emotions Work*, 335.
2　Lingis, "Bodies That Touch Us," 167.

我对自我的身体想象有其可见的影响，它不是作为我的表皮被呈现，而是在我的身体行为中被呈现，这不是固定的方式，而是一种流动的方式，永远在与社会和他者的关系、回应和责任中消解和重构自我。

被驱逐出如家般身体的意识和被意识遗弃的身体之间可逆转的病理学，使得人过去的行为非现实化，并事先取消了其未来想象的可能性。克里斯蒂娜、奥德烈和查尔斯·约翰逊所体验的不同程度的去具身性和非现实化，使得这种去具身性和非现实化的影响清晰可见。显然，克里斯蒂娜从身体中被驱逐出去，实际上是本体论极限上的特例（萨克斯只知道一个类似案例）。它的特殊性显得我们其余在神经官能上"正常"的人在我们的身体中像在家一样，把它们当作一个宽敞的且能移动的场所来维持，这个透明的场所成为我们在一个共有的巨大世界中进行意向性活动的基础并使之成为可能。然而，尽管其特殊且私人的表现和结果很极端，但洛德和约翰逊的经历绝不是特例。令人不快的是，它们相当普遍。而且，他们被从身体中驱逐在不同程度上与我们个人但并不私有的经验产生了共鸣，这些有色人种、肥胖者、老年人、女性、病人或残疾人的经验突然向我们自身敞开，他们的经验显示出我们文化的规范性实践以现象学的方式让我们对我们的身体和他者的身体产生陌生感。结果我们的行为变得被压抑、被限制，而不是变成一个有包容性的系统和风格，在这种系统和风格中，我们从肉身角度与客体对话，同时令我们自己成为有意向性的、有物质性的存在，而且总是处在开放的生成过程中。至于我，直到我让我的镜像充满血肉，并驳斥它对我进行的标准化和简化的表皮化后，我才恢复了我的能动性和姿态，把我的假肢整合为我身体的家，并且能够重新定位我的意向性基础以及在世界中行走。

我从对自己身体的重新恢复、重新利用和重组中所吸取的教训，以及从克里斯蒂娜、奥德烈·洛德、查尔斯·约翰逊和"百万人大游行"的参与者那儿吸取的教训,并不是告诉我要拒绝视觉再现并支持对圣像的敌视[1],而是告诉我要将视觉看作具身性的和可再现的,不仅是在客观维度上作为事物可见的皮肤,而且在主观维度上给我们带来了视觉上的重力。也就是说,我们在观看中须记住,我们超越了我们所制造的图像并对其进行了相对定界,而且允许我们自身被图像所生产。在家并重新根植于活体的我们,有维度、重力以及一种能力,这种能力使我们重获平衡感并以不同的方式协调自己——也许起初是在我们的图像前面,而之后,希望能在它们之中。

---

[1] iconomachy 指对用来崇拜的偶像、圣像的敌视。——译者注

# 9 单腿而立[1]
## 假肢、隐喻和物质性

> 物质被赋予了无尽的生育力、不竭的生命力,与此同时,还有诱惑的能力,这种能力也会引领着我们去创造。
>
> ——布鲁诺·舒尔兹(Bruno Schulz),
> 《鳄鱼街》(*The Street of Crocodiles*)

> 正是这种妥协,被当成一种非人境况的独特魅力的牺牲品。
>
> ——罗兰·巴特,
> 《喷射人》,载《神话学》("The Jet-man," in *Mythologies*)

让我再次从我拥有左腿假肢的事实开始——因此,我对当代学者如何接纳并再创造"假肢"感到好奇并投入了相当的时间,这些学者想弄明白我们越来越技术化的生活并将之理论化。清晨装上假腿时,我知道是我给了它真正的(虽然是有限的)生命力,同时它给了我真正的支持,我并不认为它是有诱惑力的物质——或者是一个具有一般性的观念——就像我的一些学界同事所认为的那样。在白天四处走走,去教个课或者去超市购物,我也没感觉自己像巴特所谓的"物化的英雄",即那个"喷气人":一种神话学中的"半客体"(semi-object),

---

[1] 尽管是口语化的表达,但是"单腿而立"(A Leg to Stand On)也是现象学神经学家奥利弗·萨克斯的一本书的名字,书中涉及的话题与当下这篇文章多少有些相关:萨克斯因神经损伤而导致腿部受伤的经历。参见 Oliver Sacks, *A Leg to Stand On* (New York: Simon and Schuster, 1984)。

他通过假肢得到提升的肉身自我牺牲地屈就于"非人境况那充满魅力的独特性"[1]。不只是我将自己看成完全的人类（也许既不独一无二，也不充满魅力），而且我也非常切身地了解我的假肢本质上的惰性以及缺乏有动机的意愿。事实上，由于我加诸其上的所有重量，它并没有让我的生活飞驰。因此，当我接触到人文艺术领域的最新作品时，我对最近"假肢"所做出的非同寻常的行动感到惊奇和好笑——尤其因为我的假肢几乎无法独立站立起来，而且它肯定不会出去跳舞而不带着我。

尤为重要的是，当我们说"装备好了"去做这些时，我想通过回到活体经验的预设来批判并纠正这种对假肢的隐喻性（我敢说，也有伦理上的）替换。然而这种回归不是直接的——而是通过被称为"比喻性释义的现象学"（tropological phenomenology）[2]来回归。在《活的隐喻》中，保罗·利科写道："如果在我们经验中存在一个点位，在其中，生动的表达陈述了活的存在，那么，就是在这里，我们沿着语言的熵值斜坡上升的运动遇到了我们借以回到现实性、行动、生产和运动之间的区别这一侧的运动。"[3]接下来，我会像对活体一样给语言以更多关注。这是因为作为比喻释义形象的那个假肢，与我的物质假肢和与作为现象学意义上活的人工制品之间，不只存在着对立的紧张关系，

---

1　Roland Barthes, "The Jet-man," in *Mythologies*, trans, Annette Lavers (New York: Hill and Wang, 1957,72-73. 布鲁诺·舒尔兹在本章开头的题词可参见 Bruno Schulz, *The Street of Corcodiles*, trans. CelinaWieniewska (London: Penguin,1963),59。

2　值得注意的是 trope（译按：trope 是 tropological 的词根）既有哲学上也有修辞学上的意思："trope"指语言的比喻性用法，但它也指怀疑者提出的论据。在这方面"比喻性释义的现象学"会包括这个词的两种意思，使用时会采取"厚描"的方法，既完全注意又合理怀疑活体经验总是被想象性地"描绘"（figured），从字面来说，就是弄明白（figured out）。（译按："tropological"本来指的是用比喻的方式对《圣经》进行解读，故在此译成"比喻性释义的"。）

3　Paul Ricoeur, *The Rule of Metaphor: Multi-disciplinary Studies of the Creation of Meaning in Language*, trans. Robert Czerny, Kathleen McLaughlin, and John Costello (Toronto: University of Toronto Press, 1977), 309. 下文引用时将标注在正文中。

也存在着充满活力的联系,这里说的那个和我的意指以下方面在种类和程度上的各种差异:普遍与具体,外形与基础,审美与实用,陌生与整合,主体性与客体性,以及,正如海伦·德驰(Helen Deutsch)以及菲力西提·纳斯鲍姆(Felicity Nussbaum)所说:在"永远影响着人们生活的文化比喻和物质条件"之间[1]。我的目标不是要给(相比于"不那么真实的"话语经验而言)"更加真实"的自传经验以优先地位。无论何种经验,为了表达都需要以身体和语言作为条件,而且自传经验和话语经验都是真的,因为都有物质性原因和结果。我也不是为了沿着学术与艺术想象的楼梯跌跌撞撞地向上爬,就去否认它们对我而言非常珍贵的可以随意移动的自由。就这方面而言,我会在后面回到我的假肢上——以及一位卓尔不凡的女人的假肢,这个女人既在比喻意义上也在真实层面上跳出了自己所编的舞蹈——这个故事不是用来抬高有假肢的文化他者们所拥有并揭示的"秘密"知识,而是用来给"假肢"的比喻性释义的预设提供基础支持,并扩展这一预设,因为它传达了人文艺术的美学及伦理想象。也许文化批评家和艺术家眼中的假肢更加具身化的"感觉－能力"会给话语中假肢的"反应－能力"带来更好的理解。

## I

曾经,更确切地说是最近,在"赛博格"因学术界的滥用而令人多少有些厌倦和疲劳之后,我们开始听到也读到"假肢"(the prosthetic)——并不是其日常用法,即对失去的肢体或身体部分的物质性替代物,而是作为一种性感的、新的比喻,既作名词也作(更常

---

[1] Helen Deutsch and Felicity Nussbaum, *Introduction to Defects: Engineering the Modern Body*, ed. Helen Deutsch and Fecility Nussbaum ( Ann Arbor: University of Michigan press,2000),1-2.

见）形容词，它已经变成了比喻性释义的潮流，被用来描述一种身体、技术和主体性间模糊的且不断改变的关系星丛（constellation）。有一篇名为《假肢想象》(The Prosthetic Imagination）的论文，它调查的是学者使用和滥用"假肢"一词的情况，作者萨拉·简在其中写道："作为一个比喻，'作为假肢的技术'最近在各种关于质疑人类－科技之结合的文献中出现，这个词想要描述物质的结合、自然化、去整合化（excorporations）以及符号学转换等等，这些都远远超过了医学的定义，即'遗失部分的替代品'。"[1]

例如，我们有"假肢意识"（对辅助物的自反性关注）[2]和"假肢记忆"（对建构了个人主体性和身份的内在性所具有的优先性提出质疑的摄影和电影的公开展现）[3]；然后还有"假肢审美"，它"扩展了我们对美学、身体和作为一种先验假肢个体的技术之间关系的思考"[4]。我们也有了"假肢领地"，被描述为"技术和人类融合的地方"[5]；"假肢方法"，如"自传的客体"，指的是"欲望、认同和社会关系不可触及的方面的补充、痕迹和替代物"[6]；以及"假肢过程"，如"当代的衰老"，指的是"一种后现代状态，这种状态是由各种有机的和自动化的次元件拼凑成的假肢生物"[7]。然后，还有最近一期的《文化人类学》

---

[1] Sarah S. Jain, "The Prosthetic Imagination: Enabling and Disabling the Prosthetic Trope," *Science, Technology, & Human Values* 24, no.1 (winter 19999): 32.

[2] Robert Rawdon Wilson, "Cyber(body) parts: Prosthetic Consciousness," *Body & Society* 1, nos. 3-4 (1995):242.

[3] Alison Landsberg, "Prosthetic Memory: Total Recall and Blade Runner," *Body & Society* 1, nos. 3-4 (1995):175-189.

[4] Joanne Morra and Marquard Smith, eds. "The Prosthetic Aesthetic," introduction to "The Prosthetic Aesthetic," special issue, *New Formations* 46 (spring 2002):5.

[5] See the blurb on the back cover of Gabriel Brahm Jr. And Mark Driscoll, eds., *Prosthetic Territories: Politics and Hypertechnologies* (Boulder, CO: Westview Press, 1995).

[6] Jennifer A. Gonzalez, "Autopographies," in *Prosthetic Territories: Politics and Hypertechnologies*, ed. Gabriel Brahm Jr. And Mark Driscoll (Boulder, CO:Westview Press, 1995),134.

[7] Chris Hablas and Steven Mentor, "The Cyborg Body Politic and the New World Order," in *Prothetics Territories: Politics and Hypertechnologies*, ed. Gabriel Brahm Jr. And Mark Drisscoll(Boulder, CO:Westiview Press, 1995), 244-245.

在两篇文章中炮制了所谓的"假肢庶民"[1],这两篇文章分别名为《被截肢的身份:身体图像、身体政治以及作为假肢的玛雅女人》及《欲望和超视觉的假肢:一个墨西哥组装工厂灵活性的案例》[2]。事实上,如戴安娜·尼尔森(Diane Nelson,其中一篇论文的作者)在介绍该期对假肢和文化分析的关注点时所说:"假肢隐喻被运用于新近的赛博格人类学、女性主义的科学研究、哲学、政治经济学、残疾人研究以及神经生理学的著作中……假肢调和了一系列的二元对立,我们知道要思考就必须超越这些二元对立,但是这些二元对立仍然给我们的政治和理论提供基石(自我/他者、身体/技术、行动者/基础、第一世界/第三世界、正常人/残疾人、全球/地方、男性/女性、西方/东方、公共/私有)。"[3]

用一个隐喻来实现这些太难了。更重要的是,无论如何,无论在哪儿,在这个影响广泛并且跨学科的文化工作中(残疾人研究除外),这个隐喻真正和物质的基础哪怕没被取消,也都被广泛地遗忘了。也就是说,"假肢"真正起作用而不是比喻意义上起作用的最初语境被遗忘了——以及某些人的经验和行动也被忘记了,即那些像我一样真正使用假肢但没感觉到自己是"后人类"的人,而且,当他们读到文化理论家所写的他们的假肢在现实中与想象中所明显运用的隐藏权力时,往往会非常惊讶。大多数喜欢使用假肢隐喻的学者为了一种修辞(有时则是一种诗学)而太快地将注意力转移到他们对身体的人工拓展和"后人类"延伸的迷恋上,这种修辞总是不着调(locating elsewhere)——还未首先研究它自身非常复杂的、

---

[1] 庶民(subaltern),后殖民研究术语,指话语霸权以外的弱势群体,如被殖民者、女人等等。——译者注

[2] Diane M. Nelson, "Stumped Identities: Body Image, Bodies Politic, and the Mujer Maya as Prosthetic," *Cultural Anthropology* 16, no.3(Aug.2001):314-353;and Melissa W. Wright, "Desire and the Prosthetics of Supervision: A Case of Maquiladora Flexibility," *Cultural Anthropology* 16, no.3 (Aug.2001):354-373.

[3] Diane M.Nelson, "Phantom Limbs and Invisible Hands: Bodies, Prosthetics, and Late Capitalist Identifications," *Cultural Anthropology* 16, no.3 (Aug.2001):303-313.

文字的（也是逻辑的）基础，就开始将"假肢"移置（displacing）或将之普遍化（generalizing）。正如简在她的批评中指出的，"如此多的作者把它用作引入点——一个确定他们关于技术科学和身体相互作用方式的普遍预设"，因此"这些假肢延伸的隐喻被看作彼此之间是等同的，从打字机到汽车，助听器到硅胶植入……修补物与身体都以一种形式被普遍化，这种形式不认为身体能够并且会'利用'所有种类的技术"[1]。

那么，这种隐喻性的移置和普遍化会引起反感——不是因为我（或他人）真正的和具体的假肢经验是神圣不可侵犯的，或者这个隐喻消除了柬埔寨或塞拉利昂内战中因地雷导致的大量截肢的暴行。[2] 相反，这个隐喻的丑恶在于它变成了一个拜物且"没有血肉的"流行语，它作为无根基和"漂浮的能指"而起着模糊的作用，它为了那些关于技术文化的广泛且驳杂的批评话语而存在，但这些话语与假肢的现实性没多少关联。也就是说，这个隐喻（和想象）经常是过于简化而不是更广泛，而且它的形象相比于其所源自的客体和关系而言，无论范围还是作用方面，我敢说，都像是被截了肢。正如史蒂夫·库兹曼（Steven Kurzman）（他也是被截肢的人）在前面提到的《文化人类学》专刊中总结道：

> 学者们从一个毫不相干的主题中发展出一种理论模型，并**反过来**在截肢和人工肢体中定义它的理论模型，而不是在关于人工肢体或其他假肢工具（如隆胸、补牙、关节植入等）的民族志材料的基础之上生发出一个隐喻，……修补物假体

---

1 Jain, "Prosthetic Imagination," 33, 39.
2 塞拉利昂大规模的截肢是在政治上对"未来在你们手中"这一标语最好的反对，有关于此的打动人心的且具体的讨论参见"George Packer," The Children of Freetown," *New Yorker*, Jan.13, 2003, 50-61。

(prosthesis)¹同时占据了人工肢体、隐喻和话语框架的空间。这个隐喻变得难以定位,而且变成了一种总体化的理论,既无处不适用又哪儿都不适用。²

就这一点而言,对隐喻的作用进行更具体的——哪怕是粗略的——思考也大有裨益。为了对我们这些使用这个隐喻的(以及不使用的?)人公平起见,我们必须承认这个隐喻是——就其比喻性释义的性质而言——一种移置(diplacement):一个被命名的术语被移置于其日常的(因此是真实的、非比喻的)背景之外的地方,然后通过再比喻(refiguration)被用来阐明一些其他背景,这里说的再比喻,指的是通过强调某些结构或功能上的相似性关系来构成一种类比,在没有异物进入场景时,便不会有人注意那些关系,因为那些场景已经以其他方式变得自然而然了。然而,正如保罗·利科所注意到的(引自皮埃尔·方塔涅),强调隐喻"与客体……无关"很重要;而且,"其本质在于将一个观念用另一个更引人注目也更为人所知的观念符号来呈现"³(57)。隐喻的用法主要基于观念之间的关系而不是客体之间的关系,并且是基于结构和功能上的相似性而不是物理上的相似性,因此,隐喻并不必然忠实于产生它的真实客体(如修补物假体)。但是,它必然忠实于那些关于客体和语境的"共同观点",这种共同观点为了"实现"这种类比需要充分肯定其相似性。正如利科所总结的:"相似性主要是观念之间、普遍信仰之间的关系"——那么因此,不但类比

---

1 作者一般提到假肢的时候使用的是 the prosthetic,而这里的 prosthesis 作者有时候也会使用,与假肢不同的是,它可以用来指假牙、假胸等,但是当其被简单翻译为"假体"时可能会与"假肢"混淆,故而翻译为"修补物假体",以使读者注意到这是另一个术语。——译者注
2 Steven L.Kurzman, "Presence and Prosthesis: A Response to Nelson and Wright," *Cultural Anthropology* 16,no.3(Aug.2001):374-387. 下文引用时将标注在正文中。
3 利科引自皮埃尔·方塔涅(Pierre Fontanier), *Les Figures du discours* (1830;reprint, Paris: Flammarion,1968),99.

要在结构和功能观念之间运作,而不是在这些客体之间运作,而且"要理解观念自身,不是'从精神看见物体的视角',而是'从在观看的精神的视角'"(57–58)。[1]

毫不奇怪的是,从真正(而不是文学意义上)使用假肢的"精神化"个体的视角来看,当我们从有偏差的视角观看和使用假肢隐喻时,即在一些理论的而非实践的——和实际的——空间中,假肢隐喻会出现许多大问题。在这一点上(根据简的研究),库兹曼强调的不只是对证明隐喻理论用法的做法表示忏悔(这里说的证明指通过仔细的比较和对具体结构和作用的对比来证明其合理性),而且他也强调两个伴随当前的理论用法而诞生的主要且重要的逆转及简化,而这些理论用法与我们绝大多数实际使用假肢的人的共同观念不一致。

首先,尽管隐喻源自一种明显的——也是批判的——质询(interrogation),这种质询扰乱了将身体作为整体的传统概念,但是与唐娜·哈拉维的无等级且杂交的赛博格不同,假肢隐喻以及它与身体的技术融合建立在对身体自然感知"整体性"(wholeness)基础之上,这种曾经存在的"整体性"具有优先地位。[2] 更重要的是,这种肉体的整体性会通过纯粹客观的与可见的术语来被建构;身体的"组件"被看作(从一个"观察者的"视角来看)缺失的或受限的,而且一些"物体"他者(或一些"他者"之物)被用来作为替换或补充,以便取代它们。那些成功地整合并主观上控制着假肢的人所使用的现象学术语,以及关于结构、功能和审美的完全不同的术语,都被上述断言(及视角)给忽视了,这些人既不认为缺失了什么东西,也不认为活动时在他们的身体上加装了什么"物"。相反,在大多数情况下,使用中的假肢一般是透明的;也就是说,是"不在场的"(使用了朱·勒德的

---

1 单引号内的引言来自 Fontanier, *Les Figures du discours*, 41.
2 Donna Haraway, "Manifesto for Cyborgs: Science, Technology, and Socialist Feminism in the 1980s," *Socialist Review* 80 (1985):65-107.

术语），它就如同我们身体的其余部分在我们向外观察世界以及在日常生活完成各种活动时那样[1]。理想地来看，假肢不是被整合"进"主体或"附着其上"，而是"作为主体"，只有在一种机制问题或社会问题强迫其进入某人意识的前景之中时，假肢才成为客体——大致就像是在某些行为中我们脚跟的脓包具有了客观的在场，虽然它是由我们自己的体液和损伤的皮肤构成，但也变成了他者之物。因此，不是假肢的存在和使用决定着一个人是否感觉到他的身体被干扰。事实上，正如库兹曼所写，在平常的使用中，"人工肢体不会干扰截肢者的身体，反而加强了我们在公开场合下被感知到的常态和人性……人工肢体和假肢只会干扰……那些被认为是自然完整的身体和健全的身体"（380-381）。

其次，库兹曼指出假肢隐喻的理论用法会将人类行动者的能动性（尽管不是赛博格那样的主体性）转变为人工制品的能动性。吊诡的是，这种能动性的转换在理论家的立场看来意味着某种技术拜物教——无论这些理论家自己有多么封闭，而且经常与对技术文化的某些方面的公开批评立场相反，而这个隐喻之所以被启用就是为了批评技术文化。假肢被从其日常语境中截断和移置所带来的后果就是，充满生命力和意志力并使用假肢技术的人类沦为了背景，哪怕不是完全不可见，也变得消极被动，相反，假肢更能被看见且拥有自身的意愿和生活。这样，我们从技术拜物教变成了技术生命主义（technoanimism）。例如，艾莉森·兰德斯堡（Alison Landsberg）在《假肢记忆》（Prosthetic Memory）中引用了一部1908年的短篇电影，名叫《窃贼之手》（The Thieving Hand），里面有一个没有手臂的乞丐获得了一只手臂假肢，这只手臂曾属于一个贼，而且总不听从他的意愿——而不会与手臂的意愿相悖——并开始偷窃。[2] 在《奇爱博士》（Dr.Strangelove，1964；斯坦利·库

---

1　Drew Leder, *The Absent Body*(Chicago: University of Chicago Press, 1990).

2　Landsberg, "Prosthetic Memory," 175.

布里克执导）中，博士也被以电影的手法给予了一只相似的手臂——而且我们需要注意到，就身体的组件而言，手臂和手（它们在幻想中经常会在截断肢体和假肢之间变来变去）在电影中比腿的行动要多。（我猜，这也许是因为拇指对生[1]的原因，手便在本质上有了范围更广且更引人注目的活动技巧。）[2] 依照这种（在文化上反复出现的）对诡异且有意志的肢体和客体生命的诱人幻想，我的假肢非但能在没有我的情况下跳舞，实际上，它也能令我"愿意"加入它的噩梦般的骷髅之舞（danse macabre）。并且，在这里，在技术拜物教和技术生命主义的语境中，我不禁回忆起我深爱的《红菱艳》（*The Red Shoes*，1948；迈克尔·鲍威尔与埃默里克·普雷斯伯格执导）。这部电影改编自安徒生的童话，既早于我与自己的假肢相遇，也早于我与当代的"高科技狂热"文化（它可能将鞋子看成一种恋物但肯定不是一种技术）的相遇。影片讲述了一个年轻的芭蕾舞演员被爱和艺术撕成了两半的故事：她得到了一个重要机会，有望在一场芭蕾舞剧中饰演一个渴望一双红舞鞋的女人，可当她最终穿上它时，鞋子迫使她不停地跳舞直到精疲力竭而死。将人类能动性变成技术的这种转变使得我们的人工制品能回来复仇。因此，在对一篇关于假肢但充斥着技术生命主义的理论论文的有趣回应中，库兹曼饶有兴致地想象，当他"收藏的一对不起眼的膝盖以下的假肢"（藏在他家地下室的盒子里）意识到他"在利用它们来完成（他的）身份认同"时，它们发展出"一种有关压迫的共同意识"，于是"走上楼要与他谈谈这件事"（380）。

---

1 拇指对生（Opposable thumb），指的是拇指与同一只手的其余四个手指相对而生，这样才便于抓取东西，是灵长类动物的特点。——译者注
2 弗洛伊德，他自己有一种口头假肢（oral prosthetic），在《论诡异》一文中写到对"被肢解的身体，被砍下的头，从手腕处被切下的手……自己跳舞的脚"的幻想，这些幻想令人不寒而栗且令人害怕（unheimlich），因为"它们证明自己能独立行动"。参见 Sigmund Freud, "The Uncanny," in *The Pelican Freud Library, Volume 14: Art and Literature*, trans. James Strachey（Harmondsworth: Penguin, 1985), 366。

实际上，当前之所以通过隐喻将假肢置换到其他语境中，是因为这种做法有着类比上的作用，可用来指出某些（即便到底是哪些也并不清晰）观念之间具有结构和功能上的相似性——以及错误地——将人类的能动性移置于人工制品中，并如库兹曼所说，作为"压制性的否定力量"来起作用。当代学者（以及许多艺术家）自己都没察觉到自己是技术狂热者，他们尽管批判全球技术文化，但也经常"把假体填充物和幻肢再现为行动者，而截肢者只能作为残肢和幻影在场，这些在换喻意义上体现了我们缺乏在场和主体性。截肢者……成为'基础'：那些不可见的、安静的隐喻基础"（383）。[1]

库兹曼对术语换喻（metonymy）的使用，对我而言不只特别有助于理解许多假肢用户为何对当下的"假肢想象"反应很消极，而且也特别有助于理解具体形象上的区别以及随之而来的关系性意义和功能，"假肢"从话语上为这些意义和功能提供服务。换喻是在功能、效果和意义上完全不同于隐喻的比喻手法（同时它还经常被不准确地归到后者中）。它与提喻（synecdoche）有更显著的不同，换喻和提喻看上去几乎是——并且是问题不少的——对称的。这些不同不只是因为它们经常在话语上以令人困惑的方式滑向彼此，而且它们也形成了不断变化、令人困惑且模棱两可的方法的表现基础和活力基础，正是通过这些方法，假肢被看成与使用它们的人相关。[2]

在这一方面，利科（又是对方塔涅的注解）尤其有用。他不只是

---

[1] 在这方面我想提一下我家的墙上刻着的"断了一条腿"（译按：break a leg 在英语中除了字面意义外还是习语，指祝你好运）几个字，这是我的好朋友给我的。这一刻字是舞台上说的话，非常有悖常理地表示"好运"，它们展示的是去具身性大腿在舞台上的合唱歌词，并且对我而言也是一个令人愉快的形象，因为我早些时候将重心都放在我的假肢上，以及幻想着如何通过换喻将能动性从主体转移到客体。

[2] 换喻和提喻本为修辞学术语。换喻指的是用空间上靠近的 B 物体来指代 A 物体，置换到本文语境中，当假肢被当作一个外来物体时，它与使用者的关系就是空间上的接近性，这就是换喻；而提喻原本指的是作为部分的 B 用来指代作为整体的 A，置换到本文语境中，如果假肢被看作人的整体的一部分，那么，假肢与使用者的关系就是部分与整体的关系，这就是提喻。——译者注

区分了三种比喻——隐喻、换喻和提喻——如何通过它们各自与相似性（resemblance）、对应性（correspondence）（或相关性［correlation］）以及联结（connection）的关系进行形象运作，而且继续研究这些关系及其结果的细节。早些时候我指出过，隐喻基于相似性关系建立起一种类比，将"一种观念在另一种观念的符号下"呈现，主要强调的是物体结构和功能方面的相似性而不是真实物体之间的相似性。因此，假肢作为一种比喻很容易——并且经常——以形容词形式出现，刻画和描述其他名词的特征，而不是帮助一个名词自己起作用，如"假肢记忆"（prosthetic memory）、"假体部位"（prosthetic territories）等。然而，与隐喻不同的是，换喻和提喻主要指涉客体，尽管两者的方式不同。通过建立起对应性和相关性的关系，提喻"把两个客体摆在一块，但其中每一个都构成'一个绝对独立的整体'。这就是为何根据满足对应性的一般情况的各种类型的关系，提喻可依次划分为：因果关系、手段与目的的关系、形式与内容的关系、物与位置的关系、符号与意指的关系、身体与道德的关系以及模态与物体的关系"[1]。（关于假肢，我们可以看见在相关文学和广义上的文化中存在着各种各样的关系类型。例如，库兹曼提到，能动性从被截肢者到假肢的转变明显具有换喻特征；两个绝对独立的整体——一个人和一个人工制品——之间的因果关系被夸大了，不是变成一个整体，而是将力量和影响从一种客体或事件似乎完整地传递到了另一种上。）

与换喻不同的是，提喻建构着联结的关系，通过这种关系"两个物体'形成一个整体，一个物理的或形而上学的整体，其中一个的存在和观念被囊括在另一个的存在或观念中'"；利科写道，这种联结的关系，像换喻一样，也分化成许许多多次级的且更基本的关系：

---

[1] Ricoeur, *Rule of Metaphor*, 56.（单引号内的内容引自方塔涅, *Les Figures du discours*, 79；楷体为笔者所加。）

"部分与整体的关系、物料与物的关系、一与多的关系、种和属的关系、抽象与具体的关系以及类与个体的关系。"[1]不只对理解比喻有用,而且对曾经有过困扰并且仍有困扰的假肢比喻的用法尤为重要的是,不论换喻和提喻的作用看上去多么对称,换喻的对应与提喻的联结在根本上是不同的,而且它们所"意指的两种关系就仿佛排他(exclusion)(绝对独立的整体)和包含(inclusion)(包括在……以内)直接的区别般明晰"[2]。关于简和库兹曼的批判——以及"被精神看见的客体的视角"与"能够观看的精神的视角"之间关于感知和话语的斗争——学者们的换喻话语将假肢客观地描述为与身体绝对不同的种类,这迥异于截肢者的提喻话语,后者主观地认为假肢与身体同属于一个"种类",因为身体整合了假肢,所以将假肢包括在内。因此,从换喻到提喻,从被抽象观看的假肢到早上接到我的腿上、现在靠在床头边墙上的假肢(它与另一条腿协调工作时我才能走路),其间存在着具有重要意义的比喻变化。我觉得值得停下来关注一下的是,我的"另一条"腿这个概念如何在前面的句子中起作用:也就是说,我的"真"腿突然变成了"另外的/他者"。但这是一个虚假的——因此确实令人混淆的——对立,也是对比喻和本体的一个有力的颠倒。我的"真"腿和我的"假"腿并非作为两种绝对不同且独立的物而活着,因为它们作为整体来起作用并且始终作为我身体的一个部分使我从这里走到那里;因此,它们与实践有机地相连(即便不是在物质层面),并且在很大程度上是彼此可逆的(我的腿处于与我的身体构成一种部分与整体的提喻性关系中,反之亦然)。也就是说(回到利科和方塔涅),当我主观地(并且模糊地)支配它们的时候,我的两条客观的腿"形成了一个整体,一个物理的(和)形而上学的整体,一个的存在(和)观念被包括在

---

1 Ricoeur, *Rule of Metaphor*, 56. (单引号内的引文来自方塔涅, *Les Figures du discours*, 87。)

2 Ricoeur, *Rule of Metaphor*, 56.

另一个的存在（和）观念之中"。

然而，公平地说，考虑到在与身体的换喻性关系中观看（有时候是支配）假肢时的比喻性释义倾向，务必注意的是：提喻联结的包含性质（inclusiveness）其存在的完整性并不如其欲望中的乌托邦性。罗伯特·罗顿·威尔逊（Robert Rawdon Wilson）写道："任何对假肢的思考都必须考虑到它们可能会失效，甚至还有可能出错并与其使用者唱反调。机器的意识总是包括……恐惧的维度。恐惧也有最隐秘的根基，一种令人失望的可能性，即假肢也许不会工作，或者工作不达标，或者也许会带来不想要的结果。"[1] 尽管我确实从来没感觉到我的假腿（就此而言，我的眼镜也一样，除非它们很脏）仿佛会有能动性或主体性来"反对"我，但是我会承认它的确有可能变得不透明，有可能变成一个我必须注意、理解并对之干点什么（而不是透明地用它走路）的阐释对象。也就是说，我的腿时不时地通过换喻的方式转变为另一个（非人的）物种——假肢在向着别处的行动整体中会抵抗以前有机的器官作用。此时它变成了绝对的他者。这些可以发生得很突然——比如当固定我腿的吸口失去了部分吸力时，我（非常真实地）感到与腿有点脱离了，并且必须按住旁边的阀门才能重新制造出真空。或者，更常见的例子是（往往是逐步发生）——在大热天里走了很远的路，抵着我肉的吸口边缘在压力与汗水的联合作用下开始产生摩擦，如果我不对之"做"点什么，就会造成磨损。

重点在于，就像是语言运用的变化和影响，我对腿的体验和观点（也包括对身体其余部分的体验和观点）不但既是变化的又是固定的，而且既是模糊的又是等级分明的。也就是说，我是否或在何种程度上隐喻性地、换喻性地或者提喻性地控制着（并描述）我的假肢，取决于我与他人关联的状况（他们如何看或避开它，或者抽象地谈论它，

---

1　Wilson, "Cyber (body) parts," 242.

或者我担心能否跟上他们的脚步),我与环境关联的状况(当我在一个不熟悉的地方,问题总是"我能用它走多远?"),我心情的状况(我身体整体感觉起来多有魅力或多邋遢,以及我会挑出我身体的哪个部分进行赞誉或批评?),以及我执行计划的状况(在文化研究的语境里我如何写"我的腿"或者"它?)。总之,关于假肢的比喻,简、库兹曼以及我发现了许多问题,第一,哪怕需要注意的不是它的不准确性,也应该是它作为隐喻的模糊性,它应该凸显与其他各种观念和制度实践之间在结构和功能上的相似性——还有,第二,它会有这样一种客体化且无效化的倾向[1],即认为分隔身体和假肢的换喻关系以及对立关系最重要并将之视为根本,这种倾向不但忽略并否定了提喻性关系,即在面向世界(world-directed)的任务中假定身体和假肢的合作及统一,而且忽略并否定了身体和假肢在这些关系中按部就班并被体验时所有这些可能的存在和比喻关系的复杂性与多变的模糊性。

II

如前面所约定过的,现在让我回到一些假腿的具体案例上来——首先是我那条十分普通的假腿,接着是双腿膝下截肢者(below-the-knee, BK)艾米·穆林(Aimee Mullins)那两条华美的假肢,她是一个成功的模特和破纪录的残奥会短跑选手,后来成为励志演说家、作家《人物》杂志1999年度"最美的五十人"之一,而最近则成为了《悬丝3》(*Cremaster 3*, 2002)的女主角(马修·巴尼[Matthew Barney]"艺术电影院"系列中的最新一部,其中包含"令人印象深刻的假肢和特效"[2]),她也因此成了明星。你将看到,向具体案例和材料的转移并

---

1 这句话中"客体化"和"无效化"的意思是,换喻关系将假肢看作客体且不去考虑其效用,从而使之成为一个他者。——译者注

2 Rebecca Mead, "Opening Night: An Art-House Epic," *New Yorker*, May 13, 2002, 35.

没有远离比喻的范围，反而通过"话语"以及生活中维持着真实和想象生活的"真实身体"所揭示的复杂性、模糊性和欲望激活了它以及"人-技术融合体"。

那么在此，我想基于（而不是移开）从物质、历史和文化方面定位的"假肢"预设——同时"假肢"也占用了比单纯的物质性、情境和逻辑要大得多的经验和话语领地。这一点在艾米·穆林的腿上会表现得特别明显和引人注目，假肢的基础（且撤掉了吓人的引号），并不否定比喻（在任何情况下，这都是不可避免的）；相反，隐喻、换喻和提喻被用来阐明我们假肢的性质和经验，而不是用假肢来说明其他的东西（以及其他地方）。更重要的是，甚至在我的日常案例中，对原初语境中假肢细节的关注起着这样一种作用，即突出了它的（和我的）比喻性释义和存在可能性之间的游戏，这些游戏既偶然又诡异。也就是说，假肢在使用中有许多的不连贯，并且它融合了理论上矛盾但却创造性地起着作用的各类元素，这种融合不但解释了它对他者的迷恋，也为行动和描述的范围拓展打开了想象和分析。

因此，从我自己的情况出发，我想使用最普遍且模糊的比喻——"作为修补物假体的技术"（简和库兹曼批评并逆转［reverse］了这个比喻），把它退回去并重新将之植根于日常语境中，在那里，像我的假肢一样，它作为普遍且模糊的比喻——"作为技术的修补物假体"[1]，客观地存在于共同想法之中。然而，这种颠倒既没有拒绝隐喻一开始所假定的目的的——简将这个隐喻的目的描述为"用于描述物质的结合、自然化、去整合化，以及符号转换的尝试，远远超过了'遗失部分的替代品'这一医学定义"——也没有弃置比喻。相反，把修补物假体

---

[1] 这里有一组对比，"作为修补物假体的技术"（technology as prosthesis）和"作为技术的修补物假体"（prosthesis as technology），这两者的差别在于，前者将所有的技术都看作一种附着于身体之上的假体，后者是非常日常的看法，即假体就是一种技术。——译者注

看成技术使得我可以监视（并确立）我的假肢及其整合中的物质性基础——而且，在这个过程中，我们可以愉快地将这种"确立某人的基础"（standing one's ground）的比喻性描述重新与它们真正的"基础材料"（underpinnings）联系起来。

1993年夏天，由于我大腿中反复出现的软组织肿瘤，我的左腿膝盖以上部位进行了截肢手术，在三次手术之后，无论是真实层面还是比喻层面，它都"是个拖累"（a drag）。大约过了6个月，当我的腿仍在恢复而我也在努力地进行初步复健时，我开始用拐棍走路（我们也许不只会好奇拐棍怎样在当今的高科技假肢想象中"撑住"，还会好奇它们是否真地能撑住）。然而，最终我的身体准备好了去忍受艰难的石膏铸件，玻璃纤维制模，以及假肢微调的过程，这样我才能重新学会走路——这是一个相当漫长且复杂的过程，这个过程将机械调试与身体练习叠加在一起。各种各样有关身体的事情需要我有意识地去学习如何快速地依次完成，或者更糟的是，还得同时做：将假肢向前踢出以便让脚跟着地，收紧我的臀，把我在吸口中的残肢拉回并且按住我的假肢以锁紧膝盖，再用我"自己的"腿走一步，同时抬起我的假肢，收紧我的肚子并且拉高假肢以便再次向前踢出去，如此循环。但是，考虑到我已人到中年，身体较笨拙，以及我近乎顽固地总与身体缺乏亲密感，事实上，我实际花费的时间比我想象的要少。尽管要养成有节奏的步态还需花费更长时间，但是我在一个多月的时间内就能够走路了。

假肢有许多组成部分，涉及动力机械和物理过程，并且还有它自身的描述语汇。回顾我的第一个假肢，作为一个膝上截肢者（above-the-knee, AK），我曾有过四个吸口，它们用玻璃纤维和"热力－伸缩"塑胶制成，以便长时间地适应我不断变化的残肢形状。第一个吸口通过一根吊带和多层不同厚度的棉"袜"的结合物脆弱地固定在我的身体上,其厚度的增加和减少取决于我变化的保持能力、天气和我缓慢改变的形状。但是,第二年的吸口是我前面提到过的通过吸力紧紧地固定着的。现在我通过一种"拖动袜子"把肉拖进吸口的方式来戴上我的假腿,并且把阀门扭进一个置于玻璃纤维中的螺纹塑胶孔中,按下它之后所有的空气都逃出来了,而我的残肢和吸口间彼此互相吻合。我还有三种不同的由铝和钛做成的金属膝盖,它们都是与一个小木块绑在一起,而木块自身则与吸口相连。第一个是有着内部安全"刹车"的机械膝盖,这个刹车在一定角度时可以静止,使我在"掉下来时"弯曲膝盖来固定自己。第二个是双轴液压膝,我不喜欢这个是因为它的反应时间总会在我完成得越来越多也越来越快的动作中产生滞留。第三个是我现在的单轴液压膝,它延展和伸缩时在与我自身身体节奏的协作中透明地运动着。

随着时间推移,也出现了两种不同的轻量金属腿直棒,它们代替了我的胫节和腓骨,从膝盖直到足部——第一个是暗银色铝制品,与我拐杖的材料非常相似,第二个是闪光的淡黄绿色钛制品,有时候我觉得把它藏起来是可耻的。(在加上美化外皮之前,我记得一个11岁的男孩带着崇拜和羡慕朝我走过来,大声叫道:"太酷了……终结者!")最终,这些金属棒,就像我其余的小腿和大腿一样,被盖上了一层塑形后的泡沫,我的修复师热衷于将这层泡沫塑造得更完美,尽管与我的肉身腿并不完全匹配。假肢大腿比我的真大腿要细一点,因为它不像肉体与衣服的关系那样有弹性。另外我还有两只脚,尽管我一次只需要一个——两者都是硬橡胶合成物,有一根内置的弹簧使得我可以"翻滚",并且甚至能在没有踝关节的情况下改变我从脚跟到足弓的重量,两种都是同样类型的"西雅图足"(假肢通常都有地名,像"奥克拉玛吸口""波士顿手肘""犹他手臂")。考虑到我长时间替换和积累的所有这些假肢部分,我现在有一个完整的备用腿在我的衣橱里面,放在一堆我不需要的冬天衣服（因为这是加州）的后面，并且在我车子的后备箱中还有一个多余的吸口（在我有一个更轻的之后，便一直把它放在那里没拿出来过）。最终，算上我早晨洗澡之前或者深夜醒来喝水或上厕所时所使用的拐杖，我总共有大约六根或七根拐棍，有金属的、塑料的，还有木头的。因为我残留的大腿骨非常短——比两英寸稍长一点——我需要拐棍来维持平衡；它基本上能抵抗轻微的转动以及我吸口中变化的肉体所造成的"摇晃"，这帮助我夯实了脚步（但是，我们也许会问拐棍在如今的假肢想象中是否算数）。

我为最好的拐棍付了79.95美元，有银手柄的拐棍可以价值数百美元，手柄形状像猎狗的头以便把身体的需求伪装成贵族的仪态，但是我真的不知道我的假腿到底花了几千美元。因为我是属于健康保护组织（HMO）的少数幸运儿之一，这个组织支付了这些费用并且没给我账单，所以我不需要考虑威胁生活质量的巨额费用——生产、购买以及维护我的假肢所产生的费用。[1] 但是，我的研究告诉我：很有可能我的整个（非常普通的）"AK"腿花费了1万—1.5万美元，因为有种被用于体育竞赛的顶级碳纤维"BK"假肢（有特殊的弯-腿，它的发明者也称之为"猎豹腿"），每条须花费至少2万美元。如果我有需要（我并不想要），我能请求我的HMO支持我购买并且试用最新的博克"C-腿"（Bock "C-leg"）——在这种腿中，微处理器、扭曲测量、角度探测、液压装置以及电子阀门"重新制造了一条正常腿的稳定性和步态"，并且，正如《纽约时报》报道的，它对科提斯·格里姆斯雷（Curtis Grimsley）而言是个"救星"，他使用这条腿"在'9·11'时从世贸

---

[1] 库兹曼在《在场与修补物假体》（Presence and Prosthesis）中也讨论了以下主题——他尤为重要地考虑其腿的材料和设计是如何"建立在那种炸断了这么多年轻人腿的军事技术之上的"；他是如何从"后冷战不断设计出的运动器械和假肢的大爆炸中"受益的；以及训练他腿的男人如何"在很快地进行垂直的整合及一体化的领域中努力坚守自己的小事业"。（382）

大厦70楼走了下来"[1]。另一方面(或另一条腿?)[2],HMO 也许会拒绝我——不只是因为"C-腿"要花4万—5万美元,而且因为我是个有一定年龄的女人,一般被认为不需要像某些更年轻的人(尤其是男人)一样用如此"好的装备"。

的确,就像它所能做到的运动,假肢技术有着强大的生命力而且真正地(在身体和商业意义上)融合了最新的材料和技术。但是,值得注意的是(正如理查德·A.舍尔曼在为截肢者所写的小册子中所做的):"和所有其他的机器一样,假肢须远离猛击,而且长时间的使用会导致断裂。它们需要被悉心照料并妥当调试。新近的设备都有电脑、肌肉紧张和运动感知器、电脑控制的关节、微型马达等。你可以预料它们会给你和你的修复师带来更多的问题,并且有着比相对简单的机械假肢更长的'维修时间'。"[3]的确如此,我必须每年见一次我的修复师:机械需要检修和清理,并且我的表皮泡沫总需要修复或"弄松软"。

我想,到了这里,你们这些读者已经被技术和量化给搞得麻木了,因为上文既狭隘又"客观"的记录的意义,平淡地(且冷漠地)列举数字、细节以及我假肢部分的价格(不论是我身体上的还是衣橱里的),这些内容都会给当下的假肢想象增加一些"不性感的"物质重量,而这种假肢想象更看重那些奇异的(也许有些肉欲的)观念,就像上文的11岁小孩那样会为之欢呼雀跃,而不是看重我与"高"科技之间亲密关系的日常现实。(因此我对我的"低-技术"拐杖或拐棍的假肢状态感到惊讶。)在这儿缺失的(尽管很隐晦)是我所涉及的诸种现象学的、社会的和制度关系的描述,而这种关系也被我的假肢所部分地

---

1 Ian Austen, "A Leg with a Mind of Its Own," *New York Times*, Jan.3, 2002, D1.
2 原文为 On the other hand (or leg?), on the other hand 本来指另一方面,但是其中 hand 从字面上理解为手,此处是作者的双关语,汉语中没有对等翻译。——译者注
3 Richard A. Sherman, appendix to *Phantom Pain* (New York: Plenum,1996),231.

改变：例如，我的意识经常因注意力必须高度集中而不时地发生改变，不只是要注意诸如"残疾人"通道或车位；还注意到尽管城市街道在客观大小上没变，但是主观上却感觉它在空间上被拓展了而在时间上却被压缩了。因此，当我为穿过马路等红绿灯时，会有一种截肢前从来没有的因危险和焦虑而产生的高度紧张感。

缺失也令我与身体的运作和力量之间关系更亲密，因为我必须学会走路并且整合那条假肢：我如今已知道我的肌肉在哪里，而且更加能感觉到身体所在。我也享受着对我来说像是新发现的身体力量（以前我是个十足的书呆子），并且我发现了我的重心（这又反过来改变了我的整个行动方式，改变之后我不但能承受甚至还能超过客观的身体负荷）。我的假肢也使我与更多人相遇——例如，在我的修复师的要求下我参加了一个互助团体（他创办了这个团体，并想要我作为一个成功的故事，穿着短裙和一寸的高跟鞋来展示一下）。在那里我碰见了最不同寻常的人，若不是因为这件事，这些人绝不会与我有交集：一个四肢瘫痪的男人常年（现在也是）被他的父母锁起来，如今在一些人的帮助下能让自己第一次独立生活；一个抱怨不断、自怜自艾的女人因糖尿病引起的组织坏死过程而失去了一只"BK"腿，而现在的她明显不再以泪洗面地命令她随时听候差遣的丈夫；一个暴躁的年轻女人，刚从大学毕业，她的两条腿都在车祸中压碎了，男友和她分了手，但她（仍然暴躁）用两条"AK"假肢奋斗成为特奥会运动员。当然还有我的修复师——他了解我不断老化的身体以及我永远年轻的意志，他也许要比我生命里的其他任何男人都与我更亲密，也更支持我。

我把假肢看作技术的客观描述并没有触及我在身体获得成就时所感受到的巨大骄傲，也没触碰到当我的假肢能像真腿一样走路以及我忍不住想对此炫耀一番时所感受到的喜悦。这种矛盾的喜悦和欲望催生了一种奇怪的暴露癖，不是有意识的但会让我感到兴奋，这一点总是令我惊奇。正如库兹曼所指出的,"在社会环境中,人工肢体理想状态下是不可见的,以便更好地模拟未截肢者,并且就像身体没有问题一样超过别人",然而许多的"截肢者都为自己有能力走得很好甚至走路时能超过别人而感到骄傲,而且经常会暴露出这一点,因为当人们注意到他有能力超过别人时他是最引人注目的……假肢的确变得可见了,但经常伴随着截肢者的超过(pass)和侵害(trepass)"(379)。确实,我经常发现自己把一些假肢应该从外观上隐藏的事情(如我有一条假肢)当作惊奇来揭露,并且更常见的是,我喜欢谈论——以及展示——令人称奇的协调走路的过程,这一过程我们在正常情况下都没去想过,但是假肢却能向我和其他人显示并引起人们的注目。

这些矛盾的欲望和愉悦在艾米·穆林身上表现得尤其显著——既包括她的腿也包括腿的(话语的和现实的)"形象"。例如,想一下艾米·戈德韦瑟(Amy Goldwasser)在1998年所写的一篇发表在《身份:国际设计杂志》(I.D.:The International Design Magazine)上的文章中的部分内容:

> 男人们将自己献给了艾米·穆林的腿。尤其是两个男人,已经将了解穆林从膝盖到脚跟的每一寸变成了自己的事业。这些人中有个人能精确地告诉你每一次跑动的跨步要储存和释放的力矩为多少尺磅(foot-pounds)。另一个人能够非常权威地说出她胫骨毛囊的间隔以及她跟腱的宽度。还有一个人,是个吹玻璃工。"他想要为我做玻璃腿。是不是很神奇?"穆林说,发自内心地敬重这个诗意的帮助,"他说,'灰姑娘有只玻璃鞋,我可以给你双玻璃腿'"。
>
> 在那古老故事的现代改编中,不是漂亮女主角的手而是她的腿引起了王室的关注。故事中的王国是横跨了不到四英尺的艾米·穆林所戴的小腿假肢(左右都有)。穆林,22岁,生下

来胫骨中没有腓骨。她的两条腿的膝盖以下部分都在1岁时被截肢了，做这个决定的是她的父母，因为医生告诉她们如果不这么做她就会终身囿于轮椅。穆林将这条腿称作"短跑腿"，因为她是名优秀运动员，保持着她这个级别在100米和200米短跑以及跳远中的世界记录。就她的"美腿"而言，她是国内仅有的在穿着迷你裙和绑带凉鞋时看上去仍像典型杂志模特的截肢人。如果设计可以被看作对人类问题解决之道的追寻，那么为满足穆林的生物力学和美的需求的挑战对工程师和艺术家而言是难以抵挡的。[1]

我们这里所讨论的肯定是"高科技"的实用假肢。然而，甚至更明显的是(明显到了掉下巴的程度)，当代独特的"技术嗨"(technological high)，这不只来自想象，也来自从比喻性释义的角度关注到的假肢，艾米的例子就是这样。例如，范·菲利普（Van Phillips）设计了穆林的"短跑腿"，他提到的冲刺－屈膝Ⅲ型脚是那双腿最著名的组成部分："我喜欢叫它猎豹脚，因为如果你看到过猎豹（世界上跑得最快的动物）的后腿，就会发现它们基本上都是C型的。"（48）然后是穆林自己对她那"美腿"的描述："它们绝对漂亮。一双十分修长、精致、纤细的腿。就像芭比娃娃的腿一样。事实上，就是那样的。"即使芭比娃娃在解剖学上是不可能的（胸太大、腿太细而支持不了躯干），穆林发现"理想的芭比娃娃更具解放性而不是限制性"；她的"经过美化的腿使得她双腿修长，身高五尺八寸"，而且她有一个"需要穿两寸高跟鞋的足弓"(49)。这种"解放"不只被穆林一个人所感受到,而且也被鲍勃·沃茨（Bob Watts）感受到,此人是使她的"芭比腿"梦想成真的修复师。

---

1 Amy Goldwasser, "Wonder Woman," *I.D.: International Design Magazine*, May 1998,48. 下文引用时将标注在正文中。

他告诉我们,"这恰恰是我所幻想的腿。对于截肢者个人而言,获得一只与那条好腿看上去一样的人工腿很容易。但是当你要造一对时,就得付出两倍的精力,但也同样有两倍的自由,因为无论如何你也不能使得它们完全一样并且理想化。艾米给了我一个制造完美女性腿的机会"(49)。

这种想法所回避的不只是在这里被真正物质化的复杂的男女性别幻想,而且也回避了通过假肢表达出来的复杂且矛盾的欲望。猎豹腿?一方面(它还是腿么?),这种物质化完全是对超人力量和高超技艺的欲望,这种欲望是由高度专门化的技术来支持的;另一方面,对人类在行动和短跑速度上高度专门化的技术提升,与人类在通过技术获得和聚焦的动物力量上的花费形成了显著的矛盾。因此,一方面得到的在另一方面又失去了。穆林认为短跑很简单,并且还发现"站直了反而很难"。正如文章指出的,"像地球上跑得最快的动物那么快的一双腿的局限性是:地球上跑得最快的动物在不动的时候要比穆林稳固得多"。因此,在她作为运动员被拍摄时,穆林告诉戈德韦瑟:"摄影师需要扶着我并且可能要在我摔倒前支撑住我。"(49)

还有那些令人难以置信的玻璃腿。玻璃腿在1998年还没有实现(正如我们看到的,2002年就有了),但它们构成了一个浮夸的灰姑娘故事的基础,在这个故事中浪漫的王子所找寻的是一个只安着右腿(或缺少它)的理想女人,因此他能用更多也更大的东西来超越以前故事的男主角以及他们的鞋子。但是这里的王子也是个修复师,这也揭露出他和想象假肢的基底混合着欲望和恐惧。也就是说,修复师想达到的以及截肢者使用假肢时想体验的身体和社会的透明性引发了极端的形象下滑,不只是因为透明、虚弱和随之而来的"女性气质",也因为玻璃那糟糕的脆弱性。

除了这些玻璃腿,此处东拉西扯的比喻("猎豹腿"和"芭比腿")也真正地被物质化了——但是,作为从物质层面被实现的腿,它们仍然保持着作为比喻的象征地位。也就是说，正如被象征性使用的语言，它们真地"被弯得变了形"，既在语境中也在物质形式上[1]。更重要的是，作为在现实中实现的比喻，它们不只是照字面意义解释了男女的性幻想，也以完全讽刺的方式混淆了一些范畴，诸如人类和动物、生机勃勃和了无生气，而这种讽刺正是唐娜·哈拉维的赛博格最初想做的。这种混淆被穆林完全不带感情地接受，她回忆起曾经参加过的一次技术和设计的会议，并告诉我们：

> 发言后我得到的帮助……有来自电子木偶设计师和太空工程师，他们在制造重量很轻但是强度很大的材料，以及手工艺人——如有个人为迪斯尼工作并制成了在头动时不会撕裂的恐龙皮。……这些想法需要被应用到假肢中……有了这样的新技术，你怎么会设计不出看上去和用上去都与真腿一模一样的腿呢？我想站在这些可能性的前沿。那个设计了下一代主题公园的人。那些工程师。那个吹玻璃工人。我想每一个人都带着想法到我这儿来。（51）

艾米·穆林——至少在这篇写于1998年的文章中——完全真诚但绝不天真。换句话说，无论充满着多么讽刺的矛盾或政治不正确，为了穆林的实际目的，这里表述的假肢幻想都潜在地具有解放性：事实上，艾米·穆林的"猎豹腿"使得她能够创造世界短跑纪录，而且她的"芭比腿"也使她作为一个时装模特取得了事业上的成功[2]。

---

1　"被弯到变了形"（bent out of shape），这是一句美国俚语，字面意思是被弯到变了形，引申意是生气气到变了形。作者在这里说的既指物质层面的变形，也指俚语中的"气到变了形"。——译者注

2　值得一提的是，作为模特的穆林并不总是使用她的"芭比腿"或者选择"超过别人"。如可以看她为高档女装所拍摄的时尚广告，这部广告由尼克·奈特（Nick Knight）所拍摄，出现在1998年8月29日的《卫报》上；广告中，穆林故意摆出像娃娃般坐着的姿势，可以看出安着两条明显的"模特般"的小腿，膝盖处有明显的关节但磨损很厉害，这给穆林那仿佛被弃置的娃娃般的外表加了分。

## III

对欲望的文学化确实存在一些真正诡异的东西——不论是假肢的还是话语的。我们发现当说话和写作中的形象获得物质形式时会变得特别陌生,然而,同时,我们发现这种陌生感非常熟悉,因为我们希望得到这种由思想和语言转变为物质存在性的实证。因此,当我非常偶然地在两周后的两个非同寻常又发人深省的假肢场景中突然遇到了"芭比"和艾米·穆林时,我感到既十分奇怪又非常熟悉地"完全正确"——都是话语层面的相遇,但也都很真实。我们发现不只是假肢比喻从字面上和物质上都被实现了,而且文字的和物质的假肢自反地转变了自身,象征性地变成了比喻的比喻。首先,从收音机上,我得知露丝·汉德勒(Ruth Handler),芭比的创造者,过世了——新闻中的讣告平淡地重述了她如何在带领公司在美特玩具(Mattel toys)上取得成功后被驱逐出领导层,原因是"掩盖了"公司的"损失",但是后来,作为乳腺癌幸存者的她,继续创立了一个成功生产"义乳"的公司。有一双无法支撑上半身的腿以及不现实的胸部的芭比,通过整容手术"掩盖了损失",被隐藏的胸部切除手术,义乳——这种平实文字和比喻、投射(projective)和内射(introjective)的混合与进一步颠覆,重新回到了前面提到的形象表现(figuration),并且通过比较,使得隐喻、换喻和提喻构成了很直接的形象。

一星期后,我读到艾米·穆林终于得到了她的玻璃腿——和更多的东西。浏览新一期的《纽约客》时,我发现了一小段关于纽约艺术家马修·巴尼最新的史诗剧《悬丝》系列在"艺术电影院"首映的消息。突然,出现了关于艾米的消息:

> 艾米·穆林——电影的女主角去参加首映式时穿的礼服非常大胆:淡棕色、下摆及地、背部开叉深至臀部,简直可以代

言"班霸3"型健身器了。穆林是双腿截肢者,在电影中出演了很多角色,包括一个穿着露背装的角色,在其中她安着一双透明高跟腿,而饰演另一个角色时她变成了一个猎豹女人,追踪她的猎物——巴尼,穿着粉红色苏格兰短褶格子裙以及戴着镶嵌粉红羽毛的高顶帽子——她后脚不是人腿而是猫科动物的爪子。[1]

这种文学化的比喻远超普通假肢想象狭窄的范围和功能——不论是文化理论家,还是像我一样的假肢使用者的想象。确实,我几乎跟不上艾米·穆林双腿的步伐。用一种比喻的说法是,它们不能站着不动。不只有文学化的"玻璃腿"(虽然明显是由聚乙烯做的),现在作为一个比喻在电影中起作用;还有"猎豹腿",字面意义上的假肢猎豹腿如今却作为一个比喻被扩展至整合和转变了整个女人。此外,女主角穆林在银幕外的首映式上穿着绑带凉鞋"微微摇摆",因为,她向记者解释到,"这些腿像芭比腿一样,鞋跟短了一寸"[2]。的确,在巴尼的电影中她也有适合鞋子的腿,这些鞋子能用来切土豆,并且,作为巨人的妻子,她的"腿上露出脏兮兮的大铜脚趾",另一组的透明腿"最后成了僧帽水母的触须"[3]。又一次,我们在此远超简单的反讽、隐喻、借喻和提喻。的确,从话语层面和现实层面来看,我们都在代喻(metalepsis)[4]的比喻范围内,即"关于比喻的比喻"。这不是元级的(metalevel)简单重复。相反,正如哈罗德·布鲁姆写道(他在

---

[1] Mead, "Opening Night," 35.
[2] Ibid.
[3] Nancy Spector, "Aimee Mullins," in *Matthew Barney: The Cremaster Cycle* (New York: Guggenheim Museum, 2003), n.p.
[4] Metalepsis 是一个语法术语,指的是对为人熟知的比喻的重新比喻,用某些词取代了前面固定的词。比如"我要早起去吃虫",源自"早起的鸟儿有虫吃",早起的鸟儿本来就是用来比喻早起的人们,在此又用我来代替了早起的鸟儿,因此构成对已经是比喻的比喻。《误读图示》中将之翻译为"代喻"。——译者注

《误读图示》中解释比喻和"心理防御"时表达了这种观点):"我们可以将代喻定义为……一词对一个已是比喻的词进行转喻的替代。较宽泛地说,一个代喻或替代转喻是一个手段——一个通常是引喻的手段,它是指……回归任何先前比喻的手段。相关的几种防御显然一是内射,是某一对象或本能的结合,为的是克服它(代喻);二是投射,即被阻抑的诸本能或另一方诸对象的外部属性。"[1] 在此描述艾米·穆林的腿时(屏幕上和屏幕下的都包括在内),我们同时既有整合也有投射,既有克服也有抵抗,以及不可阻挡的"区别",这种区分不是关于否定而是关于"生成的"他者性。艾米·穆林的所有种类的腿对简单比喻和固定性构成了挑战。此处真实和比喻的含义并非处于对立面,现实和话语也一起按照穆林的曲子和编舞来跳舞。

至于我,尽管对穆林以及她复杂的生活和计划十分敬仰和欣赏,但是我不想与之保持一致。我会在别的方面确定我的不同和种类,而不是在我的腿上,并且与无论是普通事物还是不寻常事物都好好相处。我记得很久以前参加互助团体第一次会面时,我的修复师骄傲地播放了(没有猎豹腿的)截肢者在特奥会上竞赛的视频。我坐在那里,看着周围的人们——知道他们和我一样想要的都是能够走去上班、去商店或许还有去健身房跑跑步机。总之,无论是真的还是比喻的身体零件,我都不想要"最新的"。我想要的是可以立于其上的腿,一个可以让我走出去的肢体——这样我就能带着最少的假肢思想在我的世界里自由活动。

---

[1] Harold Bloom, *A Map of Misreading* (Oxford: Oxford University Press, 1975),74. 不幸的是,尽管我认为很值得做,但是这里没有篇幅来把"假肢"当作比喻的所有情况按照布鲁姆在产生共鸣的和相关的论述和图表中列出的所有的比喻和参与者的精神防御列举出来(69-74、84)。(译按:引文参考了《误读图示》,朱立元、陈克明译,天津人民出版社 2008 年版,第 74 页。)

## 10 铭写伦理空间
关于死亡、再现和纪录片的十个命题

> 在转动不息的世界的静止点上,既无生灵也无精魂;但是不止也无动。在这静止点上,只有舞蹈,不停止也不移动。
> ——T. S. 艾略特(T. S. Eliot),
> 《燃毁的诺顿》(Burnt Norton)[1]

> 突然的横死如今成了我们想象性存在的事实,排除了所有平静的隐喻。
> ——劳伦斯·朗格(Lawrence Langer),
> 《暴行的年代》(The Age of Atrocity)

批评家阿莫斯·沃格尔(Amos Vogel)总是关注如何将电影工业的颠覆性力量展现给我们,也许我们并不想看,他经常评论媒体往往在真实的死亡场景出现之前就转移了目光。他说:"性如今能在赤裸裸的色情片中看到,死亡却是影院中唯一的禁忌。然而死亡却无处不在——我们最终都会有这一天——它质疑着社会秩序和价值体系;它攻击我们对权力的疯狂争夺、我们天真的理性主义和我们既不肯承认又如儿童般执着的对永生的信念。"[2] 沃格尔认为,死亡有着一种"残暴的真实性",这种真实性超越了所有要压抑它或者在文化上囊括它的企

---

1 译文据汤永宽译本。——译者注
2 Amos Vogel, "Grim Death," Film Comment 16, no.2(Mar.-Apr.1980):78.

图。的确，从符号学角度来说，我们可以说死亡是再现中的一个特殊的问题，也给再现带来了特殊的难题。

接下来的内容最好被看作关于死亡的符号现象学，因为对我们而言，死亡通过非虚构纪录片的媒介和隐喻被再现并且变得很有意义。[1] 这样的一种再现的现象学尝试着对死亡进行描述、主题化和阐释，并且一般是在它出现在屏幕上时，以及被我们当作索引的（indexically）真实来体验时，而不是作为肖像（iconically）或象征（symbolically）式虚构来体验时。[2] 考虑到对死亡和世界的再现以及经验是它细查的对象（而且的确，是对它进行描述的手段），这样的现象学必然在文化和历史层面上十分广博；它不能从自身所处的文化和历史情境中被超越地转移出来。我所观察到的我们对死亡的理解，无论是文化层面还是在银幕上，总是符合变形后的文化和历史所制定的标准。因此，我的目标并不追求普遍的、"本质的"，以及排斥性的范畴，而是去提出一种独特的视觉再现模式的"厚度"（thickness），因为它极大地且从根本上引发了人类生存的一个关键方面以及我们现在看到它的态度。为了那个目标，在讲述西方文化语境中关于死亡的一般历史情境及其再现之后，我会提出十个命题来聚焦并从符号学上描述某些问题丛生的关系，这些关系存在于死亡及其非虚构电影的电影再现之间。最终，

---

[1] 符号现象学将存在和再现看作同时出现的，既被区分化，又在意义和交流的形成中、感觉和表达的可逆性（或者"交错"）中团结在一起。进一步阐述参见 Richard L. Lanigan, *Speaking and Semiology: Maurice Merleau-Ponty's Phenomenological Theory of Existential Communication* (The Hague: Mouton,1972);and Richard L.Lanigan, "Semiotic Phenomenology: A Theory of Human Communication Praxis," *Journal of Applied Communication Research* 10 (1982): 62-73；也参见我自己的 *The Address of the Eye: A Phenomenology of Film Experience* (Princeton, NJ: Princeton University Press, 1992)。

[2] 索引式（indexical）、肖像式（iconic）和象征式（symblic）是皮尔士对符号的三种分类，翻译的方式有很多种，但是无论哪一种，单从中文译文都难以理解其内涵。索引式符号意味着符号与指涉对象之间是存在于同一时空的，比如"指月"中手指与月的关系；肖像式符号主要体现在符号与指涉对象之间的相似性，比如一幅具象的肖像画与模特之间的关系；象征式符号则指的是符号与指涉对象之间的关系是任意的，依靠惯例来形成的符号，比如白鸽与和平之间的关系。——译者注

对这些关系的主题化和阐释会导向对严格要求的伦理观点的研究，这种观点在存在上（但也总是从文化和历史方面）奠定了纪录片某些视觉符码的基础，这种视觉如镜子一般关涉着死亡以及濒死（dying），而且，一方面如此显而易见地被要求负责，另一方面也要求电影观众为她或他的观看行为承担伦理责任。

## 对死亡的历史化与再现

让我们首先考虑一下我们文化中死亡带给再现的特殊威胁。如今被很不舒服地称为"自然"死亡的事情，起初是一个社会和公共的事件，它经过长时间变化而成为反社会化的私人经验——当我们看见它时会更加震惊。同时，我们对意外死亡和猝死更加熟悉，因此死亡很少在事物的自然秩序中被看见，而更多地被认为是不正常的，即便这一不正常的事件经常发生，伦理要求很高，并且引人注目。死亡当下的力量和社会意义的独特性已经在菲利普·阿里耶（Philippe Ariès）的《西方对死亡的态度》（*Western Attitudes toward Death*）一书中被理论化，这本书将我们从中世纪带到了与我们相关的当下，强调了死亡和濒死的社会影响力如何在过去的几个世纪中发生了根本改变。[1] 阿里耶绘制了从中世纪卧室内的公共空间以及自然的、"家庭的"和社会上可言说的事件，发展到个人卧室的私人化空间的路线图，从16世纪到18世纪，后一种空间中原本平行的性和死亡突然缩合为一个重要的图像学，这种图像学认为，这种"非家庭的"和"非理性的"身体行为在文化上具有破坏性。他告诉我们：

---

1 Philippe Ariès, *Western Attitudes toward Death: From the Middle Ages to the Present*, trans. Patrica M. Ranum (Baltimore, MD: Johns Hopkins University Press, 1974). 下文引用时将标注在正文中。

从此以往，死亡就像性行为一样也日渐被认为是把人从日常生活、理性社会中剔除的越界行为，……为了使他经历一场突然的疾病爆发，把他投入一个非理性、暴力且美丽的世界。像性行为一样，死亡对萨德侯爵而言是一种分离（break），一种断裂（rupture）。断裂的概念十分新颖。到这个时候为止，对死亡和死者的熟悉性仍然是重点。这种熟悉性尚未被诞生于20世纪的个人主义的高涨所影响，即使是对富人和有权势的人而言亦是如此。死亡已变成了一个更为重要的事件；需要给予更多的思考。但是它既没有变得可怕也没变得令人着迷。它仍然为人所熟悉并且被驯服。但是从此以后它会被想象成一种分离。这个分离的观念在色情幻想的世界中诞生和发展。然后它沦入了真实事件和表演事件交织的世界之中。（57—58）

这种死亡和日常生活的断裂，这种死亡与非理性、抽搐、色情、性欲、堕落以及隐私之间的联系，被19世纪维多利亚文化的崇高化和压抑推进了一步，在这种文化中，这些联系以各种形式的浪漫主义找到了它们被移置的表达。对于死亡的病态、歇斯底里和肉欲的迷恋出现了。死亡不只是与肉欲相联还与异域、堕落相联。由于死亡通向未被维多利亚社会约束所限制的异域和禁止的空间，因而被认为是美丽的且激动人心。的确，19世纪用死神取代了爱神——不只在浪漫主义和哥特文学的形象中，也在对死亡的过度社会再现中。阿里耶指出那个时代存在着繁复的"葬礼程序和哀悼服，墓地及其面积的扩大，扫墓和对记忆的膜拜等"（106）。但是，尽管有这种详细的移置系统，有对死亡的肉欲化以及对待死者的哥特模式，但是19世纪西方文化仍然更熟悉也更经常面对的是把死亡的过程和事件作为疾病、老化和身体腐烂的渐进结果。家庭成员一般死在家里，临死的探访和守夜仍然常见，并且公众对事故死亡和猝死的知识（随着产业化和都市化而增加）

被可称为自然事件的更常见且更切身的死亡经验所平衡。

经验和态度在20世纪发生了改变。自然死亡越来越少见。自然死亡因此变得不再自然——一方面，只占日常生活更少的部分；另一方面，更多的是归于有着异域医学名称的"外部"原因。逐渐被医学化、制度化和技术化的自然死亡不是被移置于精心制作的和色情的再现中，而是在客观的物理空间中。常见的由疾病或老龄化导致的死亡事件，从家里和卧室等普通场所被转移到一个规范化的医院病房和殡葬场，在这里濒死和已死之人可以被专家监督，也可以被家庭和周围的人所照看。从视野和公共经验中，从与文化活动一体的场所中移除后，我们文化中的自然死亡变成了——按照阿里耶所言——一个"技术的现象"：一个人"按一系列琐碎步骤被割开、切成碎片，最终使得人们难以知道哪个步骤是真正的死亡，意识在哪个步骤中遗失，或者呼吸在哪个步骤中停止"（88-89）。如果不能阻止，自然死亡可能会消失。

伴随着自然死亡从公共领域的消失以及公众对性的关注逐渐升温，20世纪西方文化拒绝了阿里耶称之为19世纪"生动感人的死亡陈设"（106）。20世纪（如今是21世纪）的文化与维多利亚时期浪漫主义对尸体的过度迷恋以及对性的过于保守发生了决裂，并且选择平凡的"集体幸福"来作为社会的目标，新的文化发现（现在也能发现）对"忧郁的怀旧"过度诗意或贵族化的表达，即便不是彻头彻尾地使人反感且非常不民主，也会令人十分尴尬（93-94）。这样的过度迷恋一般被认为是自我陶醉而非有益于社会，除非它带上讽刺的色彩，或者它是一种仪式或集体表演，并且为国家或者其他的大型文化机构服务。对某些人而言，最近的一个令人窘迫的过度暴露的例子是对戴安娜王妃之死的反应；这个将爱神替换为了死神的事件，是作为仪式公开地表演出来的，不只是对一位逝去的贵族或"一位人民的王妃"的"忧郁的怀旧"，也是在一个既色情又有母爱的大众媒体的情景剧中，在横死和阿里耶所谓"对记忆的膜拜"的开创性装置（inaugural installation）中找到了它的解决办法。

尽管我们仍然能观察到围绕着公共人物之死的仪式化传统，但是当自然死亡的过程和事件被从公共视野移置于私人领域后，对围绕自然死亡的过度仪式化的文化需求似乎就不存在了。因此，正如阿里耶总结的（与沃格尔的观察相似），"死亡变成了禁忌……并且……在20世纪它已经取代了性而成为被禁的首要主题"。通过转引社会人类学家杰弗里·高尔（Geoffrey Gorer）发表于1955年的颇具影响的文章《死亡的色情》（The Pornography of Death），阿里耶写道："社会越是从维多利亚时期关于性的限制中解放出来，它就越反对与死亡有关的事情。犯禁似乎总与禁令相生相伴：从16—18世纪一直被追寻的肉欲和死亡的混合体，重新出现在了我们的虐待文学和日常生活的横死中。"[1]

这里要强调的是，通过将自然死亡从共同的——和公共的——视野中移除，这样它才得充满异域情调且陌生，然后通过贬低它、使它令人羞愧以及拒绝在19世纪的社会再现中所发现的对自然死亡过度且明确的移置，当代西方文化已经有效地使自然死亡变成了公共话语的禁忌，并且严格地限制其再现的条件。把自然死亡从公共空间和话语中移除，只在公共场所和谈话中剩下意外之死（accidental）和横死（violent）[2]。由于对意外和暴力的强调，高尔所说的"死亡的色情"便出现了，所谓的"死亡的色情"指的是，迷恋有知觉的身体－客体（body-object）的感觉活动并为这种活动所限制的再现，这种身体－客体是从身体－主体（body-subject）的存在中抽象出来的，这种身体－主体既具有意向性也具有感觉。关于哪些因素导致了这种对死亡充

---

[1] 有一个"虐待文学"的例子——在"肉欲和死亡的混合体"方面的确如此——就是本书前面章节提到的J. G.巴拉德的《撞车》。当然，这种特色的电影在美国是司空见惯的。
[2] 这里所谓的"横死"（violent death）直译应该是"暴力的死亡"，所以在提到"横死"的时候，作者经常会提到"暴力"和"意外"。它特指自杀、他杀，以及事故、灾难导致的死亡。——译者注

满色情的好奇心和对身体铭写的迷恋，高尔于1950年写的文章告诉我们：

> 在过去的半个世纪中，公共健康措施和不断升级的预防性药物使得年轻人口的自然死亡变得不似以前般常见，因此一个家庭中的死亡，在相当长的时间里，变成了家庭生活中相对少见的事件；而且，与此同时，横死以一种人类历史上史无前例的方式在增加。战争和革命、集中营和帮派争斗是这些横死最为公众所注意的原因；但是汽车的增加，以及随之而来频繁发生的致命车祸和未引起注意的死亡人数，也许已经变成了给和平时代的守法公民带来横死的最大可能性。当自然死亡在压抑中被隐藏之后，横死已在大众日益增长的幻想中扮演更为重要的角色——侦探故事、恐怖故事、西部小说、战争小说、谍战小说、科幻小说，最后还有恐怖漫画。[1]

几乎不用说都知道我们时刻暴露在横死——以及它在身体和再现中可见的详细且充满色情意味的铭文——的危险中，而且自从高尔1955年写了这篇文章以来这种危险就在不断增加。暗杀，狙击，大规模屠杀、连环杀人和名人谋杀，公民骚乱和暴动，恐怖主义，电视上整点播报的各种灾难性事故，还有如今几乎会相伴发生的谋杀和自杀——所有这些都将死亡不断地带入公共视野，并且将对死亡的重要再现标记为意外和暴力。另外，对新技术无限力量不断增长的文化信仰更进一步地把疾病或老龄当作"不自然的"，从而使得自然死亡被边缘化，因为这些技术可被应用于医药、生物科学以及健康产业来保护人类身体并将之延伸至永远健康、永远年轻。疾病和身体衰老如今被

---

[1] Geoffrey Gorer, "The Pornography of Death," *Death: Current Perspectives*, ed. Edwin S. Shneidman (Palo Alto, CA: Mayfield, 1976),75.

看作对自然的公开侮辱（后者被技术不断地自然化）。这就说明当前文化中的死亡，当它发生在一个年轻或强健的身体上时——或者作为外部力量导致的突然结果，而不是作为内部过程渐进的结果时——更容易被人理解。因此，正如劳伦斯·朗格在《暴行的年代》中指出的：死亡在我们当代文化中一般不被认作自然人类的终点，而被看作"一种突然和不连续的经验"，总是"不合时宜"，是一种"暴行"。[1] 更重要的是，（考虑到对死亡的了解总是令人震惊的）意外之死和横死以及死亡时的身体抽搐也以一种非常矛盾的方式变得越来越自然。在我们的电视和电影的虚构中，"突然的""间断的""暴力的""不合时宜的"以及"残暴的"死亡都变成了常规，它们被安全地包含在叙事中，经常以夸张的形式和结构被表现，它们挑逗并提供了一种调和的观点，这种观点软化了混乱的盲目性和它们在我们所生活的真实世界中展现的强烈威胁性。更重要的是，甚至在虚构电影中，罕见的死亡被当作传统的自然死法再现出来。在我们的纪录片中，对死亡的再现（或者，用现象学术语来表述即被感觉为在场）则更稀少。以索引式符码和功能为特征的纪录片会观察围绕着真实死亡的社会禁忌，并大致避免在银幕上明显地（也就是可见地）涉及它。[2]

---

1 Lawrence L.Langer, *The Age of Atrocity: Death in Modern Literature* ( Boston: Beacon, 1978), xii-xiii.（本章的题词在第6页）下文引用时将标注在正文中。
2 因为这篇文章最早发表于1984年，关于纪录片中再现真实死亡的禁忌被有意地违犯了，以便与不断增长的围绕着艾滋病流行的政治激进主义（也包括电影）相一致。因此，尽管它们并未广泛流传，但是有比以前更多地记录濒死和死亡的纪录片。当代有特色的纪录片的代表，奠定了全国剧院分布基础的是《银色之恋》（*Silverlake Life: The View from Here*, 1993；彼得·弗里德曼执导），此片的制片人汤姆·乔思林（Tom Joslin）和他的爱人马克·马斯（Mark Massi）都被诊断出患有艾滋病，他们一直记录着马克病情发展和最终死亡的视频日记。在当前的背景中值得注意的还有围绕着艾滋病的政治激进主义（以及与之相关的电影）持续尝试将病情、死亡的过程以及死亡去医学化和去技术化，因此这些不会被作为"制度性"问题而孤立。

## 死亡的符号学

在我们当前的文化中，我们所创造和接触的对死亡的再现是被限定的并且是多重因素决定的。死亡成了一个禁忌的主题，作为"色情"来挑逗我们，对人类身体施加强烈的羞耻感并且将之客体化，而且，在其每日发生的过程和事件中，在我们的社会关系中以及在指向它们的索引式再现形式中仍然不自然且不可命名。也就是说，甚至在言说死亡和"命名"死亡的再现中，都有一种要避免在银幕上表现大家所预想的死亡的真实时刻的倾向。正如一位评论者针对《关于我们自己的期限：摩耶论死亡》(On Our Own Terms: Moyers on Dying, Bill Moyers, 2000)指出，这是一部系列电视纪录片，关于临终病人、他们的家人以及他们的医生显而易见地在努力与死亡达成协议——个人的、道德的和法律的："由于这种体裁本身具有的内在的侵入性（intrusivenss），所以当我们意识到我们看不见真实的死亡时刻时，我感到震惊。这一点提醒我们，这些是真人而不是演员，比舞台上的故事更加真实。它也说明了我们对死亡本身的长久的禁忌，即便在一个本就力图打碎禁忌的节目中也是一样的。"[1] 如果的确如沃格尔所言，死亡"残暴的真实"（尤其是"自然的"死亡）在我们的当代文化中威胁着我们的"社会秩序和价值体系"，所以我们才将之呈现为一个禁忌主题，那么"残暴的真实"也从根本上引起了我们对文化符号学系统的质疑。也就是说，死亡的事件，当它在我们当下的文化中被感知时，指向并质询着各种形式再现的界限——当然包括电影的和电视的。

当然，死亡不是唯一能使摄影机转移其凝视或绝望的"残暴的真实"，这些凝视和绝望是源于再现人类和社会存在时的存在的真实。沃格尔在《作为颠覆性艺术的电影》(Film as a Subversive Art)中指

---

[1] John Lantos, "How to Live as We Are Dying," Chronicle of Higher Education, Sep. 8, 2000, B18.

出"物质从一个状态进入另一个状态的阶段性转变持续唤醒着所有前历史迷信的警告和禁忌"[1]。这些迷信和禁忌当中许多是跨文化存在的,所有这些迷信和禁忌都与最终难以控制,因此也是神秘的和(经常是)吓人的身体意指过程(semiosis of the body)相关。很难被包含在文化视域中的身体变化行为包括排泄、性交、出生以及死亡。更重要的是,围绕着这些身体变化的视觉禁忌挑战着主体的统一性也挑战其安全性,这些视觉禁忌经常扩展成特殊的身体符号,这些符号索引式地指向并凸显了身体存在和非存在本质性的神秘。例如,不论是通过对仪式的观察或者仪式化的非观察(nonobservance),总在某种程度上被当作神圣的扭曲活体和了无生气的人类尸体都是超出人类控制之外的"物质"的激进符号。因此,身体是朗格所谓的"面对某人'生物性'普遍困境的主要索引符号——这种生物性关乎批判性地和有自我意识地生活,然而非常容易受到人、自然和科学的物理残酷性的影响"(63)。

然而,在我们文化内所有的活体变化中,死亡这个事件似乎对再现造成了一个特别强大的威胁。的确,它看上去是不可再现的。相反,出生并不会不可再现。尽管它所涉及的身体变化也因其彻底的不寻常性(originality)而询问了传统再现体系,与死亡不同的是,它正面地意指进入传统文化、进入社会秩序和价值体系、进入一个可再现的世界以及充满再现的世界。出生,对于我们而言(可能对所有文化而言),是一个可以开启所有符号的符号。然而,死亡则是一个终结所有符号的符号。在一个像我们一样的世俗和科学文化中,死亡被感知为最后的终极意指行为。它总是新的、非传统的并且总是令人震惊,死亡事件总是同时再现符号生产最后的喘息以及再现的终结。因此,尽管出生和死亡都既是身体变化勉强能感受到的时

---

[1] Vogel, *Film as a Subversive Art*, 263.

间过程，又是对这些变化的再现，而且两者都用根本的不寻常性威胁着文化符码和传统的稳定；但在我们当前的文化中，死亡是两者中更具有颠覆性的一种变化。

接下来，要论及我的十个命题，均关于死亡及以纪录片的形式在当代的——以及特定的——电影和电视中对它的再现。（这里我不会解释数字死亡或数字化死亡的难题，这本身可以写一篇论文。）每一个命题都可公开讨论，因此应该被看作"提议"——为思考关于电影和电视文化（以及跨文化边界）中死亡的意义和意指过程而提出的聚焦点——而不是本质性的洞察。事实上，即便它们的语调如此笃定，但所有命题的主张都会受到历史和文化限制。

1. 对死亡事件的再现是一种索引符号（indexical sign），这种符号总是被过度地再现并超越了编码的限制和文化的限制：死亡混淆了所有的符码。也就是说，我们从来没有在银幕上"看见"死亡，也不能理解它可被看见的静止状态和轮廓。取而代之的是我们看见死亡这件事的行为和痕迹。然而，存在可以在意向性行为（即在可见世界中被表述的活动所具体激活的"对存在的拥有"）的铭写中被肉眼可见地再现出来，非存在则是不可见的。死亡躺在可见性和再现的门槛上。因此，死亡只能被指出来，其索引符号的终点永远在银幕外，永远在视野之外。[1] 对此罗兰·巴特有相关论述（这也呼应了此前对死亡在虚构中被崇高化并被安抚的讨论）：

> 创伤会令语言悬置，还会阻止意指行为。当然，某些正常的创伤情境可以在摄影的意指过程中被捕捉；但是这正是因为它们是通过修辞代码而被指明，而这种修辞代码使得创伤变得

---

[1] 根据皮尔士的理论，索引符号意味着符号和指涉对象是同时存在于一个时空之中的，比如风向标意指着风的存在，而风和风向标同时存在于同一个时空之中，尽管我们看不见风。在这里，作者想表达的是，对死亡进行指代的符号与死亡本身是同时存在于一个时空之中的，但是一个在银幕之内，一个在银幕以外。——译者注

疏远、变得崇高并且被安抚。严格意义上的创伤摄影是罕见的，创伤完全取决于场景真正发生过的确定性：**摄影师必须在场**（这是对显义的神秘定义）；但是即便承认这点（说实话，这已经是晦义），创伤摄影（火、沉船、灾难、横死）的本质在于无话可说：令人震惊的照片在结构上是非意指性的：没有价值、没有知识，更极端地说，没有语言范畴能够控制其意指制度化的过程。[1]

死亡也超过了电影再现的边界，并且逃避了在我们高度技术化的文化中的其他符号学和现象学对它的理解。在当代语境中死亡已被铭写，并被理解为身体的一种客观的"技术现象"，而不是作为主观的活体经验。当面对某些电影中再现的突然攻击别人身体的场景时，我们的身体会退缩，并且会感觉到肉身可能会因此而出现的坏死过程（mortification）[2]，即便如此，一般来说，阿里耶就我们当代文化中的死亡所说的那些内容仍然是正确的——我们的身体在电影中找到了对死亡的索引式再现的对等物。也就是说，阿里耶认为，我们当下将死亡分解为一系列"小步骤"——这"最终使人们不可能知道哪一步才是真正的死亡"，这种结构被用来与摄影机和放映机中以每秒24"小步"的速度移动的胶片对死亡的原始记录进行比较，并且通过对记录整个事件的画面逐帧进行仔细审查，想要去"发现"和"看见"非虚构电影中死亡的准确时刻，这样的尝试最终总会令人失望。空间和时间这样的切分令人想起芝诺悖论的部分内容。在芝诺悖论中，空间和运动

---

[1] Roland Barthes, "The Photographic Message," in *The Responsibility of Forms: Critical Essays on Music, Art and Representation*, trans. Richard Howard (New York: Hill and Wang, 1985), 19.

[2] Mortification 的本意是屈辱和受挫，作者在本文中经常使用这个词，但是很难用"屈辱"和"受挫"来理解，根据 mort- 这个词根的本义是死亡，本人认为作者笔下这个词的意思是肉体在遭受攻击之后逐渐死亡，也就是这个词病理学上的含义，即一个活的生物体的一部分逐渐坏死直至完全死亡的过程，故而翻译为"坏死过程"。——译者注

被拆分为组成它们的"客观"零件，这两者的经验和行为的完成就被消解了，并且，联系到当前的讨论，这种分解"消解了"对死亡的再现所带来的幻觉，以便给我们留下持续的神秘感以及这一事实的不可再现性。[1]

死亡对其索引式电影再现的越界，以及它在当代的技术中被分解，关于这两者的典型"证据"是亚伯拉罕·扎普路德（Abraham Zapruder）有关刺杀约翰·肯尼迪的电影所产生的魅力（和失望）。一遍又一遍地播放，慢放，一帧一帧地停下来，死亡的重要时刻躲开了再现它的每个静止时刻，并且让我们的视觉以及洞察力感到挫败。重复和定格的仪式，越来越仔细的细查的仪式，只会产生越来越大的神秘化。图像所揭示的不是死亡的事实或真理，而是再现的事实或真理——以及对它的限制。事实上，实验电影制作人布鲁斯·康纳（Bruce Conner）在《报告》（*Report*，1967）中循环播放扎普路德的片段，并且通过重复、慢放及定格，语带嘲讽地评论一些内容，其中就包括我们不可能"真正看见"肯尼迪死的那个"时刻"。

当我们遭遇图像时，我们就会最敏锐地感觉到死亡对可见性以及再现的超越，这些图像主要是索引式的，并且与我们的电影以外的个人和社会生活有关。虚构电影中的死亡通常被符号所再现，尽管是非

---

1 这里提到的是埃利亚的芝诺（公元前15世纪）——主要经由亚里士多德的转述而为我们所知——和他的四个关于空间和运动客观本质的悖论（这也引出了时间和静止问题）。这些悖论中有两个至今仍在被讨论，即"两分法悖论"和"飞矢不动"。第一个是赛跑者在逻辑上是否可能抵达其终点的问题，因为赛跑者必须到达中点，那么先得到达中点的中点，以至无穷——这样将永远无法抵达终点。后一个是，在任意时刻，空中飞行的一支箭只在空中占据一个"点"，因此不能处于运动中，因为一个点缺乏对运动最必要的东西：持续性；因此箭是不动的（而且，事实上没什么是动的）。与当前问题的相关性在于，第一个悖论说明，对死亡的再现证明死亡从未真实地发生过，因此我们看不见它（我们所见的只有死亡）；而第二个悖论说明，对濒死的再现是不可能的，因为再现的每个时刻自身是静止的而且没有持续性，使得人类生命和必死性之间的区分有意义的时间性（temporality）并不存在。对这些悖论以及另外两个悖论的简单解释可参见 *The Cambridge Dictionary of Philosophy*, ed. Robert Audi (Cambridge, UK: Cambridge University Press, 1995), 865-866。

常逼真的索引式符号，但是主要在肖像和象征的层面起作用，所以并不能在一般情况下使我们在看见死亡时发现我们感觉到死亡缺少可见性。即使没有萨姆·佩金帕（Sam Peckinpah）在《日落黄沙》（*The Wild Bunch*, 1969）铸成的典范，即用慢动作审视死亡，但是虚构的死亡仍可在再现中被感觉为可见的。也就是说，这里提及的主要并且重要的是其中的人物，死亡在虚构电影中的再现能够满足我们——的确，在某些例子中，能够充分满足并且湮没我们，以至于我们遮住了眼睛，而不是像在扎普路德的电影中那样，努力地去看。因此，尽管死亡在虚构电影中被作为可再现的而被泛泛地感受到，并且经常是过度地可见，但是在非虚构和纪录片电影中它都被体验为再现和超越可见性边界的混合物。

2. 有意向性、有反应能力以及可再现的活体可见的坏死过程，或对活体施加的暴力，被看作濒死的索引，并且身体意向性和反应行为可见的中止被看作死亡的符号。濒死和死亡，特别是在纪录片中，在银幕上被再现或变得可见时，不能以完全的精细程度而被体验。存在向非存在的变化，这个变化的点就是 T. S. 艾略特在《燃毁的诺顿》中所描述的"旋转世界的静止点"，在这里存在"既不是肉体的也不是无肉体的"，而且躲避着我们，这种变化只有通过可被再现的事物而被感知到。[1] 也就是说，死亡只能在物理身体的两种状态之间的可见和有力的对比中才能被再现：作为活体的身体，有意识且有生命，以及作为*尸体*的身体，一具没有意向性、没有生命、静止的肉身。

就这一点而言，尽管尸体一般被当作死亡的索引符号（也就是说，在存在主义的意义上与生存者的中止相关，并且是这种中止的症

---

[1] T. S. Eliot, "Burnt Norton," in *Four Quartets* (New York: Harvest Books/Harcourt Brace, 1943),15.

候），但是它也因其特殊性而被理解为"死者"的象征符号。也就是说，传统意义上的尸体，首先指的是物质层面的具身性存在（embodied being）解体为绝对的"物－性"（thing-ness），进而还会解体为绝对的"无－物－性"（no-thing-ness）——这两者都是实验上未知的（且不可知的）"存在"状态。这并不是说我们对银幕上被当作真实尸体的影像不会产生身体、情绪和认知上的反应；相反，我们总是以我们所不是的东西，即作为一个客体，来对其作出回应。事实上，尸体的恐怖正是因为它不被感知为一个主体——即使它的客体性提醒我们注意人类主体的局限性和终结。在一篇十分动人的名叫《当代经验中死亡的神圣力量》（The Sacral Power of Death in Contemporary Experience）的文章中，威廉姆·梅（William May）告诉我们：

> 肉体不只是控制的工具，也不会只是感性的，它也具有展示性（revelatory）。一个男人以活生生的肉体向邻居展现自己。他有自己的表情、姿势以及言谈的身体细节。正如某人所说，他并非只是有个身体，他就是他的身体。对死亡的恐惧部分是因为，它用展示能力的丧失来威胁他。尸体的可怕在于它想成为人的身体，然而它却在掩盖（unrevealing）这个人。原本能如此展现人类灵魂的东西突然就变成了一副面具。[1]

因此，尸体与充满悖论的符号力量共存亡。身体的一个重要的身体性符号（bodily sign），不再拥有肖像式力量（iconic power）去有意地将自己指称为活的。取而代之的是，尸体作为一个索引式的客体，在存在主义的意义上与一个主体相关联，这个主体曾经是有意识、有

---

[1] William F. May, "The Sacral Power of Death," in *Death in American Experience*, ed. Arien Mack (New York: Schocken, 1973), 116. 其中引用的"并非只是'有'个身体，他就'是'他的身体"来自梅洛－庞蒂的《知觉现象学》（*Phenomenology of Perception*, trans. Colin Smith, London: Routledge and Kegan Paul, 1962），150。

反应能力的"存在",从而令我们产生共情;它引发了我们作为象征式(symbolic)客体的恐惧,象征式客体被剥夺了主体性和反应能力,这种恐惧代表了一种我们在存在主义层面上不能去认知但又必须服从的情境。[1]

作为一个客体,尸体与人类是陌生而疏离的。它也许曾经是主体,但是它现在却不是。因此,正如约翰·弗雷泽(John Fraser)在《艺术中的暴力》(Violence in the Arts)中所指出的:"在最深的层次上呼唤共情的事物,在一定程度上也阻止了那种共情,即把受害者转变成'怪物'。"[2] 我们与曾经的主体的共情被我们对客体的陌生感所削弱。我们没有死,并且不能想象死(亦即"不在")"是"[3]什么样子。尸体变成了骇人但神圣的禁忌物。我们为之痴迷但也害怕看见它,它充满着沃格尔所说的"偷窥者/违犯者那令人颤动的罪恶(看他所不该看的),与对惩罚的恐惧相连。它未曾到来时是多么令人愉悦,而且被禁止……的图像能继续被观看"[4]。

在非虚构的电影中,尸体肉眼可见地为关于存在和不存在的视觉以及形而上学的反思提供物质和身体的预设,尸体处在活体主体和无生命且难以改变的身体客体之间。尸体作为身体-客体在身体方面是消极的,符号学意义上是无感情的。它可以被交给一个彻底的细致审

---

1 作者一直将作为客体的身体与主体之间的关系理解为符号与指涉对象之间的关系,所以在此借助皮尔士的三种符号的理论所发挥的内容非常晦涩,我姑且做一个尝试性的解释:第一种情况是肖像式,这时候主体与作为客体的身体之间是活体状态,客体是符号,主体是指涉对象;第二种情况是索引式,这时候主体与客体之间是共同存在但是相互分离的,因为尸体是那个客体,我只是与那个尸体产生了共情,即我意识到它也曾经有一个主体;第三种情况是,作为主体的我摆脱了共情,那么尸体本身就是一个空洞的符号,因为被指涉的主体已经消失了,这时候构成的关系就类似于象征符号,所以我无法去认知,因为当我能够认知的时候,即我的主体性消失的时候,我也就无法认知了。——译者注
2 John Fraser, Violence in the Arts (London: Cambridge University Press, 1974),59.
3 这里作者使用了一个难以翻译的文字游戏:we are not dead and cannot imagine what it would be like to "be" so (that is, to "not be")。这句话利用了"be"的两重含义,一个可以翻译为"是",一个可翻译为"存在"。——译者注
4 Vogel, Film as a Subversive Art, 201.

查，或者充斥着最为丰富的象征。它可以被利用，对意志力较强的观看者（无论是电影制作人还是观众）没有任何抵抗。然而，正如弗雷泽告诉我们的，"总体上，消极性并不诱发移情。真正能诱发移情的东西……是使得一个人将另一个人当作行动者来看的任何事物……促成移情的两个最重要因素是认为一个个体正在工作的感觉，以及对身体的物理性（physicality）的感觉"[1]。尽管尸体是身体中最有物理性的，之所以这样说是因为它只是一具物理的身体，但是它并不"工作"；它不是活的。作为一个物理的身体，尸体能被变化活动中的衰败所铭写，这种变化指的是从存在到非存在的过程，从一个身体–主体能做出反应存在到物质化具身客体的消极存在的过程。不能活动和无法做出反应的尸体，并不必然比另一具活体上对坏死过程所作出的主动铭写（active inscription）更能加快活体中的我们对濒死和死亡的理解。需要指出的是，主动变化会导致第3个命题，这种变化是再现中死亡对有反应能力的物理活体所造成的，而这种再现从视觉上对比了两种极端的存在状态。

3. 在我们当前的文化中，死亡最有效的电影能指是暴力的行为，暴力的行为会将坏死过程的符号铭写于活体上。这个命题也许是迄今为止最受争议的一个。尽管它是描述性的而不是规定性的，但它仍然使得我们产生某种伦理上的反应。也就是说，如果我们厌恶暴力，并且厌恶暴力在文化和人类个体生命层面对社会和肉体构造所造成的撕裂，那么就很难承认暴力在目前的视觉再现中是关于死亡的最有效的能指。然而，正如早前讨论过的，当前的文化中我们与死亡的主要关系的特点是，我们不熟悉过去被视为自然死亡的相对渐进的过程，而对突然的意外死亡和横死以及如今显得自然的非自然性（unnaturalness）变得越来越熟悉。考虑到当代与死亡事件的社会关系（对外在和暴力原因引起的死亡完全可见的呈现和再现，"结构性的不

---

1 Fraser, *Violence in the Arts*, 61.

在场",以及我们生活和再现中自然死亡的不可见性),毫不奇怪的是身体因暴力导致的坏死过程是最有效的符号载体(sign-vehicle),它被用来指称从存在到非存在的转变。[1] 暴力的符号功能(sign-functions)被朗格贴切地描述为:

> 在一个充满私有暴力和公共屠杀的年代里,公共屠杀通过威胁使暴行在社会上受到尊重,不正常的死亡已变成了一个话题,我们不能再认为这个话题偏离了经验的正常节奏。如今,突然的横死是我们想象性存在的一个事实,它使得那些平和的比喻都被驱逐出去……最近在我们的国家意识中,蘑菇云已经被一个私人侵犯行为——刺杀——所取代,这个行为在逐渐蚕食它的隐喻地位。(6)

思考一下,在我们的电影文化中,暴力如何赋予死亡以可感知的形式,并且意指其对活体的最终反叛。[2] 在银幕上看到的特别强烈、个

---

[1] 尽管术语符号载体可被看作能指的对等物,大多数学者对后者更为熟悉,但是符号载体是与符号功能(sign-function)搭配使用的,而符号功能则不是术语所指或符号的对等物,符号功能是安伯托·艾柯用来解释和强调与符号构成相关的特定组成部分的术语(Umberto Eco, *A Theory of Semiotics*, Bloomington: Indiana University Press,1976, 48-57)。符号载体是将具有重要意义的内容传播到世界上的表达"材料";更进一步说,一个单独的符号载体经常"传播许多相互交织的内容",并且在其自身中组成了一个"文本,这个文本的内容是一个多层面的话语"(57)。根据艾柯的说法,"严格地说不存在符号,只有符号功能"。"要实现一个符号功能需要两个功能体(functives)(表达和内容)进入共同的相互关联体";但是,正如艾柯指出的,"一个功能体也能进入另一个相关联体,从而变成一个不同的功能体,并且因此产生新的符号功能。因此,符号是编码规则的临时结果,编码规则确立了元素之间短暂的相互关联性"(49)。

[2] 我发表的早期文章中(远在我知道现象学是什么以前)有一篇关于20世纪70年代电影的重要转变:如何从有节制地处理暴力到对它进行图像审查,以及这与美国日常生活中文化经验的改变和暴露在日常生活中的暴力之间具有何种联系。参见 Vivian Sobchack, "The Violent Dance: A Personal Memoir of Death in the Movies," *Journal of Popular Film* 3 (winter 1974):2-14;这篇文章——以同样的名字——已在《拍摄暴力》(*Screening Violence*)中被重印,并被扩展至对当今电影中暴力处理的思考,参见 *Screening Violence*, ed. Stephen Prince (New Brunswick, NJ: Rutgers University Press, 2000), 110-124。

人化且令人发自肺腑地感到震惊的内容都是客观可见的、经常是外部原因引起的，而且是为了激活暴力目的的意向性活动，因为电影媒介，在其内在固有的关于运动的呈现和对运动中的表象的揭示性呈现中，是赋予生命的、支持生命的，也是对生命的确证。因此，对一个活体主体中的运动和生命活力的突然中止，在视觉和空间上都强调了有生命活力的和没有生命活力的存在之间——即在生者与死者之间——在时间上的对比。它从视觉上将电影化的现在转变为一种可见的过去时，并且将一个具身性的主体转变为一个身体-客体。这种对比和转变暗示了第4个命题。

4. 在我们当下的文化中，对死亡的最有效的电影再现被铭写在突然行动的活体之上。讽刺的是，尽管在当代文化中我们与"自然死亡"的关联极少，自然死亡的观念却是令人感到安慰的，因为它被感觉是逐渐发生的而且甚至可能是舒适的。例如，"在睡梦中"死去（以及希望这样死去）的观念意义深远地引领着我们回归到卧室和"家中的"死亡，这种方式不再必定会引起痛苦或者身体的羞耻。但是，这种在家中的逐渐死亡，一旦与我们文化中"过程即进步"（Process as progress）的神话联系起来，也是怀旧的和颠覆性的，并且导致了一些活体在空间中（和社会中）的移置，而这些活体则经历着肉眼可见的"不进步的"腐烂过程。正如阿里耶注意到的，直到中世纪晚期，身体的分解已变成了人类的失败和有限性的符号；在我们的时代失败（和必有一死的有限性）已被转变成了某种关乎个人羞耻的事情（39–46）。

除了在突然而来的致命的心脏病或中风的例子中（用俗话说就是"掉脑袋"），习惯上我们并不用暴力所铭写的二元术语来思考自然死亡。事实上，自然死亡的可感觉的性质既不标记活着的身体突然走向的终点，也未标记具有戏剧化重要性的身体变化时刻。因此，从活体转变为尸体,从有生气变得没生气那几乎感觉不到的缓慢转变,意指的并不是我们当代更常见的经验和观念,即把死亡作为"中断"或者"断裂"。取而代之的是,自然死亡确立并实现了它自身对可感觉的绵延(durée)的期望(因此还有如今人们不熟悉的"死亡注视"或"等待"的观念)。并且,就其视觉再现而言,这种绵延可被认为与电影媒介的现在时过程在时间上等价,在运动和静止之间、在作为具身存在的在场和作为单纯身体的在场之间,几乎没有或完全没有显示出区别。由充满生气的身体-主体向了无生气的身体-客体的转变,被视觉化为渐进的过程,而不是突然的过程,因而,这种转变并不像它再现死亡过程中的生者那样再现死亡。因此,我们可以关注迈克尔·罗默(Michael Roemer)的《濒死》(Dying)(这是一部1976年的纪录片,该片长时间跟踪拍摄了濒死于癌症的3个人,并采访了第4个人的妻子),一个评论家写道:"他们的故事是关于活着的一堂课。"或者,"它会令人震惊,不是因为观看的时候很痛苦而是因为它并不令人痛苦……它是一种要把死亡变成仪式的毫不遮掩的请求"[1]。这些评论引起了厄内斯特·贝克尔(Ernest Becker)的共鸣,他在《否认死亡》(The Denial of Death)中指出"疾病和濒死仍然是活着的过程,人被卷入其中"[2]。

突发性(abruptness)并不允许过程和仪式的时间性经验,而仪式是形式和形式性的镇痛剂。由有生命力的身体向无生命的尸体的突然转变否定了形式上的理性,并且意味着死亡的"非理性""任意性"和"不公平性"。事实上,突发性自身部分地构成了我们所感知到的暴力,而且,在我们当前的文化中,突发性和暴力都是死亡最好的说明,以

---

[1] David Dempsey, "The Dying Speak for Themselves on a TV Special," *New York Times*, Apr.25, 1976, sec.2, 20. 这个描述同样适合上文提到的电影《银色之恋》和《关于我们自己的期限》。

[2] Ernest Becker, *The Denial of Death* (New York: Free Press, 1973),104.

至于突发性对存在和非存在的二元标记能被那些看见它的符号的人从个人内心深处感受到。那么，有人可能会说，把濒死作为一个渐进过程的电影再现和绵延有效地起着意指第三人称死亡的作用——然而，通过暴力且突然的身体转变，把死亡作为突发且二元对立的再现，则意指了一种第一人称死亡，因为它总是不合时宜地出现，所以至少从某种程度上可以被理解为潜在属于我的死亡（potentially mine）。在这方面西蒙娜·德·波伏瓦在《非常简单的死》（*A Very Easy Death*）中写道："没有所谓的自然死亡……人必有一死：但对每个人而言他的死都是意外，即便他知道并同意，也都是无法接受的侵犯。"[1] 马丁·海德格尔也曾提到过我们自身对"向死而生"（Being-towards-death）的否认，这种向死而生总会移置到"别的人"或"别的时间"上。他说："人们知道确定可知的死亡，却并不'是'本真地确定自己的……死亡是否被推迟到'今后的某天'，而这又是以引称所谓的'普遍裁判'来进行的。"[2]

波伏瓦和海德格尔的存在主义所要求的是以普遍性术语来措辞，然而，当然，他们无论在历史层面还是社会层面都被置于20世纪的经验之中，这种经验充斥着关于大范围的不连续性和动乱的图像。更确切地说，罗伯特·杰·利夫顿（Robert Jay Lifton）将当代对死亡的普遍态度的形成定位为一场意外和一种违犯，而这两者诞生于20世纪初期我们所经历的两次世界大战所造成的社会不连续性和动乱。他告诉我们："若没有一个认为生命有连续性和边界的文化背景，那么死亡无论何时来临，都会像是太早了。不论年代和环境，它总是'不合时宜'。"[3]

---

1 Simone de Beauvoir, *A Very Easy Death*, trans. Patrick O'Brien (New York: Warner, 1973), 123.

2 Martin Heidegger, *Being and Time*, trans. John Macquarrie and Edward Robinson (San Francisco: Harper,1962), 302.（译按：此处译文根据陈嘉映中译本，参见《存在与时间》，陈嘉映、王庆节译，三联书店1987年版，第309页。）

3 Robert Jay Lifton and Eric Olson, *Living and Dying* (New York: Praeger, 1974), 28.

因此，突发性，尤其当它与暴力相关联时，最有效地指明了我们时代对死亡的现象学感觉。正如朗格所说："暴行，以及它总会伴随着对突然死亡以及横死独特性的强调，加强了人对死亡是不可控事件的潜在理解；它侵蚀了文化小心翼翼培养出来的忍受这种威胁的立场，并且只给人留下恐惧或警惕。"(64)正因为死亡与暴行、暴力和突发性相联，所以令人毫不吃惊的是，在当今的文化中，死亡已经取代了性而成为一种新的视觉禁忌。

死亡针对文化以及视觉再现施行了颠覆性行动，并且在文化和视觉再现中也施行了颠覆性行动，行动的过度以及将它表述为作用于活体主体的突然暴力和令活体坏死的暴力，这些都部分地解释了死亡事件为非虚构电影提出的独特伦理问题。如果死亡只有在猛然闯入公共场所时才会出现在文化视野中，那么视觉媒介如何才能在不打破文化禁忌的情况下处理对它的再现？正如朗格所说："人们不愿谈论死亡，因为'词语与它们指涉的根本事实之间具有原始的对等性'。因此，谈论真实的死亡，而不是抽象的死亡，'令我们成为违犯禁忌的人'。"(14-15)[1]在虚构电影中，对死亡的再现，无论多么生动细致，仍被当作抽象的——也就是虚假的或者"不真实的"；死的是角色而不是演员。但是，纪录片中对死亡的非虚构再现则被当成真实的——即使它并不似虚构电影中那样生动细致。[2]虚构电影中的横死主要通过被限

---

[1] 朗格此处的引文源自 Avery Weisman, *On Dying and Denying: A Psychiatric Study of Terminality* (New York: Behavioral Press, 1972), 16,26。

[2] 当然，纪录片和虚构电影经验有一些细微的区别，这里有许多好的区分方法，"尤其是观众们可以根据他们电影外的个人和文化知识和经验去选择断定或悬置被再现在银幕上的事物的存在状态"。让-皮埃尔·莫尼耶（Jean-Pierre Meunier），在《电影经验的结构：电影的认同》（*Les Structures de l'experience filmique: l'identification filmique* [Louvain: Librarie Universitaire, 1969]）这本书中，为通过这些区分进行思考提供了一个现象学模型。在这方面我分析并详尽阐释了莫尼耶在《通向非虚构电影经验的现象学》一文中的模型。参见 Meunier, "Toward a Phenomenology of Nonfictional Film Experience," in *Collecting Visible Evidence*, ed. Michael Renov and Jane Gaines (Minneapolis: University of Minnesota Press, 1999), 241-254。

制的比喻和高尔所谓的色情迷恋得以表达，因此，这种对横死的过度视觉关注才得以在文化上被忍受，尽管经常会被社会所批评。相反，纪录片电影在视觉上总是尽量避开死亡，并且当死亡在一种非虚构的语境中被再现时，它的再现似乎需要伦理上的辩护（经常被总结为"公众的知情权"）。总之，当死亡被再现为虚构而非真实时，当它的符号被构造并被强调以便起着肖像和象征层面作用时，观察者明白被违犯的只不过是视觉禁忌的拟像（simulacrum）。然而，当死亡被再现为真实的，当它的符号被构造并且被歪曲以便起到索引式作用时，视觉禁忌已被违犯，并且再现一定会找到许多为这种违犯辩护的途径。

因此，虚构电影只是把视觉禁忌当作游戏，以及作为视觉禁忌而存在，不但在一系列的形式仿真和仪式仿真（simulation）中包含死亡的内容，也经常大胆地带着不道德的和淫秽的兴趣来观看它，仿佛，在被仿真之后就"不算数了"。虚构电影的观众一般也会作出同样的反应。也就是说，不论许多关于死亡的细节有多么"恶心"，观众在观看虚构的死亡时不会在道德上感到那么恶心，并且就电影对暴力和坏死过程的好奇心以及对暴力的凝视的本质作出判断时不会那么严苛，而正是暴力和坏死过程将活体－主体转变为作为客观物质的尸体。但是，纪录片不会在仿真的领域中"游戏"。[1] 相反，一旦真地触及视觉禁忌的死亡事件时，大多数例子中，这种类型的影片都组成了相当多的关于濒死和死亡的可怕且暴力的画面，而这些画面会在摄影机的视野中似乎很偶然地被呈现出来，或者像是电影制作人冒着个人危险捕捉到的，并且还有显而易见的证据。明显地被再现为在"完全

---

[1] 关于纪录片中的"仿真"（尤其是当代纪录片，诸如埃罗·莫里斯［Errol Morris］的《细细的蓝线》［*The Thin Blue Line*, 1988］），参见 Linda Williams, "Mirror without Memories: Truth, History, and the New Documentary," in *Film Quarterly: Forty Years—A Selection*, ed. Brian Henderson and Ann Martin (Berkeley: University of California Press, 1999), 308-328。

不注意"的情况下捕捉到的,或者被再现为面对着他或她自己的必死性,摄影机和电影制作人不太会受到某个观众提出的淫秽或不道德行为的指责,只要这位观众在道德上评判他们如何凝视对死者的再现时依据的是这种凝视对电影制作人、观众以及被缅怀的死者所共同拥有的社会世界的道德反应。根据沃格尔的说法,也许在面对这种伦理判断时的不情愿就解释了为什么"只有如此之少的电影去记录自然原因的个体死亡;反而是战争死亡或者处决才会被搬上银幕。甚至于除在一些仪式化场景中,这些几乎从来没被展现过,在那些场景中,观众们都带着愧疚、悔恨,或者带着永不忘记的庄重誓言,而这誓言并没什么作用"[1]。

正如我们所见,这里所谓的"自然死亡"一点也不自然,在当代文化的公共视野中也不常见。因此,我们不太可能通过电影和电视来处理它。它的时间性本身就具有威胁,并且会提出一些伦理问题。也就是说,渐进式自然死亡给予了无礼的注视以时间和空间,为的是强化濒死的过程并将之变为客体。电影制作人与死亡事件的伦理关联,他或她的观看如何起作用,都接受着观众们慢慢的细查。因此,当电影制作人在观看濒死之人时,我们则观看着电影制作人如何观看,并且我们还要对他或她的兴趣的本质和性质作出判断。例如,因为战争死亡或者暗杀都来得很突然,所以潜在的问题会少一些,不论是电影制作人还是我们自己,都没有给凝视留下时间和空间。相反,等待并记录着一场正式处决时,无论有多么可怕,那非常痛苦地期待着的凝视,总是需要部分地得到其政治服务的批准,无论是支持还是反对刽子手。这些关于电影制作人对濒死和已死之人的凝视的伦理本质和性质的观察,传达的不只是所有我仍在进行的论点,而且还包括这篇文章的结论部分。

5. 在电影中,视觉的可见再现不只将被看见的事物(sight)

---

[1] Vogel, *Film as a Subversive Art*, 266.

铭写在图像上，而且将这被看见的事物作为道德的洞察（moral insight）。这也就是说，视觉以看得见的方式将其对世界的投入铭写在具体的情境中。这种投入和情境可以在其生产的图像所具有的特殊性中被看见，也可以在他们所涉及的据说"激发了"电影视觉的视觉行为的社会世界中被看见。[1] 在纪录片的索引式再现中，使得死亡再现成为可能的视觉行动自身须接受道德的细查。如前所述，视觉必须以看得见的某些方式回应它打破了视觉禁忌并且观看了死亡的事实。它必须为自身的文化违规辩护，不只是要回应还得负责任，并且还须使得辩护自身可见。因此，尽管也许是对死亡在眼前发生的偶然情境的自发回应，但在被记录的死亡视像中，可见的视觉行为已经以相对传统的方式铭写自身，只为了给自己辩护。它还在某种程度上被编码——正如符码的作用一样，将所遭遇的越界事件替代为道德框架内的视觉，这种视觉所标明和包含的不只是一种可见的死亡，也包括了可见的身体情境以及电影制作人的道德观点。

例如，电影制作人的情境和观点（更准确地说是"态度"）的符号被铭写在摄影机相对于它所感知的情境的静止或运动中，并且以这种方式被再现，还被铭写在摄影机的视域对客体的限定中，在将摄影机与事件相区分的距离中，在面对着恐怖、混乱、不公正或者有个人危险的事件时摄影机的凝视的坚持和不情愿中。正如我们已经看见的，死亡总是有力地超越和颠覆着对它的索引式再现——如此之多，以至于我们再也不能真的看见它。相反，纪录片电影最为可见地记录以及最有效地再现的是通过人类和技术的视域从视觉上来处理死亡过当（exorbitance）的行为。因此，这些视觉的"符号载体"的功能是使死亡表面上可在银幕上被看见，但是它们最为重要

---

[1] 这出影响很大的同名戏剧受到了拉里·克劳福德（Larry Crawford）的启发，参见 Larry Crawford, "Looking, Film, Painting: The Trickster's In Site/In Sight./Insight/Incite," *Wide Angle* 5, no.3 (1983):64-69。

的作用是意指无中介的（immediate）观看者——有摄影机的电影制作人——如何在身体上中介（mediate）他或她与死亡的遭遇：他或她合乎伦理地栖息于社会世界的方式，他们以能见的方式在社会世界中作出回应或者回应社会世界，并且要求它具有可被他人看见的伦理意义。同样，那些观看电影的观众们无中介且合乎伦理地栖息于影院并在其中作出视觉上的回答，这些符号载体正是那些被中介的观众们所使用的手段。（我们是否在座位上缩成一团或者面对着银幕向前倾斜？我们是否遮盖住了眼睛或者从我们的手指间偷窥？我们是否盯着眼前的视觉图像或是从我们眼睛的角落里观看？我们是否坐在那里决定在离开剧场时我们要对所见之物有所行动，或者我们是否缩成了一团，心里清楚我们什么也不会干，只会眼睁睁看着当下眼前的一切？）

6. 在非虚构银幕事件中的非仿真（unsimulated）死亡之前，正是观看电影的行动遭到了道德上的指责，而这种行动本身就是伦理判断的对象。也就是说，观众在道德上对自己可见的视觉反应负责，并且需要一直如此。观看死亡这一行为的电影符号不只为观众针对电影制作人在对死亡作出反应时的伦理行为作出判断时提供了可见的基础，也为他或她自身对被再现在银幕上（包括形式和内容）的可见的视觉行为作出的道德回应提供了可见的基础。至少两名观看者在道德上与被观看事件产生了关联，既包括通过摄影机观看了死亡事件的电影制作人，也包括观看了使得死亡可见的电影的观众。因此，通过电影被铭写的视像来再现死亡的责任，应该由电影制作人和观众一起承担，并且这种责任存在于两种视像间构成的关系之中。

在真实死亡的呈现（以及再现）中，视觉行为的编码允许电影制作人和观众克服或至少绕开违犯我们当前文化中的视觉禁忌，正如这些行为限制了关于死亡的图像而仅仅留有一些它的痕迹。这样的编码允许电影制作人和观众观看"野蛮而真实"的死亡，即便不是从一个舒服的位置而是从标准的道德角度。这样的编码在电影文本中铭写了罗格·普勒（Roger Poole）在谈及摄影时所说的一种"伦理空间"：一个可见的场所，它再现并意指了观看者与被观看者的主体关系、体验关系以及道德关系。[1]因此，即使纪录片经常在视觉行为中再现死亡，这种视觉行为很少是因为有意识的道德关注，而主要是因为技术的必要性以及在电影之前所出现的死亡事件存在的偶然性，然而，这种行为以传统的方式被编码化，并且按照一般的惯例被用来铭写肉眼可见的文本，而文本通常会以某种伦理视野作为轮廓。这种行为在再现死亡时通过其可见性建构了一种道德行为：习俗所允许的行为以及手段，通过这些行为和手段，那些视觉上被禁止、过当以及本质上不可再现的事件就可以被观看，可以被包容，可以接受细查，并且向那些在不同程度上被文化所许可的细查开放。

看来现在重新提出关于死亡的纪录片式再现和虚构再现之间的区别是非常必要的。我已经区分了两种类型的符号功能；纪录片主要是索引式的，虚构则主要是肖像式和象征式的。我也提到过，虚构中针对死亡的道德视像的标准并不似纪录片那般严格。这并不是说虚构的死亡视像不必为了获得某种程度的文化认可而去适应最小限度的道德标准。但是，在充满着"想象性"非真实的肖像式和象征式空间中，相比"关涉"真实的索引空间而言，有更多道德上的"回旋余地"。因此，活体的身体坏死过程、暴力和死亡是在视觉上制造虚构的主要素材。虚构的死亡将摄影机引向对它的再现。虚构电影会使用现实主义那看似散漫的观察，会毫不伪装其淫秽的爱好，或者会带着形式上的尊重（这种仪式化会体现在缓慢的动作、庄严的镜头或蒙太奇的节奏等方面）去审查死亡的细节。的确，因为前面

---

1 Roger Poole, *Towards Deep Subjectivity* (London: Penguin,1972).

所讨论的文化原因,我们虚构电影中的死亡已经变成一个日常的——而非禁忌的——视觉事件。然而,当我们面对它时所感受到的情绪,我们观看它时所危及的价值观,在我们与之遭遇时我们所发现的伦理意义,无论是在种类还是在程度上,都与我们对纪录片中的死亡作出反应的方式不相同。

这些区分之所以被问题化得益于引出这篇文章的电影:让·雷诺阿(Jean Renoir)的人道主义与现实主义风格的作品——《游戏规则》(Rules of the Game,1939)。电影中有两个关于死亡的例子,尽管两者看上去有些同质化,因为它们的电影再现模式很接近,并且它们都被包含在一个单一叙事之中,但是两种死亡完全不相同。电影中首先死的是一只兔子,接着是一个人类的角色。我在此小心地选择我的措辞以便强调兔子并没被我们单独地感知为叙事中的一个角色。相反,它是一只我们看着死去的真实兔子,它为了推动故事并为了这个虚构而死。但是,那个死了的人类角色,仅仅是死在了虚构中。因此,就目前我们所谈论的这部经典电影而言,他们最终恢复了那个演员的生命,他的角色和故事也被他迅速地盘活。但是,我们不能说兔子也能如此。

这里非常值得注意的是,令我们注意到兔子与角色的宿命(和厄运)之间有区别的知识是外在于电影的,且是互文的(intertexutual)。此外,电影特定的再现编码对真实的兔子和非真实的角色是一致的,并且他们的死都在故事中作为一个相似且相互关联的功能。然而,尽管有这些电影特定的编码(对雷诺阿而言即一种严格的现实主义),但是它们之间仍然是有区别的。事实上,兔子在文本中死亡的时刻是从一种外在于电影和互文的文化知识中获得它的独特力量,这种文化知识把叙事中再现的符号功能语境化了,并超越了这种符号功能。这把我们引向下一个命题。

7. 个人经验和文化知识形成的互文性将所有关于死亡的文本再现语境化并对之进行了说明。也就是说，符号功能要在文本中按照目的起作用就需要它不被外在于文本的知识挑战、颠覆或者产生别的效用。观看《游戏规则》时，我们知道杀死一只兔子比教会它装死要来得容易，我们也知道教会一个人装死（即演死人）比杀了他更容易。在我们文化的道德语境和电影的经济语境中，更容易意味着"更快""更便宜"和"更少道德问题"。兔子学得太慢，也是糟糕的演员，并且它们的生命被认为是可以牺牲的。一个电影制作人不会因为杀死哪怕最可爱的兔子而去坐牢，但是他完全会因杀死哪怕最糟糕的演员而丢了性命。然而，在这样的语境中注意到这一点很有意思，即文本以外的知识在历史中改变了（至少某种程度上如此）我们与电影中的伤害以及坏死过程的关系。如今，除了有禁止杀死演员的道德律令，还有法规保护动物免于因为虚构的原因而被伤害和杀戮——并且电影明显对其表示服从。因此，如今一个人在观看屏幕上动物受伤或死亡时的道德（即便不是身体的）反应已经在很大程度上被改变了；我们在观看一匹马奔跑过程中的跌倒时心仍然会为之一紧，但比起以前观看这种场面时，我们感觉到的负罪感会更少。

但是，考虑到大家都知道《游戏规则》是一部"老"片（对我们研究电影的人而言，则是"经典"），文化知识和伦理考量将兔子和角色的死都语境化了，就前者而言，还暂时地打破了电影叙事再现典型的连贯性，引入了屏幕以外且未被再现的空间，观众正是在这一空间中生活、行动以及依照伦理作出甄别。因此，观看了《游戏规则》，我们就知道——不再受制于电影的符码——对年轻的飞行员安德烈·朱立厄（Andre Jurieu）的谋杀只是一个再现，然而兔子的死不只是被再现了，还被呈现了。正因为仅仅在虚构中死去，诚挚的年轻人之死所引起的震惊和麻木才使得叙事期待得以形成并使之得到满足，而不是变成惊吓或彻底颠覆了叙事期待。他的死不仅仅被包括在统摄着叙事的符码之中，实际上也是由它们所组成，并由它们所决定。但是，兔子的死超越了传播它的叙事符码。兔子之死令虚构再现的界限（和许可）发生了断裂，并且对这一界限发出质疑，而且，它还有着一个角色之死所没有的"野蛮的现实"。它被视为一个在其他肖像式/象征式再现中的索引式符号。也就是说，兔子之死超越了它作为叙事再现的功能，进而指向一个文本以外有生命的指涉物，这个生命体不是被再现处死而是为了再现而被处死。兔子之死用纪录片的空间暴力地、突然地打断了虚构的空间。因此，纪录片的非虚构空间与虚构空间之间有着不同的秩序，虚构空间将自身限制在银幕内，或者最多扩展到银幕外的一个看不见但仍然可以想象的世界。其构成取决于电影外的知识，这种知识使得社会世界和伦理框架中再现的符号功能被语境化并改变了它。

事实上，这是一种依赖，这种依赖被"虐杀"电影（"snuff" film）具有挑逗意味的模糊性弄得问题百出，在虐杀电影中，人类身体的坏死过程和死亡本是为了镜头而被有目的地搬上舞台，但却是以真实为名来完成的。虐杀电影挑逗观众应该是为了符合它尚未确定的本体论状态。一方面，我们感知到的是一种索引式的表演以及对实际伤害和谋杀的再现（考虑到纪录片的现实主义特性，观众们甚至必须建立一种叙事来解释为什么受害者——经常据称是女性——会在现场，亦即，她是如何被诱导去这样做：她正要在虚构中"表演"）。另一方面，我们几乎不可能相信电影制作人会在看上去平淡的索引式影像中挑战文化最有力的禁令之一。因此，观众们会注意到电影很可能是（但并不绝对）一部虚构片，可能是（但不确定）电影的"玩笑"——因为，如果电影真是非虚构，那么不只是电影制作人，也包括我们，即那些电影所服务的观众，都是谋杀行为的帮凶。尽管我没有见过任何人真的看过涉及人类之死的虐杀电影（考虑到它所带来的进退维谷的难题，他们会承认看过吗？），但是关于这种电影类型的观念仍然在流传。而且我认为，这是因为——哪怕是一个观念——它凸显了电影之外摇摇晃晃的基础，在这个基础之上我们经常安全地将电影再现看作如其所是的那种再现。因此，即使在思想中，比银幕上为我们表演的据信是真实的死亡更为恐怖的是意识到：我们在告诉自己那死亡是真的还是虚构时真正可以凭借的是我们电影以外的知识和经验，而这些明显有局限性，并且肯定不十分可靠。虐杀电影杜撰的经验不只是检验着纪录片空间和虚构空间的基础，还检验着我们，而且观看它时（甚至在脑子里想到它）我们都可能会局促不安，既是为我们自己，也是为不幸的受害者。这将我们带向最后3个命题。

  8. 纪录片空间是以索引式的方式被建构为可感知的结合体，联系着观众的生活世界和文本中所再现的可见空间，并且它被观看者对电影制作人之凝视的凝视所激活，两者都在主观上被判定为道德活动。不论它在传统上被建构到什么程度，考虑到纪录片空间的构成最终不只取决于一部电影的文本再现的符码，还取决于观众的文本以外的知识和判断，那么观众对（既包括电影制作人也包括观众）在他或她的视中形成或被其视域影响的行动承担着一定的主体性责任。因此，即便视域"透明地"或"自然地"将其行动铭写为"客观的"，但是这一视域也需要观众作出主观的判断：判断一个行为在其所凝视的事件背景中是否合适。

  9. 纪录片空间被建构成并铭写为伦理空间：它作为对与其他人类主体所共享的世界的主体性视觉反应和责任的客观可见证据而存在。被铭写在纪录片空间中的文本视像（textual vision），或者说被当作纪录片空间来铭写的文本视像，从来不会被看作空间的替代品，也不会被认为是超越了观看者的生活世界及其价值，亦即，这种文本视像及其行动自反地指向了一个活体，这个活体占据着具体的空间，并和具体社会关系中的其他人共同塑造着这一空间，这里说的社会关系是对一种道德结构的描述。[1] 这样的视像从主体层面上来看位置是确定的，从客体层面上看则对其他具身性和意向性的观看主体可见，并接受他们的伦理审查和判断，用阿尔弗雷德·舒茨（Alfred Schutz）的术语来说，这些观看主体是电影观众历史上的"伙伴""同辈""前辈"以及"后辈"。[2]

10. 尽管死亡自身在纪录片空间中混淆并超出了对它的索引式再现，但电影制作人和观看者的道德行为却没有。不论是通过必然性、意外还是设计，纪录片制作者将他或她的视觉行为再现为——并因此编码——对于他/她所目睹的真实死亡事件的伦理态度的符号。考虑到它的禁忌状态，电影制作人如何才能从视觉上遭遇这些事件并且以可见的方式再现它，以便在凝视道德规范上被看作禁止的东西时对它的再现可以在道德上被允许？似乎在绝大多数情况下，对道德问题的解决方法是对电影制作人的视觉行为的铭写，这种视觉行为清楚地表明电影制作人绝不会对他或她凝视的死亡感到开心，因此也不必为之负责任（虐杀电影缺少这种铭写，所以其伦理问题在这方面又是

---

[1] 我把这种通过自我反思发现的观看的（但并不一定是被看的）身体称为"电影的身体"（film's body）。这是为了强调物质性前提及位置假设，以及电影视像的感知功能和表达功能；这个术语不是电影设备的拟人化，尽管——人类结合使用这些设备来感知和表达自身视域，但使用的方法不同且技术更高——电影设备很可能被看成拟人化，就像电影制作人（特别是这些人）被当成准机械人一样。详细阐释参见我的 *The Address of the Eye*。

[2] Alfred Schutz, *The Phenomenology of the Social World*, trans. George Walsk and Frederick Lehnert(Evanston, IL: Northwestern University Press, 1967), 163-214."伙伴"（consociates）是指那些在社会世界中我们对之有直接经验的人；而"同辈"（contemporaries）是指那些与我们共享社会世界的其他人，我们不直接或具体地认识，但他们与我们共存，并与我们共享世界的空间和时间；前辈（predecessors）和后辈（successors）指的是那些与我们所处的时代没有重合的人以及那些我们只是间接地知道属于"过去"或"未来"的人，但不包括那些曾经参与或将要参与我们的世界空间的人，以及那些难以估量地影响着我们当前时代的人。

相关的）。更重要的是，再现必须清楚地指明，它的视觉行为绝不能代替针对事件的可能干预——也就是说，它必须指明：观看和记录死亡事件绝不比防止它更为重要。或者若不然，它必须指明这一事实，即相比于遭受着死亡之痛的个体而言，对特定死亡的再现多多少少会更具有社会层面的重要性。

## 纪录片与道德凝视的现象学

电影制作人遭遇了死亡的事件并且将之记录下来，对于这类制作人而言，想要证明他们的伦理行为，需要满足两个条件中的任何一个，我们可以在一系列的纪录片和未经剪辑的非虚构镜头中看见五种形式的视觉活动。每一种形式都是由被可见地编码在再现中的人类行为组成，为的是意指电影制作人的具身性情境，以及由此产生的镜头之前的他或她对事件的影响能力。在他们通过电影介入死亡事件以及对死亡事件的再现中，伦理行为的这五种视觉形式都能从现象学上被主题化，我将分别称之为偶然的凝视（accidental gaze）、无助的凝视（helpless gaze）、濒危的凝视（endangered gaze）、干预性凝视（interventional gaze）、人性的凝视（humane gaze）。另外，还有第六种视觉形式，它在伦理上比其他形式更为模糊和可疑；把道德判断问题都呈现给了电影制作人和观众们（至少会令他们的处境和忠诚摇摆或者发生改变），这种更为模糊的视觉行为形式可以被称为专业的凝视（professional gaze）。[1]

在遭遇死亡事件时，偶然的凝视会被铭写为在伦理上受到最少怀疑的，它会以未准备好的技术和身体作为标志来进行电影编码。电影

---

[1] 比尔·尼古拉斯（Bill Nicolas）在他的《再现现实：纪录片中的问题和概念》（*Representing Reality: Issues and Concepts in Documentary*, Bloomington: Indianna University Press, 1991）中采用了纪录片凝视的这些变体来讨论纪录片伦理。

给了我们视觉证据：死亡并不是电影制作人一开始的审视对象，它在电影镜头前突然地、毫无目的且不可预期地出现，使得电影制作人感到惊讶，绝不可能留有电影制作人干预或同谋的任何可能性。摄影机关于死亡的未经选择的视像（unselective vision）表明，电影制作人对这种不期而遇缺乏准备，同样说明这一点的还有，无论是观念上还是事实上死亡事件都被"忽略了"。也就是说，电影制作人和摄影机并不指向或聚焦于在他们面前不断出现的致命事件，因为他们的意向性兴趣显然在别处。偶然凝视的一个极端例子即前面提到的业余爱好者扎普路德拍摄的肯尼迪在其中遇刺的达拉斯汽车游行的镜头片段，另一个极端例子是精心制作的纪录片，如《给我庇护》（Gimme Shelter, 1970；阿尔伯特·梅索斯、大卫·梅索斯、夏洛特·泽韦林执导），这部电影"无意中"拍摄到了加州阿尔塔蒙特的滚石音乐会上的一起谋杀案。在后一部电影中，尽管摄影机"看见了"死亡，但起初电影制作人——以及后来的观众——事实上都没觉察到这一事件。也就是说，他们不知道如何在巨大的人群中去找到致人丧命的地点，因为他们不知道有人被杀，并且他们只顾着看摇滚音乐会更宏大的场面。事实上，即使事先告知我们将在银幕上看见什么，作为观看着人群的观众，我们仍然不能真的"看见"发生在我们——以及摄影机——眼前的事件。事实上，我们没看见杀人（尽管它确实存在于场景中），直到电影制作人事后审查他们自己在银幕上的镜头片段时才为他们自己、为滚石以及为我们发现了死亡。无论两者有何区别，扎普路德的镜头片段和《给我庇护》中对视觉禁忌的打破都以电影的方式被铭写为非意向性的（unintentional）。

这类电影以及它们的偶然凝视所产生的惊奇和魅力在于：在眼前发生的死亡却以某种方式变得不可见，虽然它被摄影机所注意到了（无论它的注意力多么分散），但却并不出自电影制作人的意愿。意识到这种注意力的差异，以及对所关注对象的视觉理解与视觉领域其他部分之间的差距，就会产生一种定格电影的强烈欲望，以便在我们留意到死亡时能够更有意识、更专注地看到它——就好像既然我们现在知道该看视觉领域的哪个部分，那么这种定格就会在某种程度上使其再现更加清晰，其意指更加精确。实际上，这就是扎普路德的镜头片段和《给我庇护》所做的。然而，尽管观看和回顾这两部电影增加了我们的注意力和方向性，但它最终没有克服对与有死性直接接触时（以及死亡超过了对它的再现）的失察。

对死亡事件的无助的凝视被按照电影的方式进行编码，标志就是在技术上和身体上与死亡保持距离。这种距离可能很大——在这种情况下，电影制作人的身体干预明显被认为不可能。在其他情况下，尤其是当死亡牵涉到合法处决的仪式时，电影制作人也许在技术或身体上与事件靠得更近，但是在法律上却更远，并且被防止进行干预。距离，以及它所带来的无助感，不只体现在长镜头上，也体现在远景镜头和变焦镜头的频繁使用上。作为电影制作人的意向性客体，死亡事件被拉近了观看和关注的距离，而不是身体的距离，尽管无助的凝视经常是稳定的（即从技术上看增加了三脚架，因此镜框不会有身体摇晃的感觉），它一般并不具有机械注视冷静的固定性，而是覆盖了形象的空间以及/或者改变着它的注意力：摇镜头仿佛是要追寻视觉逃逸，对着事件放大或缩小镜头，把死亡事件安置在一个标记出的空间中并将之语境化，以便让凝视者免除积极干预的责任。（这种视觉行动和不适应当与人性凝视和道德上模糊的专业凝视的特征区分开来，接下来我会对这两者进行简单地描述。）

濒危的凝视，与无助的凝视不同，其电影编码的方式不是距离，而是与暴力和死亡事件的接近性（proximity）。它被一些符号所铭写，这些符号以索引和自反的方式指向电影制作人在特殊和偶然的情境中所面对的死亡的危险，而这又说明在摄影机背后的现场还有一个身体在场。这种再现的标志是其画面的相对不稳定——例如，由于附近的爆炸或者在崎岖小路上行进，手持摄影机导致了摄影机的摇晃（当然，后者指向端着它的身体，一个容易受影响的人类操作者）。濒危的视觉经常被看作受阻的，这标志着它需要保护，并且在它明显已经领会到的对必死性的恐惧中铭写了一种脆弱但又关切的关系。汽车零件和建筑、叶子、碎石等，部分地隐藏了视觉中的死亡对象，但是也索引式地指向并揭示了作为终有一死的视觉主体的电影制作人。因此，用濒危的凝视观看死亡这一行为明显地将自身建构为主体间的道德权衡：电影制作人明显地冒着他或她的生命危险来再现别人近在眼前的死亡，却为打破视觉禁忌的越轨行为而付出了代价。

贝拉·巴拉兹（Béla Balázs）在《电影理论》（Theory of the Film）中讨论了我们此处所说的濒危的凝视，但是是在讨论战争纪录片和拍摄中被杀害的摄影师等内容时提到的：

> 创造性艺术家的这种命运……是文化史上的新现象并且是电影艺术所特有的……这种通过运动图像来呈现现实的方式与其他呈现的方式在本质上不同，因为被呈现的现实尚没有完成；当人们为呈现而做准备时，现实自身仍处在形成的过程中……当我们看着摄影师的摄影机时，他自身正处于危险的境地中，并且绝无可能确信他一定会比他的图像活得更久。直到胶片到了尽头，我们才知道它是否终于结束了。正是这种可感触的在场给纪录片带来了其他艺术所没有的独特张力。[1]

只要这种个人的冒险被显而易见地编码在电影之中，那么它就消

---

[1] Béla Balázs, *Theory of the Film: Character and Growth of a New Art*, trans. Edith Bone ( New York: Dover, 1970),170-171.

除了电影制作人通过摄影有意寻找和凝视他者死亡的道德责任。

在视觉上遭遇死亡时，最罕见、也最痛苦的再现就是干预性凝视。它超越了濒危凝视，它从躲藏状态中现身；它的视域是对抗性的。它与其所观看事件的关联不只是在视觉上起到的介入作用。它的标志经常是摄影机急促的身体活动，而且电影制作人的声音——经常是被压抑的或者抑制的——常常给身体在场和身体的牵连（involvement）加入了空间和物理维度。最极端的例子，如在帕特里西奥·古兹曼（Patricio Guzmán）《智利之战》（*The Battle of Chile*，1976）的一个片段中，干预性凝视不只以再现别人的死亡来作为结束，也再现了自己的死亡。同样极端的例子出现在巴拉兹对干预性凝视（出现在一部法国战争纪录片的片段中）的描述中，他的描述非常有说服力且充满洞见：

> 天色变暗了，而且摄影机在摇晃。就像一只眼睛在死亡中凝视。导演没有剪掉这个被毁坏的部分——它展示了摄影机在何处被打翻，以及摄影师在何处被杀，而自动装置仍是开启的……是的，这是一种新的意识形式，这种形式诞生于人类和"摄影机"的结合。只要这些人不失去意识，他们的眼睛就会通过镜头来观看、报告以及提供他们的情况……大脑呈现的内部过程以及观察在这里被向外投射到操纵摄影机的身体行动中……心理过程被颠倒过来——摄像师并非只要有意识就拍摄——他只在拍摄时才有意识。[1]

因此，尽管在这个例子中我们从未见过摄影师的身体，但是我们能看见他的关注和意识的衰退。在这里，可见的图像铭写着人类意向性行为的丧失，正是这种意向性行为的丧失说明了：视觉图像在与世

---

1 Béla Balázs, *Theory of the Film: Character and Growth of a New Art*, trans. Edith Bone ( New York: Dover, 1970), 171-172.

界和客体的关系中变得漫无目的、散乱且无意识。干预性凝视是处于极端自我反思的濒危凝视。

在人性的凝视下也可以观看和拍摄死亡。人性的凝视的特点是延长的绵延，就和"盯着看"一样——一种会将其凝视的东西客体化的固定观看——除了一个事实，即它在图像中明显且显著地编码了它对所见事物的主观反应。因此，根据它所观看的死亡事件的性质和背景，人性的凝视通常采取两种视觉形式。在一种形式中，它也许陷入了惊恐和不信任，它的凝视因它所观察到的恐惧而变得恍惚。暴行通常会制造这种反应，就像一个著名的镜头，一个南越军官在西贡街道中间处决了一个北越恐怖主义嫌疑犯。从某种意义上来说，凝视的冰冷性质、身体的麻痹和它所再现的相对于摄影机和电影制作人的惰性，意味着这样一个伦理认识：没有可被容忍的目光来凝视这样的死亡，但这种恐怖必须被目睹和证明。

在其他的情况下，出现了拓展的人性凝视的第二种形式。这种情况下，凝视也许能安顿（settle in）自身而不是固定自身——直面濒死人类主体的直接凝视，这个主体回首过往，铭写下与在其视域中死去的人的亲密性以及对他们的尊重和同情。对逐渐死亡的记录是相对罕见的，但这种记录往往制造了这种回应，并且在诸如《濒死》和《银色之恋》等电影中被作为例证，在这些电影中电影制作人的凝视是"被邀请的"。[1] 因此，在濒死的主体和电影制作人之间存在着视觉的交流和可见的交流。也就是说，在电影制作人和濒死的主体之间，至少存在着经过同意的合谋，至多则存在着爱，濒死的主体允许前者观看并且一眼不眨地记录主体之死。在这样的例子中，死亡的过程被人性地注视着，并且观看和拍摄的行为也被当作"濒死者自己组织的仪式"而被认

---

[1] 然而，可以注意到《银色之恋》中的死亡事件最终不是以正在记录来结束的——意外多于设计。

可,濒死者主持着这个仪式并且知道它的"礼仪"(11)。

但是,在人性的凝视的两个例子中,通过相对平稳的技术活动和身体活动,图像已被铭写了相对稳固的摄影机的痕迹,摄影机被放置在离它的视觉对象有一段常规距离的地方(稳定和平滑取决于专门的技术知识,当电影制作人是个业余爱好者或处于极端情绪中时,这种知识就不起作用了)。变焦时,它们是被控制的。视域被有目的地框定,并且被清晰地聚焦。这些都意味着有计划且有技术的准备,所有这些都是逗留许可的符号。但是,关于人性的凝视最有趣的东西是,它是否被认同为人性的凝视十分依赖于它眼前死亡的本质。也就是说,观众对凝视是否人性的判断取决于引起它的事件的重要性和性质。震惊、麻痹以及不信任,不能归咎于电影制作人的每个定格的凝视。例如,不能因为电视新闻的摄像师盯着一个年轻人点燃火柴并自焚以抗议失业而归咎于这个摄像师。尽管年轻人的死肯定是骇人的,但从人性角度可以理解,更重要的是,电影制作人本可以阻止它。虽然被铭写或解读为人性的凝视,但是摄影机冰冷和催眠的凝视必须由不可想象且不可理解的非人性事件和行为产生,并且与这些事件和行为相符合的是,有道德的人对所面临和看见的不只是存在的可能性,也包括实际发生的恐怖事情的怀疑。在这样一个过度的、不可能的但是又真实的指涉物在场的情况下,再现停滞了,并且不知所措。

但是,将人性铭写于审视逐渐死亡的凝视时,这个事件必须被看作邀请甚至欢迎人类的兴趣。在这样的凝视的铭写中,事先计划好的对人类的剥削、食尸癖、冷酷的窥私癖的可能性,被与凝视者(他铭写着屏幕外的在场和对电影制作人的私下接纳)的频繁交谈,被濒死主体对凝视的德行的开放态度,以及被与它的兴趣的合作所掩盖。在从20世纪死亡的社会状况积极地回归(正如阿里耶和其他人所解释的那样),卧室就又一次变成了公共典礼的空间,这也是一个部分由濒死主体组织的空间。在濒死之人的指引下,电影制作人的凝视在道德上变得简单化了(也在存在的意义上复杂化了)。死亡发生在人性凝视之前及之中,"以一种正式的行为,是的,但是没有戏剧性,没有强烈的情绪表现"(12-13)。

这些都是纪录片视域的铭写,在面对死亡时,这种视域被认为是道德的,而一般情况下,死亡事件会从伦理意义角度指责观看它的行为。但是,仍然存在着另一种处理死亡的视觉形式,它以问题的形式横跨了那条已经相对模糊的边界线,即区分伦理的和非伦理的视觉行为的边界线。这种问题的形式正是我们所理解的**专业的凝视**。正如前面所暗示的,它总是服务于两个主人,每一种都对电影制作人的视域有不同且颇受争议的伦理诉求。《电视指南》中的一篇文章在扉页上把这个问题通俗化了。标题是"记者的两难处境",醒目的文字问道:"拯救生命还是获取故事?"一小段插入总结道:"摄影机嗡嗡作响……有人身处麻烦之中……而电视记者必须决定他们的使命是什么。"[1] 关系到前面提到的一个抗议失业的年轻人的自我牺牲(实际上,他"邀请"了报社来观看他的死),这篇文章继续询问被这一事件的镜头提出的关键道德问题:"当优质新闻素材和人道主义的价值观碰撞时,一个记者该怎么办?"[2]

整篇文章相当轰动但也处理得很妥当,以模糊但很露骨的争论展现了非虚构电影制作人以及他们的雇员的声音,这一争论可以归结为一个主题,即关于人性时刻及其主体的伦理责任,或者是,关于塑造更多人和涉及更长时间段历史意识的伦理责任。有位电影制作人(前面提到的他有关越南的镜头在改变美国人关于战争本质的感知方面作出了具有深远意义的贡献)揭露了他的"专业"哲学:"我总是漠视我

---

[1] Howard Polskin, "Save a Life or Get the Story?" *TV Guide*, July 23, 1983, 4.
[2] Ibid., 5.

所报道的事件。我在场只是为了记录事件，而不是去思考它们。"另一个说："当你拍摄某些令人讨厌的东西时，你必须驱除你作为人类的情感。你必须激励自己去报道这些消息，并且关闭你的个人感情。"或者，一个 ABC 职员（尽管很谨慎）认为："记者是观察者，并非参与者。但是生命存在危险的地方，也许就会有例外。"另一个记者则更为强烈地表示："我总是坚持记者对人性负有责任。当做记者和做人之间存在冲突的时候，我总会希望我会是个人。把自己排除在人性之外对于记者而言是个严重的错误。"[1]

如果专业凝视被完全显而易见地铭写（亦即，摄影机既不完全放弃，也不转而为前述的干预性凝视服务），那么，它在面对看上去要求进一步反应和更多反应的事件时会显示出这些特点：道德的模糊性、技巧性和机器般的能力。"你若是专业的就不必拿出你的三脚架，"新闻制片弗雷德·弗兰德里（Fred Friendly）说，"要做个好撒玛利亚人，我们就会挡住镜头。它使得我们无法干好工作。我们令自己努力做的工作图像变得模糊：解释使得问题复杂化。"[2] 出于对获取一幅清晰无碍的图像的关心，以及相信我们可以得到除去人类偏见、观点和道德投入（这样就真正地"客观了"）的再现，这两者不可磨灭地烙下了专业凝视的烙印，与这种凝视相伴的是他们自己在面对人类有死性和围绕着它的视觉禁忌时令人质疑的道德观点。

总之，在我们的文化里，存在意义上和社会意义上的死亡事件对视觉提出了一个伦理问题，还对再现发出了挑战。在拍摄死亡事件时，最终搬上银幕并且接受那些观看它的观众评判的是包括了电影制作人和观众的"伦理空间"的可见构成和铭写。这个空间采用了在其中发生的实际事件的轮廓，并且采取了使得它在电影上可见的行动。它既

---

1 Howard Polskin, "Save a Life or Get the Story?" *TV Guide, July 23,1983,4.*, 6.
2 Ibid., 6.

是直接遭遇的空间也是间接行动的空间。这里我主要聚焦于根本起源，具身化的表述，以及电影对这个空间的铭写。然而，我没有讨论它的次级表述——那些在电影制作的剪辑实践中继承的表述，这些剪辑实践采用了暴力和死亡的原初再现，并且将它们包括在可被称为次级的和"反映的"（而不是直接反思的）伦理视域中。似乎有必要对这种再现作少量评论，至少看上去可能是为了暗示所讨论问题的更复杂的内容和其他的讨论维度。

当然，令死亡事件变得可见但又最少雕琢和最少结构化痕迹的电影在体验上最直接、最震撼。亦即与结构化程度更高的电影相比，这类电影就像是与突然的暴力进行更直接、没有准备且非智性的对抗，这种突然的暴力在我们当前的文化中指的就是人类的有死性。这些电影经常不被当作电影本身，而是被视为保持着"未经修饰"且"更真实"的状态（也就是说，更具有索引性），就像是"未剪辑的镜头"或者"原始记录"，而不是纪录片。比如扎普路德拍摄的刺杀肯尼迪的镜头片段以及越南人头部中枪的新闻镜头。引用 W. H. 奥登（W. H. Auden）的话说就是，"这些事件唤起了如此简单和明显的情绪，……诗意的评论是不可能的"[1]。尽管这有些夸张，或者更准确地说，需要更详细的阐述，但我们的确倾向于认为单一镜头和原始、未经剪辑的镜头片段在再现死亡事件时的体验更直接：未被塑形，也未经烹调（uncooked）（这里借用了结构主义的隐喻）。对仪式化艺术的反映不会起到干涉的作用。但是，一旦镜头片段被整合进一部精心雕琢的电影，或者甚至只是与其他镜头并置（就像一个电视新闻），那么，这样的雕琢也总会以某些方式再将之化约，尽管这样的话，死亡在思想上的影响力可能会提升，

---

[1] 转引自 William Stott, *Documentary Expression in Thirties America* (New York: Oxford University Press,1973),13。

其重要性也会因理性或诗性层面的意义而被扩大。

因此，当皮特·戴维斯（Peter Davis）在《心灵与智慧》(*Hearts and Minds*, 1974)中将未经剪辑的越南街头处决的镜头与其他影像并置时，它就获得了一种反讽的维度，同时，它也失去了一些本质的和强烈的不可言说性，并且部分地屈从于一种形式，这种形式迫使它说出某些具体的、可表达的而不那么重要的东西。被雕琢和结构化最厉害的关于死亡的电影会变成诗性的挽歌：它们最终很少提及它们所包含的具体死亡的不可言说性，而是会一般化地讨论死亡的不可言说性，以及再现的局限性。他们把那个珍藏了关于死亡的原始镜头的空间给审美化了，方式是停顿、渐黑和渐隐，通过这些组成了纪念性的"视觉沉默"时刻。这些更为正式的电影通过去除我们对所见死亡的接触感来从情感上和伦理上打动我们，但是却不如未经剪辑的镜头那样从内心上更直接地打动我们（这不是说我们没有对它们发自肺腑地作出回应）。因此，死亡变成了被调和过的沉思对象，就像一些震撼又诗意的纪录片中呈现的那样，如乔治·弗朗叙（Georges Franju）的《动物之血》(*The Blood of the Beasts*, 1949)以及阿兰·雷乃（Alain Resnai）的《夜与雾》(*Night and Fog*, 1956)。这些电影中对死亡的沉思，依照仪式被形式化为对身体的有死性、生命的脆弱性以及死亡所代表的再现的终结的道德思考。

死亡、再现和电影纪录片的结合凸显出所有视觉在接触世界和他者时什么才是真的。当然，这是因为在我们的文化中，死亡对一个电影制作人而言是最具表现力而又最不具有可塑性的主题。任何有意向性的摄影机角度、摄影机运动或者编辑后的并置都会对到底什么才是本质上不可言说的变化评论一番，并且会将它铭写在使得道德洞察力可见的人类视觉行为中。正如罗格·普勒有力地指出："不可能存在软弱无力的行动，没有不直接承载着道德重负的行动，在一个充满不同视角的世界中没有不被我们的视角所填满的行动……空间中的行动就是具身化后的意向性。"[1] 因此,死亡事件最终也许会超过和混淆所有索引式再现和纪录片符码,但是它也会产生最为可见且最具伦理责任的视觉再现行为。

---

1　Poole, *Towards Deep Subjectivity*, 6.

## 11 真实的重负
具身知识和电影意识

> 人们对"真实"死亡和"电影"死亡的反应令我着迷。
>
> ——哈斯盖尔·韦克斯勒（Haskell Wexler）

把纪录片镜头融合进虚构电影的做法经常会在大众舆论上引起一阵骚动。尽管这种做法可溯源至电影诞生之初，但是它之所以在当下引起关注并且引发了媒体伦理问题的原因是，新数字技术已经用特殊的方式改变了这种做法，大家认为，这些技术所带来的天衣无缝的融合降低了公众对事实和虚构，以及对真实和想象（或者"非真实"）[1]的辨别能力。因此，媒体大肆炒作：首先围绕《阿甘正传》（*Forrest Gump*, 1994；罗伯特·泽米吉斯执导）的数字奇观，这部电影将主角阿甘插入了新闻镜头中以及与各种真实历史人物的对话中；接着是《超时空接触》（*Contact*, 1997；罗伯特·泽米吉斯执导）的伦理问题，

---

[1] 我想在此强调不现实（not real）和非真实（irreal）的区别。前者与构成现实的文化感和历史感是明显不同的（如在一部明显"不可能的""幻想的"甚或"不合情理的"小说中），非真实并不与真实相矛盾，而是与之相反。也就是说，非真实并非被判断为与真实相对立。在我们与非真实的关系中，我们并不首先预设真实的存在，以便对我们所见的真实作出判断；取而代之的是，真实被"加入括号"并且被搁置在一旁作为作品意义、连贯性或合理性的非标准（noncriterion）。关于这一区分的详细论述可参见 Jean-Pierre Meunier, *Les Structures de l'experience filmique* (Louvain: Libraire Universitaire, 1969); 莫涅（Meunier）关于我们与家庭录像（或者纪念电影）、纪录片以及虚构电影之间在电影方面的联系的简明现象学，论及了我接下来要说的内容，我在我的论文中也介绍和注释了这种现象学，参见我的论文 "Toward a Phenomenology of Nonfictional Experience," in *Collecting Visible Evidence*, ed. Michael Renov and Jane Gaines (Minneapolis: University of Minnesota Press, 1999), 241-254。

这部电影移植了美国总统克林顿的电视新闻发布会,发布会上美国总统对美国宇航局的真实通告感到非常兴奋,通告中说发现了火星陨石上微小的生命迹象,这一切是为了让电影中发现宇宙中智慧生命的科学幻想更逼真。

当然,讽刺的是,在这两个例子中,电影观众几乎没有被迷惑或愚弄。事实上,《阿甘正传》的幽默大都取决于我们有能力识破它把历史虚构和历史记录进行了明显地无缝拼接——也就是说,我们有能力区分每一种再现的逻辑类型,以便在其逗人发笑的融合中,以及在对电影技术成就的惊叹中感到愉悦。[1]《超时空接触》也引发了这种区分,尽管在某种意义上说,这对它的戏剧性有害而不是有益。为了努力寻求逼真性和可信度以巩固其科幻预设,这部电影错误地估计了使用克林顿镜头的影响——主要不是因为它随后引起的伦理问题(克林顿对"借用"并不知情),而是因为当电影上映时克林顿的新闻发布会在公众心中仍然记忆犹新。因此,与其说它透明地确保了虚构故事看起来像是真的,不如说这一组镜头通过在其中重新放置了一个更为大家熟悉的存在领域(existential realm)——即我们真实的生活领域——削弱并打破了我们与故事的非真实性之间的联系。当我看《阿甘正传》时,几乎影院里的每个人都会因为数字化实现的真实和非真实人物的混合而开怀大笑,并且把这看作游戏的一部分,这个游戏是电影粗暴的历史修正主义(revisionism)。然而,当我看《超时空接触》时,在看到克林顿新闻发布会时,影院中的几乎每一个人,本来正在一心一意地看着银幕,并且沉浸在故事之中,似乎突然被带回了他们的座位上,他们发出低沉的声音,并且因为突然被直接抛回当下而犯起了嘀咕。

---

[1] 值得强调的是,对这两种再现的逻辑类型的区分并不取决于它们之间差异的文本能指,而是取决于观众在文本之外的知识和文化知识,以及之后与银幕上图像的联系。与莫涅关于电影认同的现象学异曲同工,也就是说,将一种逻辑类型(真实的新闻镜头)和另一种(非真实但是非常逼真的虚构)区分开来的是观众与图像及其内容的关系,而不仅仅是电影方面的线索。

在两个例子中，尽管都把虚构的和记录的图像进行了空前的无缝接合，但大多数观众都能非常清楚地说出两者的区别。在《超时空接触》上映之后，我听到了许多争论的片段，在这些争论中，道德上义愤填膺的记者们想要保护所谓被迷惑的、愚蠢的公众（从这里可以明显看出，他们自己则不然），但我更好奇的是，到底谁欺骗了谁。[1]

尽管当前电影伦理问题的提出是为了回应媒介不断增长的使非现实和现实无缝接合的能力，但是，我们不禁要问，虚构电影的非真实性在何种程度上总是与纪录片镜头合谋又被其推翻，而且又在何种程度上与外表散漫的现实合谋且又被其推翻。而且，假使虚构电影和纪录片在体裁上作为所谓的不同的逻辑类型，都可以被化约为相同的逻辑类型，即都是电影图像，那我们观众当中的哪些人能够在何种程度上区分它们？以及如何区分它们？当然，这些问题对于任何电影理论或实践而言都已不再新鲜。经典电影理论中，我们不只有安德烈·巴赞关于摄影图像本体论的开创性讨论，他的理论对光线以及客体世界的物理反应以索引的方式奠定了整个电影的基础，那就是真实的存在，我们还有西格弗里德·克拉考尔（Siegfried Kracauer）的《电影理论》（*Theory of Film*）[2]，这本书认为，电影即便在其虚构的模式中也"救赎"

---

[1] 无论在通俗写作还是学术写作中，只要是涉及人们（一般都不包括作者）不能区分被操纵的图像和不被操纵的图像，都会存在着明显的歇斯底里。尽管这个话题最早可追溯到柏拉图，只是经常伪装成别的样子，在被电子化之后，这个话题被重新赋予了生命，电子化将所有输入的东西都均质化为二元代码。但是，皮特·鲁能非（Peter Lunenfeld）在《数码摄影：半信半疑的图像》（"Digital Photography: The Dubitative Image," in *Snap to Grid: A User's Guide to Digital Arts, Media, and Cultures*, Cambridge, MA: MIT Press, 2000.）中提醒我们："我们一直以来都相信在摄影和对象之间存在着索引关系，数字技术打破了这种残留的信仰，打破的方法对充斥着图像的文化的认识论和政治有着明显的重要性。但是，这种对半信半疑、欺诈和造假的全面关注会阻碍以摄影为中心的话语其他方面的发展。摄影及其指涉物之间索引式关系的破裂，与此同时摄影的真理价值的消除，以及与摄影诞生相伴随的灵韵消失都有着相同的影响。"（62-63）

[2] 中译本名为《电影的本性》，邵牧君译，江苏教育出版社2006年版。——译者注

了世界的物理现实[1]。此外,电影实践给予我们的不只是《阿甘正传》还有《被遗忘的银色》(Forgotten Silver,1995;寇斯塔·包提斯和彼得·杰克逊执导),后面这个虚构的故事,因其非常晦涩的主题和它的纪录片风格而被普遍当作非虚构来看待。这部电影拍摄于新西兰,并且据信是记录了一个"失踪的"名叫科林·麦肯兹(Colin McKenzie)的早期民族电影制作人的发现,它不只欺骗了许多的外国观众,而且包括大量的新西兰人——尽管其中有线索暗示了它的"伪纪录片"(mockumentary)性质。所有这些当中最微妙的部分在于,观众需要掌握某些早期摄影过程的知识,而最引人注目的是,观众还得拥有电影史的一般知识(一个名为"亚历山大·娜芙斯基"[Alexandra Nevsky]的女性受访者——可能,如果并非一定的话,是一个传说中的人而非真人)。当电影的虚构性质广为人知时,《被遗忘的银色》引发了一场丑闻,公众的愤怒加剧了,也许是因为电影原本激起了一种民族自豪感,但又因"骗局"的揭发而荡然无存。[2]

归根结底,这些电影欺骗的问题指向了一个方向,即对于电影而言,不是将电影看作现象学客体,而是看作现象学经验。因此,在下文中,我想要研究多种多样的经验,在这些经验中我们将电影既作为虚构来看待,也当作纪录片来看待——经常会是同一部电影,并且经常不去考虑观众的体制性规定,因为这些规定会给予提示,并且会固定我们与在银幕上所见之物间的联系。[3]作为一种聚焦这些问题的戏剧化方法,

---

1　André Bazin, "The Ontology of the Photographic Image," in *What Is Cinema?* trans. Hugh Gray, vol.1 (Berkeley: University of California Press, 1967),9-22; Siegfried Kracauer, *Theory of Film: The Redemption of Physical Reality* (New York: Oxford University Press, 1960).

2　关于电影内在接受的讨论可参见 Jane Roscoe and Craig Hight, "Mocking Silver: Re-inventing the documentary project (or, Grierson Lies Bleeding)," in *Continuum: The Australian Journal of Media&Culture* 11,no.1 (1997):67-82。

3　至于强调体制化限制的最有用的讨论(这些限制影响了观众的文本特征的等级排序,意义的生产和有效的定位),可参见 Roger Odin, "For a Semio-Pragmatics of Film," trans. Claudine Tournaire, in *The Film Spectator: From Sign to Mind*, ed. Warren Buckland (Amsterdam: Amsterdam university Press, 1995), 213-226。非常感谢吉姆·莫兰(Jim Moran)向我介绍了这个文本。

我在此尤其想强调的是虚构电影与纪录片之间存在交集——还有虚构电影经常唤起我们所谓的观众的"纪录片意识"（无论是否有意这样做）：这种纪录片意识是一种具身化和伦理化的特殊观看模式，通过这种模式，非真实的空间被传达并转变为真实的空间。

然而，为这一研究奠定基础的是看上去颇具开创性的悖论——在我的开场白中，明确出现的悖论。一方面，我说过，尽管存在电影虚构和纪录片事实的无缝接合，但我们一般也知道两者之间的区别，因为它们在同一部电影中共存并相互作用。另一方面，我也提到过，既然所有电影对象都由图像和声音组成，那么不论它们是虚构还是事实，两者之间都没有必然的区别。当然，如果我们只能把电影当作一个对象文本来看待，便不能解决这个悖论。相反，我们要在认识中解决它，即认识到：虚构电影和纪录片的这两个名称不仅命名了电影中客观和抽象的物，这些物从历史角度被特定的文本特征区分开，而且命名了——并且也许更重要——与许多电影对象的特别的**主体关系**，而不论它们的文本特征是什么。总之，虚构电影和纪录片这两个关于体裁的术语指的是一种在我们的意识模式中被体验到的差异，以及我们对我们所关涉的电影对象的关注与价值判断。

让我首先对这些传统体裁之间的区分作一个简单的说明（理论比实际经验更稳定），这些区分会为对虚构电影与纪录片的交叉研究提供基础，而这种交叉研究中，两者都是独立的再现形式。历史上看，虚构电影通过各种体制化实践来与纪录片打交道，这些实践明显地调侃了两种形式之间的关系，并因此指明了两者之间的差异，而非消除了它们。

这样的实践就包括了前文提到的科幻电影对纪录片镜头的吸收：在《超时空接触》中这样的吸收是对虚构的破坏。我们也能举出另一个虚构作品——《布拉格之恋》（*The Unbearable Lightness of Being*, 1988；菲利普·考夫曼执导），这部电影中的纪录片镜头似乎与虚构相互融合了（尽管在风格上有区别），它的紧迫性建立在 1968 年布拉格之春的历史现实的基础之上，而又没有扰乱或挑战其浪漫故事剧本的非真实性。对于一个对事件细节和电影记录的历史图像十分熟悉的人而言，是否会产生这样的效果，是与我将进一步研究的问题相关的主要问题；然而，即便一个观众认出了电影中相对细节的纪录片镜头——就像美国观众看《超时空接触》的克林顿镜头一样——她或他的反应更有可能是与虚构的非真实性的断裂或对它的逃离。就这一点而言，还有《刺杀肯尼迪》(*JFK*, 1991；奥利佛·斯通执导) 的例子，在这部电影中，对肯尼迪的暗杀以及杰克·鲁比 (Jack Ruby) 在监狱里的枪杀[1]都被虚构的剧情带入了一个充满热情的修辞性争论，并由此引发了大争议。正如琳达·威廉姆斯所说，纪录片镜头被用来为所谓"宏大的偏执虚构"[2]服务。

关于虚构电影中吸收非虚构电影以便证明它的非真实预设为真的做法，还有另外的——并且是最近的——变体，那就是**扮演电影中虚构角色的演员的早期电影镜头**：例如，对一个演员的（当他还是个孩子时）家庭录像的使用。就这一点而言，有些虚构电影通过融合一个演员以前的虚构作品（在这些虚构作品中，演员实际上演的是不同的角色，但是可以被认出来，并被认为与发生了改变的真人是同一人）的早期镜头，来验证某个给定角色生活的真实性，这就使得作为记录和虚构的图像的本体论状态变得更加复杂。一个例子是《英国水手》(*The Limey*, 1999；史蒂文·索德伯格执导)，在该片中我们可以看见由特伦斯·斯坦普 (Terence Stamp) 扮演的中年角色的一些剪辑，但

---

[1] 刺杀肯尼迪的凶手奥斯瓦尔德在押解到监狱的过程中被作为夜总会老板、黑社会老大的杰克·鲁比枪杀，有人认为，这次枪杀本身就是刺杀行为的一部分。——译者注
[2] Linda Williams, "Mirrors without Memories: Truth, History, and the New Documentary," in *Film Quarterly: Forty Years—A Selection*, ed. Brian Henderson and Ann Martin (Berkeley: University of California Press, 1999),311. 关于纪录片镜头使用的争论很少有关事实和虚构之间的混淆，更多的是关于斯通的论证自身的性质。

当时斯坦普要年轻30多岁,并且,在肯·洛奇(Ken Loach)的电影《可怜的母牛》(*Poor Cow*,1967)中他饰演了一个完全不同的角色。这个片段吸引人的是它所囊括的镜头具有一种模棱两可但又非常有分量的地位,这个镜头既作为虚构也作为非虚构起作用。[1]

虚构电影在同一个叙事空间中混合非真实的虚构角色和真实的历史人物的做法也有一段历史,以便模糊(但也不是消除)本体论上不同的两种存在模式之间的界限,同时,事实上,在两套不同的认识论标准之间建构阐释学游戏。把主人公与反越战集会中的乔治·华莱士(George Wallace)一起放在校门口,并且让主人公与肯尼迪总统、约翰逊总统以及尼克松总统对话,就这一点而言,《阿甘正传》也许是技巧最高超的例子(至少在我写这篇文章的时候是如此)。[2] 然而,《公民凯恩》(*Citizen Kane*,1941;奥逊·威尔斯执导)与《西力传》(*Zelig*,1983;伍迪·艾伦执导)都在很早前就做过这种事,并且同样有效地混合了非真实和真实以提升电影叙事的逼真性和复杂性,同时也提升了观众的阐释性愉悦。

虚构电影也经常使用传统的纪录片风格的手法,为了达到喜剧效果和戏剧效果,这些手法包括:画外音旁白;银幕内外都有假的采访者;银幕上的角色对着镜头和观众直接说话;内部使用被认为是"记录"的视觉材料,诸如照片和未经剪辑的镜头;手持摄影机经常导致的注意力的"误用"(mis-takes)[3],这种"误用"一般在虚构作品中会被扔

---

[1] 有一部小说调侃了这种同一个真实的演员和他或她的不同虚构角色之间的混淆,以及不同时间之间的穿越,即大卫·汤姆森(David Thomson)的《嫌疑犯》(*Suspects*,New York: Vintage,1985)。

[2] 关于数字成像技术的可能后果以及它们的"现实"效果可参见 Stephen Prince, "True Lies: Perceptual Realism, Digital Images, and Film Theory," in *Film Quarterly: Forty Years—A Selection*, ed. Brian Henderson and Ann Martin (Berkeley: University of California Press, 1999),392-411。

[3] 作者惯用的拆字造词法,mistake 本义为错误,这里的 mis-take 是指错误的占用,也就是对注意力的错误占用。当我们使用手持摄影机拍摄时,容易出现焦点模糊的状况,也就是观看者不知道到底该看什么。——译者注

到剪辑室的地板上。喜剧类电影中，这种风格化借用的著名例子是《摇滚万万岁》(This Is Spinal Tap, 1984; 罗伯·莱纳执导)，这部电影戏仿了"伪纪录片"，并且认为观众不但会理解，而且会因为其虚构的表演、夸张的音乐和演唱会纪录片的文本特征而感到愉快。但是，《丈夫、太太和情人》(Husbands and Wives, 1992; 伍迪·艾伦执导)在使用纪录片风格时则实现了更为严肃的效果，它既作为一种躲避和提炼戏剧时间和事件的有效途径，又是一种明显的距离化手段，能接受对其虚构剧本的打断和评论。然而，尽管这部电影形式化地宣称自己是非虚构作品并且践行了这一点，但是，《丈夫、太太和情人》从未被观众当成过纪录片（除了在很久以后的某个时刻，当观众犯这样的错误已经不再是一个误用时）。事实上，尽管它们有各自的区别，这两个例子都预设了观众有充足的能力，必然能从体裁和风格上区分纪录片和虚构电影，以便能充分享受《摇滚万万岁》的精准戏仿，或者能充分理解《丈夫、太太和情人》中建构角色之间讽刺性矛盾的策略，即他们用戏剧表演揭示自身及反思自身时给强调叙事性的纪录片观众以启迪。

虚构电影也以另外一种方式——而且是非常流行的方式——从纪录片中借用了一些东西，这种方式不一定使用纪录片镜头，不一定把虚构的图像和纪录片图像混合在一起，也不一定利用纪录片传统来与时间连续体（temoral continuum）建立联系，这种时间连续体对于观众而言，是他们真实的历史世界。虚构电影经常让名人出演"自己"。名人在故事中的出现（不论是电影明星、新闻记者、脱口秀主持人还是政治人物）为的是加强虚构作品的真实性，同时颇为明显的是，他们的对话（有时候是很糟糕的）却显示出非真实性。作为一种体裁，20世纪50年代的科幻电影有一个加强虚构世界（diegetic）幻想真实性的惯例，那就是请真正的电台和电视新闻明星来播报地球遭入侵的威胁在全球范围内的进展。就这一点而言，《超时空接触》只是跟随了一个体裁非常传统的做法而已——不过，它没有请真正的克林顿来"扮演"，并让他说出那些非真实性的对白，而是出人意料地使用了他，并且利用了他的一个与故事情节相关的真实演讲。（泽米吉斯告诉一个采访者说："克林顿做过关于火星岩石的演讲，而且我向上帝发誓，那就像是专门为这部电影而准备的。当他说出那句台词'我们会继续仔细地聆听它要说些什么'时，我几乎要死了。我站在那儿，张大了嘴巴。"）[1]正如前面所说，这种几乎是对同时代素材的吸收似乎产生了意外结果，因为具有太多真实世界的细节而削弱了幻想性，并且引起了关于媒体伦理的问题。

一个关于"现实明星"出演的更为常见和成功的例子（这些明星成了虚构图像和纪录片图像的矛盾"混合物"）是《冒牌总统》（Dave，1993；伊万·雷特曼执导），一个以假冒以及混淆真实和表演行为为内容的轻松政治喜剧。这部明显非真实的（虽然很逼真）冒牌总统的故事中——这个冒牌货还得表演"真货"（凯文·克莱恩饰演两个角色）——有许多"现实名人"特写镜头的出现，这些现实名人因加强了真实性而使得"假扮"的趣味性倍增。这些人物名单中包括脱口秀主持人杰·勒诺（Jay Leno）和拉里·金（Larry King）；电视上口角不断的麦克拉夫林五人团（McLaughlin Group）[2]；政治人物，如提普·奥尼尔（Tip O'Neill）；一系列著名记者，包括海伦·托马斯（Helen Thomas）和妮娜·托腾伯格（Nina Totenberg）；还有，电影里有一处最有趣的场景，电影制作人奥利佛·斯通（Oliver Stone）想让其他人相信一个关于总统身份调换的政治阴谋，但是失败了。的确，《冒牌总统》温和的讽刺有赖于某种稳固的因素来为电影脆弱的非真实性奠定基础——这些现实的名人并不是隐晦地被拿来证明虚构的真实性，而

---

[1] Benjamin Svetkey, "Making Contact," *Entertainment Weekly*, July 18, 1997, 24-27.
[2] 美国每周半小时的政治评论类节目，五位政治评论家小团体以圆桌会议的形式就当下的热点话题进行评论。——译者注

是堂而皇之地通过用现实与之合谋来保护虚构（而不是相反）。因此，看到电影中出演自身的真实明星或扮演非真实角色的真实明星时（这种情况指的是克莱恩和西格尼·韦伏），观众仍然没有产生混淆，也没有被愚弄。

因此，绝大部分情况下，我们确实知道虚构和纪录片之间的区别，并且当两者在同一部电影中出现时，我们享受着它们的混合或者被所谓再现的异质性的关系所扰乱，即便我们不一定要刻意这么做。事实上，那些在虚构和纪录片电影之间作出的传统的或者体制化的体裁区分，在其各自形式和内容中（尽管不是在它们的电影素材中）允许电影制作人和观众与这种混合进行丰富而复杂的游戏。更重要的是，通过它们的实践，这种区分也公开地承认（并庆祝）电影制作人和观众共同的"交往能力"[1]，电影制作人和观众在确定某部电影合适的电影地位和意义时作出了十分必要的认识论上的区分，而这种合适的地位也往往就是体制化认可的地位。[2]

因此，在电影对象中虚构和纪实之间的区别被故意弄混并"真正"弄混的情况还是相对少见的，这两种再现形式如此复杂地交织着以致于打乱了读者精确区分两者的能力，这样便导致了一种认识论的模糊性，丰富但也许令人不安。这里虚构和事实的混淆，并没有构成自我吹嘘的阐释学游戏，游戏者从一开始就知道游戏规则；事

---

[1] 关于"交往能力"，参见 Jurgen Habermas, *Communication and the Evolution of Society*, trans. THomas McCarthy (Boston: Beacon,1979)。这种关于电影受众相关的能力的讨论参见我的著作 *The Address of the Eye: A Phenomenology of Film Experience* (Princeton, NJ: Princeton University Press, 1992), 6-8。

[2] 奥丁（Odin）的文章《电影的符号运用学》(For a Semio-Pragmatics of Film)，讨论了认可（sanction）的概念，认可是作为社会符号网络的电影体制的中心。例如（我会在后面讨论这个），他写道："带着看虚构电影的固定思维来看纪录片的人，会将无聊作为其认可。反过来，带着看纪录片的读者行动元（reader-actant）的思维模式去看虚构电影的人，很可能会被认为是'疯了'"，因为他会因混淆了不同层面的现实而遭到指责。可见，如果影片对材料的处理与运作的体制不容，那么认可就能被运用于电影，或者如果读者行动元违反了体制强加在其身上的规定，那么认可也能被运用于读者行动元。

实上，规则本身遭到了挑战——尽管未被改变。当然，就是这种令人不安的认识论的模糊性，结构和组成了"虐杀"电影到底是实录还是虚构的未定状态所产生的挑逗、道德愤怒和道德指责，虐杀电影以最重要和最发自内心的方式使作为再现的再现（representation qua representation）的难题具体化，包括被抽离出来的电影图像"难以判断的"本体状态"到底是"什么的难题。

在前述的例子中，伪纪录片也是以这样一种方式被构造，人们很难（并且，对某些人而言是完全不能）认出它是伪纪录片。正如阿里德·菲特韦特（Arild Fetveit）所说，像《被遗忘的银色》那样的"假纪录片"在"激励着观众去发现它的漏洞"。首先它利用传统的文本特点，以及观众对主题背景知识的缺乏来将观众与纪录片阐释联系起来，然后进一步——通过对自身真实性的小挑战——使得纪录片性质稍微变得不确定，并且越来越受到质疑，最终改变观众的阐释方法，使其变成更适合虚构的阐释方法。[1] 但是，考虑到观众或许缺乏背景知识，以及他或她对银幕上内容的特别信任，去发现电影漏洞的邀请也许不会被看出来或者接受。的确，我记得美国一些关注《被遗忘的银色》的电影学者的帖子，第一篇提到发帖人最初在看到这部关于从未听说过的新西兰重要电影前辈的电影时很激动。然而，在收到许多提醒或警告这部电影是伪纪录片的回复之后，他公开宣称他在被完全愚弄后真的很尴尬。然而，在新西兰，对这部电影真实性的信任不是因为观众没有足够的背景知识来怀疑，而是因为人们想要鼓励民族骄傲和希望更多人加入"电影史"的制造中去。

关于虚构电影对纪录片"问题丛生的"运用，以及虚构电影与纪录片的混淆，一个更复杂的例子是哈斯盖尔·韦克斯勒的《冷酷媒体》

---

[1] Arild Fetveit, "Mockumentary: Charting the Topography between Fiction and Documentary". （电影研究协会年会上提交的论文，West Palm Beach, FL, Apr.1999。）

(*Medium Cool*, 1969）。故事聚焦于一名电视摄影师，他必须在两者之间作出抉择——一个是专业的偷窥，另一个是参与到他非真实的个人叙事生活以及参与到现实的社会动荡中，这场社会动荡围绕着1968年的芝加哥民主党大会形成。《冷酷媒体》不但融合了大会的纪录片镜头，还运用了纪录片风格。但是，它通过使用在大会期间围绕着这个事件被拍摄的电影演员（饰演角色）的镜头，进一步使其虚构的非真实性与舞台背景的历史现实性之间所有清晰的区分都变得复杂化。然后，这就成了一部将非真实性置于真实的场景之中以及历史事件发生的真实时间之中的虚构作品。[1]

事实上，除最小结构的叙事和对某些关键人物的非常程式化的关注外——这些人物通过这种关注而被理解为角色——《冷酷媒体》给观众提供的提示和文本确定性相对较少，为的是确保虚构的原貌。尽管哪怕这一点点叙事特征对于一位有能力的观众来说足以将电影的整体性质判定为虚构（这是真的），但是它的组成部分的认识论性质却非常模糊。事实上，韦克斯勒指出这种模糊性不只存在于电影以及对电影的接受中，还存在于电影制作的历史背景中。在第一个例子中，当他对采访者说"我有自信，任何人在看过《冷酷媒体》之后都无法区分实际发生的事和排演过的场景"时，他听上去有些傲慢（也许说得很准确）。在第二个例子中，他指出电影剧本的编写和在作家协会的登记均在民主党大会及相关事宜之前，他进一步描写了这部电影在银幕外造成的模糊性："在制作《冷酷媒体》的时候，FBI 找到了我以及海湾与西部公司（Gulf and Western Corporation），并且起诉我在芝加哥街头为了拍摄电影而有意制造混乱。我必须签下宣誓书，说我在芝加哥拍摄的与暴动相关的任何东西都不是我事先安排好的。"[2]《冷酷媒体》

---

1 这与那种准纪录片效果的电影不同，并且比之更为复杂，准纪录片效果是指在历史事件之后动用真实的历史演员，并为了再现而重新演绎它。
2 Renee Epstein, "An Interview with Haskell Wexler, " *Sight and Sound* 45, no.1 (winter 1975-1976):47.

对虚构作品和纪录片独特又高度复杂的混合，在主流电影实践和社会共识这两者的制度规定下非常罕见，主流的电影实践和社会共识决定并确定了电影客体的性质和作用，以及它被感知到的与电影之外现实的关系。《冷酷媒体》打乱了这些规定，凸显了对这些规定的公开质询，并且明确地展示了它们脆弱且短暂的本质。

实际上，我们就这样被引回了与电影（如今是数字的）相关的新闻舆论所表达的担忧（尽管是模拟的）中，这些手法会通过眼睛的诡计来消除本该使我们区分出真实和非真实的那条界限。然而，实际上，区别两者正是我们在实际看电影时一直在做的——尽管我们并不总是只根据那些符号学的和制度化的观看规则来做，这些观看规则会固定我们与我们在银幕上所见之物的一般联系。然而，在某种程度上，当我们提出诸如纪录片穿插进虚构文本，或者虚构作品对纪录片风格的借用等问题时，依据客观、孤立和传统的再现形式来区分虚构作品和纪录片的经验就成了被预先假定的——在我看来，我们把电影影像接受为真实还是非真实的实际经验正是要对这种预设发出质疑。[1]

接下来，我想从实用主义和现象学的角度重新思考虚构作品和纪录片之间的差别——也就是说，从一个承认实际观看经验的变化性和偶然性的观点出发，以及从这些实际经验出发，进一步将某些情况给主题化，并对之进行阐释。在这些情况下，电影影像可能因为我们而"承担责任"，因为我们的具身化和主体的感觉被算作存在的和客观的"真实"。尽管这种更为广泛且更少限定的重新表述仍然允许我们在与各种电影再现的关联中体验到区别，它也意味着这种关系比体

---

[1] 我使用接受（taking up）而不是理解（understanding）来强调观众介入意义生产的主动过程。也就是说，电影图像从来都不只是客观材料（data），而总是一个意向性行为（act）的接受（capta）。接受（taking up）也须与编造（makeing up）区别开来。考虑到他或她总是一个肉体化的社会存在和历史存在，观众是意义形成过程的积极参与者，但是那并不意味着他或她会自由地制造意义——正如奥丁在说起对观看的各种社会认可时所指出的那样。

裁范畴化和电影文本的形式分析所承认或允许的更易变也更多变。也就是说，它意味着我们对电影影像是虚构还是真实的预先规定和限定，可被要么前意识地要么有意识地体验到，要么异质化地要么程式化地体验到，要么暂时地要么相对持久地体验到——而更重要的是，它意味着无论电影提供的文本动机是什么，这一预先的规定和限定总是取决于观众在生活世界的背景里的本体论知识和社会投入，这一生活世界的背景超越了文本也限定了文本。

为了以一种更为明显的方式来说明这一点，让我回到我曾使用的一个具体例子：兔子的死亡，对我而言，造成了让·雷诺阿《游戏规则》中虚构（也许是现实主义的）空间的断裂[1]。尽管在存在空间和电影空间突然的区分方面，兔子的场景与克林顿新闻发布会是一样的，但我对这种断裂的经验在《游戏规则》中要强烈得多。这是因为雷诺阿的电影不仅为了它的虚构使用了一个真实生物的生命，还利用了它的死亡。的确，我仍然对银幕上雷诺阿的兔子魂牵梦绕——既不是因为我对天真、长毛的小动物有任何特别的多愁善感的情愫，也不是因为我被一部电影引起了对侵犯动物权利的行为的有意识的道德关注（我那时对那部电影并不是很了解）。相反，雷诺阿的兔子之所以迟迟不肯离我而去，是因为它提出了一个令人惊讶的基本问题，那就是关于纪录片和虚构作品之间的区别，即便它们客观上是在同样的再现领域上被建构的。因此，尽管那只兔子已经死了很久，但它（至少对我而言）却从未安息。

让我叙事一下雷诺阿那部虚构作品中的相关片段。电影中有两处死亡的片段：第一处是一段很长的打猎片段，在这个片段中兔子被射杀；第二处是情节集中的稍短片段，在这个片段中安德烈·朱立厄，

---

[1] 参见我的论文 "Inhabiting Ethical Space: 10 Propositions on Death, Representation, and Documentary," *Quarterly Review of Film Studies* 9, no.4 (fall 1984): 283-300, 本书收入后做了修改。

一个人类角色，被射杀。客观地说，两种死亡都在一个风格化的连贯叙事中发生，这个叙事假定了一个完全自律的非真实的——也许很逼真的——世界。[1] 两种死亡在主题上相连。电影一开始，打猎那贵族式和骑士式的残酷运动被天真的朱立厄认为是可与婚外情相比的"公平游戏"，而且，在朱立厄被射杀以后，一个角色清楚地对另一个人描述了他如何被直接杀死并"像一只兔子般翻滚"。以客观为基础，这两种死亡，在一个合格的观众看来，可被体验为同一个虚构世界中发生的事情，而且属于再现的相同逻辑类型。由于朱立厄的人性及故事中他的死亡的高潮地位和作用，人们也许会认为他的死比兔子的死要更令人震惊——或者，人们可以认为，由于我们对死亡的具体化和叙事要素的解决感到满足，所以对其死亡的震惊被吸收掉了，因此，即便不是更令人震惊，至少感受更深切。

然而，对我而言，这些都不是问题——也不是其他被牵涉进《游戏规则》的人的问题。无聊和从这部电影中的抽离形成了另一个经验环境，我将会回到这个环境。对我来说，兔子在银幕上的死亡，曾经——并且现在仍是——比人类角色的死更加令人震惊且扰人心绪。我会坚持认为，这是因为兔子的死导致了虚构作品的自律和同质空间（兔子飞快地在其中跳过）的断裂。的确，它那颤动人心的死亡一跳把虚构空间变成了纪录片空间，象征式再现变成了索引式再现，我对非真实和虚构的感情投入变成了一种纪录片意识，还带着对世界、存在、身体坏死过程和有死性以及所有虚构作品以外的真实世界的感知。

在此我想指出，虽然我将朱立厄当作一个人类角色，但是我并没有将兔子当作一个动物角色。也许在兔子死之前，我已经以普遍化和发散的方式将因为打猎而被赶出森林的动物们看成"准角色"，这

---

[1] 事实上，雷诺阿的与电影现实主义相关联的"永恒的爱好"正是为了创造一个叙事世界的"整体"。参见 Jean Renoir, *My Life and My Films*, trans. Norman Denny (London: Collins, 1974), 277。

些角色为叙事和虚构的非真实世界的预设服务。但是如果这样,接下来我会感觉到它们在某种程度上永远不完全是角色。在兔子死之前,我已经将它的真实存在状态加上了括弧——也就是说,非常精确地说,把它放到了"戏外",并且放在了我的批判意识的"边线"上。然而,在它死的时候,它的存在状态突然为了我而回到了戏中,并且停止了虚构的游戏。这个所拍摄的事件中死亡的严肃性将虚构空间的非真实性变成再现的一个不一样的本体论秩序——变成了纪录片空间的现实,还突然担负起存在和伦理投入。现在,我绝不会否认,从存在和伦理角度而言,观众的虚构意识也在电影中得到了表达——并且,的确,虚构电影几乎总是将多种多样的伦理场景和主体位置(subject positions)戏剧化后再呈现给我们,在这样感同身受的主体位置中,作为观众的我们,探寻并检验着我们自身的道德价值观和道德可能性。[1]但是,除非在极端例子中(如兔子之死那样),我们并不在意对虚构环境是否负道德责任,而当我们处于纪录片意识的模式时,我们处理的方式和程度也一样。

就像其他非常逼真的虚构电影作品一样,《游戏规则》呈现给我们一种包含再现提示的结构,这些提示能充分显示出它是什么类型的电影:如角色,情节,叙事弧[2],行动的优先观点,明显传统的剪辑实践如动作剪辑、匹配视准线以及正/反打镜头片段,等等。但是种类的充分并不是必要的。也就是说,当我们看着这部特殊电影中的特定片段时,我们大都前意识地将兔子的真实存在"从括号中取出"——并且"重新假定"它的存在独立于再现线索但是依赖于并承担着我们在文本以外世界的具身性知识和适应文化的知识,而我们就生活在文

---

[1] 最近出现了一篇探讨虚构电影对我们伦理生活的巨大贡献的优秀博士论文。参见 Jane Megan Stadler, "Narrative Film and Ethical Life: The Projection of Possibilities" (PhD diss., Murdoch University, 2000)。
[2] 叙事弧(narrative arc)指的是情节的开端、发展、高潮、结尾形成完整的弧状结构。——译者注

本以外的世界之中。当事件在我们面前发生时，我们知道兔子不只是在虚构作品中献出了生命，随后，兔子失去了它模糊的准角色地位而变成了真实的——并且现在是确定已死的——曾经活着的生物。相反，人类角色朱立厄只是在虚构的非真实空间中丧命。他作为真人的存在并不是我们所假定的——无论其生或死——因为朱立厄，那个角色，只在虚构中存在，也只为了虚构而存在。[1]

我们与银幕虚构之间关系的改变既极端又突然，但这并不是例外，即便它看上去令人很震惊。因此，电影制作人哈斯盖尔·韦克斯勒受访时说：

> 人们对"真实"死亡和"电影"死亡的反应令我着迷。例如，在让-吕克·戈达尔的《周末》（Weekend, 1967）中，大约20人在戏中被杀害了。但是有一个场景中，一头猪被割断了喉咙。这部电影我看过很多遍，并且每一次这个场景出现时，观众都在剧烈地喘息。他们知道他们在看着一个动物死去。他们知道，与演员不同，当导演说"停"的时候，那头猪不会起身走开。[2]

总之，无论多么隐蔽，我们注意到相对于我们所介入的非真实的电影世界而言，人类演员在他的角色死后仍然活着。因此，角色之死不会博得我们同等的关注，就像是兔子或猪死的时候我们所感受到的

---

[1] 当然，尽管他的生命可能在另外一部虚构作品中延续——更常见的是在恐怖电影的续集中，在这种情况下让死者起死回生一点也不会令人不安。但是（不包括某些影迷亚文化，在这些文化中虚构角色的生命被延伸到他们自己的叙事中），这种虚构角色存在的非预设性就是我们经常不问跟背景故事关联过深的问题，也不期待严肃回答的原因：当查尔斯·福斯特·凯恩（Charles Foster Kane）还小的时候真的经常约会吗？这样的问题在虚构作品中没有确定的答案，以及在真实生活中也没有文本以外的参考。（这样的质疑，以及陷入文本外的——尽管不是电影外的——角色生命，正是上文提及的电影批评家和小说家大卫·汤姆逊的《嫌疑犯》的基本设定。）

[2] Epstein, "Interview with Haskell Wexler," 47.

那样。它并未引发我们感受到同等的主体和身体的颤抖，因为正是我们的身体"知道"角色和兔子或猪的死之间有存在论上的差别。更重要的是，角色的死并未使我们心中觉得充满负罪感，这种负罪感是因为作为这一幕观众的我们为兔子和猪的死应负一点责任。也就是说，不论多么隐蔽，我们知道也理解，演员也许可以死上千次，但是兔子和猪只有一次。

有必要强调的是，说明演员和兔子之间存在状态和命运之间区别的知识，主要是电影之外和文本之外的知识——并且，这种知识和价值观使得我们能与虚构作品的非真实性保持关联，并且把我们拉回到我们栖身的现实世界，不仅是因为我们在身体上与之相联系，而且因为我们在伦理上也与之牵扯。更重要的是，如我所提到的，一般来说，这种外在于文本的知识，在前意识层面上表现了我们的电影经验，直到它被某些细节上令人震惊的和存在上独特的东西——如雷诺阿电影里的兔子之死——明确地带入意识。与朱立厄的死不同，经验兔子之死的时刻，从存在和文化知识方面，都获得了承载着它关于情感和价值的特定价值论诉求，这些存在和文化方面的知识超过了——并且语境化了——电影和叙事再现的同质化的手段。的确，兔子之死挑战了这些手段，它不只指向还打开了一个可感知的现实领域（即一个纪录片空间）。在这个例子中，纪录片空间中的审美价值被突然缩小，而伦理价值被极大地增强。

但是，就这种空间转变以及审美和伦理价值中的改变而言，值得思考的是，电影史和电影风格如何评判我们的回应和投入。例如，我们可以想到美国电影末尾出现的免责声明字幕的影响，这些免责声明告诉我们在电影拍摄过程中没有动物受到虐待（但是，我们知道20世纪30年代制作的法国电影中的动物就并非如此了）。我们现在的知识认为这些免责声明"最终"会使得我们带着较少的道德不适和关注去体验"表演出来的"动物虐待或死亡的叙事场景。并且,就体裁而言,我们或许可以思考一个相当著名的反例,跟雷诺阿虚构的兔子之死所导致的空间改变和价值观改变相反——麦克·摩尔(Michael Moore)充满争议的纪录片《罗杰和我》(Roger and Me,1989)。在这部电影"作为宠物的小兔子或作为肉的兔子"的部分中,在摄影机前杀兔子仍然有些骇人,但是它没有改变电影空间的本体论状态,没有改变电影中发生的事件,也没有改变(说出了我们观众判断的)占主导地位的伦理价值判断模型。这是因为我们从一开始就已经进入了真实的领域,并且展开了对图像的道德谴责,并且因此,从一开始就在纪录片的意识和判断模型之中。即使《罗杰和我》中兔子的死震撼了我——它存在的宿命使得光线(如果讽刺地说,那就是基调)昏暗——它甚至没有引起我们对电影制作人和电影的价值论态度的改变。因此,围绕着这部电影——一部纪录片——的道德争议,不是因一只真兔子的死而产生的,这只真兔子如果不拍电影也许会真的作为一只小兔子而活着,而是因为摩尔对真实事件的临时片段的肆意和"不诚实"的改变和操控,而这些与兔子一点关系都没有,反而与他以拍戏为目的而将真实事件虚构化有莫大关系。[1]

如果我们承认观众具有电影之外和文本之外的知识(既有社会传统的也有个人特异的知识),并且如果我们承认这种知识对观众的经验和既定电影对象的价值判断会施加各种各样的压力,那么我们也许会认为,不存在纪录片或虚构电影这种"物"。或者,更准确地说,我们也许会认为我们所谓的纪录片或虚构电影只不过是"物",亦即,更多变且更易变的经验沉淀后的物化客体,很难用这组简单二分的术语来充分描述。但是,这并不意味着:虚构电影或纪录片由什么建构是个体观众的经验所单独决定的,并且是在这种经验之中被决定的。

---

[1] 围绕摩尔电影的伦理问题的讨论参见 Williams,"Mirrors with out Memories," 118-119。

个体观众也总是浸润在历史和文化之中，而历史和文化里亦存在着普遍的社会共识，这些共识不只关乎适合电影表现的现实的存在论状态（如果不是解释的话），也关乎规定性的阐释学"规则"，这些规则控制着一个人如何阅读和理解它的再现。因此，尽管个体或小部分观众能够理解和体验作为纪录片的《被遗忘的银色》，但他们对电影的判断也许会被认为（也的确被认为）是受到了"错误的引导"，因此一个更大也更"有知识的"社会团体会去纠正他们——也就是说，去规范他们。然而，有必要意识到，这种对"误读"的文化阅读是通过历史和传统的一系列规范性的——而不是建构性的——阐释学规则来完成的；前者会存在模糊性和挑战性，后者则更为基础和确定。因此，《被遗忘的银色》的纪录片风格暗示了为特定的解释框架而存在的规范性规则，但是既没有决定观众的解释策略，也没有决定所产生的阅读。[1]

总之，无论我们实际的观看经验多偏重于社会共识和传统，这种观看经验最好被描述为既包含了纪录片内容又包含了虚构内容，这些内容由观众与所有电影影像之间多变且易变的联系所共同建构。而且尽管传统的电影实践会暗示、结构并最终包含这些内容，但是最终是我们电影以外的、文化的以及具身性的经验和知识决定了我们如何第一次理解我们在银幕上所看见的图像以及我们赋予了它们什么。正是这些知识建构了对雷诺阿电影中各种死亡的不同伦理关怀。并且正是这种具身性知识和伦理关怀，而不是影像中或电影叙事结构中客观的形式变动，对图像发出了责难（也被其指责），因为图像暂时打断了雷诺阿虚构世界自律的连贯性和统一性。

将虚构空间改变为现实中被共享且在伦理上有投入的纪录片空间

---

[1] 哪怕在这尚且年轻的数字化时代中，我们看到了一个重大认识论转向的开端，电影摄影的逼真性在其对真实的索引式再现中，不论是对纪录片还是虚构作品而言，都被感知为基础性的和建构性的；那么，在此，我们有了一个历史知识型（historical epistem），这个知识型建构、统治和决定着（而不仅仅是规定）我们与所有电影的关系（甚至在它的"消极"例子中，诸如动画片和抽象电影中，亦是如此）。

的知识和关心，同时也将观众的虚构意识——在这种意识中存在不是被假定为真的，而是被假定为非真实的——转变为纪录片意识，在这种意识中存在和世界被假定为真，拥有特定的严肃性且大家共担后果。虚构意识和空间与纪录片意识和空间一般在结构和投入上是不对称的，但是它们可以在相同的电影材料中被建构起来，并出现在同一部电影中。然而，它们都有着不同的价值论秩序，这些价值论秩序的存在和价值既被社会和偶然经验所决定，也被抽象符码或再现的规范性规则所决定——哪怕前者并不比后者作用更大，但至少两者一样。例如，我注意到有些人并不特别为雷诺阿的兔子之死所震惊。尽管多少被它感染到，但他们没感觉到这部电影的电影空间的性质或他们注意力的性质在打猎的片段中被改变了。然而，同样也是这些观众对这部电影感到无聊，并且指出他们在一种普遍的和涣散的冷漠状态中观看了整部电影，从来没有投入或在某个点上脱离他们面前非真实的虚构世界，存在从未被放入括弧，或者被置于戏外。通过拒绝自身常有的观众透明性，以及银幕上虚构角色和事件的非真实性，他们才关注到他们座位上的自身存在，也关注到真实演员和兔子等的存在。因此，正如《罗杰和我》的观众那样，即便他们被兔子的死所震惊，他们也并不为其意识模式的改变或者由虚构到纪录片的空间转变所震惊——并且这是因为他们没有被虚构所吸引，所以他们从一开始就处在真实的空间中，或者他们最终的不感兴趣将他们重新置于彼处。[1]

事实上，我们当中的每个人都会时不时对虚构的非真实感到厌倦或者远离它，我们会突然发现自己看见的是演员而非角色，看着布景和地点而非栖息于叙事世界中，凝视着场景和演员而非参与到重大事件并感受到强烈的情绪。当我们从与虚构的关联中疏离开来或者对之

---

[1] 无聊和从叙事世界中脱离并不等于对叙事世界进行反思时所制造的那种距离——后者，是与银幕上非真实世界在元层次（metalevel）上的关联。因此，我们可以好奇接下来会发生什么，或者也可以意识到主题的重现或者深思虚构意识中叙事情节的意义。

感到厌倦时，我们便不再给我们对真实的感觉加上括弧；我们对我们自身生活世界的意识入侵了虚构世界并重建了它。结果是本该虚构的空间被体验为——和判断为——纪录片空间。相反，在我们突然感受到对现实的震惊的例子中（大多数时候仅仅是轻微冲击），我们对非真实虚构空间透明且完全的介入，突然被我们潜藏的电影外与文本外的知识所语境化并产生了断裂——不论是我们意识到一只兔子或一头猪真在我们面前死了，还是真的比尔·克林顿被移置到一部非真实虚构电影中。在这些时刻我们所感受到的情绪，以及我们对这些我们所看见的事件作出的判断，都承载着我们现在对自身生活世界的投入，也通过这种投入而被他人所了解。

事实上，这种由虚构意识到纪录片意识的转变，在电影中比我们所认为的要常见得多——这是肯定的，它因为出现得很日常，也不很带有戏剧性，所以显得很温和。在此，让我们回忆一下这些时刻，在我们与现实主义虚构作品自律的非真实性打交道的过程中，我们的意识把其主要的注意力从具体的虚构人物和事件转向了电影对存在世界更一般的指涉中。例如，当某个虚构角色走在一个拥挤城市的街道上时，我们也许会跟随她，我们也许有时会转换注意力，从这个"角色"转移到那些她周围的"人们"身上，并好奇他们是否知道自己正身处电影之中。当我们在他们脸上仔细搜寻可能留意到摄影机正在拍摄他们的符号时，或者突然变得不是角色而是一个女演员在他们中间表演的符号时，他们不再会被一概而论，不再仅仅是为了现实主义布景的逼真性才必然存在的准角色。相反，他们对我们而言变成了现实的人，变成了模糊的存在密码。也就是说，我们意识到他们并未完全被给予我们，就像故事的女主人公那样，她是虚构的，并且如果她是模糊的，那她之所以如此也只是作为角色而对我们观众有意义。这些大街上的真实人群，尽管在一部虚构作品的非真实性中被捕捉到，但是他们比角色离我们更远；我们可以想见他们在角色生活和电影世界之外很远的地方继续着他们的生活。在虚构作品中的某个时刻，我们发现我们处于一部纪录片之中。这种很常见的经验显示，尽管纪录片和虚构的意识是不均衡的，但是它们在任何电影中都是可以共存的。更重要的是，它展示了纪录片和非常逼真的虚构空间由同样的世界"材料"构成——前者为后者的"现实主义"提供现实生活的基底，即使它的特殊性经常被加上括号，并被置于戏外，处于我们意识的边界线上。

让我转向一个更为戏剧化且有更高道德要求的例子，即前面所提及的伍迪·艾伦的《丈夫、太太和情人》。一方面，这是对电影外知识如何将虚构空间变为纪录片空间的一个明显但可能琐碎的例子；然而，另一方面，它又很复杂，因为它的虚构显而易见地利用了再现的纪录片符码，并将之凸显为自身的结构叙事逻辑。当电影公映时，"艺术模仿生活"得到了许多诠释——艾伦与米亚·法罗（Mia Farrow）真实的分手被大肆宣传，与虚构角色（艾伦饰演的）加贝（Gabe）和（法罗饰演的）朱迪（Judy）之间的婚姻破裂同时发生。这里观众所掌握的有关艾伦、法罗之间丑闻的电影外（尽管不一定是文本外）的知识，以及对艾伦不但是演员还是该片的编剧、导演的事实的了解，都与理解雷诺阿电影中的兔子之死的知识完全不同，后者是一种在现实生活中很有力量但很散漫的知识。也不同于我们对银幕上的路人感到好奇，或者从中认出一个我们曾就餐的饭店时造成了虚构的非真实性断裂的那种散漫而日常的知识。这里，在《丈夫、太太和情人》中，以及在诸如《超时空接触》中对比尔·克林顿纪录片镜头的回应里，我们的知识最初是有意识的而非前意识的，更具体和集中而非一般和发散的，更具地域性而非全球性，更具互文性而非个人性。这种知识也（在一定程度上）说明了观众观看《美国制造》（Made in American，1993；理查德·本杰明执导）时的经验，在这部电影上映的同时，媒体公开报道了乌比·戈德堡（Whoopi Goldberg）和泰德·丹森（Ted Danson）

银幕外热情似火的浪漫史,将他们的角色在银幕上跨种族接吻时的虚构空间变成了一个更具有说服力的纪录片空间——在这一空间中栖息的不是角色,而是演员,他们之间的接吻不是虚构作品中"非真实的"接吻,而是"真正的"接吻。

事实上,人们回顾电影史及其宣传工厂的历史就能够发现许多这种从观众意识到电影空间的转变,尤其与明星相关时,往往是具体的、局部的,而且经常是短暂的。葛丽泰·嘉宝和约翰·吉尔伯特有3部前后相继且十分火热的爱情剧情片——《灵与肉》(*Flesh and the Devil*, 1927;克拉伦斯·布朗执导)、《爱情》(*Love*, 1927;爱德芒德·古尔丁执导)和《女人情事》(*A Woman of Affairs*, 1928;克拉伦斯·布朗执导)——对当时的观众而言,所有这些都"记录了"一段银幕外的关系,这一关系被米高梅公司广泛而欢快地大肆宣传。在《埃及艳后》(*Cleopatra*, 1963;约瑟夫·L.曼凯维奇执导)中也有利兹(Liz)和迪克(Dick),与历史悠久且穿着锦衣华服的古代历史虚构场景相得益彰的是,我们共同生活的现实中这两位明星炽热爱情的真实记录——前者在大多数情况下还赶不上后者。《风流韵事》(*Love Affair*, 1994;格伦·戈登·卡隆执导)中的沃伦·贝蒂(Warren Beatty)和安妮特·贝宁(Annette Bening)也值得一提,他们不只作为角色在一部老旧浪漫电影的翻拍片中订婚了,还作为演员真的上演了一出纪录片的圆满结局。(例如,罗杰·艾伯特写到这部电影"与现实生活的平行很有趣",并继续写道:"当沃伦·贝蒂告诉安妮特·贝宁,'你知道,我一生中从未对任何人忠贞'。你会有种奇怪的感觉:这些话也许在他们不久前的现实生活中就出现过。")[1] 总之,很清楚的是(尽管相对来说没考虑到),好莱坞电影长期玩弄和依赖这种由虚构空间向纪录片空间的转

---

[1] Roger Ebert, review of *Love Affair*, dir. Glenn Gordon Caron, *Cinemania 1996*, CD-ROM (Microsoft, 1996).

变。也就是说,这是一种商业手法而非智性的方法,它已经理解了真实如何能被非真实利用,以及淫秽的偷窥快感如何既能在伪装成虚构的范围内得到满足,且又能在其中找到"不在场证明",这些伪装的虚构所产生的刺激来自对现实的记录,而不是来自对演戏"行为"的记录。丝毫不令人奇怪的是,三星影业(Tristar Pictures)在许多银幕上开放了这部电影,而没有采用典型的伍迪·艾伦式的公映,为的就是利用伍迪/米亚的花边新闻,正如一篇评论所说:"希望主流观众能感到不得不去看这部电影,并且在其中搜寻小报上所爆料的真实生活剧的线索。"[1]

因此,伍迪/加贝和米亚/朱迪在很多方面都是明日黄花了。然而,像《游戏规则》一样,《丈夫、太太和情人》在凸显同一部电影的背景中虚构和纪实之间多变且易变关系方面,也是个特别典型的例子。然而,我发现《丈夫、太太和情人》最迷人的一点是,它虽然明确借用了纪录片的形式特点,但却不是由风格化的纪录片片段打断了虚构或唤醒了观众的纪录片意识。形式上,这部电影的主要特色是使用了手持设备的电影实录(cinema verite)拍摄技术(许多观众都抱怨这些技法),这种方法也令人眩晕,镜头里对角色的访谈还涉及了银幕外的问题,角色会直面摄影机镜头,会加入旁白的叙事,顺叙的时间结构会被一旁的评论和合唱所打断。这部电影的特色还包括著名演员作为"角色"出场,这在很大程度上推翻了电影宣称其为非真实虚构影片的风格。因此,从整体来看,在有些片段或场景中,我发现自己在看伍迪和米亚,而不是加贝和朱迪——但是这些片段与电影的纪录片风格不相关,也与纪录片风格再现模式的变体不相关。相反,这些片段从这部电影的剧情内容严苛的细节中浮现出来,但剧情内容需要与我对

---

[1] Cine Books' Motion Picture Guide, review of *Husbands and Wives*, dir. Woody Allen, Cinemania 1996, CD-ROM.(Microsoft,1996;楷体为笔者所加)

电影外伍迪／米亚的花边新闻有所了解。

我们可以思考一个开场不久的片段，以经典现实主义虚构模式的电影风格——不是纪录片——拍摄而成。在一段床头谈话中，这对夫妇谈论起好朋友突然的分居，朱迪问加贝："你也对我隐瞒过什么事情吗？"当时大多数观众在这句话之后立马将她看成了法罗——并且从道德角度看，空间内充满了艾伦（而不是加贝的）犹豫的回答："当然没有。"我们观众中的大多数人都知道对艾伦而言这个回答是个谎言——而且相较于那位名叫加贝（而不是艾伦）的角色虚构的回答而言，我们更感兴趣的是理解和判断银幕上记录下的他对法罗撒的谎，我们此时还不能对加贝的回答作出判断，因为虚构中还缺少关于他或他的婚姻的信息。这是一个风格上同质的更长场景中发生交换的简短片段，但是虚构的空间没有被打断，或被重建为一个真实的空间。只有继续推进的情节和有关更少附加内容的谈话，才能使我们当中的大多数观众重新凝聚起注意力，重新给伍迪和米亚在历史情境中的存在加上括号，以及重新将之与非真实的加贝和朱迪联系起来。

稍后的一些更为尖锐的对话再一次致使虚构断裂，加贝被"采访"并且直面镜头和银幕外的提问者。当被问及他的婚姻为什么破裂以及为什么他没有告诉他的妻子早前到底发生了什么事情时，加贝回答说："我怎么能对朱迪百分百诚实？我知道我爱她，而且我也不想伤害她。那我该怎么做？我该怎么告诉她我渐渐地迷上了一个20岁的女孩——告诉她我看见自己梦游般进入了一团麻烦之中，还有过去的三十年我什么也没记住？"当然，在当时我们看见说这些话的不是加贝而是艾伦——因此他说话的时候是在被建构的纪录片空间中，这个空间不是源自电影的纪录片结构的呈现，而是在历史中的一个观众的纪录片意识之中，这个历史中的观众的伦理判断不只使用真实来接近虚构，而且用一个变化的"责问"激活了虚构，这个责问改变了它的本体论和价值论状态。事实上，在《丈夫、太太和情人》整部片中，加贝和朱迪的虚构状态充满着不稳定性。因此，一个评论家能把电影——毫无争议地——解读为艾伦"在为与法罗养女的关系而道歉"[1]。

这当然意味着，我们与电影虚构和纪录片的关联以及对它们的共同建构总是历史性的和暂时的，它既会受到当时真实事件、宣传、时尚和特异性的变化莫测和短暂生命的影响，也会受到我们对电影符码的适应或对普遍存在的现实情况的适应的影响，包括诸如生、死、身体排泄物以及按照设想来训练孩子和动物的困难。在第一种情况下，现实的谴责最终会过去；我们会逐渐远离过去的历史语境；我们的伦理兴趣较少集中，也较少投入；我们对道德判断的责任感会分散。例如，我们可以思考一下《中国综合征》(The China Syndrome, 1979；詹姆斯·布里奇斯执导)——一部关于核电厂事故的惊悚片。在电影公映12天之后，一个真实的原子能反应堆事故（几乎是灾难）发生在宾夕法尼亚州哈里斯堡附近的三里岛，这不是"艺术模仿生活"而是"生活模仿艺术"的戏剧性例子。正如电影叙事主线中的意外事故以设备仪表盘上坏掉的刻度指针开幕一样，电影之外发生的意外状况将电影的虚构变成背景，这些意外状况令人惊讶，并且其后果的性质发生了变化：当年的观众对这些非常真实且影响严重的事件投入的关怀，突然——并且广泛地——在一种呼唤承担社会责任的纪录片意识中重新赋予了虚构以新的结构。显然，对公众关于和平利用核能的焦虑的利用，并且汇集了两位一线明星（简·方达 [Jane Fonda] 和杰克·莱蒙 [Jack Lemmon]），使《中国综合征》在事故发生前的首映非常受欢迎。然而，它的虚构情境——以及它的现实主义——也立刻遭到支持核能的选民的质疑。南加州爱迪生公司（Southern California Edison）[2]的一个执行

---

1　Roger Ebert, review of *Husbands and Wives*, dir. Woody Allen, Cinemania 1996, CD-ROM.（Microsoft, 1996；楷体为笔者所加）

2　美国加州最大的电力供应商，也是爱迪生国际集团公司下属的最大子公司。——译者注

官声称电影"没有科学的公信力,并且实际上很荒谬"。但是,在电影之外真实的危机过后,电影越来越流行,"引发了给核能工业拔掉插头的运动"。我们被告知"在接下来的数月,许多电厂因为安全防范措施而被关闭,而建立其他电厂的计划也泡汤了"。

但是,今天大多数用碟片看电影的人已经忘记或者从来就不知道这部电影虚构文本的偶然巧合以及它的镜像历史背景。事实上,如果我要在一个电影课上放《中国综合征》,它很可能会完全失去真实的重负,使学生只需要关注自圆其说的威胁以及对非真实的颤栗,在这种非真实中,他们当前的存在和可能的危险被置于戏外。也就是说,我们当中的大多数人不再将《灵与肉》中吉尔伯特和嘉宝的吻与纪录片意识相关联,并且《丈夫、太太和情人》会把自身召唤回虚构,因为我们自身忽略了它承载了很多内容的文化背景。尽管在电影意识和电影再现的本体论地位共同的建构中,这样的历史临时性是确定的,但是这种临时性的确证是通过某种具身性存在基本的物质状况,这种具身性存在一直在人类经验中延续着:生、死、身体功能以及幼儿和大多数动物普遍的天性。因此,我对雷诺阿的兔子之死——以及可能性——的持续关注,哪怕时间在流逝,会比我对伍迪和米亚之间痛苦的关注更为持久。

就这一点而言,我先前通过现实的责任将虚构意识和虚构空间重新结构为纪录片意识和纪录片空间的描述也许在现象学意义上是准确的,但它仍然行而未远。也许限制这种转变的经验很容易,因为它们有赖于本土化的知识、广泛宣传的知识和有意识的知识,例如《丈夫、太太和情人》中被移置的内容,较为困难的是理解和描述这种转变,因为它有赖于更为全球化、更发散也更偏向前意识的存在知识,这种知识属于每一个有能力的电影观众。无论在文化上和历史上如何曲折,这都是一个深层的具身性知识,它潜在地预设了存在,而且一般来说,不是建构叙事和虚构世界的非真实角色和事件的存在，而一定是现实世界中的树、天空、群山和兔子的存在，这些使得那些虚构世界变得可见，给了它们实体，从而让它们变得真实可感。这是关于现实的知识，观众将这种知识置于戏外，并且置于意识背景中，以便共同建构虚构空间和戏剧并且进入其中。在一般层面上而不是具体层面上假定存在，将它扩散为虚构的无意义的背景——或预设——这使得审美判断得以出现、描述，并常常控制着自然和道德判断的强度。作为结果，观众比他／她在其自身的生活世界中更有可能以不同的方法或在不同程度上投入虚构的事件中。因此，我们会问在何种情况下——除无聊和陌生外——这种存在的知识从潜在和普遍变得明显和具体，并且暂时地打扰或消除了虚构空间，造成了观众在判断方式和质量上的改变。

我想通过泰伦斯·马利克（Terrence Malick）的《天堂之日》（*Days of Heaven*, 1978）来说明这一问题，这部电影是一部充斥着大量图像和事件的虚构作品，这些图像和事件描绘了现实和毫无雕琢的"自然"环境，这种描绘不只是一般性的概而论之，而且从细节上进行了描绘，但是这些所谓的现实和自然环境却与人类设计和剧情需要有着暧昧不明的关系。请允许我特别指出两个片段：第一个很简短，在这个片段中，我们看见慢速拍摄的小麦幼苗萌芽的特写镜头；第二个要长得多，并且是叙事的关键性片段，在这个片段中，蝗虫灾害降临一座农场并吞噬了成熟的小麦地，我们通过长镜头以及记录蝗虫吃小麦及最终被火烧死的大特写镜头，观看着昆虫的活动。看上去会令我现在的论题变得更复杂的是，这些片段至少对我而言，并没有导致虚构空间的断裂，也没有改变虚构空间，更没有在我心中产生一种纪录片意识。尽管在第一个例子中可被看作电影对发芽的幼苗的"科学"凝视和纪录片的凝视，但是在另一个中，我眼前呈现的是，我知道一定是真小麦被真蝗虫吃掉了，以及最终那些真蝗虫在我眼前被活生生地烧死了。

尽管涉及了这些图像非常具体而现实的内容，我们对它们的意识仍然主要是虚构的，并且当我观看和判断这些我眼前的事件时，我的投入的主要性质是审美的，并且与非真实叙事及其特点和主题相关联。因此，我文本外的知识仍然被加上了括号，并且仍然保持着一般性——我文本外的知识潜在且发散地为我所观看的内容提供了一种对于逼真性和"现实主义"的现象学感觉，但是这些知识从来没有出面挑战或取消过其虚构的非真实性。当然，最大的问题是为什么不呢？

在此，我经常奇怪地迷失在一种讨论中，这种讨论关于《天堂之日》（作为一部独特的电影）——通过其风格的选择——建构了其自圆其说的虚构的非真实和观众周围生活世界之间的辩证法，这样做在元层面上解决了真实和非真实的不对称性，这个元层面有关于对野蛮的和漫无目的的"自然的存在"（being of nature）和有意志的且没有自我展开的"存在的本质"（nature of being）之间的关系，本体论和认识论之间关系以及"自然主义"和"情节剧"之间关系的哲学冥思。但是我不会屈服，因为这样的讨论也许会很有趣（并且不会削弱我在此声明的内容），但它会将注意力从我在当前语境中提出的经验问题上转移开。当我非常肯定地知道它是真的的时候，为什么《天堂之日》里的小麦幼苗会在高度象征化的虚构空间中萌芽？并且，为什么一只兔子，而不是蝗虫，改变了我的意识以及我与像纪录片那样的死亡虚构之间的关联？

作为回应，我想先从更深的层次来探讨先前介绍的存在的一般化（existential generalization）这个概念。我已经提到过，将存在加括号后它成了潜在的存在，并且被置于"戏外"，我们的虚构意识倾向于将如树木、兔子和蝗虫等独特的存在者一般化，这些存在物组成了虚构的世界，这不但是一个自主的世界，而且是一个自我指涉的世界，但是与角色不一样的是，我们的意识也超越了这个世界。也就是说，在虚构的经验中，除非发生了某些事情来具体地特殊化这些存在的实体，就像在某些非同寻常的方式中一样，它们会被当作哲学家所谓的典型的特殊（typical particulars）——一种一般化的形式，其中一个单一的实体会被当作整个类别的代表[1]。因此，尽管它们保持着一种发散的存在的"回音"（a diffuse existential "echo"）（它为特定虚构的逼真性奠定了基础，并且验证了其逼真性），但和虚构的角色不一样，我们难以在其独特而具体的特殊性中接受虚构意识中的树木、兔子和蝗虫。相反，我们认为它们"代表着"更为一般且更为典型的存在的基础，这种基础建构着现实主义虚构作品中的非真实世界：那些拥有独特性的物质、植物以及生物典型地构成了影院之外我们真实地生活于其中的世界。[2]并且，这就是我面对它们的方式——直到在电影经验中的某些文本事件或文本以外的事件凸显了它们对我们来说具体而非典型的存在状态，并且重建了我们对它们的投入的种类和性质。

在《天堂之日》中，我之所以关注发芽的幼苗和蝗虫灾害，不是因为它们存在的特殊性和具体的特殊性，而是因为一般化——就在它们典型的特殊性中——尽管每个片段均以不同的方式引发、吸引和保持了我的虚构意识。在幼苗的例子中，采用一种清楚的视域技术模型（延时拍摄的摄影技巧），银幕上的电影在空间和时间方面，将种子的发芽从它在世界（我作为人类也生活于其中）之中的情境出发抽象出来。

---

[1] 详细论述可参见休伯特·亚历山大的《哲学的语言和逻辑》中的"一般化"（Generalizing）一章（Hubert G. Alexander, *The Language and Logic of Philosophy*, Albuquerque: University of New Mexico Press, 1972, 230-256）。关于"典型的特殊"，亚历山大写道："如果它代表了一个类别，那这一个单独的物体或事件可以被想成一般化的。一个人也许会把个体想成代表整个类别的一种原型或者模型，这就是一种典型的特殊。因此，一把非常寻常的椅子，而不是一把典型的椅子，可被称为一把一般化的椅子。然而，在这种情况下，类的观念不再被清晰呈现，而且'一般'的意义实际上被转换成了它的对立面，即特殊。"（233）

[2] 我们纪录片意识的潜在运用与沃尔特·本雅明对"视觉无意识"（optical unconsciousness）描述有些类似。关于这一点的注释可参见 Miriam Hansen, "Benjamin, Cinema, and Experience: 'The Blue Flower in the Land of Technology,'" *New German Critique* 40 (winter 1987): 179-224.

同时，我作为观众，将这棵幼苗被抽象和被缜密检查过的特殊性作为所有幼苗的典型，并且将之判定为对电影的叙事和主题的普遍的——而且，在这个例子中，也是美学象征的——注解。也就是说，延时特写镜头不只是表明幼苗代表季节变换和春天来临的普遍理解，也——通过"不自然的"和在时间和空间萌芽的审美化细节——表明具有特殊性的幼苗可作为自然和生命形成的神秘性的典型。实际上，种子所萌发的不仅仅是自身；它还萌发了虚构意识中的一般化和审美态度，这种虚构意识占据了它典型的特殊在场和意义，而没有预设它的独特的存在。对于我而言，虚构空间没有断裂（尽管，当然，如果我是个农民或者植物学家也许会有）。[1]

在蝗虫的片段中，没有出现这种强化的抽象，也没有出现更有意识捕捉的一般化。但是，我也关注蝗虫典型的特殊一般性（typically particular generality）——不只是群集，也包括对单个昆虫觅食和死亡的特写镜头。的确，我对它们的关注与对雷诺阿的兔子以及《游戏的规则》中因狩猎而被赶出森林的动物群的关注方式相似——直到当兔子失去了它典型的特殊性为止，因为兔子独特的死亡具有具体性和独一无二性。然而，我在对蝗虫的关注中，没有感觉到从一般到特殊的转变，没有感觉到我的虚构意识的断裂，也没有感觉到电影空间的断裂。《天堂之日》中的蝗虫死得非常恐怖也非常独特，既有群体的方式也有个体的方式，既在长镜头中也在特写中。那么，为什么它们在其非常真实且非常特殊的死亡片段中为我保持着它们的一般性和非真实的虚构状态呢？再一次，在电影中找不到有关这个问题的答案，但在我所拥有的关于蝗虫的生与死的道德投入层面上能够找到。在我栖身的文

---

[1] 此处值得注意的是，在一部一开始被当成纪录片的电影中，对一颗发芽种子相似的时间延迟的再现，也有可能作为一个一般化的典型特殊而起作用。也就是说，它极可能代表所有小麦幼苗这一整个类。然而，与此非常不一样的是在这种更为实际的背景中对图像的价值论要求。在此，审美价值很可能被削减了；也就是说，种子也许会作为一般性来起作用，但是它不会有其在虚构作品中呈现的丰富象征。

本外世界中，无论它的事件多么真实或者多么独特，蝗虫的死不可能打动我（以及我们文化中的大多数人）——除非我感到它在我的鞋子下被我碾碎。然而，这种情况下，我身体的回应更多的是审美反感而不是伦理关怀（更多的是关于我，而不是关于蝗虫）。因此蝗虫的死并不会重要到足够改变我的道德判断从而使虚构空间断裂。（当然，如果我是个农民或者昆虫学家，我可能会有别的感受。）

但是，这个不会耗尽或者令我们卸下真实的重负，正是真实的重负使我们意识到虚构，以及我对两部电影中的兔子和蝗虫作出的不同回应。我已经提到兔子的死不只是唤醒了我的道德关怀——也可以说是我的责任感——还提到了它也唤醒了我对自身身体反应能力（responsiveness）的感觉。也就是说，兔子突然的死亡之跳将其自身铭写于我的身体之上，它的死让我产生了深刻的共情，并且意识到了我自身的物质性以及死亡的可能性。[1] 尽管我会说当它被射杀时，我的身体有轻微的退缩，这并不足以（或必然）将虚构意识和虚构空间变成纪录片的意识和空间（毕竟，每当虚构作品中角色的身体发生了什么时，我们的身体也会被调动起来以感同身受），但却足以在我对非真实和真实的感觉之间创造一个模糊的过渡空间，以及在两种可能的关联模式

---

[1] 这里我想起了小时候我对存在的具身性本质有着最清晰且最具实验性的好奇心，而且那时候道德顾虑也最少。当我写这些时，我脑海的画面，不只有萨姆·佩金帕的《日落黄沙》，电影中的一群小孩折磨一只蝎子，还有我和朋友们在水泥马路上用放大镜烧死蚂蚁。当然，我们的残忍主要取决于我们的权力。尽管我们看到一条死去的狗（或小兔子）可能会哭，但是我们也会以一种普遍的方式被物质性和有死性吸引。我们对蚂蚁没有身体的同情——但是我们也许在某些更深的（而且更为骇人的）层次上可以对之产生身体上的共鸣。也就是说，我们将它们理解为有生命的生物，而且我记得我们思考和想象过它们正在被我们摧毁的繁忙的社会世界（所有这些努力只是为了搬运面包屑），并且还多少意识到在某种程度上它们的一般性和特殊性与我们自身的社会世界具有微观相似性。事实上，如果我们不是在某种程度上意识到我们之间存在着一条诡异但共同的死亡纽带，如果我们不是以某种方式深深地投入拒绝和否定我们作为生物的共同地位的恐怖之中——这种恐怖看上去是一种可怕的无限的退化观，人在其中一端，而蚂蚁在另一端——从而将脆弱的我们放在场景"之中"，而不是将强大的我们放在场景"之外"，我们能对杀戮它们产生如此强烈的兴趣吗？

之间建立一种算法时刻（algorithmic moment），此时，我的意识可能会（但是也可能不会）重组自身并引发它对客体或事件的价值和意义。

因此，当我说《天堂之日》里的蝗虫没有打动我时，我并非十分诚实。事实上，有过短暂的一瞬，它们尽管没有进入道德判断，也没进入纪录片意识和空间，但确实打动了我。在虫灾片段的一开始，蝗虫第一次以巨大数量现身时，一个年轻的女孩在厨房里准备蔬菜，接下来一个镜头中，一个女人在脸盆里洗脸。特写镜头中，每个人都用手指捡起一只昆虫，然后迅速地扔掉它。我的身体两次都被吓得蜷缩到剧院的座位中，哪怕只是一瞬间或者只是轻微的——不是因为对蝗虫身体存在同情，而是因为人类手指所感受到的审美反感。那一刻，蝗虫不再被一般化为典型的特殊，而是变成具体的特殊，真实的、具身化的他者。那一刻我矛盾地占据了一个过渡的空间，这个空间使我的身体一边连接着我的真实世界，一边连接着虚构作品中的非真实世界。尽管这种联系带给了虚构以存在的重量，并且给了它实体，但是它没有在我身上施加强迫性的道德要求，没有对我强加恶心的道德责任，也因此没有完全为了我打断虚构作品。

因此，在其最强有力的时候，将我们从虚构意识移入纪录片意识的真实的重负总比我们实际身体单纯的"反应-能力/责任"（response-ability）或者图像的一般化存在的信息（in-formation）要多。即便程度不同，真实的重负也总是一种伦理的要求：它不仅能产生回应，还能产生责任——不仅是审美的价值判断，还是道德判断。它不仅让我们关注再现的结果，还让我们关注再现中的道德含义。它以反思的方式召唤我们回到自我，作为具身的、文化知识渊博并且在社会上投入的观众。因此，在这些虚构空间承载着现实责任的片段中，观众也是如此地承载着现实的责任。现实的责任既包括银幕也包括观众，它重构了他们的平行世界，使其不只有共同的范围，而且在道德上也与彼此勾连。正如导致银幕上虚构作品自律性断裂的纪录片空间，总是指向银幕外的具身观众那具体的和主体间的社会世界，它也总是一个被观众们共同建构并被观众们"指向"的空间，观众的意识重新认识和把握银幕上的空间，并认为这个空间可以用某种投入的方式与她或他自身物质的、有死的和道德的存在相毗邻。在这种以纪录片的方式重构与虚构的银幕图像之间的关系中，观众肩负起特殊的主体责任，这种责任是为带有他或她的视觉的行为而存在的：观看行动的责任，为观看进行辩护的责任，对行动进行判断的责任，以及将这么做的标准都纳入考虑和意识范围之内的责任。

因此，我与兔子一起轻轻地跳起来，并且在每次我看见它为了我的叙事快感而牺牲的时候也随之死去一点点。因此，我在观看《丈夫、太太和情人》中的某些片段时默默地"发出责备的声音"。因此，蝗虫并非为我而死，而是为了虚构而死（因为即便我"知道"它们终有一死，我仍将它们视为可消耗的他者，且拒绝赋予它们的死亡以意义和道德责任）。总之，具身性知识和文本外的知识，被预设的存在和特定的存在，以及个人的伦理责任对银幕两边的完整构建（银幕的一边是纪录片意识，银幕的另一边是纪录片空间）都是十分必要的。承载着现实责任（及其义务）并构造了它的意义的这种空间和意识形式，在每一种电影经验中都是永远存在的可能性——甚至当那种经验自始至终都是作为一个设计好的虚构时也一样。[1]

---

1 由于阿里德·菲特韦特很早就为这一章提供了富有洞见的评论，我想在此对其表示感谢。

# 12 物质的受难[1]
## 通往一种客体间性的现象学

> 既然世界就是肉身,我们该将身体和世界的界限置于何处?
> ——莫里斯·梅洛-庞蒂,
> 《可见的与不可见的》

"身体和世界之间的界限"的问题对于任何关于伦理和审美之间关系的理解都很重要,不只莫里斯·梅洛-庞蒂在《可见的与不可见的》[2]当中提出了这个问题,而且他不那么乐观的同事让-保罗·萨特在他的小说《恶心》(*Nausea*)[3]中也提出了这个问题,甚至更为生动。无论是使用表明存在之轻松还是表明存在之恐慌的术语,无论是与无生命之"物"的精彩还是糟糕的相遇,无论是附着于世界还是与之疏离,这个问题都是对主体那具身化且有感觉的存在(sensate being)所具有的**客体性**的质询,还质询着它如何既像又不像世界的客观物质性的可

---

[1] 这一章主要是我发表在《审美的道德》(*Ethik der Asthetik*)一书中的《物质的受难:客体间性现象学引言》(Die Materie und ihre Passion: Prolegomena zu einer Phanomenologie der Interobjektivitat)一文,可参见 *Ethik der Asthetik*, ed. And trans. Christoph Wulf, Dietmar Kamper, and Hans Ulrich Gumbrecht (Berlin: Akademie Verlag, 1994), 195-205。(译按:标题中的受难的原文是 passion,一方面有"热情""激情"的意思,另一方面在宗教意义上有"受难"的意思,从下文可以看出作者采用了一语双关的用法。因此,本书会在不同的地方采用不同的处理方式,分别翻译为"受难"和"激情"。)

[2] Maurice Merleau-Ponty, *The Visible and the Invisible*, trans. Alphonso Lingis (Evanston, IL: Northwestern University Press, 1968),138. 下文引用时将标注在正文中。

[3] Jean-Paul Sartre, *Nausea*, trans. Lloyd Alexander (New York: New Directions, 1964). 下文引用时将标注在正文中。

被感觉的存在（sensible being）。事实上，正如梅洛-庞蒂在论述身体和世界共同存在的基础时所说的——这一基础是他称为肉身的物质性的一般媒介或"元素"——这个问题意味着，在它们的物质存在中，主观的活体以及客观的世界并非彼此对立，与之相反，两者充满受难地缠绕在一起。正如埃莱娜·德·里奥总结的：

> **肉身**指的是，主体和客体通过加入一种具身化感觉的共同境况而栖身于彼此的行为……**肉身**还暗指可逆结构，在这种结构中所有的物都既是主动的又是被动的，既是能见的主体又是被见的客体，既是内在的外化又是外在的内化……**肉身**的概念正好是——一个更新后的主体观念，这种新的主体观念将他者性（alterity）引入对"完全相同"（selfsameness）的定义中。[1]

身体和世界以"完全相同的肉身"（selfsame flesh）为共同基础，并且紧密交织在一起——它们的一般性存在给予自身以形象，并将自身变为特殊的物质存在形式和模式。更重要的是，这种交织可以被视为"充满受难的"（passionate），因为，共同扎根于"肉身中"，主观身体和客观世界临时的他者性被可逆地包围在彼此之中——不只是提出了梅洛-庞蒂关于它们之间界限的问题，还唤醒了我们与世界之间两种同样可逆但是形象上有所区分的关系，我们的这种关系就存在于被称为受难的极端经验中。

一方面，受难被定义为忍受痛苦（suffering）；它是被外在的行动者（agent）和力量所作用和影响的状态和能力，且经常是负面的。因

---

[1] Elena del Rio, "The Body as Foundation of the Screen: Allegories of Technology in Atom Egoyan's Speaking Parts," *Camera Obscura*, nos.37/38 (summer 1996): 103-104. 此引文中，德·里奥引用的是布兰特·麦迪逊（Brent Madison）的《作为他性的肉身》（"Flesh as Otherness," in *Ontology and Alterity in Merleau-Ponty*, ed. Galen A. Johnson and Michael B. Smith, Evanston, IL: Northwestern University Press, 1990, 31.）。

此，作为物质存在，无论是主体还是客体都能忍受痛苦。大体上，我们倾向于这样使用受难（passion）这个词，即在关于意向性主体和具身性主体时，主要取其作为忍受痛苦的意义（并且，在西方的犹太教 - 基督教文化中，具体指基督被钉在十字架上忍受苦难）。然而，既然用表示忍受苦难的受难命名了某种被动存在的情况，那么在这种情况下，一个身体 - 主体或者一个具身性客体会臣服于他者的意志或者外部力量的作用，并且由于它暗示着缺乏意向的能动性，忍受着的受难带领主体存在进入了与其野蛮的物质性之间的亲密关系，并且也将之联系到世界上的那些被动、沉默和没有生气的客体上。在此，我们也许会想起，例如，一阵毁灭性的龙卷风或者地震，在这种情况下，无意向性的外在力量以极端的方式作用于我们，在这种极端情况下，我们不但会敏锐地注意到我们主观意愿的不相关性，而且会注意到我们极端脆弱的物质客体性。例如，我们也许还会想起某些疾病的例子，在这种情况下，外在的行动者似乎否定了人的主体性和意愿，哪怕这种主体性和意愿同时占据和影响着自身的身体。[1]并且，想起来更骇人的是，我们也许会想到故意的折磨行为，在这种行为中折磨者的任务是激发和强化身体 - 主体对它们作为单纯客体的"物"的再认识[2]，即这种存在是脆弱的。事实上，它正被当作一个客体来建构和对待，无论是通

---

[1] 受难般地"忍受着"作为被动的物质存在的状况，在疾病的案例中可以变得极端复杂。例如，感冒（或者癌症），可能被认为是外在因素，只要它脱离人的控制就行，然而一旦它不以人的意志为准来发挥作用，那么人自身的身体看上去就陌生了；这就是人作为物质客体的身体。然而，同时，人也可以拥有主观上痛苦的"自我"的感觉，也就是说，不仅仅被动地忍受痛苦而且主动地施加痛苦。事实上，一般来说，疾病是一种被模糊地感知为超越了我们意愿的经验，但是仍然以某种方式处于我们的作用范围内。在此，意向性的问题和/或者心神失调的问题一起出现并相互融合：因此通过视觉化或者"放声大笑"或者热情而强烈地参与治疗计划以此恢复意向能动性感觉。在疾病中，人们忍受着一种既作为主动的物质客体又——与忍受和屈从于创伤或疾病相关——作为被动的意向性主体的敏锐感觉。更多关于疼痛和疾病的现象学经验可参见 Drew Leder, *The Absent Body* (Chicago: University of Chicago Press, 1990), 70-83。

[2] 关于通过折磨达到主体性的客体化的论述可参见 Elaine Scarry, *The Body in Pain: The Making and Unmaking of the World* (New York: Oxford University Press, 1985), 27-59。

过非意向性的世界现象,还是通过意向性的身体-主体,这个身体-主体都"忍受着"一种主体性的缩减(a diminution of subjectivity),以及在这种缩减中能够——在主体性中——体验到对物质客体是什么的持续关注。

承受外在力量施加于我们活体之上的作用和能量,就是受难的感觉,活体为我们提供了物质基础,而在这一基础之上,我们才有了面对他者和世界的伦理行为的可能性。也就是说,受难不只是迫使我们对作为客观主体的自身进行再认识,这一客观主体在内在性和实体性两方面都"在此",并且会在违背自身意愿的情况下被外界作用——但是它也提高了我们对作为主观客体的自身的认识,即一种仍然能感受到只被当作客体是什么感觉的物质存在。事实上,是我们作为主体和客体的可逆性,为我们认识——以及关怀——外在于我们的物质客体的可能性提供了物质基础和肉体基础,无论这些客体是其他的有生命的存在还是无生命的世俗之物。因此,受难将我们与最原始的、前反思的以及被动的物质"反应能力"关联起来——"反应能力"这个词的一般意义在一种意识之中被从反思性和积极性两个角度进行了重新认识,这种意识就是我们称之为责任的特殊的伦理概念。

另一方面,受难也被定义为积极地献身(active devotion)于他者以及客观世界,并且是作为一种强烈的、强迫性的以及压倒性的感觉,这种感觉出现并延伸至我们有意识的意愿之上,虽然仍作用于我们,但却是从内部。因此,与痛苦(suffering)一样的是,激情的献身(passionate devotion)超过了我们的意愿;但是,与痛苦不一样的是,它在我们能动性的范围以内。而且,与痛苦不一样的是,这种献身不是被动的,而是宣称我们在肉体上和感情上都依附着他者以及客观世界。它表达了我们把其他主体和客体(并且常常是世界本身)囊括在内的积极且充满激情的扩张欲望,为的是更切身地了解它们的物质性和客体性,事实上,也为了将它们的他者性当作我们自己的来接纳[1]。这种献身涉及沃尔特·本雅明所谓的"摹仿能力"(mimetic faculty)[2]——其重要性,正如詹妮弗·比恩所说:

> 因为既有原创性力量又有模仿性力量,所以它揭露了有机物与其环境相关联的方法,……个体与他者的关系,被模糊并混淆了……摹仿(mimesis)完全颠倒了认同(identification)和欲望之间的关系;认同不是作为主体对一个被爱的客体的无意识欲望而出现,而是作为"自我"对"他者"的模仿而出现,就所有的意图和目的而言,这种模仿与原始的认同无法区分——在这种认同中,有机物起初像外界或他者一样**行动**,并且随后会渴望外部或他者。[3]

因此,正如沃尔特·本雅明所说,小孩肉体的摹仿行为"不只会扮演店主或者老师,还包括风车和火车"[4]。因此,性的激情是专注于拥有另一个人的肉身,矛盾的是,这并不是拥有自我(self-possessed),

---

[1] 此处关于将他者肉身当作自己的血肉看待时的他者性(alterity),我们也许会拿对疾病的受难式"痛苦"与(经常是)对怀孕的受难式"献身"来进行对比——后者是一个关于物质折叠性(enfoldedness)非常具体的例子,这种折叠可逆转,但不可区分开。怀孕的活体不带意向性意愿,但是在人的身体能动性的范围内,它是一种自我的物质扩张,但是也产生了一个不是自我的他者的物质存在。尽管这种经验经常能导致一种对他者性和疏离感或者入侵自身身体的受难式感觉——对这种"他者的"物质身体的感觉,这种物质的身体迄今为止仍然是"我的",但它作为一种他者性被折叠在内,即便从来不能完全被拥有。然而,就如同疾病一样,怀孕的经验较少会把自身感觉为物质客体,而更多会将自身感知为物质的主体(尽管,当然,某些时候反过来也是对的)。若要了解关于怀孕经验的现象学讨论,参见 Iris M. Young, "Pregnant Subjectivity and the Limits of Existential Phenomenology," in *Descriptions*, ed. Don Ihde and Hugh J. Silverman (Albany: State University of New York Press, 1985), 25-34。

[2] Walter Benjamin, "On the Mimetic Faculty," in *Rflections: Essays, Aphorisms, Autobiographical Writings*, trans. Edmund Jephcott (New York: Schocken, 1978), 333-336.

[3] Jennifer M. Bean, "Technologies of Early Stardom and the Extraordinary Body," *Camera Obscura* 48, vol. 16, no. 2 (2001):45.

[4] Benjamin, "On the Mimetic Faculty," 333.

而是，如艾连娜·斯嘉丽所写，一种"自我移置、自我转变的客观化"的情况。[1] 这种对世界或他人"肉身"的全情投入和自我移置是一种无私的、彻底去中心化的并且是扩张的自我利益。它是一种整合（in-corporation），通过伸向或触摸不是自身的物质客体，去积极理解把一个人的自我当作内在的物质的具体感觉，以及理解世界的客体也可能是主体的具体感觉。也就是说，这样的受难想要理解：既是客观的主体又是主观的客体是什么意思，而且主观的客体的意向性和他者性可从外部被感知。

事实上，积极地献身于（而不是被动地忍受）对世界客观性的——以及它自身的——接纳和吸收。身体-主体体验到的不是主体性的减弱，而是其感觉的（sensual）和可被感知的（sensible）范围的延伸——以及对物质的强化关注。我认为，对受难的感知为我们对世界和他者的审美行为提供了物质基础。也就是说，它使得我们能够以原初的方式理解物质感觉-能力（sense-ability）在存在中是普遍的。我们对不只是作为**客观的主体**还作为**主观的客体**的自我的认识和关怀使得我们理解——和关心——外在于我们自身的"物"的形式和质料成为可能，其中**客观的主体**能够理解和感觉到其他世界性的客体的他性，而**主观的客体**则能够以这样的方式被他者体验到。它也使得我们希望世界和他者对我们从物质上的控制能以相似的方式被理解，并且被"全面关心"（care-full）。总之，对世界的受难献身，通过我们的感觉和我

---

[1] Scarry, *The Body in Pain*, 166. 有关于我此处所作出的关于作为痛苦的受难和作为献身的受难两者之间区别，这段引文值得全文称引：如果一根刺划伤了一个女人手指的皮肤，她感到的不是刺，而是她的身体在令她疼痛。如果她穿过手指表面所感受到的不是对手指的关注，而是对另一个人的美丽织物的感觉，或者如果她沿着一处被铭写着信息的印字描摹时，她对她的手毫不在意，而是对符号的形式及其激发性力量报以关注，或者如果那晚她所感受到的划过身体皮肤的强烈感觉，不是她自己的身体，而是她的爱人可感觉的在场，以上的任何情况中，她都感觉到"触觉"的感知不是作为身体感知，而是作为自我移置的、自我转变的客观化；并且，到目前为止，这些时刻均源自身体疼痛，如果它们被完全按照发生的事情来命名的话，它们会被称作"快乐"，这个词经常被用来描述要么是被完全去具身性的时刻，要么是像这里一样，当敏锐的*身体感知被体验为人自身身体以外的其他东西的时刻*。（166；楷体为笔者所加）

们的情感，作用于并折叠它的物质性和我们的物质性，使我们与我们原初的、前反思的以及物质的感觉能力形成密切的联系——对它的一般性理解以反思和主动的方式在意识中变得可被重新认识，就如同我们称之为感性（sensibility）的独特审美概念一样。

如果所有这些看上去都太过抽象（尤其是谈到我们的肉体存在既是主体又是客体），让我来提供一个关于具身化的真正例子。在此，我能看见我与物质性之间双重的亲密关系——正如阿方索·林吉思所说，"肉身的意向性"如何不仅"理解它自身肉身所包裹的东西"，而且还在"物中认识自我"（knows itself in the things）[1]。因此，我们主观的身体图像总会以潜在摹仿的"肢体图示"（postrural schema）被客观地物质化，而这个图示对我们栖息其中的世界给出了回应。在一篇名为《家具哲学家》（The Furniture Philosopher）的出色论文中，劳伦斯·韦施勒（Lawrence Weschler）聚焦的是一个具有戏剧性的具体例子，这个例子有关我们这些具身化的主体与同样具身化的客体之间可逆的，也是摹仿性的关系[2]。这个主体是一个名叫艾德·韦恩博格（Ed Weinberger）的人，他在40岁时遭受了极端严重的帕金森症的袭击。[3]即使有药物治疗，他的身体也会突然在某个位置上僵化，"就像一块坚

---

[1] Alphonso F. Lingis, "Sense and Non-Sense in the Sexed Body," *Cultural Hermeneutics* 4 (1977): 351.

[2] Lawrence Weschler, "The Furniture Philosopher," *New Yorker*, Nov.8, 1999, 66-79. 下文引用时将标注在正文中。

[3] "疾病"的例子经常是现象学描述和解释的客体，因为它们将世界中具体化存在的透明性去自然化了。梅洛-庞蒂使用神经性损伤的临床案例，尤其在《知觉现象学》（*The Phenomenology of Perception*, trans. Colin Smith, London: Routledge and Kegan Paul, 1962.）中可见；而且这些还为现象学神经病学家奥利弗·萨克斯不那么哲学的著作提供了基础。通过生活在身体不适（dis-ease）中之人的"不透明性"为描写和理解世界中存在的透明性辩护被托马斯·兰冈（Thomas Langan）所解释，参见 *Merleau-Ponty's Critique of Reason* (New Haven, CT: Yale University Press, 1966)："身体的综合……执行的任务如此静默又如此重要，以至于它的……贡献就像是光一样无人注意，但是它会使得每一处景观都更能被人看见。不寻常的经验会揭开一个已经建构好且毫无变化的世界中的裂缝……也只有不寻常的经验能带来悬置（epoché），有了悬置才能停止实践经验对我们注意力的吸引。"（22-23）

固的肌肉：紧扣、固定、不可移动"——或者他也会丧失他所有的肉身意愿，并瘫在地上，长时间不能移动（73）。然而，其他时候，"他的身体……变成了他不能控制的过度抽搐和颤动的大风暴"（68）。作为一个做贸易投机的资本家，病痛中的艾德在醒着的时候开始设计和制作家具（他以前从没这么干过）。这些真是令人惊叹的美学作品（现在成了收藏家的藏品），这些作品与他奇怪的身体状况一样，似乎挑战了重力法则，但同时也是对重力法则的解释。也就是说，正如韦施勒告诉我们的，"从其诸多方面中的一个来看，帕金森症似乎会将身体与自身对立而置，这样的话，每一个冲动感觉像是会立刻遭遇反冲动，帕金森病患者长期生活在一种无法缓解的等距紧扣状态中，看上去很松垮，但是一直都在变得更强壮"（68）。艾德独特且令人称奇的家具，存在于一种相似的同质异构的张力中，因此它"使得设计师发疯，因为支持每个平面的物体同时又在将它们拉扯开。完全的矛盾；一边推又一边拉"（69）。我们也许会说，艾德用"帕金森患者的模式"设计和制作家具——但是这种描述不只适用于艾德还包括他的家具。也就是说，它既描述主体性和客体性的具体的和"具身性的"物质性，也描述它们之间复杂的关系——这里主要是一种对话性（dialogic）关系，在这种关系之中，他者性、身体图像以及姿态图示被充满激情地交织在一起，并且亲密地紧扣彼此，而不是将有感觉的主体和无生命的客体之间辩证地对立起来。

但是，在当前语境中，最重要的是艾德及其家具的这种激情的交织不是从有意识的思想中浮现的——即使它是通过有意识的思想而被表述出来。相反，艾德物质性地亲历着（materially lived）其身体不情愿且矛盾的"推-拉"，这种"推-拉"的动力看上去属于外在于其力量的东西——如果你愿意，你可以说是一件家具，这件家具的存在被他亲密地理解为自己的存在。就这方面而言，艾德自己所叙事的一个特别事件在其发展家具兴趣的早期是很重要的。他告诉痴迷于其桌子模型的韦施勒说：

> 当我感觉自己要开始麻木的时候，我会慢慢地瘫倒在地上，侧着我的身子落下，靠近我的桌子，我的手臂伸向抽屉的背面。僵硬后，我会凝视着抽屉，以垂直的东西为参考，也可以说在某种程度上，是尝试获得概念杠杆，即一种对垂直的感觉。我会跟随一个平面再转换到下一个平面——一个平面与另一个平面的交汇，重力的分布、空间表面的张力、支点和透明性。这些都是经典的现代性主题，但是对他们（现代主义者）而言是隐喻的东西，对我而言是直接的经验。(72；楷体为笔者所加)

作为一个"忍受着"(suffers)他自身的物质性，且能感受到这种物质性的残暴和特殊性的主观客体，艾德不只为世界的客体也在忍受着的相同状况所吸引，还暗中亲历着这种状况，并且因此能够理解这种状况——即便是在无意向性的他者性中。事实上，在这种极端事件中，他被动忍受的受难与将他者性囊括为自己所有的积极献身的受难是可逆的，且可以相互转化。关于桌子，他告诉我们："我勉强能够移动；尽最大的努力，我也至多能摸到抽屉的背面，用最小、最细微的力量来推动它。并且我会研究它们：那些小小的空间，对我而言仿佛变成了整个世界。我会注意到那些最小的身体改变如何能够对全部身体的在场产生巨大的影响。"(72)艾德长时间俯卧在地板上，勉强能够挪动，他野兽般的和被动的反应-能力被转换成了一种非常积极的且专心的感觉-能力，还变成了对作为他者的物质客体的审美理解和伦理关怀。

事实上，这是一种深刻的受难美学，它无法与伦理区分开来——并且我再此想起了布鲁诺·舒尔兹的《鳄鱼街》以及叙事者的父亲，他面对无生命的物体（包括家具）时带着一种受难的献身："'谁知道，'他说，'生命有多少痛苦、残疾和碎片的形式，诸如被迅速钉好的箱子和桌子的人工生命，被迫害的树木，残忍人类创造力的殉道者。'"[1] 而且他在别的地方恰当地呼喊："当我们看见被侵犯物质的悲惨时，我们应该哭泣……为了我们自身的命运，每到此时，一个严重的错误已被铸下。"[2] 就这一点而言——而且是非常严肃地——艾德拒绝将其带着强烈的"全面关心"的作品称为"艺术"，因为，在今日世界之中，艺术经常被认为是一个去除了伦理性考量的非必要的商品。因此，他告诉韦施勒，"这不是艺术家具，对艺术家具我是很珍视也很谨慎的，并且这也不是伪装成艺术的家具。它只是被严肃地当成椅子而已——一把真正被质询过的椅子，一把被提升到问题层面的椅子"。(72；楷体为笔者所加)

因此我们被艾德·韦恩博格的极端经验带回到本章开篇所提出的问题，梅洛-庞蒂在这个问题中假定：存在着物质性的共同条件，这一条件奠基并统一了两个分离的形象化存在（figural being），一个是被包含在世界之中的身体-主体，另一个是世俗世界里的作为"肉身"而存在的身体-客体。肉身不会被化约为物质"本身"（matter in itself），也不会被化约为存在"自身"（being in itself），肉身是从存在层面上将两者绑定在一起的纽带，也是它们之间差异化关系及可逆性的共同基础。正如梅洛-庞蒂在《可见的与不可见的》当中写道：

> 肉身不是物质，不是精神，也不是实质。要指明它，我

---

[1] Bruno Schulz, *The Street of Crocodiles*, trans. Celina Wieniewska (New York: Penguin, 1977), 69. 在名为"裁缝的傀儡的故事：结论"（Treatise on Tailors' Dummies: Conclusion）中舒尔兹写道，"家具的本质是不稳定的，衰退的，并且可以接受反常的诱惑"（67）。（译按：这一句中的"钉好"的原文是 nailed，"迫害"的原文是 cruxified，"殉道者"的原文是 martyres，这三个词都明显指向了基督受难的典故。）

[2] Schulz, *Street of Crocodiles*, 64.

们应该需要古老的术语"元素",取其"一般的物"(general thing)……的意思,即时空中的个体和理念的折中,一种具体的原则……不是一个事实或者事实的总和,然而仍依附于**地点**(location)和**现在**(now)。此外:还要引入**何地**与**何时**,以及事实的可能性和紧迫性;一言以蔽之:**事实性**,即使得事实成为事实的东西。而且,与此同时,它还使得事实有意义,使得碎片化的事实让自身成为关于"某物"的事实。(139-140)

因此,正如詹姆斯·巴里二世所解释的,"肉身"这样为存在的多样性(existential manifold)命名:"在这种多样性中,感知以一种'渗透性的'存在从对身体和世界原初和差别化的侵入中喷薄出来"——这是因为世界内的栖息者之间的界限"总是临时的,从未完成,并且总是对新的可能侵入开放"。这些身体和世界对彼此的可能侵入是它们共同的物质存在的作用,"'世界-的-物'(things-of-the-world)的原初模糊性和开放性,是一种转向其他形式的运动,这一运动因此便引出了物的领域……这些看上去不再那么地'像物'(thingly)"[1]。重要的是,当物看上去不再那么"像物"时,那么主体看上去也就不再那么"像主体"(subjectly)了,它们都深陷于完全一样的绝对和封闭之中,在它们与物的实质性——或"物-性"(thingly-ness)——差异中显得如此不同。[2]

梅洛-庞蒂所谓身体和世界之间的界限问题,不只是讨论了与存

---

[1] James Barry Jr., "The Technical Body: Incorporating Technology and Flesh," *Philosophy Today* (winter 1991):390, 392.
[2] 斯拉沃热·齐泽克在其重读黑格尔的现象学的著作中也作出了论证,参见他在《敏感的主体:政治本体论缺席的中心》中的"黑格尔式的敏感主体"一文(*The Ticklish Subject: The Absent Centre of Political Ontology*, London: Verso, 1999,70-132)。根据齐泽克的说法,黑格尔的现象学表述了这样一种理解,即"没有'绝对主体'——'如其所是的'主体是相对的,在自我的分隔中被理解,并且主体正是像这样与实质内在相联"(89)。结合我的这个计划来看,值得注意的是,本章将以一个名为"朝向一种关于恩典的唯物主义理论"的部分来作为结束。

在客体相伴的存在主体的受难式忍受以及受难式献身,还假定了主体和客体的可逆性(或者,用现象学的术语来说是"交叉性")。[1] 也就是说,尽管身体-主体和客观世界在它们独特的物质存在模式上是有所分别的,并且是不重合的,但是因为它们都具有一般物质存在相同的"肉身"多样性(fleshy manifold),梅洛-庞蒂认为两者能够相反地作用于存在以及被存在所作用,而且彼此都为对方的形象提供着可逆的基础。从多样性(即肉身)中浮现的(这种中介是内在性的物质,并且从先验层面来说也是"物质")[2] 受难的双重结构,即忍受和献身,从内在上说,既是辩证的也是对话的。因此,尽管受难的交织和可逆结构与身体和世界的肉身可逆性在被有意识地思考之前就已经被原初地体验着,但它们是基础性的,并且非常有助于我们反思地理解主体的价值如何被客观地生产出来,并被应用于世界之中,其关于意识和行动的相互影响的价值论形式有两种,即伦理学和美学[3]。

接下来,我想更全面地探讨身体-主体的肉身的辩证式受难和对话式受难,在所有关于世界的"肉身"的忍受和献身中,如何为可逆

---

[1] 交织(chiasm)是由莫里斯·梅洛-庞蒂最先在《眼与心》("Eye and Mind", trans. Carleton Dallery, in *The Primacy of Perception*, ed.James Edie, Evanston, IL: Northwestern University Press, 1964.)中使用的术语,用来指一种"独特的空间,这种空间分化后又重新统一,并且还维持着内聚力"(187)。在一般现象学的用法中,它被用来命名所有在场的基础,孤立的存在形象正是作为在场的对立面而出现;因此,正是在此基础上建立起既出现又消隐的对立,在这种情况下,它们变得可逆而且不会同时发生。在梅洛-庞蒂的后期作品中,"肉身"命名了存在中的交织的表现,如凯瑟琳·瓦瑟勒(Catherine Vasseleu)在《光的纹理》(*Textures of Light: Vision and Touch in Irigaray, Levinas, and Merleau-Ponty*, New York: Routledge, 1998.)中写道:"交织是与自身交织、可逆、分歧且不可同时的肉身。"(29)

[2] 有必要强调超验的(transcendent)与先验的(transcendental)从一开始就彼此不同。存在主义现象学不是建基于先验的形而上学之上的,而是建基于在物质和身体的内在性中可获得的超验性(transcendence)之上。因此,"肉身"是存在中的超验;它的超验性包括了不同的和独特的存在与内在的在场,如每个"个人"(every "one"),每个"地方"(every "where"),每个"东西"(every "thing")。

[3] 价值论是哲学的第三分支,另外两个是本体论和认识论。本体论研究的是存在(是什么)而认识论研究的是知识(我们如何知道),价值论则是研究价值(我们如何评价和判断)。

的价值判断的单一系统提供可行的条件和具体的预设,当伦理学和美学从我们的物质存在中出现,以及在我们的物质存在中浮现时,这一系统并不会区分伦理学和美学。在其原始的肉身事实性中,这单一的价值评价系统为我们对伦理学(我们对反应能力的反思经验)和美学(我们对感觉能力的反思经验)更有意的区分提供了基础[1]。更重要的是,我会认为,那些存在主义意义上的极端受难时刻,即那些我们在其中体验到了"身体和世界之间界限"问题(也就是说,在其中我们体验到了精神、正义、崇高、美、优雅等感觉)的时刻,都不是以先验为基础的(在这样的语境中,这样说是一种矛盾的修辞)——我们也不需要求助形而上学来解释和理解它们。相反,身体与世界关系中的受难时刻"在肉身之中"是超验的——从世界的身体肉体化和时间化的物质性的共同基础之中浮现出来,以及从活体原初的物质感觉能力和反应能力的内在性中浮现出来。美学和伦理学正是在肉身中才具有了意义——而在此,我们也许会回忆起艾德·韦恩博格的经验,在他的极端性解释中,美学和伦理学都起源于单一肉身系统(a single fleshy system)。事实上,从形而上学的层面上区分灵与肉,并(常常)将心灵抬高到肉身之上,以及对将精神抬高到物质之上的身体超验时刻进行先验解释,从而将美学和伦理学建构为非物质的,因此也是不可感知的——观念论的哲学概念,这些概念可以没有意义或价值,因为它们在字面上并不重要(do not literally matter)[2]。

那么现在我想开始描述和理解:世界中的物质客体如何能够不仅令我们的身体有感觉,而且能使我们献身于世界,并且对世界和他者的肉身负责。我认为,只有通过对作为物质客体的我们的密切(也许

---

1 艾连娜·斯嘉丽也将伦理学和美学理解为价值判断的单一系统,并且认为对美的经验和对正义的理解是密切相连的并且彼此交融。见她的《美与正义》(*On Beauty and Being Just*, Princeton, NJ: Princeton University Press, 1999)。

2 Do not matter 有不重要的意思,而 matter 本身又有物质的意思,所以这句话可以理解为因为它们没有物质,这又是作者的一语双关。——译者注

并不频繁，而且总是不完整）的主体认识，我们才能分享世界的完整存在——如艾德·韦恩博格经验丰富的细节描述那样——不只是感觉到对物质（总是自我以外的东西）的肤浅的激情，也感觉到物质（总是我们自己）的存在的受难。只有通过领会我们自身内在的且没有自我的"对象性"那深不可测的神秘感，我们才能充分忘记自我中心的自己，而充满激情地献身于落日和风景的崇高性，并且超然地为之感动。正是因为我们以肉身为存在基础，所以我们才可以用摹仿的方式感受到：那些组成我们环境的物质他者和客体受难和渗透的可能性，可以被突然的认识以及所有世俗存在的"神圣性"所淹没，还可以使我们在阳光正以这样的方式铺撒在地毯上时，感觉到被此时此地的存在那转瞬即逝的事实性所"荣耀"（graced）。[1]

简言之，为了更好地理解美学和伦理学的物质基础，我想提出一种肉体与物质世界关联模式的现象学，我称之为**客体间性**（interobjectivity）。这是一个新词，明显会令人想起其著名的补充：**主体间性**。尽管哲学家们和许多学科的理论家们已经写过很多关于人类如何共同建立一种不只针对他们自身的主体性感觉，而且建立起对他者的主体性感觉，但是还没有人写过关于共同建构的补充性经验，即把我们自己和他者都当作物质的客体。然而，考虑到现在一般的趋势，我们自身大多数对物质受难的看法都是负面的（要么化约为商品拜物教，要么化约为辩证唯物主义），所以令我感兴趣的正是这种广阔且更有建设性的客体间性经验——我们的物质存在的受难。

---

[1] 我在这里称作我们自身物质存在的深奥的神秘性，并不是指任何先验或宗教的意义。此处的神秘性既是以物质为基础，也是内在的——它之所以深奥是因为如此章后面所讨论的那样，除非我们变得对作为主体的我们完全（并且非常可能是不带感情地）感到陌生，否则我们将永远不能完全如其所是地那样体验或了解我们的客体性；也就是说，我们的客体性总是已经或多或少地通过我们的主体性而被体验到。

# I

> 我的父亲不知疲倦地赞美这个元素——物质:"没有死的物质,"他教导我们,"没有生命只是它的一种伪装,在其身后隐藏着尚未为人所知的生命形式。这些形式的范围是无限的,并且它们的阴影和微妙也是无限的。"
>
> ——布鲁诺·舒尔兹,
> 《鳄鱼街》

到这里我就可以说出激发我写这一章的原因了。我之所以选择一个奇特的词"受难"来谈论物质存在,是因为我想将先验建立在超验的基础上,并否认它有形而上学的性质,我还想将伦理学和美学定位于我们的"肉身"以及世界的"肉身"中,以上所有这些都要求我承认自己是一个不屈不挠的无神论者。关于这一点,我在沃纳·赫尔佐格(Werner Herzog)关于卡斯帕尔·豪泽尔(Kasper Hauser)非同凡响的电影《人人为自己,上帝反众人》(*Every Man for Himself and God against All*, 1975)[1]中发现了一段对话,不但贴切还很感人。在被要求解释为什么他固执地拒绝进入正在举行礼拜的教堂时,卡斯帕尔轻描淡写地说:"在我之中体验的全部就是我的生命。"如卡斯帕尔一样,我也总是在我活着的生命中感觉到价值;任何超过这一点的东西对我而言都是一种减损——就像是对我对存在的注意(existential attention)与世界的依附的一种偏离。然而,我用存在来拒绝先验是一种比写这篇文章的具体动因更普遍的动因——此文的轮廓来自我所观看的一部(对我来说很奇怪地)强烈地表现宗教和先验经验的电影。

这部具有催化作用的电影是《圣女特蕾丝》(*Thérèse*, 1986;阿

---

[1] 赫尔佐格这部电影的另一个名字是《卡斯帕尔·豪泽尔之谜》。

兰·卡瓦利埃执导），一部关于15岁的特蕾丝·马丁的简洁传记（不是苦行传记），她最大的愿望就是成为加尔默罗会修女，（因为年龄限制）在接受了教皇的特许之后，她被允许进入一个修道会，在这里她感染了肺结核，并最终于24岁那年过世。1925年，她被宣布为圣徒，成为利兹（Lisieux）的圣女特蕾丝，并被人们称作"耶稣的小花"，这名年轻的修女在其短暂但极乐的宗教生活中从未创造什么奇迹；相反，她在献身耶稣的信仰中，以及进行修道院的日常杂役如倒垃圾、清扫、清洗亚麻布时发现了她的极乐（ekstasis）[1]。观看这部关于特蕾丝的特别的电影"传记"时，我被不可思议、不敢相信地打动了。[2] 的确，我有着强烈的体验，胸中感到压抑，因为某种认同而产生的感觉笼罩着我，令我几乎要流泪，感觉很痛但难以名状。我回忆起数年前第一次看《乡村牧师日记》（The Diary of a Country Priest，1950；罗伯特·布列松执导）时，身体有一段相似的体验，那部电影冷漠地叙事了一个赤贫的法国教堂牧师的贫寒生活以及他因癌症而最终死亡，他有一本日记，其笔迹和墨水印永远地铭刻在我的记忆之中[3]。在看过《圣女特蕾丝》一年后，我仍然为这些极端电影体验的意义而担心，那时，我又有了一个极端的电影体验——我观看了《芭贝特的盛宴》（Babette's Feast，1987；加布里埃尔·阿克谢执导），它的故事讲的是一个来自巴

---

[1] 希腊语极乐（ekstasis）的字面意思是"被放在了不合适的地方"。（译按：这个词从被放在不合适的地方这一基本意思中衍生出出神、脱离了身体的狂喜等意思，在本文中被用来指代一种因宗教原因而感受到的超乎寻常的喜悦，与另一个词"恩典"一样，都具有浓厚的宗教意味。）关于利兹的圣女特蕾丝可参见 John Coulson, ed.,*The Saints* (New York: Hawthorn, 1958)。

[2] 从艺术史角度对这部非同寻常的电影的启发性讨论可参见 Angela Dalle Vacche, *Cinema and Painting: How Art Is Used in Film* (Austin: University of Texas Press, 1996)。

[3] 有关这部经典电影如何产生影响的两段不同讨论都与当前的讨论相关，可参见 André Bazin, "Le Journal d'un Curé de Campagne and the Stylistics of Robert Bresson," in *What Is Cinema?* Trans. Hugh Gray, vol.1, Berkeley: University of California Press, 1967, 125-143；以及 Paul Shrader, *Transcendental Style in FIlm: Ozu, Bresson, Dreyer* (Berkeley: University of California Press, 1972)。

黎的难民管家（曾经是个厨师）中了彩票，并且出于感激和爱，为非常虔诚、苦行且善良的丹麦姐妹准备了一顿非同寻常的珍馐佳肴，而物质生活的丰富在这对雇佣了她的姐妹看来已然云淡风轻。我们在这部电影中看到了大量的细节，狂喜地准备和吃完这场难以置信的奢侈且用爱心完成的"最后的晚餐"的过程，在此之后便没有人死亡——在进餐过程中以象征的形式感谢恩典，只是真正获得恩典的序曲。

由于我自己的立场是哲学而非宗教，所以对我而言，理解我对这些电影的反应的本质很重要。当然，我不会对一系列其他的"宗教电影"也有类似的反应，无论是好莱坞制造的作品（如《圣女之歌》[The Song of Bernadette, 1943；亨利·金执导]），还是"艺术电影"导演的作品（如《处女泉》[The Virgin Spring, 1959；英格玛·伯格曼执导]）。然而，前面提到的三部特殊的电影却深深地打动了我并且使得我——正如我上面所说的——不只是思考还感受到诸如受难和恩典（grace）等抽象的词汇。这当然非常令人不安——至少直到我开始理解我为什么以及以什么方式被这些电影感动时为止。尽管研究提到的这三部电影并不是我的目的，但是我意识到它们的共同点在于，每一部电影都以自己的方式将它们关于先验和宗教的戏剧焦点和主题焦点与另一个地位同等的焦点并置——真正地通过摄影机的眼睛来实现的——后一个焦点关于世俗和经验中的神秘性（或超验），这种神秘性是内在性和物质性中所固有的。[1] 也就是说，在每部电影中，正如人类的主角在宗教体制的指引下寻求极乐、恩典或救赎一样，摄影机也在世界的"肉身"中寻找着一种对等的极乐：它提供了一种有关客观物质的世俗启示，在其坚韧的"此地性"（hereness）和"此时性"（nowness）中通

---

[1] 必须强调的是，我在这里或下文中，不是将摄影机拟人化了（尽管我提到了它的"眼睛"）。正如在我的文章《目之所及：电影经验的现象学》中所进一步指出的那样，摄影机视觉的真正物质性既意味着与人类视觉（功能上）的相似性，也意味着与人类视觉（本质上）的差异性。

往对某些终极意义上深不可测的、不可包括也不可被包括的事物的领悟——不只是通往我们所凝视的事物，也包括我们自身。这种领悟在其唯我论意义上的认识（egological recognition）中是超验的，这种认识认为我们是某种比唯我论存在更多（又更少）的"物"，但是它也并非先验地以"重要的"物质（matter that "matters"）为基础。艾连娜·斯嘉丽在《美与正义》中提到，我们在与美丽事物独特的相遇中也有这样的超验性——它们之所以美丽是因为它们激发了我们迅猛而又深沉的凝视或受难的献身（"我们经历了激烈的去中心化"）：

> 当我们遇见美丽的事物时——砖块上那小小的紫色-橙色-蓝色的飞蛾，奥古斯丁的蛋糕，一句关于纯朴的汉普郡人的话——它们像世界表面小小的泪珠一般牵引着我们去更广阔的天地……不是我们停下来站在世界的中心，因为我们从未立于彼处。我们甚至停止站在我们自己世界的中心。我们愿将土地割让给立于我们面前的物……不管怎样，美的伦理炼金术，在其他语境中像是降低了身份，可现在，它不会再这样被认知了。[1]

例如，我们在面对这种美丽事物——亦即"重要的"物质——时所进行的唯我论上的降级（egological demotion），不但给《芭贝特的盛宴》这部电影提供了主题，也为之提供了细节。电影对比了这对姐妹的受难式献身（及唯我论上的降级）的宗教形式和先验形式，与那个曾经是主厨而现在是管家的人的受难式献身的物质形式和超验形式。这里所说的"恩典"和"关怀"在纠缠和可逆的"肉身"中被物质化，而这具肉身被人和世界的物所共享，人和物彼此都想要将对方

---

[1] Scarry, *On Beauty and Being*, Just, 110-113.

整合进自己——并且这种整合是通过一种与圣餐完全不同形式的变体（transubstantiation）所带来的感官愉悦而实现。事实上，这里所说的"变体"与存在相关——身体和灵魂都会体验到它的崇高性。

尽管《圣女特蕾丝》和《乡村牧师日记》都与《芭贝特的盛宴》不同，但是这两者也加强了我们对物质性事物的超验的他者性的感知——因此也加强了我们主观自我的超验的他者性，即把主观自我当作世界性客体。我们再一次在这些电影中——并且在摄影机持续的专心凝视中——领会了世界的肉身，我们认为，世界的肉身不只包括那些宗教性的主角，这些主角以各自的方式养成了为"高等的事物"而进行唯我论降级的习惯（一个骇人又贴切的双关语），还包括世俗世界中经常被当作"低等事物"而抛弃的无自我的物质。两部电影绝对不会使得它们的宗教性主体和它们先验的雄心变得荒诞不经，它们将物质世界视为已然是超验的，也就是说，与宗教、形而上学以及观念论的非物质的领域平等，这种平等性体现在"原初的模糊性"上，在它对物的"开放性"上，以及在它们"进入其他形式的变化"中。因此，摄影机的眼睛真地会将一碗特蕾丝的含有结核病菌的唾液"净化"为物质的纯洁性。因此，摄影机的眼睛在一支蘸水笔上徘徊，蘸水笔的笔尖被纸张的纤维所堵塞，使得被折磨的印记在受难的忍受（passionate suffering）方面与用蘸水笔写字的牧师所承受的难相等。因此，有了艾德·韦恩博格的身体疾病与他的帕金森式家具之间的相互渗透，以及艾连娜·斯嘉丽内在呈现的"砖块上小小的紫色-橙色-蓝色的飞蛾"超验的"去中心化"。因此，最近，通过摄影机和摄录机的双重眼睛，有了《美国丽人》（*American Beauty*, 1999；萨姆·门德斯执导）中"超验存在的点金石"，即一个风中的塑料袋在"尘土与暗棕色的砖块之间无声的虚幻芭蕾"，被"愤愤不平的少年那崇高的录像机"所抓拍了下来[1]——飞舞的垃圾碎片不只代表着而且就是少年所谓的"事物背后完整的生命"以及"世界所无法承受的美"。关于这一点，布鲁诺·舒尔兹在《鳄鱼街》中表达得很贴切也很有说服力——不只是与附着在风中旋转、飘落的塑料袋上的恩典相关，还与当努力用蘸水笔与纸片的肉身抵抗时附着在笔上的恩典相关。舒尔兹借非常热情的店主爸爸之口写道：

> 你们能领悟得了吗……那种柔弱的深意，那种对五颜六色的纤维、纸糊材料、胶彩颜料、麻絮和锯末的迷恋？这就是……我们钟情于诸如此类事物的证据，我们喜欢它的毛绒绒或者小孔眼，喜欢它独一无二和神秘的统一性。造物主，那位杰出的大师和艺术家，让物质呈现出来，又让它消失在生活的外表之下。相反，我们钟爱的是它的嘎嘎声、柔韧劲和笨拙劲儿。我们想看到，在每一个表情背后，每个动作背后，它的惰性、它的艰辛、它熊一般的笨拙。[2]

完全的哲学少不了诗意，米盖尔·杜夫海纳（Mikel Dufrenne）在《审美经验现象学》（The Phenomenology of Aesthetic Experience）的反直觉论证中，区分了审美对象和科学对象，这一论证表示审美客体与现实之间的联系比科学客体与它的联系更为紧密。这是因为审美客体阐明了现实，然而科学的对象则把现实当成确定的来建构。但是，"现实"是不确定的——对任何意义开放，也可被每一种意义渗透。杜夫海纳写道：

---

[1] Ed Leibowitz, "An Oscar for Best Supporting Polymer," *Los Angeles Times Magazine*, Nov. 14, 1999, 14.

[2] Schulz, *Street of Crocodiles*, 62.（与本文相关的章节名为"论裁缝的布娃娃，或第二创世书"。本节的题词在第59–60页）（译按：作者提到的页码是英文版的页码，此段译文引自《鳄鱼街》中译本，杨向荣译，新星出版社2009年版。）

但是和审美对象对照的不应该是科学所竭力建立的那种客观世界，而应该是现实。这种现实必须在它尚不具有明确意义并可以接受审美对象赋予的意义时去捉住它……现实就是前客观。它表现在事实的突然性、在那（being-there）的强制性、自在的模糊性中……这种充溢性类似于给定物的一种无穷储备，但这是因为它没有任何储备的东西的缘故。它是意义的一种无穷材料，但这是因为它没有任何意义的缘故。一切都在它身上连在一起：基地的入口春暖花开，人群中的苦行僧与纨绔子弟擦肩而过。……世界的统一性并非来自现实的统一性，而是来自观看现实的那个目光的统一性。[1]

在《乡村牧师日记》《圣女特蕾丝》《芭贝特的盛宴》以及更多新近的如《美国丽人》这样的世俗典型中，摄影机眼睛的"目光统一性"在与它的凝视既专注又激情的拥抱中收集着物质世界，它在人类肉身和无生命物体的肉身之间作出了极小的区分——既不将人类化约为单纯的物，也不通过将物"提高"为主体的方式来化约它们，而只是"为了我们"而存在。[2] 在产生了这篇论文的三部电影中，角色追寻并表达了一个由多种因素决定的宗教救赎和极乐，与此同时，摄影机的眼睛

---

[1] Mikel Dufrenne, *The Phenomenology of Aesthetic Experience*, trans. Edward S. Casey et al (Evanston, IL: Northwestern University Press, 1973), 529-531. 下文引用时将标注在正文中。（译按：本段译文均引自《审美经验现象学》，韩树站译、陈荣生校，文化艺术出版社1996年版，第570—573页。）

[2] 正如伊曼纽尔·列维纳斯（Emmanuel Lévinas）所讨论的那样，这些电影中所运用的"目光的统一"也与"眼睛可见的爱抚"（the visible caress of the eye）的概念相关（参见 *Collected Philosophical Papers*, Dordrecht: Martinus Nijhoff, 1987, 118）。再如劳拉·U. 马克斯的《电影的皮肤：文化间的电影、具身性与感官》（*The Skin of the Film: Intercultural Cinema, Embodiment, and Senses*, Durham, NC: Duke University Press, 2000），列维纳斯在解释中对视野的讨论把视野看作爱抚的且接近于其客体的："视觉性爱欲使得视域的客体不可理解。但是这不是偷窥，因为……观者也被牵涉在内。我以一种可触的方式与客体相关联，因此我的自我显现出来，……我的自我迷失在与不可被拥有的他者的强烈关系中。"（185）

在世界的物质性所开放的不确定性中发现了崇高和灵魂，世界的物质性不只包括有生命的和主观的人类身体，还包括无生命的客观的"物"。摄影机眼睛的凝视在粗糙的笔迹和墨点上，在一碗橘子或装满痰液的托盘上，在缤纷多样的肉、鱼和点心上徘徊，在一段时间内，它突然遇到又消解了外延式的理解，削弱了这些作为仅仅是"为了我们"而存在的世界性的物体。也就是说，摄影机的眼睛创造了人类肉身与物的肉身之间的相等状态，并且意味着一个热情的——又有灵韵的——超验存在的统一体，一种极乐，这种极乐一直在世界的肉身中存在。[1]（这是《美国丽人》中的莱斯特·博曼最终的发现，而且尤为讽刺但却极度超验的是电影深刻的和现象学的唯物主义解除了其角色浅薄的"商品拜物教"——客观的世界和"物"将所有这些都移到它们受到传统限制的想象之外。）在所有这些电影作品中，"物，只在其许诺仅仅是纯粹的物时才超越了其作为客体的状态，因为在这样做的同时，意味着每一个物都有可能通过本质上的相似性而与另一个物完成互换……也就是说，从日常的说法来看，物是独特的，它们的本质或者'实质'（whatness）在每种情况下都是一样的"[2]。因此，这些电影当中的每一部

---

[1] 我这里使用"有灵韵的"这个词是为了引入沃尔特·本雅明所谓的对灵韵的感知——尤其是它引出了由"视力无意识"（optical unconscious）所带来的重要机遇。关于本雅明所谓人类历史语境中的自然客体的"灵韵"（以及一种主体形式）的意义的扩展性和阐释性讨论可参见 Miriam Hansen, "Benjamin, Cinema, and Experience: 'The Blue Flower in the Land of Technology,'" *New German Critique* 4 (winter 1987): 179-224。汉森（Hansen）提到本雅明对自然中灵韵的感觉时说："自然似乎在用凝视回应……并没有在其当下、有意识的身份映照出主体，而是使我们与另一个自我照面，从未在醒时被看见……标记着转瞬即逝的时刻，在这些时刻中无意识、'前历史的'过去在一种认知的图像中被实现。"（188）汉森引用马林·斯托塞尔（Marleen Stoessel）的作品，继续说道："'我们（用一种回答的凝视）所想象的树和灌木'不是被人类所创造的。因此，非人力所形成的客体中一定有一种人类的因素存在。正如马林·斯托塞尔在其精妙的评论中所说的，被遗忘的人类因素正是物质的起源——以及终点——人类与非人类的自然所共有的、创造的物理方面。"（212）（引文来自 MarLeen Stoessel, *Aura, das vergessene Menschliche: Zu sprache und Erfahung bei Walter Benjamin*[Munich: Hanser, 1983]。）

[2] Barry, "The Technical Body," 393.

都使得我问出了梅洛-庞蒂提出来的那个根本性的唯物主义问题——这个问题从存在的角度为所有的精神问题提供了基础，并且在创造了世界之中主体和客体间的平等性和可逆性时，将先验重新置于内在真实的超越性中："既然世界就是肉身，我们该将身体和世界的界限置于何处？"

这些电影打动我这个持无神论且还很自我中心的人（egoist）的另外一点在于它们对其角色的自我中心（egoism）有着相似的质询。自我中心不只是被理解为一种对存在的化约和固定，而且可能被作为存在外化的延伸。主体性不是丢失了而是被去中心化了，并且通过对共同的物质存在之恩典的"领会"而弥散在所有的"物"中——而它的分散变成了一种有关主客体间相互性的深层物质性知识，这种相互性包括任何我们也许会作出的有关它们的区分或者任何我们会加诸自身之上的特权。尽管其他的电影也以这种方式打动了我（此时我想到了米开朗基罗·安东尼奥尼或泰伦斯·马利克的作品以及罗伯特·布列松大部分作品中的某些片段），但催生了这篇文章的电影在叙事上对宗教和先验的强调，加强了我们对所有物质的平等性和"重要性"（mattering）的感知。也就是说，摄影机的眼睛与身体和物的内在性之间高度经验化的联系辩证地挑战了关于先验问题的话语——并且两者都以对话的方式被综合进一种彻底的现象学唯物主义中，这种唯物主义影响了超越性：成为同质的、或许有些细微差异的世界的"肉身"。[1] 我们独特而化约地利用了活体和世俗世界中的物，对这种利用的超越，以及对两者区分的超越，这种因为对何物存在的认识而实现的对自我的超越，既是最有延展性的又是最有局限性的，这就是这些电影打

---

[1] 关于这种"辩证的对话"，很有趣的是注意到围绕着布列松的二元话语存在着一种普遍的未解决状态，布列松在处理他者性问题的探索和尝试中不是被看作具有宗教性的电影制作人，就是被看作现代主义的电影制作人。电影批评家安德烈·巴赞、艾米蒂·艾福乐以及保罗·施拉德都持前一种观点，而林德利·汉龙和大卫·波德维尔则持有第二种观点。

动我的地方。我对于恩典及崇高的感觉被电影中有关先验与超验的论争所激活，并且我的这种感觉就处于一种对什么"真的重要"（really matters）的强烈而又感动的认识之中。

## II

> 最终，所有他者性的形象都归结为一个：客体的形象。最终，剩下的只有客体的坚定不移，客体的有去无回……客体的权力和权威源自一个事实，即它正在远离自身，然而对我们而言则刚好相反。
>
> ——让·鲍德里亚，
> 《恶的透明性》(The Transparency of Evil)

"目光的统一"融合了主体和客体，因为它在其完整的肉身中拥抱了世界的存在，在这种"目光的统一"中发现道德恩典和审美崇高的感觉，明显不是人对主观身体与客观世界之间存在的界限混淆的唯一反应。[1] 事实上，我想进一步探究我们拥有并且用来理解作为物质的我们自身与世界和他者的客观物质之间可逆的感觉，我将使用最不乐观的——但却最有名的——身体与世界之间的相遇：萨特的《恶心》中安东尼·罗昆汀（Antoine Roquentin）与栗树之间的相遇。对于罗昆汀而言，已经凝结成了栗树的存在，其现象性密度及"物－性"完全不同于"无－物－性"，后者是他正在进行感知的意识。对树的密

---

[1] 当前主流的学术观点认为，语言相对于经验而言是不充足的，我会通过"混淆"（confusion）这个词来支持其对立面，即充足性。这个词用一种非同寻常的复杂的——虽然很不幸是"自然化的"——表述来说明它是什么意思。结合前缀 con（既指"和"也指"相对"），这个词清楚地描述了它所提出并命名的关于存在的问题。符号现象学的成就之一（并且此处它与解构有点相似）就是将日常语言及其与内在于存在中的矛盾和可能性之间的联系去自然化并且恢复它们。

度和他者性的注意完全渗透了他并令他震惊。他受难般地"忍受着"树——但是这么做依靠并且根据的是他自身身体主观的客体性。"我窒息了,"他说,"存在渗入了我的周身,穿透了我的眼睛、鼻子和嘴巴。"(126)当栗树将自身压迫在他的眼睛上时,他意识到"在非存在(non-existence)和炫目的丰饶之间没有中间地带。如果你存在,你就必须一直存在,直到发霉、肿胀、令人厌恶"(128)。通过"无-物-性",也就是他感知到的意识,罗昆汀感到震惊、厌恶和恶心,他理解,树的"根,以及它的颜色、形状和凝固的变化"都在"解释以下"(below all explanation),被抽空了所有人类的意义和价值——完全是偶然的,仅仅是"在路上",偶然地"在那里"。(129)他被内在性的被动性和物质的不透明性(opacity)所掌控:"存在就仅仅是在那里:那些存在的人让他们自身被别人遇见,但是你永远不能从他们之中推论出任何东西。"(131)

在这种受难的痛苦和恶心状态中(也被描述为"凶残的愉悦"与"骇人的极乐"),罗昆汀也提出了身体与世界之间的界限问题——尽管他是从存在与"虚无"的角度提出的。也就是说,他反对并且仍然——在他敏锐的感觉中——将世俗世界的存在(即"某-物-性")的肉身密度与主观意识流(即"无-物-性")[1]融合在一起,并坚持:"我曾是栗树的根。或者更确切地说,我完全意识到了它的存在。仍然与之分离——由于我意识到了它——但是却在它之中迷失,除它以外别无他物。"(131)在这里,斯嘉丽与漂亮事物的相遇,作为一种从根本上去中心化的经验得以保留——但是这样的去中心化以及唯我论的"降级"的美学价值和伦理价值却变得丑陋而恶心。罗昆汀没有去拥抱他与世界的渗透性和可逆性,而是将物质世界看作稠密且完整的,不能

---

[1] "某-物-性"的原文是"some-thing-ness","无-物-性"的原文是"no-thing-ness",后者也可以直接翻译为"虚无",以与存在相对。——译者注

在-时间-中-存在或者生成,尽管它看上去很活跃。从他的洞见深处浮现,他观看着树的运动,但是将之理解为"绝对的"。"我的眼睛,"他告诉我们,"只与完整相遇。树枝的尖端与存在一起沙沙作响,这存在永不止息地更新自我并且这存在从未诞生。"树的"震颤并非新生的品质,也不是从权力到行动的传递;它是一个物;一种震颤物流入了树中,占据了它,摇动它并且突然遗弃了它"(132)。意识到所有这些麻木和机会的异化本质之后,罗昆汀是"惊讶的,被这种没有起源的丰饶存在所震惊:处处花开,破壳而出"(133)。但是接着,与这种世界绝对的、完整的以及异化的"物-性"的感觉看上去相矛盾但实际上是他恶心的深层来源的是,罗昆汀也感觉到他自身牵涉了"肉身"以及他的身体和世界的身体之间相互渗透的边界。因此他告诉我们:"我的耳朵因存在而嗡嗡作响,我的真正肉身悸动着并开放着,将自身遗失给每一处的萌芽。它令人反感。"(133)

那么,此处"在肉身中"的是萨特与稠密、物质性、客观肉身的存在的远离,这些都被梅洛-庞蒂假定为感知的具身性意识以及世界的客观存在的基础,即奠定了两者之间交流基础的元素。然而,对于萨特而言,在主体意识和世界之中的客体之间,在流动的存在和稠密的"物"之间没有共同的基础,流动的存在不是"物,而是可感知的和反思性的行为,即身体-主体的生活;稠密的"物"是野蛮的客体-身体,物不是在特殊之中被捕捉到,而是在一般之中被捕捉到,是在绽放、嗡嗡作响的混淆之中,以及在令人反感的客体性和世界被动而普遍的萌芽的内在性中被捕捉到的"物"。《恶的透明性》中,让·鲍德里亚将"客体"宣布为极端现象,并且如萨特(或罗昆汀)般对其丑闻加以解释,他写道:

> 即使是在科学的最外层,客体甚至显得更加地捉摸不定:它的内在仍然是不可分割的,因而是不可分析的、无限多样的、

可逆的和反讽的,并且蔑视所有企图操纵它的努力。主体拼命地跟随着它,哪怕以放弃科学原则为代价也在所不惜,但是客体甚至超越了科学理性的牺牲。客体是个无解之谜,因为它不是自身并且对自身一无所知。[1]

罗昆汀的意识之所以感到恶心,正是因为要么被具有肉身的客体吸收,要么被其遗弃的想法,客体使得感知性成为可能;但是,与此同时,客体超越和逃离了这种感受能力的解释和控制——它的意志、思想、理解。在小说开头他告诉我们:"客体不会触摸,因为它们并不是活的。你使用它们,把它们放回原处,你在它们之中生活:它们是有用的,仅此而已。但是它们触动了我,这令人无法忍受。我害怕与它们接触,就好像它们是活生生的野兽一般。"(10)罗昆汀一想到他那被异化的活体肉身与世界的肉身之间的激情杂交就感到恶心和恐惧。因此,对他而言,因为"无-物-性"是对存在有意识的超验主体,所以"某-物-性",即存在的和内在的客体,总是令人反感的肉身,如果必要的话,这肉身也是他者。

在这种异化的关系中何处是其可能的替代品?在何种模式中,感知的意识能体验到安逸、归属和强烈的快感?在它自身的肉身和世界之物的"物-性"之间共同的和内在的稠密中?或者,在对超越其解释和控制并且继承了"没有起源的"内在性的"普遍的萌芽"的自身的肉身感觉和认知中?[2] 经验告诉我们,我们并不总是从世界的客观性中被孤立出来,而是经常献身于它——并且,不仅仅是在商品拜物教的化约模式中。残暴的愉悦和骇人的极乐在我们对崇高的感知中

---

[1] Jean Baudrillard, "The Object as Strange Attractor," in *The Transparency of Evil: Essays on Extreme Phenomena*, trans. James Benedict (London: Verso, 1993), 172.(本节的题词在同一页。)

[2] 这里我会又一次——而且不带任何浪漫的神秘化——提起怀孕限制的例子,就像我在其他模式中会提到癌症限制的例子。

有它们的对等物。我们的主体意识被世界的存在的"彼处性"令人厌恶地穿透了,并且我们活体对我们意愿的恶心抵抗也许也会被体验为一种强烈的有快感的"此地性",如同从保守的自私的限制中得到解脱以及对存在的完整性(而不是完成)的拥抱一般。梅洛-庞蒂在《可见的与不可见的》中通过一种认识描述了这种解脱,他认识到:"我的身体由与世界(它是被感知的)一样的肉身组成,并且更重要的是,我身体的这具肉身与世界所共享,世界反映着它,侵占着它,并且它也侵占着世界(在主体性和物质性同时达到顶点时的'所感'),它们处于相互僭越与叠加的关系之中。"

此处用梵高的《桑树》(*The Mulberry Tree*)来对比罗昆汀的栗树会很有启发性,这幅画是画家于1889年神志尚清醒时在圣雷米(Saint-Remy)的收容所里所画。[1] 当桑树的枝条和茂盛的黄叶在嚓嚓作响的困惑中绽放,在一种"普遍的萌芽"中占据了湛蓝天空和翻滚而欢闹的田野时,《桑树》几乎没有建构起"引人反感的"被动性以及客体性和存在的"绝对性"。此处所画的愉悦并非"残暴的"。自我弥散到世界的肉身中去并不可怕——而且树并非一个冷漠且完全的他者。正如梵高在画出这幅特殊习作时,于一封信中写道:"我时常有一种可怕的清晰性;这些日子里自然是如此美丽,我不再能意识到我自己,而画就仿佛在梦中一般浮现在我脑海里。"[2] 人们在《桑树》中看见和感觉到"主体性和物质性同时达到巅峰";在"无-物-性"和存在之间没有矛盾。

---

1 无论完成作品时是疯还是醒,梵高所有的画作几乎都揭示了他对一些事物持续且强化的关注的不同阶段和态度,这些事物就像梅洛-庞蒂关于"身体和世界之间界限"的问题一样。许多艺术家,与梵高一起——包括让·巴普提斯特·西梅昂·夏尔丹,珊·苏庭,以及保罗·塞尚——也探究着这个问题。若要了解一个关于存在与世界(与萨特联系起来看是有趣的,因为它的"否定性"否定了否定因此也否定了异化)之间互惠的非西方视角(美学的和伦理学的),可参见 Norman Bryson on Japanese ch'an or "flungink" painting, in "The Gaze in the Expanded Field," in *Vision and Visuality*, ed. Hal Foster (Seattle: Bay Press, 1988), 87-113。(就这方面而言还可参见本书的第四章。)
2 引文来自为诺顿·西蒙艺术基金会所做的《桑树》的复制品的正面。

这里，正如伊丽莎白·格罗兹所说的（从贴切和方便两方面将它们都定位为相似的一般化的树的客体）："画家看见了树，但是树也在某种意义上看见了画家。"这种可见的特性对于可见物及观看者而言不是一种拟人论（anthropomorphism），而是关于肉身的主张，关于一种为感知的主体和客体所共有的（非同一的，非实质的）"物质性"的主张。[1]

即使是萨特，通过罗昆汀，他也有过他的欢乐时刻，也感到过愉快，并且从主观上献身于世界而不是被它的"彼处性"所湮没和惊骇。的确，人们可以以违反作者意愿的方式去阅读《恶心》，变态地寻找"令人快乐的"部分。这里，我会想到罗昆汀经验着一种矛盾修辞意义上的"恶心中的小小快乐"，它听着音乐——但是音乐的空洞内容或音乐的"在路上"（in the way-ness）的缺乏似乎更像是作为对"无－物－性"（也是一种意识）的再现而取悦他，而不是作为一种他的肉身之中对"物的"回响的内在吸引力。然而，罗昆汀与世界之间有着一个更为持久的热情相遇——而且在作为共同特点的肉身中发现了超验的快乐，这种共同特点既将具身性意识和世界的稠密物质聚合在一起，又将它们区分开来。在小说的开始——与后面描写的与栗树的相遇差不多一样长——罗昆汀发现自己被囊括在一个物质性和内在性相互拥抱的世界之中。与此相称，他在一个星期天体验到了肉身的超验（有人会说是神圣的）本质。这个星期天，野蛮的物质性和不可言说的内在性之间可怕的偶然性为了他而被转变为世界令人敬畏的"恩典"，这种恩典即世界仅仅以其广阔的完整性存在于彼处。所有的东西——无论是主体还是客体——都是在客观世界的非宗教启示与他的观看的主观统一性中被它们的彼此包含所拥抱和理解。

---

[1] Elizabeth Grosz, "Merleau-Ponty and Irigaray in the Flesh," *Thesis Eleven* 36( 1993): 45. 之所以论及树是因为梅洛－庞蒂在《眼与心》（167）中有一段对画家与其对象之间相互凝视的讨论。这种看的主体和被看的客体之间相互凝视的问题也在詹姆斯·埃尔金斯的著作中被研究过（James Elkins, *The Object Stares Back: On the Nature of Seeing*, New York: Simon and Schuster, 1996）。

这种物质性和恩典的经验也在公园中开始。罗昆汀告诉我们："在那儿——在树上，在草地上，如同晕厥的笑容一般。它不能被描述，你不得不非常快速地重复：'这是大家的公园，这是冬天，这是星期天的早晨。'"（40）这个星期天，世界被祝福了，但是，不是在先验意义上；而是在其精准、稠密以及普遍的客观性的完整中得到了恩典。罗昆汀围着它转（并且，更重要的是在它之中转），描述着它所有的轮廓，所有宇宙中的萌芽以及使存在可见的光的所有性质。[1] 客体、主体、世界——它们的共同肉身组成了一个变动的、"触动人心"的存在的多样性。至于这个星期天的结束以及他的描述（其温柔一如其精确），罗昆汀写道：

> 一盏汽灯闪耀。我想那点灯人已经离去。那群小孩为他照看着，因为他为他们发出了回家的信号。但是只不过是薄暮最后的余晖。天空依然澄澈，但是大地已沐浴在阴影之中。人群四散，你能清楚地听见大海之中死亡在嘎嘎作响。一名年轻的女子，双手凭栏，抬起她忧郁的面庞望向天空，嘴唇上涂着黑色的唇膏。一时间，我好奇我是否并不愿热爱人性。但是，毕竟，那是他们的星期天，而不是我的。(53)

然而，尽管他反对，但这就是他的星期天。他继续说："紧接着的第一道光来自卡耶波特岛上的灯塔；一个小男孩停下来靠近我，并且兴奋又小声地告诉我，'哦，灯塔！'然后我感觉到我的心中涌起一阵强烈的冒险欲望。"(53)因此，罗昆汀与世界及其对存在多样性的阐释纠缠在一起并对之开放，这种多样性即他与所有其他存在事物间的

---

[1] 光使得世界的"肉身"或者基本的"多样性"可见，并将之展现出来，关于"光"的问题贯穿着梅洛‐庞蒂的《可见的与不可见的》。与梅洛‐庞蒂的表述相关的关于光的论点可在瓦瑟勒的《光的纹理》中发现。相关的讨论（和批判）也见于吉尔·德勒兹的《福柯》（Gilles Deleuze, *Foucault*, ed. and trans. Sean Hand, Minneapolis: University of Minnesota Press, 1986), 108-113。

相同和不同。的确,在《光的纹理》中,凯瑟琳·瓦瑟勒很好地描绘了罗昆汀星期天的轨迹和经验,她写道:"在光与眼睛的接触中,视觉观点的客观性变成了一种对差异在场的感知,在这种感知中,光被体验为一种对感觉的非理性臣服,这些感觉包括被穿透、眩晕、迷狂,或者疼痛。"[1] 沐浴在这星期天的多种启示中,罗昆汀体验到了一种对世界肉身激动、狂热的献身而不是忍受,这种献身打破了他对渗透性的自我抵抗并且让自己对存在的"冒险"(adeventure)——存在的来临(advent)——敞开,在持续的出现和运动中,不以他的意志为转移。

继续在他的路上前行,罗昆汀思考着他所感觉到的这种对完整性(fullness)的突然感知是如何产生的:"没有什么发生了改变,然而一切都不一样了。我不能描述它;它就像恶心,然而却正相反:最后一场冒险发生在我身上,而当我向自己提问时,我发现我碰巧就是我自己,并且我就在此处;我是那个撕裂夜晚的人,我就像一部小说的主人公那样快乐。"并且,当他继续走到巴斯德维尔大街上时,他告诉我们:"我不知道整个世界是否突然缩了水,又或者我是否是那个统一所有声音和形状的人:我甚至不能想象周围的东西不是它们本来的样子会怎样。"(54)他在这里经历着一种状态,处于这种状态中,他的存在超过了知识和概念的限度,在这种状态中,它被世界的"肉身"所深深地"触动",罗昆汀觉得他对自己与世界及世俗世界中的物未被异化的纠缠、交互的可逆性充满着好奇和喜悦。在马布雷咖啡馆中,看着一张"精致的面庞在红色帷幕的背景下盛开",他说:"一切已经停止;我的生活停止了:宽大的窗户,沉闷的空气,如水一般的蓝色,水底多肉的白色植物,以及我自己,我们组成了一个完整而静止的整体。我很开心。"(56)这是罗昆汀在世界的内在性中的超越,也是对这种内在性的超越;罗昆汀体验着杜夫海纳所描述的东西,即从审美(和

---

[1] Vasseleu, *Textures of Light*, 12.

伦理）角度来理解现实，把现实理解为前客观的、"过剩的……就像是既定条件的无穷储备"，"每样事物都被团结"在其中（531）。这里，在表述将他和世界融合起来的完整且静止的性质时，罗昆汀说的不是令他恶心的物的绝对他者性——而是导致他的宽恕（absolution）的差异性中的相似性。这无疑迥异于他后来感受到的世界的肉体的痛苦，因为他感觉到的是无情的客观现实，而不是前客观的现实："我焦虑地看着周围：在场之物（the present），只有在场之物。家具轻便又结实，植根于它的在场，一张桌子，一铺床，一个带镜子的衣橱——以及我。在场之物的真实本质自我显现了：它是存在的东西，并且所有不在场的都不存在……现在我知道：物完全是它们显现的样子——而在它们身后——什么都没有。"（95-96）

罗昆汀感觉到了意义的空虚，所以他的星期天以一种既苦涩又疏离的方式结束了，一旦世界的历险离开他，这种空虚感就会出现，他对于完整性的感觉来得很随意，去得也很随意，完全不顾他的意愿。星期一他写道："在心里，令我恶心的是昨晚竟如此崇高……我必须用透明如水的抽象思想将自身洗净。"（56）他回到他的恶心，回到了一种凝视，这种凝视，正如杜夫海纳所说，是世界"过剩的特征……但没有自己的意义"，其中，"不协调的中立统一"如"盛开在集中营大门口的……花朵"[1]令人惊骇，并且"没有真正地建构一个世界，除了那个人，他疾呼反对不公正，并认为这个宇宙的统一性不但丑陋而且非人性"（531）。然而，罗昆汀安静而恩典的星期天填满了萨特的字里行间，就如同他与粗暴的栗树丑陋的相遇一般。只有当罗昆汀回到一种有思想和反思的自我主义时他才失去了自己在世界的肉身中扩散的感觉，以及作为这种肉身扩散的感觉，失去了那种感觉——在存在多样性的前客观的现实中——他只是被区分开，而不是与他周围客观的

---

[1] 引文基于中译本，根据本书语境作了相应修改。——译者注

他者和物有根本的不同。因此，就如同这里所说的，对崇高、恩典或宽恕的现象学感知从经验和物质两方面浮现出来，而且从实体的角度看，站在了抽象思想的对立面。它起源于存在的物质性——即使是作为意识的"无-物-性"也会忘记一个事实，即它总是作为物质和具身的存在。就像罗昆汀忍受恶心的体验那样，献身于世俗世界的经验是崇高的，这种经验源自身体-主体与客观世界的物质交流，而且是在主体被客观性感动的经验之中，这种经验存在于对一种具体的、转瞬即逝的肉体的理解之中（这种理解也来自肉体）。

## III

情感存在于我之中只为了作为对客体中的某种结构的回应。相反，这个结构证明了一个事实，即客体是为了主体而存在的，并且不能被化约为客体性，因为客体性不为任何人而存在。

——米盖尔·杜夫海纳，
《审美经验现象学》

对于梅洛-庞蒂而言，有感知的意识与可被感知的世界，身体-主体与世界中的客体，都是在存在中被共同建构的，而且在普遍的存在元素中被共享，这种元素在他晚期的哲学研究中被称为"肉身"。我们记得前面的讨论中，肉身不只是实质，它是"客体和主体的形成媒介"（147）——具体的物质性的共同媒介和一般媒介，这一媒介把作为身体-主体的我们奠基于一种与其他身体-主体的原初可逆性（primordial reversibility）之上，以便使我们本质上的主体间性可能"拥有"一个世界，并且也使得在所有客观意义上"拥有"一个世界成为可能。如同肉身一样，"身体和物彼此互补。身体属于物的秩序，而物被接纳为身体的存在领域"[1]。因此,存在的共同物质被普遍分享,即便是在不同的状态和分化形式中,身体-主体和具身化的客体一般是可逆的。正如大卫·勒温(David Levin)告诉我们的,肉身"是……一种'媒介',在它之中同时出现的主体和客体永远是统一的,并且它们通过这种媒介继续地镜映着彼此"[2]。

事实上,正如我在这里所说的,审美感知和道德责任的共同起源在于对我们自身**客体性**的**主观**实现,也在于我们自身物质的受难。美学和伦理学起初在身体上出现是作为感觉-能力以及反应-能力——凭借的是活体-主体对其自身客观内在性的超验意识,以及作为一个被感知的身体-客体,同时作为一个能感知的身体-主体存在的被体验的感觉(既包括身体的感觉也包括自我意识的感觉)。因此罗昆汀,即便他否认,不能逃脱作为比"无-物"(no-thing)要多(或者,对他而言,更少)的"某-物"(some-thing)而存在着;他对绝对"无-物"的意识以及完全没有感知的栗树的意识最终是个虚假的意识。他不只主观地体验到了树通过他的客观身体对他的存在所造成的侵袭,而且他也——并且必然地——赋予了这棵没有感知的树以它自身的有恶意的主体性(malevolent subjectivity)。既作为主观的客体又作为客观的主体,罗昆汀不能体验到——或者全面地思考——主体性或绝对的"在自身之中"(in-itself)的客体性。因此,活体内在性中的超验性(transcendence-in-immanence)以及超验性中的内在性(immanence-in-transcendence)被双重且可逆地定位了:在"无-物"这方面,我们对自我的意识总是部分的意识,超越了解释的意识成为解释的起源;在"存在"这方面我们稠密的肉身经常是不透明的,而且处在解释之下,

---

1 Remy C. Kwant, *From Phenomenology to Metaphysics: An Inquiry into the Last Period of Merleau-Ponty's Philosophical Life* (Pittsburgh, PA: Duquesne University Press, 1966), 58.

2 David Michael Levin, "Visions of Narcissism," in *Mearleau-Ponty Vivant*, ed. M.C. Dillon (Albany: State University of New York Press, 1991), 67.

超越了我们的意识及它的理解。超验性和内在性"在肉身中"的可逆结构，为共情和同情的可逆结构奠定了基础，而共情和同情存在于我们的具身化主体性和其他的身体-主体之间（即**主体间性**）之间。然而，我坚持认为：它也为一种类似存在于我们的主体具体性和其他的身体-客体之间（即我所谓的**客体间性**）的共情和同情的可逆结构提供了可能的基础。客体间性与主体间性必然相关——虽然这种关系既是互补的又是对立的。

对于梅洛-庞蒂而言，关于**主体间性**的问题及其可能性被置于一种原初的具身化主体性的基础之上——一个人体验到的不是作为一个有意识的"自我"而是作为一个前意识的"这里"。唯我论的自我，通过无数的分化行为和不断增加的自我反思，在（身体的和社会的）发展中逐渐显现。[1]因此，主体性的建构对梅洛-庞蒂而言不是一个问题——但是主体间性却是。考虑到我对"这里"的具身化在场的前意识且主观的感觉，以什么为基础才能使"那里"的其他活体从其余的客观世界中区分出来，并且不只是被理解为一种**为我的**客体（object-for-me），也被理解为一种**自为的**主体（subject-for-itself）。也就是说，经历过具身化的主体性并且作为具身化的主体性，我始终如一地将这种具身化的主体性体验为这里的和我的，那个他者看上去只是许多他者中的一个客体。梅洛-庞蒂承认这种感知的不对称性，他写道："只要其他的人还栖息在这个世界上，就会在那里被看见，并且成为我的领域中的一个部分，他从来不会是一个自我（Ego），就像是我对于我自己而言的那样。为了把他想成一个真正的我，我应该把我自己想象成仅仅为他而存在的客体，但是由于我对自我的知识，我做不到这

---

[1] 梅洛-庞蒂，如雅克·拉康一样，使用镜像阶段来讨论小孩对"自我"有意识认知的出现，以及6个月到8个月之间对他独立的自我存在的有意识的认识。然而，梅洛-庞蒂将主体性看成存在于自我分化之前，并且内在于活体之中，即对"这里"的非自我意识的意识，"这里"是经验发生和被收集的地方，而且"这里"先于"我"而存在。更详细的讨论参见我的《目之所及：电影经验的现象学》（104-128）。

一点。"[1]

然而，这种与他者关系的不对称（使得我的主体意识不允许我将自身仅仅当成一个客体来思考）被平衡掉了，这一点是通过把我自身身体作为可被感知的物质（perceptible matter）的客体性来实现的，我知道可被感知的物质——因为我主观地维持着它的生命——也是能感知的物质（perceiving matter）。我的主体性告诉我，这种能感知的物质积极地"拥有着"一个世界，并且在其中有意向地行动着，以一种有目的且直接的行为处理着它"对存在的拥有"。作为身体－主体的我和其他身体－客体不只是共享着世界之中物质具体化的共性，而且可以感知性地表明共同的意向行为模式，我被感知和感知的可逆感觉使得我将他者不只理解为身体－客体，还理解为身体－主体。正如梅洛－庞蒂所说：

> 我说这是另一个人，一个第二自我，并且我一开始就知道这一点，因为这个鲜活的身体与我有着相同的结构。我以采取某种行为模式以及选择某个世界的权力作为我体验世界的方式，并且我仅仅被当作对世界的支配力而给予自身：如今正是我的身体感知着另一个人的身体，并且在另一个身体中发现了我自身意向性的奇迹般的延伸，这是一种与世界打交道的熟悉方式。此后，当我的身体的部分组成系统时，我的身体和其他人的身体是一个整体，一体两面且现象相同，并且我的身体是这个整体的匿名存在，从此以后同时栖息于两个身体之中。[2]

作为主体和客体的活体将肉身作为共同的基础，以及这两者之间的基本可逆性使得亲历主体间性的结构（lived structure of intersub-

---

[1] Maurice Merleau' Ponty, *Phenomenology of Perception*, 352.（楷体为笔者所加）
[2] Ibid., 353-354.

jectivity）成为可能。

我此处称之为**客体间性**的东西也是以"匿名的存在"以及肉身的可逆性为基础——但是它的结构被体验为一种与主体间性既互补又对立的模式。也就是说，客体间性使我们相联，因为我们与共同物质以及物质性的潜力一起匿名地存在着，这种物质性不只被意向主体也被非意向的客体所共同分享。因此，客体间性所提出的问题，不是一个"为我的客体"如何能变成一个"自为的主体"。相反，既然我是一个身体－客体，且不变地总把肉体存在和物质存在当作主体的和"我的"来支配，这个问题就变成了，我如何能够完全将其他人的客观身体作为非主体——作为自身（in-itself）——来理解？事实上，客体间性的现象学会揭示出，我们不能这么做，并且，在不同程度上，我们不能避免用准主体性来渗透无意向性的客体，它们过度的不透明性不是被当作"自在的"而是被当作"自为的"。因此被当作主体间性的另一面而被提出的客体间性，是客体之间关系的结构，这些客体不能被化约为简单的拟人（用这种方法我们可以把我们自身的唯我论的主体性归结为无感觉的存在）。相反，它是个更为复杂的经验关系的结构，它不能理解绝对的和完全的客观性或者"自在性"，然而，却在不同程度上赋予客体以被疏离的（estranged）——因此是超验的——主体性，这主体性在相对于我们自身的他者性中看上去有些奇怪。豪尔赫·路易斯·博尔赫斯在一首叫作《事物》（Things）的诗中，赋予了客体间性的结构以声音：

多少事物，
文件、门槛、地图册、酒杯、图钉，
如从不言语的奴隶一般服侍着我们，
被盲目又神秘地保留着，
我们消逝后，它们会延续；

然后，它们便不会知晓我们的离去。[1]

为了描写客体性的他者性，以及那些制造出来为我们服务的事物，博尔赫斯给它们赋予了主体性——尽管这种主体性是在他者性中被建构的。事实上，这首诗描写的不是"物"的"自在性"，而是它们的"自为性"。因此，最后一句模糊地产生了回响："事物"不知道我们已离去，因为作为"事物"，它们不知道任何事情？或者它们不知道我们消逝是为了保留它们自身的秘密生活，它们毫不关心？

从伟大诗人博尔赫斯到一个电视广告，似乎有些牵强。然而，我们在最近由宜家（IKEA，全球性家居商场）播出的广告中看见了同样的——即使是相反的——质询。在广告中，我们看见一个年轻女人提着垃圾袋离开了她的公寓楼：一个鼓鼓的塑料袋被她扔进了垃圾桶，还有一盏鹅颈台灯被她放在人行道的垃圾桶旁，灯的"颈""可怜地"低垂着。夜幕降临，下起了雨。摄影机仰拍女人公寓的窗户，被一盏明显崭新的台灯照亮，接着，镜头垂下看着那盏被当作垃圾的——"可怜的"——小台灯，独自在湿漉漉的街道上。场景被切换到商业空间，有个年轻男子告诉我们："你们当中许多人为这盏灯感到难过。为什么？因为你疯了。这盏灯根本什么都感觉不到。"然后，出现了IKEA的标志，以便让我们也知道哪里能买到一盏新灯。如果不是知道我们有（当然，是在摄影机和剪辑的帮助下）"主体化"我们客体的潜在倾向的话，想必没有公司会花一大笔钱做一个把消费者说成是疯子的销售广告——在这个例子中，一盏灯可伸缩的"颈"被看作对其生存状况的情感回应，而且，在博尔赫斯诗歌的反向回响中，那盏灯反映了我们缺乏关怀。

作为一种身体-主体与身体-客体之间的可能关系的结构，客体

---

[1] Jorge Luis Borges, "Things," trans. Stephen Kessler, *New Yorker*, Mar. 22, 1999, 66.

间性包括了主观上被经验的与客体的可逆性既广泛又等级不同的范围，不仅在这种可逆性的比率上有所变化（既然在踢汽车轮胎、给一艘船取个合适的名字，以及相信魔法魅力的主观作用之间有很大差别，那客体有多少比例的主体性以及自为性），而且在主体与客体被经验的可逆性中变成透明的或在清晰地呈现给意识的程度中也有所变化。因此，客体间性的现象学既是结构性的也是历史性的，无论是在它对我们与客体的可逆关系的原初基础的理解中，还是在这些具体和世俗化的文化实践的语境内对可逆关系的区分中，以及对它们的反思中——比如说，这些被指为泛灵论、拟人论、人格化和拜物教的历史和文化表现，或者被精神分析采用并明确地描述为客体关系或者幻想性精神分裂症的历史和文化表现。这当然在威廉·匹兹（William Pietz）关于物神（fetish）[1]的开创性著作中也被提到过，例如，他写道："物神也许会被看作一种基本的肉体修辞，这种修辞关于认同和否定，它在一系列独特的固定性中，就组成领土的社会事物和具身化的有人格的个体作出了有意识和无意识的价值判断。"[2]就这一点而言，而且尤其因为它带来了我们和"物"的关系以及我们与判断和价值的关系，米哈伊尔·巴赫金（Michail Bakhtin）的《走向一种人文科学的方法论》中的一个简短注解在这里很适合："我们的思想以及我们的实践，不是技术的而是道德的（也就是说，我们负责任的行为）思想和实践，在两个边界之内被完成了：一个是对物的态度，另一个是对人格的态度，也就是**物化**（reification）和**拟人化**（personification）。我们的有些行为（认知和道德行为）努力朝向物化的边界，但是从未到达过；另一些行为则朝向拟人化的边界

---

1 Fetish 本是一个人类学概念，是指人对物的崇拜，人将物奉为神灵，后来被马克思运用便发展出了商品拜物教，弗洛伊德则用来指称"恋物"，匹兹的这篇文章便是对此进行的解释。——译者注

2 William Pietz, "The Problem of the Fetish I," *Res* 9( spring 1985): 14.

而努力，但也从未完全到达过。"[1]

尽管我们有对我们自己客观性的不变的主观经验，但是在某种程度上，我们偶尔的确似乎（几乎）在恶心的经验中触碰到了非意向性客体的"自在性"（in-itself-ness）（如罗昆汀与栗树的相遇那样），或者让我们对世界以及人自身内在的此地性充满着崇敬感（如罗昆汀星期天的经验）。然而，正如我前面所提到的，这种"自在"的感觉是主观投射的关于非自我敞开的他者性的感觉，以及对我们自身客观存在的拒绝。尽管这种理念让萨特感到恐惧，但他无法体验到绝对的客观性，即杜夫海纳所说的"那种不为任何人而存在的客观性"（442）。我们对具有惰性且无感觉的客观存在的自在性的领会（apprehention）总是部分地被我们（透明）的主体性抓住并检验——并且因此不允许我们对自在的理解（comprehension）。事实上，我们从未真正地感觉到一个非意向的"物"作为一个自在之物存在于世界上，而是感觉到它当前真实的在场超过了我们的理解范围，并且感觉到当前真实的存在是自为的存在。就像在博尔赫斯诗中的物一样，这种主观化把客体过度的客体性（即我们缺乏对某些客观存在的东西的理解）当作不透明性，而把它的惰性以某种方式当作一种拒绝或判断。

杜夫海纳认为我们在（审美的或伦理的）客体中所领会或瞥见的是巨大的、未分化的且多样的存在，而这个存在是真实的。他写道："现实就是前客观。它表现在事实的突然性、在那的强制性、自在的模糊性之中：我遇到和受到的这种呈现（presence）就是现实的现实性。"（530）那么，我们可以说，我们对客观的自在性的感觉真的是一种真实的前客观状态的感觉，是一种在其物质性上对于我们而言尚未

---

[1] M. M. Bakhtin, "Toward a Methodology for the Human Sciences," in his *Speech Phenomena and Other Late Essays*, trans. Vern W. Mcgee (Austin: University of Texas Press, 1986), 168.

分化的在场——不是一个客体,也还不是一个主体。[1] 关于现实中所缺乏的分化,以及主体性用意义和价值来区分和传达它的方法,杜夫海纳提到了情感作用以及它与审美客体之间的关系。但是,他所述及的情感作用可以被认为是一般的主体性,并且他所述及的审美客体,勉强可被认为是我们与所有客体的关系:

> 我心中的情感作用并不如客体中的那样多。去感受即是去体验一种作为客体性质的感觉,而不是作为我的存在……客体中有某种东西只能通过某种感同身受才能被了解,在这种感同身受中主体将自己对它开放。事实上,在边界上,从情感上被认可的客体,自身是一个主体,并且不再是单纯的客体,或者非个人意识的简单关联……因此,一个客体的……氛围所包含的……情感性质变成了拟人的。(442)

因此,罗昆汀的栗树产生了影响和作用,并且它令他窒息;尽管他有着不同的反抗,但事实上,正是因为这些反抗是作为他的主观感知的表达而出现的,所以这棵树不是自在的;相反,对罗昆汀而言,它的存在在某种程度上是有意向性的。然而,对于我们当中那些较少异化的人而言,一棵桑树的发芽,天空下大山上雄伟的岩石峭壁,或者把桌子上的玻璃瓶勾画得棱角分明的阳光,偶尔也会带走我们的呼吸。但是这种喘息不是被当作窒息来体验,而是被当作对某些崇高事物的回应来理解——作为一种对存在的呼吸/广度(brea[d]th)突然而又深沉的吸收。这一喘息是在客体性的主体性中,在自为的主体性中,在作为"某-物-性"的物质存在(甚至我们自己的)的主体性中形成的一种认识,这种"某-物-性"超越了我们对它的确定性的理解和容

---

[1] 这里将前客观的和前主观的进行对比,为的是强调它们的可逆性,而不是为了强调它们的不同形象和价值,这是非常有趣的。我们也许会想到前镜像阶段的婴儿,不是一个分化的主体,也不是一个客体。

纳，这种理解将它化约为仅仅是为了我们而存在，而这种理解本身也是被决定的。

这也就是说，因为主体间性是一种与其他身体－客体相关联的意向行为，从这种行为中我们认识到主观上的客观看起来是什么样的，所以客体间性是一种与其他身体－客体的物质性之间的关联结构，我们对其他的身体－客体投射我们的感觉，即那些身体－客体主观上的感觉是什么样的。那么，在任何状态下，我们都不能完全把存在想象成一种不能去感知的单纯的身体－客体。总之，正如主体间性一样，客体间性被不对称地感知着——因为我们永远是主体，且同时永远也是客体。因此我们总是作为一个被检验的准客体（qualified and quasi object）而存在——就像客体总是（即使大多数时候是透明的）作为一个被检验的准主体为我们而存在。关于这一点，梅洛-庞蒂对主体间性的不对称性的描述可以被反过来解释客体间性的不对称性：只要其他的客观主体栖息于这个世界上，可被看见，并且形成了我的领域的一部分，那么它就总是一个部分的主体，就像是我对于我自己也是一个主体一样。为了把它想成只是一个客观的身体，我应该能够把自我想成一个单纯客体，但我却被我所拥有的对于自我的主观知识所阻止。然而，与主体间性的不对称性一样，客体间性的不对称性也被平衡了——如今是通过我自身身体尚未确定且可感知的物质来平衡，这一身体－客体经常超越我的意志和决定，并且被客观地置于其他可感知的物质中间，不再是"像我"或"为我"，而是看上去是"自为"的。从某些方面来说，如果不是完全的话，我在感知身体时是将其作为更为广阔的存在和可能性的肉身来对待的。这种从其更广阔的存在中对我们身体的感觉能够在强化的——和否定的——意识中发生，正如在罗昆汀的例子中一样。但是有必要强调的是：这种有意识地把我们自身身体作为障碍的客观物的经验，与我们作为肉身的客观身体的透明（或前意识的）经验之间有着显著的对比，我们在后一种经验中作为广泛的物质能力而存在，享受着与世界的共同肉身之间的相互交流，并且不假思索地意识到我们最基本的意图。

因此，客体间性与拟人不一样，也不能被化约为拟人或者它的其他变体，诸如泛灵论、拜物教或者物化。相反，客体间性是一种与客体性有着身体关联性的主观结构，这种结构在将罗昆汀的异化接纳为诸多变体中的一种的同时，也准许异化的另外一面：不只是在世界之中存在的感觉，还有属于世界的乐观感觉。也就是说，客体间性是一种结构，它包括了异化：物质性的物（material things）的稠密性和不透明性与身体－主体之间存在着一种相互性的消极关系，在这种关系中，后者体验着它自身的存在，即使它总是作为"我的"、作为一个不透明的并且疏离的身体－客体来生活，在不加解释的情况下，身体－客体与无意向性的物质在无分别且无意志的可逆性中过着自己的生活；然而，客体间性的结构也包括一种身体－主体和具有物质性的物之间积极的相互作用，其中前者透明地支配着或者崇高地体验着它自身的客观存在，尽管这个客观存在总是作为"我的"而被亲历，并作为一个对属于自为世界的公开确认而被亲历。在这更加乐观的结构中，身体－主体才能重新认识（re-cognize）到它在肉身中的原始固有属性以及它受难地献身于世界，并且将之与"忍受着"世界的更为消极的受难相对比。重新认识到这一点后，这种固有属性和受难便可被反思地以及客观地施行（enacted），亦即在意识构型和实体行动之中形成一种"更高等级"以及更为清晰的审美感知和道德责任。

梅洛－庞蒂在其最后的著作《可见的与不可见的》中提到视域、绘画，以及可感知的领域时，不只是唤醒了"物质的受难"——我们对客观性以及世界的物的忍受和献身——还期待着审美感知与道德责任的发展和结合：

> 由于观看者被他所看见的东西所捕捉，因此他看见的仍是自己：所有的视域都存在着基本的自恋。因此，出于同样的原因，他也从其他的物身上经历到他所操练的视域，以至于正如许多画家所说过的，我感觉自己被物观看着，我的主动性与被动性无异——被动性是自恋的次级感觉但更深刻：不是像他者在外部看见的它那样，看见一个人所栖居的身体的轮廓，而是尤其被外部看见，在它之中生存，迁移到它之中，被幻象引诱、俘获以及异化，因此观看者与被看者是相互的，而我们不再知道哪个在看，哪个又在被看。[1]

这里所说的俘获（captivation）不是罗昆汀异化的恶心以及恐惧。相反，这是一种狂喜（ecstasy），一种极乐（ekstasis），这种极乐正如勒温所说："使得自我-发展的社会化变得可能，从我们身体的深层秩序中牵引出它的固有能力，将社会关系的经验转变为与他者认同的位置预设。"[2] 这种可逆性不只使得我们的客观的审美愉悦成为可能，而且正如勒温指出的，这种可逆性还"作为我们培养的对伦理生活如此必要的互利性的基础"[3] 来起作用。事实上，正如我这里对它的介绍一样，客体间性命名的是一种对自我以及客观世界的深层次且受难的认识的状况，这个客观世界充满着"物"和"他者"，而自我和客观世界都内在于肉身之中，也就是说，既具有物质层面也具有超验层面的现实性和重要性。

---

1　Merleau-Ponty, *The Visible and the Invisible*, 139.
2　Levin, "Visions of Narcissism," 70.
3　Ibid., 71.（楷体为笔者所加）

# 索 引

《50英尺高的女人》(1958) *Attack of the 50-Ft.Woman*(1958) 40，43

G. I. 简（1996）G. I. Jane (1996) 185

《阿甘正传》(1994) *Forest Gump*(1994) 258-60，263
阿利耶，菲利浦 Ariès, Philippe 227-30，234，239，254
阿舍，麦克 Asher, Michael 18-20
埃尔金斯，詹姆斯 Elkins, James 73页注，307页注
《埃及艳后》(1963) *Cleopatra* (1963) 276
艾伯特，罗杰 Ebert, Roger 28，276
艾柯，安伯托 Eco, Umberto 74页注，238页注
艾伦，伍迪（米娅·法罗丑闻） Allen, Woody (Mia Farrow scandal) 275-79
艾略特，T. S. Eliot, T. S. 226，236
《爱迪生的夏娃》（伍德）*Edison's Eve:A Magical History of the Quest for Mechanical Life* (Wood) 127，128页注
《爱情》(1927) *Love*(1927) 276
爱森斯坦，谢尔盖 Eisenstein, Sergei 54-55，68
爱欲 eros 37，41-42，46，57，66，78，165-69，175-77，219-20，230页注：和死亡 and death 228-29
安东尼奥尼，米开朗基罗 Antonioni, Michelangelo 302
奥登，W. H. Auden, W. H. 256
奥丁，罗杰 Odin, Roger 261页注，265页注
奥尔科斯基，多萝西娅 Olkowski, Dorothea 20
奥尔兰 Orlan 50页注

《芭贝特之宴》(1987) *Babette's Feast* (1987) 70，297-99，301
巴赫金，米哈伊尔 Bakhtin, Mikhail 314
巴克，珍妮弗 Barker, Jennifer 56
巴克－莫尔斯，苏珊 Buck-Morss, Susan 128
巴拉德，J. G. Ballard, J. G. 44页注，46，165-66，176-77
巴拉兹，贝拉 Balázs, Béla 251-52
《德州巴黎》(1984) *Paris, Texas* (1984) 22

巴里二世，詹姆斯 Barry, James Jr. 16, 170-72, 293

巴尼，马修 Barney, Matthew 216, 224

巴什拉，加斯东 Bachelard, Gaston 85-86, 88-89, 92, 94, 99-101, 105, 113

巴特，罗兰 Barthes, Roland 53, 60, 67, 109, 112, 117, 123 页注, 205, 233-34

巴赞，安德烈 Bazin, André 146, 260, 303 页注

"芭比" "Barbie" 222-24

《白》（1993） White (1993) 107

"百万人大游行" "Million Man March" 180-81, 191, 196, 201-4

拜物教 fetishism 185, 314, 317：商品 commodity 296, 302, 306；技术－ techno- 211-12

《报告》（1967） Report (1967) 235

鲍德里亚，让 Baudrillard, Jean 49-50, 165-68, 170, 172-73, 175-78, 181, 186-87, 303, 305

博尔多，苏珊 Bordo, Susan 51

《暴行的年代》（兰格） The Age of Atrocity (Langer) 226, 231

《暴行展览》（巴拉德） The Atrocity Exhibition (Ballard) 44 页注, 46

贝克尔，厄内斯特 Becker, Ernest 240

《被遗忘的银色》（1995） Forgotten Silver (1995) 260, 265-66, 273

本雅明，沃尔特 Benjamin, Walter 24 页注, 55, 60 页注, 109, 112, 117, 126 页注, 128 页注, 281 页注, 289, 301-02 页注

比恩，詹妮弗 Bean, Jennifer 89, 100, 289

《变相怪杰》（1994） The Mask (1994) 45-47

变形 anamorphosis 95, 95-96 页注

"表皮化" "epidermalization" 198-201, 204

表现主义，电影的 expressionism, cinematic 89, 89-90 页注

《濒死》（1976） Dying (1976) 240, 253

病理学 pathology 7, 188, 196-98, 203：神经性厌食症 "anorexianervosa" 186；文化的 cultural 37, 198；疾病 disease 184 页注, 191, 204, 228-29, 291 页注, 299；病 illness 7, 183, 190, 196, 287, 287-89 页注, 289；"肌肉畸形" "muscle dysmorphia" 186

波伏瓦，西蒙娜·德 Beauvoir, Simone de 42, 240

博尔赫斯，豪尔赫·路易斯 Borges, Jorge Luis 313-15

不可见性 invisibility 47, 102, 106, 194, 196, 202, 220

《布拉格之恋》（1988） The Unbearable Lightness of Being (1988) 261–62

布拉依多蒂，罗西 Braidotti, Rosi 6

布列松，罗伯特 Bresson, Robert 302, 302-03 页注

布列逊，诺曼 Bryson, Norman 93-96, 98, 101-4, 106-7, 306n

残疾人研究　disability studies　208
禅宗（泼墨）画　Ch'an(flung ink)painting　106-7，306 页注
《超时空接触》（1997）　Contact (1997)　258-59，261，264，276
"彻底的无常"　"radical impermanence"　101-2，105，108
《处女泉》（1959）　The Virgin Spring (1959)　298
"触觉视觉性"　"haptic visuality"　56，64 页注，66 页注，301 页注
触觉性　tactility　53-56，61-66，90，76-79，82，100，289-90 页注：和摹仿　mimesis 89；和空间　and space　151。也可参看触摸
触摸　touch　53-54，56，60-62，64-66，69-72，76-80，82，168，171，177，201-2，305，308，310。也可参看触觉性
《纯真年代》（1993）　The Age of Innocence (1993)　70
《刺杀肯尼迪》（1991）　JFK (1991)　262

《大使》（荷尔拜因）　The Ambassadors (Holbein)　94-95，106
《大峡谷》（1991）　Grand Canyon (1991)　22，27
代尔，理查德　Dyer, Richard　57-58，72，74，83
代喻　metalepsis　224-25
戴维斯，皮特　Davis, Peter　256
丹托，阿瑟　Danto, Arthur　147
《当代经验中死亡的神圣力量》　"The Sacral Power of Death in Contemporary Experience" (May)　236
《当女人看的时候》（威廉姆斯）　"When the Woman Looks" (Williams)　41
德·里奥，埃莱娜　del Rio, Elena　56，65，137，159-60，286-87
德波，居伊　Debord, Guy　154
德驰，海伦　Deutsch, Helen　206
德勒兹，吉尔　Deleuze, Gilles　54-55，56
地图　maps　13，14 页注，15，28，29 页注，34-85
《堤》（1962）　La jetée (1962)　145-46，148，151
狄安娜，威尔士王妃　Diana, Princess of Wales　220
笛卡尔式空间　Cartesian space　16，59 页注
"第三种意义"　"third meaning"　60
典型的特殊　"typical particular"　281-82，284
电影　cinema　21-29，36-52，53-84，85-108，135-62，173 页注，176-77，185-86，207，211-12，216，226-57，258-85，296-902；衰老　aging in　37-38 页注，39-43，46-48；夺目～　of attractions　57；作为整容手术　as cosmetic surgery　50-51；～中的死亡和濒死　death and dying in　(也可参看死亡；纪录片；死于；濒死的)；～中的数字变形　digital morphing in　45-48，178 页注；纪录片　documentary（也可参看纪录片）；～的电子媒介　electronic media in　160；

索　引　425

~中的运动 movement in 58-54，57-58，65，72，145-48，149页注，150-52，289，252；~中的视点 point of view in 64，144，151，159；关于感官的~ of sensation 57-58；~感官参与 sensual engagement with 58-84（也可参看感觉）；~中的空间性方向迷失 spatial disorientation in 21-29，34；~中的空间性 spatiality in 145-55；~的技术 technology of 8，61，66页注，248页注，252；~中的时间性 temporality in，145-55；~中的超越性 transcendence in 297-302

《电影的皮肤》（马克斯） *The Skin of the Film* (Marks) 64页注，301页注
《电影的身体》（萨维罗） *The Cinematic Body* (Shaviro) 56
"电影的身体" "film's body" 62页注，66，149，248页注
"电影感性主体" "cinesthetic subject" 53，67-68，70-72，79，83-84
《电影经验的结构：电影的认同》 *Les structures de l'experience filmique* (Meunier) 258页注
《电影理论》（巴拉兹） *Theory of the Film* (Balázs) 251-52
《电影理论》（克拉考尔） *Theory of Film* (Kracauer) 260
电子媒介 electronic media 8，109，135，137-41，142页注，146，149，152-56，158-62，267，273n；电脑 computer 1，105，109，135-39，155，196；DVD DVD 148，149页注，153，155，258，259-60页注，263；电视 television 95，135-36，138，155；VCR 148，149页注，153，155
《电子语言：对文字处理的哲学研究》（海姆） *Electric Language: A Philosophical Study of Word Processing* (Heim) 114，126，155页注
《动物之血》（1949） *The Blood of the Beasts* (1949) 257
杜夫海纳，米盖尔 Dufrenne, Mikel 300-301，309-10，315
段义孚 Tuan, Yi-Fu 14页注，18-19
对象化 objectivation 181-84，187-90
多恩，玛丽·安妮 Doane, Mary Ann 121页注

《恶的透明性》（鲍德里亚） *The Transparency of Evil* (Baudrillard) 303，305
《恶心》（萨特） *Nausea* (Sartre) 286，303-5，307-11，314-17
《鳄鱼街》（舒尔兹） *The Street of Crocodiles* (Schulz) 205，292-93，296，300

法农，弗朗茨 Fanon, Frantz 198
"反应-能力" "response-ability" 8-9，168，207，284，288，292，295，310。也可参看伦理学
泛神论 animism 89，91-92，314，317；"拜物教" "fetishist" 174-75
梵高，文森特 Van Gogh, Vincent 306
方塔涅，皮埃尔 Fontanier, Pierre 209，213-14
《放大》（1966） *Blow-Up* (1966) 153

《飞越长生》（1992） *Death Becomes Her* (1992) 45-48

《非常简单的死》（波伏瓦） *A Very Easy Death* (Beauvoir) 240

非虚构电影 nonfiction film 9，226-57，258-85。也可参看纪录片

非真实 the irreal 241，246，258；与真实的融合 integration with the real 258-85

菲特韦特，阿里德 Fetveit, Arild 265-66，285页注

《风流韵事》（1994） *Love Affair* (1994) 276

《否认死亡》（贝克尔） *The Denial of Death* (Becker) 240

弗兰德里，弗雷德 Friendly, Fred 255

弗朗叙，乔治 Franju, Georges 257

弗雷泽，约翰 Fraser, John 237

弗洛伊德，西格蒙 Freud, Sigmund 21，23-24，29-30，43，121页注，211-12页注

符号学 semiology (semiotics)：身体的~ of the body 13-14，122；死亡的~ of death 226，232-49；艾柯，安伯托的~ of Eco, Umberto 74页注，238页注；现象学和 phenomenology and 226-27，303页注；"感觉-能力" "sense-ability" 7，207，290，292，295，310。也可参看美学

《杰瑞》（2003） *Gerry* (2003) 22，25

甘宁，汤姆 Gunning, Tom 57

感觉 senses 290：~的文化适应 acculturation of 63；~之间的模糊边界 blurred boundaries among 70；作为一般机体觉的 as coenaesthetic 67-69；作为离散的 as discrete 64页注，71-72；本体感受 proprioception 60，192-94，197-98；~的自反性 reflexivity of 77；作为联觉的 as synaesthetic 54，67-69，80；~的跨模式合作 transmodal cooperation of 61，65，68-72，78，193；~的统一性 unity of 64-65页注，68-69，71-72。也可参看个体感觉

《钢琴课》（1993） *The Piano* (1993) 53，61-66，71-72，76，78-79

高尔，杰弗里 Gorer, Geoffrey 229-30，241

戈达尔，让-吕克 Godard, Jean-Luc 143页注，271

戈德韦瑟，艾米 Goldwasser, Amy 221-22

《格斗之王》（1995） *Mortal Kombat* (1995) 54

格雷，约翰 Gray, John 29，31

格里科，安 Gerike, Ann 36

格林布拉特，斯蒂芬 Greenblatt, Stephen 7

格罗兹，伊丽莎白 Grosz, Elizabeth 66，306-7

《给我庇护》（2003） *Gimme Shelter* (1970) 250

《公民凯恩》（1941） *Citizen Kane* (1941) 263

《关于我们自己的期限：摩耶论死亡》（2000） *On Our Own Terms: Moyers on Dying* (2000) 232

《观察者的技术》（克拉里） *Techniques of the Observer* (Crary) 56

索　引　　　　　　　　　　　　　　　　　　　　　　　　　　427

《光的纹理：伊利格瑞、列维纳斯和梅洛-庞蒂论视觉和触觉》（瓦瑟勒）　*Textures of Light: Vision and Touch in Irigaray, Levinas, and Merleau-Ponty* (Vasseleu)　294页注，308

"视力无意识"　"optical unconscious"　281页注，301页注

哈拉维，唐娜　Haraway, Donna　169-70，186，210，223
海尔格尔，马丁　Heidegger, Martin　95页注，98，105，132，135，137，171，182，240
海姆，米歇尔　Heim, Michael　114，116，119，126，155页注
汉德勒，露丝　Handler, Ruth　223-24
《好家伙》（1990）　*Goodfellas* (1990)　70
荷尔拜因，汉斯　Holbein, Hans　94，106
赫尔佐格，沃纳　Herzog, Werner　296
《黑客帝国》三部曲（1999，2003）　*The Matrix* trilogy (1999, 2003)　161
《黑色身体的现象学》（约翰逊）　"A Phenomenology of the Black Body" (Johnson)　198-200
《黑水仙》（1946）　*Black Narcissus* (1946)　65
《红》（1994）　*Red* (1994)　107
《红菱艳》（1948）　*The Red Shoes* (1948)　212
《红没药》（维蒂希）　*The Opoponax* (Wittig)　124-26
"后人类"　"posthuman"　169，208
后人类主义　postmodernism　140，152-53，156，158-59，167，175，182页注，207
《花园》（1992）　*The Garden* (1992)　20页注
怀旧　nostalgia　146，151，153，229，239
幻影：肢体　phantom: limbs　211-12；感官　sensations　160，195
《黄蜂女》（1959）　*The Wasp Woman* (1959)　40
《回到未来》三部曲　*Back to the Future* trilogy (1985, 1989, 1990)　157
混沌理论　chaos theory　90页注，103页注，107页注，157-58
《活的隐喻》（利科）　*The Rule of Metaphor* (Ricoeur)　73，206

《机械复制时代的艺术作品》（本雅明）　"The Work of Art in the Age of Mechanical Reproduction" (Benjamin)　55
《机械战警》（1987）　*Robocop* (1987)　137
机遇　chance　85-90，103页注，106-7
肌理　texture　53-54，66，71，77-79，289-90页注
基耶斯洛夫斯基，克日什托夫　Kieslowski, Krzysztof　8，85-108
激情　passion　296，298，310，318；作为献身　as devotion　288-90，292，294-96，298-99，308，310，317；作为自我的激烈去中心化　as radical decentering of

self 289-90，295-96，298-99，304，306，308-10；作为受难 as suffering 287-88，289页注，292，294，304，317

极乐 *ekstasis* 297-98，301，308，317-18

即兴创作 improvisation 130

记忆 memory 143-44，148，150-51，169，228-29；假肢的 prosthetic 207，211，213

《记忆碎片》（2000） *Memento* (2000) 155页注

纪录片 documentary 9，226-57，258-285；意识 consciousness 269，274，279-80，283-85；~中的死亡与濒死 death and dying in 226-57，279-81；虚构，相关 fiction, in relation to 268-85；"伪纪录片" "mockumentary" of 260，265-66，273；作为"摇滚纪录片" as "rockumentary" 263；~的风格惯例 stylistic conventions of 263，267，275，277

技术 technology：与~有关的"双重欲望" "doubled desire" in relation to 171-72，175；具身化的 embodied 111-20，135，169-72，175，191页注，194-95，205-225；作为中介 as mediating 7，110-34，136-39，244，249-57；知觉的 perceptual 8，135，137-39，145，172，174；作为转变性的~ as transformative 1，4，8，16，39-40，44，46-50，111-20，135-62，170-72，220；~的透明性 transparency of 171-72，177

《技术的追问》（海德格尔） "The Question Concerning Technology" (Heidegger) 95页注

技术狂热 technophilia 166，173-74，212

技术身体 techno-body 166-70，177-78

《技术身体：整合技术与肉身》（巴里二世） "The Technical Body: Incorporating Technolgy and Flesh" (Barry Jr.) 170-71

《技术与生活世界：从伊甸园到尘世》 *Technology and the Lifeworld: From Garden to Earth* (Ihde) 171-72

加拉赫，凯瑟琳 Gallagher, Catherine 7

《家具哲学家》（韦施勒） "The Furniture Philosopher" (Weschler) 291-93

《假期历险记》（1983） *National Lampoon's Vacation* (1983) 27页注

假肢的 prosthetic 1，6，9，168-72，174，177-78，188，191，195，204，205-25：~的组成部分 components of 217-19；~的花费 costs of 218-19

《假肢记忆》《全面回想》和《银翼杀手》（兰德斯堡） "Prosthetic Memory, *Total Recall* and *Blade Runner*" (Landsberg) 207，211

《假肢想象》（简） "The Prosthetic Imagination" (Jain) 207

简，萨拉 Jain, Sarah 207-10，214-1

"交往能力" "communicative competence" 265

交织 chiasm(chiasmus) 60，74，83，226页注，294，309

杰伊，马丁 Jay, Martin 101页注，105

解释，限制于 interpretation, constraints on 262页注，265-66，268

《惊魂记》（1960） Psycho (1960) 22
精神分析 psychoanalysis 23-26，43，45，59，60，92-93，194，224-25，314：宇宙的~ of cosmic，85；物质的~ of matter 85
《精神分析中的四个基本概念》（拉康） The Four Fundamental Concepts of Psychoanalysis (Lacan) 92
竞赛 race 27，32页注，120-21，180，190-92，196-203
镜像 mirror image 38-39，49，52，186，194-96，204，311页注，315页注
《镜子，镜子：青春不再的恐怖》（梅拉梅德） Mirror, Mirror: The Terror of Not Being Young (Melamed) 36
具身性 embodiment 2-4，6-7，174，182，286-318。也可参看活体

《卡宾枪手》（1963） Les Carabiniers (1963) 143页注
《人人为自己，上帝反众人》（1975） Every Man for Himself and God against All/ Kaspar Hauser (1975) 296-97
卡兹，杰克 Katz, Jack 30页注，80页注，185，199页注，202
康纳，布鲁斯 Conner, Bruce 235
柯莫利，让-路易 Comolli, Jean-Louis 141-43
柯南伯格，大卫 Cronenberg, David 176-77
科幻小说 science fiction 165，230，258：电影 films 21，22页注，137，144，149-50，153-54，161，173页注，176-77，211，258-59，261，264，276；与恐怖电影混合 hybrid with horror films 40-43，51-52；文学 literature 165-67，176-77
《科幻研究》 Science-Fiction Studies 165，178
可见性 visibility 1-2，141，143，146，195-96，201-4，233，257，307：和死亡 and death 235，245-52，255-56；和摄影 and photography 142-43；和可见物的优越性 and primacy of the visible 179-82，187，210；和假肢 of prostheses 220-21；和真实 and the real 142-43；服从于~ subjection to 200；视觉的~ of vision 149-50，306-7
《可怜的母牛》（1967） Poor Cow (1967) 262
可逆性 reversibility 45，60–61，87，94n，155，199，226页注，289，292，295，304，310，316，318：作为~的交织 chiasm/chiasmus as 60页注，74，226页注，294，309；图形-背景的~ of figure-ground 74–75，214，293；"肉身"的~ of "flesh" 286-87，299；人-机的~ of human-machine 128，137，139；具身化意向性的~ of embodied intentionality 76-79，311；知觉的~ of perception 66-67；主体-客体的~ of subject-object 288，291，293，303，312，314，317；时间的~ of time 156-57；视觉的~ of vision 149-50，181
克恩，斯蒂芬 Kern, Stephen 140-41
克拉考尔，西格弗里德 Kracauer, Sigfried 55，260

克拉里，乔纳森  Crary, Jonathan  56，101页注，142-43

克林顿，比尔（火星岩石镜头）  Clinton, Bill (Mars rock footage) 258-59，262，264，275-76

克洛斯，罗萨琳  Krauss, Rosalind  83页注，101页注

《克日什托夫·基耶斯洛夫斯基如是说》（1995）  *Krzysztof Kieslowski, I'm So-So* (1995) 90-91

"客观的主体"  "objective subject"  2，4，9，288，290，311

客体化  objectification  9，144，182-83，188-89，288页注：作为"自我置换"as "self-displacing" 289-90

客体间性  interobjectivity  9，286，296，311-18

《空间的诗学》（巴什拉）  *The Poetics of Space* (Bachelard)  85，92，99

空间性  spatiality  5，8，13-35，85，150-54，202，261，282-84；和巧合 and coincidence 90；收缩的（受限的）contracted(constricted) 85，93-94，102，105；作为去中心化的 as decentered 153-54，158；纪录片的~ of documentary 247-48，269-79，283-84；"双重的" "doubled" 33；道德的 ethical 226，244-45，255；~的扩展的场域 expanded field of 98，102-3，105-7；平面的 flattened 158-59；作为"此地性" as "here-ness" 86；异质性 heterogeneous 152，160；同质性 homogenous 269；与定向 and orientation 1，8，13-35，198；~的技术性塑造 technological shaping of 110-17，120，136-40,144-46，151，154，220

《空间知觉和科学哲学》（希兰）  *Space-Perception and the Philosophy of Science* (Heelan)  16

恐怖：漫画 horror:comics 230；电影 films 22，34，37，38页注，40-43，57，211，270页注

库兹曼，史蒂夫  Kurzman, Steven  209-216，219页注，220-21

《狂宴》（1996）  *Big Night* (1996)  70


拉·美特利，朱利安·奥弗莱  La Mettrie, Julien Offray de  128

拉康，雅克  Lacan, Jacques  92-98，106，194，311页注

莱考夫，乔治  Lakoff, Goerge  68，79-80

兰德斯堡，艾莉森  Landsberg, Alison  211

兰登，布鲁克斯  Landon, Brooks  152

《兰闺惊变》（1962）  *Whatever Happened to Baby Jane?* (1962)  37，38页注，41

《蓝》（1993）  *Blue* (1993)  107

《细细的蓝线》（莫里斯）  *The Thin Blue Line* (Morris)  242页注

朗格，劳伦斯  Langer, Lawrence  226，231，241

浪漫，屏幕内/屏幕外  romance, onscreen/offscreen  276-77，279

勒德，朱  Leder, Drew  184页注，189，211

勒温，大卫　Levin, David　310，317-18

雷乃，阿兰　Resnais, Alain　257

雷诺阿，让　Renoir, Jean　245-46，268，269n，271-75，282

类比　analogy　88，210，213

《冷酷媒体》（1969）　*Medium Cool* (1969)　266-67

利奥塔，让-弗朗索瓦　Lyotard, Jean-François　128

利夫顿，罗伯特·杰　Lifton, Robert Jay　240-41

利科，保罗　Ricoeur, Paul　5，58页注，73，75，81-83，206，209-10，213-14

《连线》　*Wired*　170，177

联觉　synaesthesia　54，67-69，80

"脸的时代"（麦克法夸尔）　"The Face Age" (MacFarquhar)　44-45页注

《两男一女三逃犯》（1990）　*Quick Change* (1990)　22，28-29

《两生花》（1991）　*The Double Life of Véronique* (1991)　98

列维纳斯，伊曼纽尔　Lévinas, Emmanuel　301页注

列维-斯特劳斯，克洛德　Lévi-Stuauss, Claude　87，107-8

林吉斯，阿方索　Lingis, Alphonso　75，79，90，104，108，203，290-91

《灵与肉》（1927）　*Flesh and the Devil* (1927)　276

灵韵　aura　126，130，133，260页注，301，301-02页注

伦理学　ethics　37，140，146-47，154，166-68，179，206-7，238，280，282-86，293，303-4，309，314-15；纪录片视角的~　of documentary vision　227，241-57，258-61，264-5，270-71；外在于电影的/外在于文本的知识和　extracinematic/extratextual knowledge and　273，278-79，284；贫困的　impoverished　9；唯物主义者（具身化的）　materialist(embodied)　3，8，173，180，187，284-85，288，294-96，310，317-18；（摄影）的自我占有/自我繁殖　of self-possession/self proliferation　143-44；~的技术性转变　technological transformation of　136，158。也可参看反应–能力

《论诡异》（弗洛伊德）　"The Uncanny" (Freud)　21，23，29-30，183，211-12页注

《论灰发和沉重的大脑》（格里克）　"On Gray Hair and Oppressed Brains" (Gerike)　36

《论确定性》（维特根斯坦）　*On Certainty* (Wittgenstein)　197

《罗杰和我》（1989）　*Roger and Me* (1989)　272，274

罗默，迈克尔　Roemer, Michael　240

罗塞里尼，伊莎贝拉　Rossellini, Isabella　47-49，51

"逻辑的偶然性"　"logical contingence"　87-90，97-98，101，106-8

洛德，奥德烈　Lord, Audre　197-98，200，203-4

马克，克里斯　Marker, Chris　145

马克思，卡尔　Marx, Karl　128

马克斯，劳拉　Marks, Laura　56，64页注，66页注，301页注

马利克，泰伦斯　Malick, Terrence　280，302

马隆，托马斯　Mallon, Thomas　131-32

马瑟里尼，格拉齐拉　Magherini, Graziella　35-36

《玛格丽特公主的整容手术》　"Princess Margaret's Face Lift"（Ballard）　44页注，46

麦克法夸尔，拉里萨　MacFarquhar, Larissa　44-45页注，48，50

《冒牌总统》（1993）　Dave (1993)　264

梅，威廉姆　May, William　236

梅拉梅德，艾丽莎　Melamed, Elissa　36

梅洛-庞蒂，莫里斯　Merleau-Ponty, Maurice：关于交织　on the chiasm　294页注；关于具身性　on embodiment　1-3，53，72，189-91，199页注；《眼与心》"Eye and Mind"　307页注；关于"肉身"　on "flesh"　99-100，101页注，286-87，193-94，302，306，307页注，310；关于技术的整合　on incorporation of technology　171；关于主体间性　on intersubjectivity　311-12，316；关于可见物　on the invisible　102；知觉现象学　Phenomenology of Perception　53，69，199页注，291页注；关于文艺复兴透视法　on Renaissance perspective　16；关于感觉的改变　on sensory exchange　69，71，77页注，199页注；《法兰西学院讲座1952—1960》　Themes from the Lectures at the Collège de France, 1952-60　1；《可见的与不可见的》　The Visible and Invisible　100，102，286，293，306，307n，317；关于视觉　on vision　143，149，188，317.

《美国的书法》（桑屯）　Handwriting in America（Thornton）　131

《美国丽人》（1999）　American Beauty (1999)　299-302

《美国制造》（1993）　Made in America (1993)　276

美文　belles lettres　115，117，126-27

美学　aesthetics　37，140，146-47，154，206-7，210，271-72，280，282-83，286，291，293，299，303-4，306页注；杜夫海纳和~　Dufrenne and　200，209，315；唯物主义者（具身化的）　materialist (embodied)　3，284，290，292，294-96，310，317-18；~的技术性转变　technological transformation of　136，158．也可参看感觉-能力

《梦的解析》（弗洛伊德）　The Interpretation of Dream（Freud）　21，23-24

《迷失的巡逻兵》　The Lost Patrol (1934)　21，22，25

米利亚·汉森　Hansen, Miriam　55页注，60页注，301-2页注

米歇尔森，安妮特　Michelson, Annette　121

命运　fate　85，87-90，103页注，106，107页注

摹仿　mimesis　55，60页注，76，89，92-93，100，134，196，289，290-93，297

摩尔，黛米　Moore, Demi　185-86

摩尔，麦克　Moore, Michael　272

《陌生人的慰藉》（1991）　The Comfort of Strangers (1991)　22，26

莫拉维克，汉斯　Moravec, Hans　173，175，177

索　引　　433

莫里斯，埃罗 Morris, Errol 242页注
莫尼耶，让-皮埃尔 Meunier, Jean-Pierre 241页注，258-59页注
《穆赫兰道》（2001） *Mulholland Drive* (2001) 155页注
穆林，艾米 Mullins, Aimee 216, 221-25

纳斯鲍姆，菲力西提 Nussbaum, Felicity 206
《男人来自火星，女人来自金星》（格雷） *Men Are from Mars, Women Are from Venus* (Gray) 29, 31
《南方公园》 *South Park* 52
能动性 agency 2, 34, 86, 151, 155, 188, 200, 211-13, 215, 287-88, 289页注, 292, 314, 315
拟人化 personification 314
拟人论 anthropomorphism 248页注，298页注，307, 313-14, 317
《你不懂：对话中的男女》（坦内） *You Just Don't Understand: Women and Men in Conversation* (Tannen) 31
凝视 gaze 85-108：意外的 accidental 242, 249-50；~的匿名性 anonymity of 96, 104-5；电影的 cinematic 8, 59页注, 87, 91, 93, 100-101, 249-57, 301；去中心化的 decentered 104-7；作为直接的接触 as direct address 104, 263, 277-78；濒危的 endangered 249, 251-52；伦理的 ethical 9, 248-57；绝望的 helpless 249, 250-51；仁慈的 humane 249, 251-54；介入的 interventional 249, 252, 255；拉康式的 Lacanian 98, 101, 107；作为~的"回看" "look back" as the 92-94, 98-99, 301-2页注, 306-7；西谷，根据 Nishitani, according to 101-7；非人类中心的 nonanthropocentric 91, 96-98, 100, 104；专业的 professional 249, 251, 254-55；萨特式的 Sartrean 98, 101, 107, 198；作为注视 as stare 197, 243, 253；（目光）的统一性 unity of the 301, 307；偷窥性的 voyeuristic 59页注, 301页注
"虐杀"电影 "snuff" film 247, 265
《女人情事》（1928） *A Woman of Affairs* (1928) 276
《女巫布莱尔》（1999） *The Blair Witch Project* (1999) 22, 34

欧几里得式空间 Euclidian space 16-21
欧唐纳，罗茜 O'Donnell, Rosie 29

帕特里西奥·古兹曼 Guzmán, Patricio 252
帕尔默特，鲁斯 Perlmutter, Ruth 96
佩恩研究所 Payne Studies 55
"喷气人"（巴特） "The Jet-man" (Barthes) 205
匹兹，威廉 Pietz, William 314

譬喻乱用　catachresis　81-84

《漂亮宝贝》　Pretty Baby (1978)　76

"泼墨"（禅宗）画　"flung ink" (Ch'an)painting　106-7，306页注

《蒲公英》（1986）　Tampopo (1986)　65

"普遍环境"　"universal surround"　102-6

普勒，罗格　Poole, Roger　244，257


齐泽克，斯拉沃热　Žižek, Slavoj　294页注

《奇爱博士》（1964）　Dr.Strangelove or, How I Learned to Stop Worrying and Love the Bomb (1964)　211

奇幻电影　fantasy films　45-49

钱德勒，丹尼尔　Chandler, Daniel　111-12, 116, 120

《强迫症的倾向》（弗洛伊德）　"The Predisposition to Obsessional Neurosis" (Freud)　43

乔伊斯，詹姆斯　Joyce, James　147

巧合　coincidence　87, 89-90, 97, 103页注，106, 157-58

《巧克力情人》（1994）　Like Water for Chocolate (1994)　70，72

"情感的激荡"　"emotional turbulence"　87-90, 97, 107-8

情感性　affectivity　310，315

情节剧　melodrama　57, 89, 89-90页注，229, 281

《情绪如何工作》（卡兹）　How Emotions Work (Katz)　30页注

琼斯，阿米莉亚　Jones, Amelia　99

"去肉身性的女士"（萨克斯）　"The Disembodied Lady" (Sacks)　192-98, 200, 203-4


《燃毁的诺顿》（艾略特）　"Burnt Norton" (Eliot)　226, 236

认同：电影的　identification:cinematic　65, 66页注，259页注；摹仿的　mimetic　93, 100, 289, 314；在精神分析中　in psychoanalysis　89

《日落黄沙》（1969）　The Wild Bunch (1969)　235, 283页注

"肉身"　"flesh"　3　99-100, 101页注，108, 286, 290, 293-96, 298, 301-12, 316-18


萨克斯，奥利弗　Sacks, Oliver　192-93, 197, 203, 205页注，291页注

萨特，让-保罗　Sartre, Jean-Paul　92, 179页注，286, 303-5, 307, 309, 315

萨托维克，理查德　Cytowic, Richard　67-69, 79-80

萨维罗，史蒂文　Shaviro, Steven　56, 58-59, 61

塞尚，保罗　Cézanne, Paul　306页注

赛博格　cyborg　161, 168-70, 172-73, 177, 186, 207-8, 210, 223

《桑树》　The Mulberry Tree (Van Gogh)　306

索　引　435

桑塔格，苏珊  Sontag, Susan  37
桑屯，塔玛拉·帕拉金斯  Thornton, Tamara Plakins  117，124，129，131
色情作品  pornography  55页注，57，165–66，170，176–77，226：死亡的～  of death, 229–30, 232, 241
《森林》（1993）  The Forest (1993)  18页注
摄影  photography  8，135–36，141–48，150–51，153–55，159，207，234，244，260，273页注：数字的  digital  259–60页注
身体：作为"活体"  body: as "lived body"  1-4，7-8，71-74，80，82-84，109-10，122，129-33，239，147页注，150-51，155，158，160-62，165-67，172-76，178，181，187，191，197-204，206，234，236，238-39，245，248，286，305，311；～的举止  comportment of  109-10，112，192，194-95，199，202-4，220；～的不连续统一性  discontinuous unity of  4，33；作为"家"  as "home"  182-84；作为"房屋"  as "house"  183-84；～的运动  kinesis of  57-58，158，206；作为中介  as mediating  4，60，138，188-89；～的不透明性  opacity of  183-84，188-90，192-94，197，211，291页注，311，317；～的"姿态图示"  "postural schema" of  290-91；作为"牢房"  as "prison-house"  183-84；非意指性的  assignifying  13-14，74，122；～的主观想象  subjective imagination of  37，179-80，192-95，202-3；～的理论性省略  theoretical elision of  3-4，56-59；～的透明性  transparency of  175，183，188-89，198，211，215，291页注，316-17；作为"身体"  as "the body"  2-4，7，59，168，173-73，178，182，184-85，187，196，208；作为机器  as machine  3，128，137，174-75；～的生理反射  physiological reflexes of  55，57-58，60-61；作为文本  as text  3，9，44-46，161，166-67，179，185；～的完整性  "wholeness" of  210-11；"身体类型"  "body genres"  56-57，62页注。也可参看具身性，感觉
身体强健  physical fitness  161，168–69，172，185–87，231
身体形象  body image  186-87，192，194-96，290-91
《神秘列车》（1989）  Mystery Train (1989)  22页注
《审美经验现象学》（杜夫海纳）  Phenomenology of Aesthetic Experience (Dufrenne)  300–301，310
《生死时速》（1994）  Speed (1994)  53，57，72
声音  sound  54，65，67–68，80，88，102
《圣女特蕾丝》（1986）  Thérèse (1986)  297，299，301
《圣女之歌》（1943）  The Song of Bernadette (1943)  298
尸体  corpse  293，236-87，299，242
《十诫》（1988）  The Decalogue (1988)  88，93，96，103-5，107
《十诫I》（1988）  Decalogue I (1988)  87-90，92-98，100-101，104-8
时间性  temporality  5，38，48，85，150-60，239-40，242-43，252，282：巧合的～  of coincidence  90；异质的（非连续的）  heterogeneous (discontinuous)  150–52，

156；同质的（同时的）homogeneous (simultaneous) 143, 156-57；作为"此时性" as "now-ness" 86；对（时间）的客观占有 objective possession of 142, 144, 148-49, 151；作为前摄 as protention 151, 158；回归的 recursive 155, 157；作为持存 as retention 151, 158；空间性方向迷失的~ of spatial disorientation 8, 21, 23-26, 28-29；（时间）的技术性塑造 technological shaping of 110-11, 114-17, 120, 136-40, 144-46, 150-60, 220

"实践惰性" the "practico-inert" 89, 91-92, 103

史翠珊，芭芭拉 Streisand, Barbra 39, 42-43, 49, 51-52

史密斯，马卡德 Smith, Marquard 183

《世界2000》 *Mondo 2000* 170, 177

《事物》（博尔赫斯） "Things" (Borges) 313, 315

视点 point of view 64, 144, 151

视觉 vision 2, 16-21, 53, 59, 80, 92-93, 97-99, 101, 143, 149-50, 179-82, 187-89, 197；~的匿名性 anonymity of 96, 104-5；模糊的/困惑的 blurred/baffled 62-64；电影的 cinematic, 53-84, 85-108, 146-52, 154, 233-57, 298-99, 301-3；作为离散的感觉 as discrete sense 64, 71-72, 84；具身化的 embodied 53-84, 99-101, 139, 159-50, 181, 192-96；电子的 electronic 152-56, 158-60；伦理学的 ethical 227, 241-57, 271-73, 280, 282-84, 317；和形象 and figuration, 82-84；~的贫瘠 impoverishment of 71, 180, 182, 196-97；~的运动 movement of 146-47, 150；作为客体化的 as objectifying 8-9, 143, 149-50, 179-204；作为"彻底地无常" as "radically impermanent" 101-4, 108；~的可逆性 reversibility of 149-50, 181；和空间性 and spatiality 16-21, 151；作为联觉的 as synaesthetic 67, 69-71；~的技术性转变 technological transformation of 39-, 49, 99, 135-62；与其他感觉的跨模式合作 transmodal cooperation with the other senses 65, 71-7, 82；和视觉场域 and the visual field 93-96, 98, 101-7, 152。也可参看凝视

书写 writing：自动机 automata 109-110, 120-21, 124, 127-34；和绘画 and drawing 122-23, 126-27；作为手写 as handwriting 114-15, 117, 119, 123-24页注, 124, 126, 129, 131-32；~的物质性 materiality of 109-34；和乱画 and scribbling 122-23, 126；作为技艺 as technē 129-34；作为技术 as technique 120-28, 132

书写技术 writing technologies 1, 8, 109-120：刷 brush 110页注；浸墨笔 dip pen 114-16, 125-26, 130, 300；钢笔 pen 1, 109, 110-13, 116-20, 131页注；铅笔 pencil 110-11, 113, 115-20, 131页注；打字机 typewriter 110-11, 113, 115-16, 118-20, 129-30, 131页注；文字处理器/计算机 word processor/computer 1, 110-14, 116, 118-20, 129-30, 131页注, 132-33

《淑女本色》（1996） *The Portrait of a Lady* (1996) 64页注

舒茨，阿尔弗雷德 Schutz, Alfred 148

舒尔兹，布鲁诺 Schulz, Bruno 205, 292-93, 296, 300
数字媒介：电脑 digital media:computer 1, 92, 95, 101, 105, 109, 135-39, 155, 196；DVD/播放器 DVD/player 148, 149页注, 153, 155, 258, 259-60, 263；变形 morphing 45-46, 173；摄影 photography 259-60页注；文字处理 word processing 1, 110-14, 116, 118-20, 129-30, 131页注, 132-33。也可参看电子媒介
衰老 aging 8, 14-15页注, 32页注, 36-52, 174, 190, 204, 207, 228-29
《双面镜》（1959） *The Mirror Has Two Faces* (1959) 39
《双面镜》（1996） *The Mirror Has Two Faces* (1996) 39, 51
《双面情人》（1998） *Sliding Doors* (1998) 155页注
双曲线空间 hyperbolic space 16-20, 22
《司汤达综合症》（1996） *La Syndrome di Stendhal* (1996) 26
"司汤达综合症" "Stendhal's Syndrome" 25-26
斯嘉丽，艾连娜 Scarry, Elaine 69, 117, 132, 135, 174, 179, 180页注, 191页注, 289, 289–90页注, 295n, 298-99, 304
斯特恩，莱斯利 Stern, Lesley 55, 74-75
斯通，奥利佛 Stone, Oliver 262页注, 264
死亡 death 9, 42, 94-96, 101, 108, 165, 170, 173, 197, 226-57, 258, 278-79：意外的 accidental 88, 94, 97, 227-30；动物的~ of animals 96, 101, 245-47, 268-74, 279-85；角色的~ of characters 269-71；一个儿童的~ of a child 88, 94, 97；在纪录片电影中 in documentary film 226-57, 279-81；在虚构电影中 in fiction film 231, 235, 241-42, 245-47, 268-75, 279-85；~的医学化 medicalization of 229-31；自然 natural 228-31, 239-40, 242；~的符号学 semiotics of 94-95, 232-49；作为禁忌 as taboo 226, 229-32, 241-45, 247-51, 255
《死亡的色情》 "The Pornography of Death" (Gorer) 229
《四目相对：黑人妇女、仇恨和愤怒》（洛德） "Eye to Eye, Black Women, Hatred, and Anger" (Lorde) 197
苏廷，查伊姆 Soutine, Chaim 306页注
索达斯，托马斯 Csordas, Thomas 3-4

他异性（"他者性"） alterity ("otherness") 92, 96, 100-101, 103, 121, 287, 189-92, 299, 302-03页注, 303-6, 309, 313
塔内，德波拉 Tannen, Deborah 31
陶西格，迈克尔 Taussig, Michael 76页注
特殊效果 special effects 8, 37, 39-40, 42, 44-48
《痛苦的身体》（斯嘉丽） *The Body in Pain* (Scarry) 174, 179, 180页注
提喻 synecdoche 213-15, 224

《天堂之日》（1978） *Days of Heaven* (1978) 280-85

听 hearing 60，65，67，76，80，140

透视，文艺复兴 perspective, Renaissance 16，20，59页注，142页注

《土拨鼠之日》（1993） *Groundhog Day* (1993) 24页注

瓦瑟勒，凯瑟琳 Vasseleu, Catherine 294页注，308

《玩具总动员》（1995） *Toy Story* (1995) 54，72

威尔逊，罗伯特·罗顿 Wilson, Robert Rawdon 214-15

威廉姆斯，琳达 Williams, Linda 41，56-57，59页注，62页注，262

《威尼斯疑魂》（1973） *Don't Look Now* (1973) 94页注

韦伯，萨缪尔 Weber, Samuel 126页注

韦克斯勒，哈斯盖尔 Wexler, Haskell 258，266-67，271

韦施勒，劳伦斯 Weschler, Lawrence 291-93

唯物主义 materialism 3，296；同感的 "consensual" 132；辩证的 dialectical 91；现象学的 phenomenological 302；激进的 radical 8-9，99，101，302；科学的 scientific 127

维蒂希，莫妮克 Wittig, Monique 124-26

维内，马克 Vernet, Marc 104

维日比茨基，克日什托夫 Wierzbicki, Krzysztof 90页注，91

维特根斯坦，路德维希 Wittgenstein, Ludwig 69，83，197

《为20世纪80年代的赛博格、科学、技术和社会主义女性主义而作的宣言》（哈拉维） "A Manifesto for Cyborgs, Science, Technology, and Socialist Feminism in the 1980s" (Haraway) 186

《为了电影的符号–运用学》（奥丁） "For a Semio-Pragmatics of Film" (Odin) 261页注，265页注

味觉 taste 53-54，60，65，68，70，73，76-77

温切尔，詹姆斯 Winchell, James 91

"文化逻辑" "cultural logic" 140-41，154页注，158页注，161：现代主义的~ of modernism 140，147，153，156；后现代主义的~ of post-modernism 140，152-53，154-55页注，156；现实主义的~ of realism，140-41，142页注，147

《文化人类学》 *Cultural Anthropology* 208-9

《文之悦》（巴特） *The Pleasure of the Text* (Barthes) 53，67

闻 smell 54，60，65，70，72，76-77

《我们赖以生存的隐喻》（莱考夫和约翰逊） *Metaphors We Live By* (Lakoff and Johnson) 68

《我私人的爱达荷》（1991） *My Own Private Idaho* (1991) 22

沃格尔，阿莫斯 Vogel, Amos 226，232，237，242

沃伦，彼特 Wollen, Peter 54

索 引

无聊　boredom　265页注, 269, 274, 283

伍德, 加比　Wood, Gaby, 127, 128页注, 133

伍德沃德, 凯瑟琳　Woodward, Kathleen　45, 49, 174-75, 177-78

物化　reification　182-83, 185, 314, 317

物质性　materiality　3, 9, 55, 61, 85-86, 88, 91-92, 96-98, 101, 106, 110-34, 135-36, 166-67, 174-75, 181, 190, 198-99, 201, 205-6, 216-20, 222-23, 237, 283n, 284, 286-318: 情感的　affective　91, 310, 315; 电影的~　of cinema　146-52, 160; 电子媒介的~　of electronic media　152-62; 作为伦理学的基础　as foundation of ethics　2, 8, 158, 173, 178, 194-95, 310, 317-18; 作为"物质的想象"　as "material imagination"　85-86; 作为内在性　as immanence　86-87, 298-302, 304-5, 307, 310; 作为客体间性　and interobjectivity　296, 311-17; 和主体间性　and intersubjectivity　178, 181, 310-12, 316; 作为物质和意义（物质化）　as matter and meaning (mattering)　74, 86, 100, 110, 123, 126, 129, 131, 133, 198, 303, 318; 作为中介（元素）　as medium (element)　293-94, 299, 301-2（也可参看肉身）; 作为隐喻的根据　as ground of metaphor　68, 73-75, 79-84, 208, 223-25; ~的形而上学　metaphysics of　8, 87, 91, 102-3, 103页注, 107; 现象学的　phenomenological　139; 摄影的~　of photography　142-44; 激进的, "活体"的~　radical, of "lived body"　1-2, 4, 9, 98, 121-22, 139, 188-89, 195, 279, 302, 306-8, 310（也可参看具身性; 身体, 作为"活体"）; 书写的~　of writing　110-34

《误将妻子当帽子的男人与其他临床故事》（萨克斯）　The Man Who Mistook His Wife for a Hat and Other Clinical Tales (Sacks)　192


《西方对死亡的态度》（阿里耶）　Western Attitudes toward Death (Ariès)　227-30

西谷启治　Nishitani, Keiji　98, 101-7

《西力传》（1983）　Zelig (1983)　263

《吸髓女人》（1960）　The Leech Woman (1960)　40-41

希兰, 帕特里克　Heelan, Patrick　16-18

希区柯克, 阿尔弗雷德　Hitchcock, Alfred　89-90页注

《下班后》（1988）　After Hours (1988)　22, 24

夏尔丹, 让-巴菩提斯特-西梅昂　Chardin, Jean-Baptiste-Siméon　206页注

闲荡者　flâneur　15

现代主义　modernism　89, 140, 147, 153, 156, 158–59, 292, 302-3页注

现实主义　realism　140-41, 142n, 144, 147, 275, 280

现象学　phenomenology　2, 4-7, 182, 286: ~的批判　critique of　4; 具身化~　of embodiment　182-87; 存在主义的　existential　27, 294页注; 作为历史的/文化的描述　as historical/cultural description　2, 4-5; 黑格尔的~　of Hegel　294页注; 作为方法　as method　2, 5-7, 160, 268, 291页注; 符号学　semiotic　226-

27，303页注；先验的（构成性的） transcendental (constitutive) 2；比喻的 tropological 206

《乡村牧师日记》（1950） *Diary of a Country Priest* (1950) 297，299，301

小哈迪森，O. B. Hardison Jr., O. B. 119

《心灵与智慧》（1974） *Hearts and Minds* (1974) 256

《行窃的手》（1908） *The Thieving Hand* (1908) 211

性 sex 41，55页注，57，77，165–68，176–77，229，232，289；与死亡 and death 228，241

性别 gender 7-8，14-15页注，30-35，36-52，57，120-21，167，175，184，186，190，199页注，204，208，222-23

修辞 rhetoric 80，162页注，206页注，208

羞耻 shame 30页注，37-38，199页注，239。也可参看羞辱

羞辱 humiliation 37，183，239。也可参看羞耻

虚构电影 fiction film 9，231-32，235，241-42，245-47；~中的死亡 death in 231，235，241-42，245-47，268-75，279-85；纪录片，与~结合 documentary, conjunction with 258-85；

《虚荣的篝火》（1990） *The Bonfire of the Vanitis* (1990) 22，27

《悬丝3》（2002） *Cremaster 3* (2002) 216，224

雪夫，理查德 Shiff, Richard 80-82


雅各布，卡罗尔 Jacobs, Carol 62-64

雅克–德罗茨兄弟 Jaquet-Droz brothers 127，128页注

《目之所及：电影经验的现象学》（索布恰克） *The Address of the Eye: A Phenomenology of Film Experience* (Sobchack) 6

杨，艾丽斯·玛丽恩 Young, Iris Marion 32–34，199页注

《妖夜荒踪》 *Lost Highway* (1997) 22

《摇滚万万岁》（1984） *This Is Spinal Tap* (1984) 263

《夜惊魂》（1993） *Judgment Night* (1993) 22，27

《夜与雾》（1956） *Night and Fog* (1956) 257

一般化 generalization 269，280-82；作为"典型的特殊"的（一般化）"typical particulars" as 282-82

一般机体觉 coenaesthesia 67-69

伊德，唐 Ihde, Don 114-17，119，126，138-39，171-72，175，177

伊戈扬，阿托姆 Egoyan, Atom 160

《艺术中的暴力》（弗雷泽） *Violence in the Arts* (Fraser) 237

异化 alienation 180-81，182页注，184，187-88，280，286，289，296页注，305-6，209，317

《异星兄弟》（1984） *The Brother from Another Planet* (1984) 22页注

意外  accident  87，89，97，248：作为~的死亡  death as  88，94，97，227-30

意向性，具身化的  intentionality, embodied  3-5，32，130，132，184，198，200，203，236，287-88页注，290，312，316；和电影  and cinema  76-79，147-48，154，252; inhibited, 33-34，198-201，204；作为意指性的  as signifying  121-22，236；作为~的转变的技术  technology as transformative of  115

因斯多夫，安妮特  Insdorf, Annette  94页注，104-5

《银色之恋》（1993）  Silverlake Life: The View form Here (1993)  231页注，153

《银翼杀手》（1982）  Blade Runner (1982)  144，149-50，153-54

《饮食男女》（1994）  Eat Drink Man Woman (1994)  73

隐喻  metaphor  9，21，22n，46，58，66，68，76，79-83，137，140-41，160，166，168，182-83，205-26，238，256，292

隐喻性  figurality  2，9，59，61-62，68，70，72-73，75-79，81-84，206，209，212，214，217，221-25

《英国水手》（1999）  The Limey (1999)  262

《游戏规则》（1939）  Rules of the Game (1939)  245-47，268-75，277，282

有死性  mortality  94，101，143，158-59页注，161，173，175，177，235页注，239，242，255-57，269，283页注，285

语言  language  5，58-59，72-75，79-84，92，95，206，215，222-23，303页注；普遍的（日常的）  ordinary (vernacular)  5-6，173，175，303页注；~的符号学层面  semiotic aspects of  60页注，61，74页注，92-93，238页注；感觉，与~相关  senses, relation to the  68

《欲望号快车》（柯南伯格）  Crash (Cronenberg)  176-77

喻义  tropology  133，205-25：文化的  cultural  206；现象学  phenomenological  206

寓言  allegory  21，148，224

约翰逊，查尔斯  Johnson, Charles  198-201，203-4

约翰逊，马克  Johnson, Mark  68，79-80

运动，电影的  kinesis, cinematic  53-54，47-48，65，72，145-46，147-52，158，206，239，252


泽米吉斯，罗伯特  Zemeckis, Robert  264

扎普路德 J. F. K. 暗杀镜头  Zapruder J.F.K. assassination footage  235，250，256

詹姆逊，弗里德里克  Jameson, Fredric  140-41，146，150，152，159-60，167

《丈夫、太太和情人》（1992）  Husbands and Wives (1992)  263，275-79，284

真实  the real  258页注，269，271-72，274，278-79，285，302，315，318：与非真实的结合  in conjunction with the irreal  258-85；作为前客体性的  as preobjective  300-301，309，315

整容手术  cosmetic surgery  37-51，57，161

芝诺悖论　Zeno's paradoxes　234，234-35页注
知觉，具身化的　perception, embodied　2，58，140，191，293；"宏观知觉""macroperception"138；"微观知觉""microperception"138-39，148；摹仿的　mimetic　55-89；作为可逆的　as reversible　66-67；感受　sense　7（也可参看感觉）；空间的　spatial　8，13-35（也可参看空间性）；联觉的　synaesthetic　67-70；触觉的　tactile（也可参看触觉性；触摸）；（资本）中的技术性变革　technological revolution in　140；（知觉）的技术性转变　technological transformation of（也可参看技术；作为转变性的~）；视觉的　visual　16-21，102，142页注，179页注（也可参看感觉；视觉）
知识，具身化的（肉体的）　knowledge, embodied (carnal)　7-9，14，53-84，258，270，279-80，285；外在于电影的　extracinematic　9，241页注，246-47，271-75，277；外在于文本的　extratextual　246，248，271-72，274-75，280，285
《智利之战》（1976）　The Battle of Chile (1976)　252
《中国综合症》（1979）　The China Syndrome (1979)　278-79
《终结者》三部曲　The Terminator trilogy (1984，1991，2003)　137，173页注
《追讨者》　Repo Man (1984)　157-58
《周末》（1967）　Weekend (1967)　271
"主观的客体""subjective object"　2，4，9，288，290，303，311
主体间性　intersubjectivity　3，150，161，182，251，284，296，310-13，316
转喻　metonymy　212-16，224-25
《撞车》（巴拉德）　Crash (Ballard)　165-67，176，230页注
《追忆似水年华》（普鲁斯特）　Remembrance of Things Past (Proust)　157
自反性　reflexivity　5，63，75，77-79，82，86，89，149，256，284，309，311
"自然态度""natural attitude"　5，120
字面性　literality　2，9，59，61-62，67-68，70，72-73，75-79，81-84，210，221-25
《走向人文科学的方法论》"Toward a Methodology for the Human Sciences"（Bakhtin）314
祖克，克里斯特·布伦特　Zook, Kristal Brent　201-2
《最毒妇人心》（1965）　Hush...Hush, Sweet Charlotte (1965)　41
《作为颠覆性艺术的电影》（沃格尔）　Film as a Subversive Art (Vogel)　232

索　引　443

图书在版编目（CIP）数据

肉体的思想：具身性和影像文化 /（美）薇薇安·索布恰克著；李三达，夏开丰，刘昕译. —— 上海：上海社会科学院出版社，2025. —— ISBN 978-7-5520-4747-9

Ⅰ. B089

中国国家版本馆CIP数据核字第2025N7K634号

**肉体的思想：具身性和影像文化**
Carnal Thoughts: Embodiment and Moving Image Culture

| | |
|---|---|
| 著　　者： | ［美］薇薇安·索布恰克（Vivian Sobchack） |
| 译　　者： | 李三达　夏开丰　刘　昕 |
| 责任编辑： | 熊　艳　张　宇 |
| 书籍设计： | 闷　仔 |
| 出版发行： | 上海社会科学院出版社 |
| | 　上海顺昌路622号　邮编200025 |
| | 　电话总机 021-63315947　销售热线 021-53063735 |
| | 　https://cbs.sass.org.cn　E-mail: sassp@sassp.cn |
| 照　　排： | 重庆槭诚文化传媒有限公司 |
| 印　　刷： | 上海盛通时代印刷有限公司 |
| 开　　本： | 889毫米×1194毫米　1/32 |
| 印　　张： | 14.25 |
| 字　　数： | 356千 |
| 版　　次： | 2025年7月第1版　2025年7月第1次印刷 |

ISBN 978-7-5520-4747-9/B·355　　　　　　　定价：88.00元

版权所有，盗版必究

*Carnal Thoughts: Embodiment and Moving Image Culture*, by Vivian Sobchak, ISBN: 9780520241290

© 2004 by the Regents of the University of California

Simplified Chinese translation copyright © 2024 by Chongqing Yuanyang Culture & Press Ltd.
All rights reserved.

版贸核渝字（2021）第303号